CLAUDIUS CRÖNERT, geboren 1961 in Hamburg, studierte Kunstgeschichte und arbeitete als politischer Journalist, bevor er sich ganz dem Schreiben widmete. Imposante Bauwerke und historische Stoffe haben es ihm schon immer angetan. Claudius Crönert lebt in Berlin.

Von Claudius Crönert ist in unserem Hause bereits erschienen:
*Das ewige Licht von Notre-Dame*

CLAUDIUS
CRÖNERT

# DIE KATHEDRALE DES KÖNIGS

WestMinster Abbey

HISTORISCHER ROMAN

Ullstein

Besuchen Sie uns im Internet:
www.ullstein.de

**Wir verpflichten uns zu Nachhaltigkeit**
- Papiere aus nachhaltiger Waldwirtschaft und anderen kontrollierten Quellen
- ullstein.de/nachhaltigkeit

Originalausgabe im Ullstein Taschenbuch
1. Auflage September 2023
2. Auflage 2023
© Ullstein Buchverlage GmbH, Berlin 2023
Wir behalten uns die Nutzung unserer Inhalte für Text und Data
Mining im Sinne von § 44b UrhG ausdrücklich vor.
Umschlaggestaltung: zero-media.net, München
Titelabbildung: © akg-images (Schnörkel); © Bridgeman Images
(Stich von Westminster Abbey); © FinePic®, München (Papier,
Hintergrund)
Gesetzt aus der Albertina powered by *pepyrus*
Druck und Bindearbeiten: ScandBook, Litauen
ISBN 978-3-548-06830-5

Für Cordelia

# I

Calais kam ihm wie eine Warnung vor. Als er mit seinem Begleiter aus dem Wald trat und die Küste endlich vor ihnen lag, sah er die dunkelgrauen Wolken, die sich über dem Meer aufgetürmt hatten. Einige bildeten eine Trichterform, fast wie ein Schlund, andere sahen wie Ungeheuer aus. Etwas Böses kündigte sich an, ein Zorn, der aus einer anderen Welt über sie hereinzubrechen drohte. Doch Henri war nicht bereit, auf die Zeichen zu hören. Zu sehr war sein Blick darauf gerichtet, den eingeschlagenen Weg fortzusetzen. An dessen Ende wartete eine Verheißung, und die lockte ihn mehr als das, sie zog ihn mit aller Macht zu sich. Darüber vergaß er alles andere. Und so gingen sie in die Stadt hinein.

Calais war ein Fischerort mit einer lang gezogenen Hafenanlage. An den Molen schaukelten bunte Schiffe in feindseligen Wellen, die eigentlich von der Hafenmauer hätten abgehalten werden sollen. Auf einem der Kais redete ein Wanderprediger zu seinem Publikum, ein hagerer Mann in Mönchskutte, der sich auf einen Stab stützte, als wäre er Johannes der Täufer. In einem Handwagen war sein irdischer Besitz verstaut: ein Beutel aus Flachs, in dem ein Stück Brot stecken mochte, eine lederne Trinkflasche und eine Wolldecke. Es war offensichtlich, dass er im Wald übernachtet hatte, an Kutte und Haar hatte sich Laub verfangen.

»Kehrt um«, rief er mit durchdringender Stimme. Ein Dutzend Zuhörer, Männer wie Frauen, Alte und Junge, hatte einen Halbkreis um ihn gebildet. »Kehrt um, sage ich, solange ihr noch könnt. Das Himmelreich lässt sich nicht erlangen, wenn ihr irdischen Gelüsten nachrennt wie eine läufige Hündin. Deshalb fordere ich euch auf: Kehrt ab vom Laster.«

Ein paar Zuhörer senkten den Blick, die übrigen sahen zu, dass sie weiterkamen, und tauchten unter im Menschenstrom der Kais. Die Leute schleppten Säcke oder Kisten auf der Schulter oder zogen Schafe und Ziegen hinter sich her, die überall ihren Kot hinterließen. Sie wollten auf eines der Schiffe, die hier vertäut waren und die ostwärts Richtung Antwerpen und Amsterdam fuhren, um Frankreich herum gen Süden oder aber über den Kanal, der die Nordsee vom Ozean trennte und an dessen anderem Ufer die britannische Insel lag.

Auf der Rückseite der Kais standen einige Hütten. Die Männer, die dort ein und aus gingen, machten ernste Gesichter. Einer war ein großer Kerl mit dickem Bauch. Sein gelber Hut zeigte an, dass er der Hafenmeister war.

Die Reisenden, deren Schiffe erst später ausliefen, waren Beute der Händler, die überall kleine Stände aufgebaut hatten und Reiseproviant darboten, Wein, Brot und Käse, helles und dunkles Bier, kalte Hähnchenkeulen oder gesalzenen Fisch. Leichte Waren hatten sie mit Steinen gegen den Wind gesichert. Henri erkannte, wie geübt sie feilschten und wie bereitwillig sie niedrigere Gebote akzeptierten, weil ihr erster Preis viel zu hoch gewesen war. Er würde nicht auf sie hereinfallen.

Die Stimme des Wanderpredigers hallte zu ihm hinüber. Er hatte sich einen Mann aus der Menge ausgeguckt.

»Auch du, Bruder. Bedenke, wie heiß das Fegefeuer ist und wie wunderbar das Paradies. Du hast die Wahl, hast sie jeden Tag, den du auf Erden weilst. Kehr um, das rate ich dir. Nimm den Pfad, den der Allmächtige dir vorgibt. Es wird zu deinem Besten sein.«

Henri drehte sich um und sah, wie der Angesprochene die Augen niederschlug. Die Worte des Predigers hatten ihn erreicht und beugten ihn, es schien, als trüge er die Last einer begangenen Sünde auf seinen Schultern.

Mit sicherem Blick erfasste der Wanderprediger die Lage. »Beichte und tue Buße. Und dann lebe Verzicht. Einfachheit ist die Lehre, die Jesus Christus uns geschenkt hat. Einfachheit und Liebe.«

Henri ging weiter. Seit mehreren Tagen ließ er sich von einem englischen Mönch mit Namen Archibald führen. Auch Archibald trug eine Kutte, dennoch hätte der Unterschied zwischen ihm und dem Wanderprediger größer kaum sein können. Archibald war klein, hatte ein Bäuchlein, Tonsur, einen ordentlich gestutzten Bart, und seine hohe Stirn war voller heller Sommersprossen. Der Prediger hingegen war lang und dürr und sein Kopf- und Barthaar zerzaust. Obwohl auch Henri und Archibald gewandert waren und im Freien übernachtet hatten, sah die Kleidung des Mönchs sauber aus, und sein Gesicht war gewaschen.

»In Wahrheit«, sagte Archibald und zeigte auf den Wanderprediger, »setzt der Kerl darauf, dass ihm selbst seine Reden dereinst gutgeschrieben werden. Uneigennützig ist dieser Mensch ganz und gar nicht.«

Es war etwas an seinem Begleiter, das Henri nicht recht greifen konnte. Der Mann hatte einen strammen Schritt und schwieg die meiste Zeit. Doch dann begann er plötzlich zu reden, hatte seltsame Themen und dozierte ausführlich. Er sprach über die Lebensdauer von Bäumen, sogar über die von Steinen, stellte sie gegen die Flüchtigkeit der Wolken und wollte wissen, welche Art eine Seele hatte und welche nicht. Woran man das erkennen könne? Henri hatte nur selten über solche Probleme nachgedacht, deshalb blieb er meistens eine Antwort schuldig. Sein Eindruck war aber, dass der Mönch diese Fragen beim Gehen bedachte, und das beeindruckte ihn.

Sie kannten sich seit vier Tagen. Wie aus dem Nichts war dieser Archibald auf der Baustelle der Kathedrale in Reims aufgetaucht und hatte ihn angesprochen, in einer Mischung aus Englisch und Französisch: »Kennt Ihr Henri of Reims, den Baumeister?«

Henri zögerte. Er mochte nichts Falsches sagen. »Wer will das wissen?«

»Mein Name ist Archibald. Ich bin Mönch im Kloster von Harlesden in England und komme im Auftrag unseres Hofkaplans.« Sein Blick wanderte zu einer Papyrusrolle, die Henri unter dem Arm trug. »Seid Ihr der Baumeister Henri of Reims?«, fragte er.

Henri blinzelte gegen die Sonne. »Wenn ich es bin, was kann ich für Euch tun?«

»Dann werdet Ihr nach London gebeten. Genauer gesagt, nach Westminster.«

»Gebeten? Von wem?«

»Von unserem König.« Der Mönch zog ein Schriftstück aus seiner Tasche, auf dem ein rotes Siegel prangte. Er reichte es Henri.

»Aus welchem Grund würde der König mich zu sich bestellen?«

»Ihr sollt eine Kathedrale bauen, Sir. Die Abbey Westminster.«

Henris Verwirrung wurde nicht kleiner. »Eine Abtei?«

»Der Name ist ein wenig irreführend. Wir sind in unserem Land manchmal etwas altmodisch. Früher gab es ein Kloster mit einer Abtei. Aber nun soll dort eine Kathedrale entstehen – das ist der Wunsch des Königs.«

Henri beschloss, die Rede des Mönchs für einen Scherz zu halten. Auf den Baustellen gab es immer wieder Handwerker, die sich einiges einfallen ließen, um einen Kameraden zu verspotten. Sich dafür offenbar auch eine Kutte anzogen. Das Siegel jedenfalls war reichlich protzig und sicherlich gefälscht. Er rechnete damit, dass das Publikum des Witzbolds gleich hervorspringen und Henri auslachen würde.

Er schaute sich um. Da kam niemand.

Also erbrach er das Siegel und entfaltete den Brief. Die Schrift war klein und ausgesprochen regelmäßig, die Sprache Latein. Von einigen Pfarrern abgesehen kannte er niemanden, der Latein konnte, und er verstand das Schreiben nicht. Satz für Satz musste er sich vortasten und begann, jene Worte, die auf Französisch ähnlich klangen, zu übersetzen.

Mehrmals fragte er den Mönch nach Bedeutungen. Je mehr er entzifferte, desto stärker hielt er es für möglich, dass der Mönch die Wahrheit gesagt hatte, schon allein deshalb, weil sich kaum jemand die Mühe gemacht hätte, so viele Absätze in einer Sprache zu Papier zu bringen, die kaum jemand beherrschte. Handwerker konnten doch bestenfalls ihren Namen schreiben, und Henri selbst hatte das Lesen nur deshalb gelernt, weil sie während seiner Kindheit neben einer Kirche mit einem ehrgeizigen Pfarrer gelebt hatten.

Wenn er es richtig begriff, stand in dem Brief, dass Heinrich, von Gottes Gnaden König von England, ihn aufforderte, zu ihm zu kommen, sollte er bereit sein, eine weithin sichtbare Kirche im Ort Westminster bei London zu errichten. Genau das also, was der Mönch gesagt hatte.

Henri musterte den Mann, der da vor ihm stand und sich mit einem Taschentuch den Schweiß von der kahlen Stirn wischte. Konnte er ihm glauben? Trotz des Schriftstücks, das er in der Hand hielt, blieben ihm Zweifel. Kein normaler Mensch bekam einen Brief vom englischen König. Selbst wenn das Schreiben täuschend echt aussah, es konnte nur eine Fälschung sein.

Und gleichzeitig brach sich irgendwo in der Tiefe seines Kopfes ein anderer Gedanke Bahn, mehr ein Bild als eine Überlegung, und da erschien ihm dieser Brief wie eine Tür, eine Möglichkeit, die sich für einen kurzen Augenblick auftat und die man nehmen oder verschmähen konnte. Die Verlockung, auch die letzten, hartnäckigen Erinnerungen an seine verlorene Familie hinter sich zu lassen, war stark. Blitzschnell traf Henri eine Entscheidung. Es zog ihn in die Ferne, er malte sie sich in hellen Farben aus. Das Versprechen auf einen Neubeginn.

Endlich ein Neubeginn.

Im Laufe der Jahre hatte er mit unzähligen englischen Handwerkern zusammengearbeitet, deshalb sprach er deren Sprache einigermaßen gut. Zur Wahrheit gehörte allerdings auch, dass er jeden anderen für eine solche Entscheidung verurteilt hätte. Man ließ nicht einfach stehen, woran man gerade arbeitete, doch genau das tat er nun. Er wusch sich Hände und Gesicht in einer Regentonne und verließ die Baustelle, ohne sich noch einmal umzudrehen. Archibald begleitete ihn zu seiner Unterkunft, wo er seine Sachen holte und natürlich die Pläne.

An einem Marktstand kauften sie Reiseproviant und verließen Reims durch das nördliche Stadttor. Nur einmal in seinem Leben hatte Henri eine ähnlich weitreichende Entscheidung getroffen, damals mit Gisèle. Das lag eine halbe Ewigkeit zurück.

Und nun war er in Calais, und der Himmel sah bedrohlich aus.

»Habt Ihr Angst vor dem Wasser?«, fragte Archibald.

Sie schlenderten immer noch über die Mole und betrachteten die Schiffe.

Henri, der noch nie aufs Meer hinausgefahren war, tat beiläufig. »Müsste ich?«

»Nun, manchmal bringen die Wellen ein Schiff ein wenig zum Schaukeln.«

Henri war kein Mann der See. Weitab von einer Küste

geboren, konnte er nicht mal schwimmen – woher auch? –, und überhaupt war ihm das Meer nicht geheuer. Es kam ihm tief, unendlich groß, kalt und vor allem düster vor.

»Wenn es Euch recht ist, Baumeister, lasse ich Euch teilhaben am Leitsatz meines Lebens«, sagte der Mönch. »Er könnte Euch nützlich sein für den nächsten Abschnitt unserer Reise.«

»Bitte.«

»Er ist in einem einzigen Wort zusammenzufassen. Dieses Wort heißt: Vertrauen.« Der Mönch sah ihn mit großen Augen an. »Versteht Ihr?«

»Nein.«

»Wirklich nicht?« Nun breitete er auch noch die Hände aus, als empfinge er eine himmlische Botschaft. »Es ist ziemlich einfach. Wir müssen Gott vertrauen. Das erwartet Er von uns, und wenn wir uns von Ihm leiten lassen, ist Er bereit, uns zu führen.«

Henri zeigte nicht, dass er enttäuscht war. Dies war die Gedankenwelt eines Kirchenmannes, sie mochte für einen Mönch passen, der sein Leben hinter Klostermauern verbrachte und dort versorgt wurde. Ein Handwerker hingegen hatte sich auf andere Dinge zu verlassen, auf sorgfältig gezeichnete Pläne und feste Fundamente, auf Nachmessen und Probieren. Wenn man eine Kirchenwand von zwanzig Fuß Höhe bauen wollte, war Gottvertrauen ein bisschen wenig. Da musste man präzise arbeiten, andernfalls würde sie einstürzen.

Archibald blieb vor einem Schiff stehen. Es hatte nur einen Mast, um den das Segel gebunden war. Rund ums Deck lief eine Art Geländer, und rückseitig gab es ein paar Stufen, die in den Bauch des Schiffes führten und die alles andere als stabil aussahen.

»Ist das unser Schiff?«, fragte er den Mönch.

»Die *Northumbria*. Sie wird uns sicher und schnell nach England bringen. Ihr werdet sehen, die Reise ist kurz, je nach Windrichtung nicht mehr als ein paar Stunden. Da braucht man keine Sorgen zu haben.«

Der Himmel sprach eine andere Sprache. Die Wolken waren noch dunkler geworden, ballten sich nun tiefschwarz über der aufgebrachten See. An Land trieb der Wind Staub, Dreck und manchen tänzelnden Strohrest über die Kais. Ein Stückchen weiter, an den Hütten des Hafenmeisters und seiner Leute, klapperten die Fensterläden mit solcher Heftigkeit, als würde der Teufel selbst an ihnen rütteln.

Henri schluckte. Regen setzte ein, und er zog seinen Umhang über die Rolle mit den Plänen, die er sich mit einem Gürtel um den Bauch gebunden hatte. Von seiner zweiten Toga abgesehen waren diese Kopien alles, was er besaß. Der Nachweis seines Könnens, sein Eintritt in eine neue Welt.

Über einen Steg, an dessen Seite zwar ein Seil als Handlauf gespannt war, der aber trotzdem wackelig aussah, schleppten Matrosen Kisten an Bord. In der Mitte bog sich die Holzplanke unter dem Gewicht. Die Matrosen ließen sich davon nicht beirren. Sie gingen gebückt, immer zwei von ihnen trugen eine Kiste.

Als das Gepäck verladen war, gingen die ersten Passagiere an Bord. Unter ihnen war eine Frau, die mit unglaublicher Sicherheit über den schmalen Steg ging und das Halteseil verschmähte. Ihre Röcke waren lang, sie hielt sie auf der Seite ein wenig gerafft und schritt vorwärts. Der Gedanke, dass man bei einem unbedachten Tritt zwischen Schiffsbauch und Mole ins Meer fallen konnte, schien ihr nicht zu kommen.

»Es ist wie überall«, sagte Archibald neben ihm und rollte mit den Augen. »Zuerst die hohen Herrschaften. Diejenigen, die unter Deck Tisch und Stuhl bekommen.«

»Die Familie eines Grafen?«, fragte Henri.

»Die eines Barons«, verbesserte Archibald. »Der mit den weißen Haaren ist Humphrey of Farnham, ein recht bekannter Mann in meinem Land. Die jungen Leute vor ihm sind, wenn ich richtig sehe, sein Sohn und seine Tochter.«

»Und die anderen beiden?«

»Ein Diener und eine Zofe, nehme ich an.«

Henris Sorgen vor der Überfahrt wurden kleiner, als er der Baronsfamilie zusah. Er sagte sich, dass diese Leute kein Risiko eingehen würden.

»Also los«, nickte er Archibald zu.

»Das meine ich auch. England, geliebte Heimat, wir kommen. Mit Gottes Hilfe betreten wir am Nachmittag deinen Boden.«

...

Oliver of Farnham stand mit seiner Schwester Carol an Deck, als die Leinen gelöst wurden. Sie hatten einen Platz am Heck, ein wenig abseits vom Pöbel, abseits selbstverständlich auch von den Ziegen und Schafen, den abgegriffenen Holzkisten mit Wein und Obst, den Getreidesäcken und Wollteppichen, die französische Bauern nach England transportierten. Von früheren Reisen kannte Oliver diesen Handel, den es auch in die andere Richtung, nach Frankreich, gab. Er fand das ziemlich sinnlos. Warum behielt nicht einfach jeder seins?

Er neigte sich zu seiner Schwester hinüber. Carol hatte ihr Kopftuch fest verknotet und den Wollumhang zusammengebunden, um sich gegen den Wind zu schützen. Ihr Blick war offenbar an einem Mönch und dessen Begleiter hängen geblieben, die ein Stück weiter an der Reling standen. Oliver verstand nicht, was an diesen Männern so interessant sein sollte.

»Der Regen«, bemerkte er und streckte die Hand aus, um einige der Tropfen aufzufangen, »gibt uns einen Vorgeschmack auf England. Frankreich mag ja ganz schön sein, ist aber im Sommer eindeutig zu heiß.«

»Da gebe ich dir recht.«

»Oh«, machte er. »Ein Tag, den ich mir merken muss.«

Carol schmunzelte.

Sie stimmten selten überein, diese Erfahrung hatte er so oft gemacht, dass er nicht darüber nachzudenken brauchte, zumal nun das Ablegemanöver begann. Knapp über der Wasseroberfläche wurden mehrere schmale, lange Ruder aus dem Schiffsbauch geschoben. Da man die Männer, die sie führten, nicht sah, wirkte es wie Zauberei. Auf ein Kommando hin tauchten sie ins Wasser und setzten das Schiff in Bewegung.

Während sich das Schiff der Hafenausfahrt näherte, machten sich die Matrosen daran, das Segel zu setzen. Sie knüpften die Knoten auf, mit denen das Tuch am Baum befestigt war, dann zog einer es den Mast hinauf. Ganz oben wartete ein anderer darauf, es dort wieder festzubinden.

Es faszinierte Oliver, wie wenig man miteinander reden musste, wenn die Handgriffe eingeübt waren. Jeder wusste, was er zu tun hatte, und verrichtete seine Arbeit. Dass die Ziegen rings um sie meckerten, schienen sie nicht einmal zu hören.

»Von Frankreich«, nahm Carol ihre Unterhaltung wieder auf, »habe ich allerdings eine bessere Meinung als du. Es ist weiter entwickelt als unser Land.«

»Nein, keineswegs.«

»Oh doch. Das Essen schmeckt besser und der Wein auch. Ihre Häuser sind solider als unsere. Die Dörfer sind sauber und die Städte längst nicht so durcheinander wie zum Beispiel London, wo jeder dort baut, wo er Platz findet.«

»Auch in London gibt es schöne Ecken. Und wir haben etwas, das sie nicht haben.«

»Und was ist das?«

»Unser Mitspracherecht«, sagte Oliver und empfand bei diesem Wort einen Stolz, der seine Brust breiter werden ließ. »In Frankreich hat der Adel außerhalb der eigenen Güter nichts zu sagen. Du musst zugeben, dass unsere Regelung viel besser ist.«

»Wenn sie friedlich arbeitet«, erwiderte Carol und zuckte mit den Schultern, »dann vielleicht.«

...

Der Sturm setzte nach einer Stunde ein, als sie das Land hinter ihnen nicht mehr und das vor ihnen noch nicht sehen konnten. Um sie herum war nichts als Meer, abwechselnd dunkelgrau und schaumig weiß. Es sah wütend aus, so, als wollte es sie beißen. Der Wind heulte und riss am Segel, obwohl es bereits zur Hälfte heruntergelassen war. Der Mast schwankte wie ein junger Baum, während die Wellen mit einer derartigen Wucht gegen den Schiffsrumpf rauschten, dass jedes Mal ein Wasserschwall aufs Deck klatschte. Dabei hoben die Wellen das Schiff an und ließen es gleich darauf wieder fallen wie ein Spielzeug.

Henri hielt sich mit beiden Händen an der Reling fest. Seine Beine fühlten sich schwach an, und es kam ihm vor, als rühre jemand mit einem großen Löffel in seinem Bauch herum. Viele Mitreisende hatten sich erbrochen, und auch wenn sie versucht hatten, sich dabei mit dem Wind über Bord zu lehnen, war es längst nicht jedem gelungen. Breiartige braune Masse lief über das nasse Deck. Man mochte nicht hinschauen.

Die Bauern hatten ihre Tiere zusammengebunden und die Taue am Mast verknotet. Die Schafe und Ziegen litten trotzdem. Sie mähten und meckerten immerzu. Es waren erschütternde Angstschreie, die Augen waren aufgerissen und die Beine verkrampft.

Henri tastete nach der Rolle mit den Bauplänen unter seinem Umhang und überprüfte, ob der Gürtel, der sie hielt, festsaß. Sollte der Regen weiter zunehmen, würden sie nass werden. Sein Umhang war bereits durchweicht. Der Raum unter Deck war den hochgestellten Passagieren vorbehalten. Wegen des Sturms hatte der Kapitän dieses Recht auch den einfachen Leuten zugestanden. Aber nur wenige machten davon Gebrauch. Er verstand, dass die Bauern ihre Tiere nicht allein lassen wollten und auch nicht die Kisten mit Wein und Obst. Aber die anderen? Offenbar war ihre Furcht, im Schiffsbauch nicht sehen zu können, was die Wellen mit ihnen trieben, stärker als die, hier draußen Wind und Wetter ausgesetzt zu sein.

Auch die beiden englischen Geschwister waren an Deck geblieben. Den Regen schienen sie kaum zu bemerken. Während den anderen Reisenden die Angst ins Gesicht geschrieben stand, unterhielten sie sich in aller Ruhe. Davon abgesehen waren sie ziemlich gegensätzlich, der Bruder schwarzhaarig und schlank, mit einem knochigen und blassen Gesicht, die Schwester rotblond und fülliger. Eine richtige Angelsächsin, fand Henri.

Er wandte sich ab. Archibald hatte schon lange nichts mehr gesagt. Sein Gesicht war weiß wie die Schaumkronen. Seine Augen waren geschlossen, und die farblosen Lippen bewegten sich, deshalb ging Henri davon aus, dass er betete. Der Mann, der am Hafen noch von Vertrauen gesprochen hatte, wirkte wie das Elend in Person. Henri durchschoss ein heftiges Angstgefühl. Was, wenn der Sturm eine Strafe war, die sich gegen ihn richtete?

*Seid Ihr der Baumeister Henri of Reims?*

Der Baumeister arbeitete nach wie vor in Reims. Wie Archibald schloss Henri die Augen, auch wenn das Schaukeln des Schiffes auf diese Weise noch unheimlicher wurde. Seine Angst hatte ihn in der Hand. Sie war größer als er.

»Lieber Gott«, begann er still. Er brach ab, weil er sich

klarmachte, dass es sinnvoller war, sich an die Jungfrau Maria zu wenden, schließlich oblag ihr die Seefahrt.

»Heilige Jungfrau«, sagte er tonlos. »Bitte lass mich und uns alle heil ankommen. Ich verspreche dir, ich werde der Christenheit in England eine prachtvolle Kirche bauen, größer und schöner als alle, die es dort gibt.« Er hielt inne. »Sollte der König mich beauftragen«, fügte er schnell hinzu.

Im nächsten Moment stürzte das Schiff in ein tiefes Wellental. Henri riss die Augen auf und stieß einen Schrei aus. Auch die Leute um ihn herum schrien, während sie sich an der Reling festkrallten. Die Tiere, die am Mast festgebunden waren, rasten, wobei sie aus Leibeskräften brüllten. Sie stolperten, fielen hin, versuchten, auf dem nassen, mit Kot und Erbrochenem verschmierten Holz wieder aufzustehen, rannten wie blind ineinander. Henri bemühte sich, an seinem Gebet festzuhalten, er erlaubte sich jetzt keine Angst mehr, überhaupt keine Ablenkung, sondern wiederholte seinen stillen Eid, diesmal noch feierlicher als beim ersten Mal. »Eine Prachtkirche, wie sie sich die Christenheit in England noch nicht einmal vorstellen kann.«

Er schloss die Augen und bekräftigte mit einem Nicken, was er geschworen hatte.

Der Regen prasselte auf sie nieder, während das Schiff die nächste Welle in Angriff nahm. Henri hielt eine Hand über die Rolle unter seinem Gürtel, auch wenn er die Pläne so nicht schützen konnte. Er beobachtete, wie der Diener des Barons, ein älterer Mann in schwarzem Mantel, auf das Geschwisterpaar zuhielt. Der Mann hielt sich aufrecht, gleichwohl ging er unsicher, geradezu tastend, und suchte bei jedem Schritt etwas, woran er sich festhalten konnte. Seine andere Hand brauchte er, um zu verhindern, dass der Wind ihm die Mütze vom Kopf riss.

Als der Diener die Geschwister erreicht hatte, deutete er eine Verbeugung an und gestikulierte in Richtung der Leiter, die in den Schiffsbauch führte, und Bruder und Schwester nickten.

»Ich glaube, wir gehen ebenfalls hinunter«, schlug Archibald vor. »Auch wenn mir nicht wohl dabei ist.«

Inzwischen sah der Mönch aus, als klopfe der Tod an seine Tür. Hatte er vorher eine weiße Gesichtsfarbe gehabt, so war sie jetzt grüngelb. Seine Haut schimmerte wie Pergamentpapier. Henri sah voraus, dass sich der arme Kerl bald erbrechen müsste, weshalb es sinnvoller war, an Deck zu bleiben.

»Einverstanden«, sagte er trotzdem, denn er musste an die Baupläne denken. Inzwischen war schon die Lederhaut, in die sie gewickelt waren, durchnässt. Es war höchste Zeit, die Rolle ins Trockene zu bringen.

»Herr, steh mir bei«, stieß Archibald hervor. Das Schiff rauschte wieder in ein Wellental und neigte sich dabei so sehr, dass sich ein heftiger Wasserschwall über das Deck brach. Wer dort noch stand, war endgültig nass geworden. Archibald verlor das Gleichgewicht. Er rutschte aus, stürzte und landete auf dem Steiß, bevor es ihn weiter umschlug und er in voller Länge auf dem Rücken lag.

Da sich das Schiff wieder hob, rauschte er mit den Füßen voran über das glitschige Deck. Es ging Richtung Heck. Seine

Arme waren über dem Kopf ausgestreckt, er ruderte wild, aber es gab nichts, wonach er greifen konnte.

Henri war wie gelähmt, als er dem Mönch nachschaute. Sein Weg ins Wasser war vorgezeichnet. Er führte ein Stück an den Aufbauten, die ihn hätten bremsen können, vorbei. Wenn es ihm nicht gelänge, sich an der hinteren Reling festzuklammern, wäre es um ihn geschehen. Sie war allerdings ein Geländer zum Festhalten und bot keinen Schutz in Fuß- oder Kniehöhe.

Ein weiteres Mal schrien die Mitreisenden auf.

Das Wasser vor Archibald war dunkelgrau, ein Vorgeschmack auf die Hölle. Henri erwachte aus seiner Starre. Er nahm zwei Schritte Anlauf und warf sich auf das spiegelglatte Deck. Im nächsten Moment raste er dem Mönch bäuchlings hinterher. Er spürte, wie ihm die Rolle mit den Bauplänen aus dem Gürtel rutschte.

Das Geschrei der Fahrgäste war nur noch ein fernes Brummen in seinen Ohren, ein Begleitgeräusch auf seinem Weg in die Verdammnis. Es hatte sich mit den düsteren Tönen von Sturm und Wellengang zu einem dumpfen Brei vermischt. Sein Versuch war aussichtslos, der Mönch war zu weit vor Henri, selbst wenn er seine Arme ausstreckte, bekam er ihn nicht zu packen.

Seinen Umhang hatte Henri verloren, der Kittel war aufgerissen, er spürte das scharfe Brennen von Salzwasser in einer Wunde, während er über das Deck rutschte. Vor ihm tat sich der düstere, gefräßige Schlund der See auf.

Archibalds Fuß krachte gegen einen der Pfosten der Reling. Es gab ein Geräusch von brechendem Holz, und obwohl der Pfosten den Mönch nicht zu halten vermochte, verzögerte er seinen Sturz in die wütende See. Henri war herangekommen, packte zu und bekam ein Stück Stoff zu fassen, den Kragen der Mönchskutte. Er krallte sich fest und bog gleichzeitig seinen Oberkörper aufwärts. Mit der freien Hand griff er nach der Reling.

Archibald war noch bei ihm, nur seine Beine hingen schon über dem Abgrund der See. Henri hielt ihn. Es kostete ihn alle Kraft, lange würde er das nicht durchstehen können. Er musste handeln, bevor sich das Schiff auf die andere Seite legte. Er drehte sich unter Schmerzen und stemmte einen Fuß gegen den gebrochenen Pfosten. Mit aller Kraft riss er an der Kutte, wobei er mit seiner anderen Hand Archibald unter die Achsel griff. Der kleine Mann war schwer, doch mit einem kräftigen Ruck gelang es ihm, den Mönch zurück an Deck zu ziehen.

Das Schiff senkte sich, und sie rutschten von der Reling weg. Henri stieß mit dem Kopf gegen etwas Hartes. Sein Kopf dröhnte. Es war nicht der Moment, dem Schmerz nachzugeben. Er hielt Archibald im Arm. Der arme Kerl starrte ihn wirr an und schien nicht zu wissen, wo er war.

Das Schiff krachte mit einem elenden Klang von brechendem Holz ins nächste Wellental. Henri fuchtelte mit dem freien Arm in der Luft, auf der Suche nach etwas, an dem er sich festhalten konnte. Erneut schwappte Wasser über ihn, und der Rumpf hob sich. Sie glitten wieder Richtung Heck, auf die gesplitterte Reling zu. Diesmal aber wurden sie gebremst, als Henri mit der Schulter gegen einen der Leiterpfosten stieß. Der Aufprall verursachte ein übles Geräusch. Für einen Moment wurde ihm schwarz vor Augen.

Benommen blickte er auf. Über ihm stand die angelsächsische Baroness.

»Kann ich Euch helfen, Monsieur?«

Henri schaute zu ihr hoch. »Äh …«

Er hatte nicht die Muße, sich eine sinnvolle Antwort einfallen zu lassen, denn Archibald neben ihm erbrach sich, und er hatte damit zu tun, den Kopf des Mönches von der Lady wegzuhalten. Das immerhin gelang.

Als er wieder aufsah, war sie verschwunden. Der Regen ließ nach, der Sturm zog weiter. Um sie herum beruhigte sich die See.

# II

Carol war erleichtert, als endlich die weißen Klippen von Dover in der Ferne auftauchten, zunächst nur als blasse Schemen im Dunst. Erst mit dem Näherkommen wuchsen sie Stück für Stück zu ihrer imposanten Größe. Bald schallten laute Kommandos über das Deck, die Matrosen nahmen ihre Plätze ein, refften das Segel, zogen es an Leinen immer tiefer, andere verschwanden in der Ruderkammer unter Deck, und schließlich waren knirschende Geräusche zu hören, als die schweren Hölzer ausgefahren wurden. Sie liefen in den Hafen ein, als sei nichts geschehen.

Carol kannte kräftigen Wind und Regen, das blieb nicht aus, wenn man in England groß wurde, und es machte ihr nichts aus, im Gegenteil, dieses Wetter bedeutete für sie Heimat. Eine Schiffsreise wie diese allerdings hatte sie noch nie erlebt. Menschen, die wie Säcke über Deck rutschten. Eine Ziege, die erwürgt wurde, als sich das Seil um ihren Hals bei einer plötzlichen Richtungsänderung straffte. Eine andere, die sich ein Bein brach und derart jämmerliche Töne ausstieß, dass der Bauer gezwungen war, ihr die Kehle durchzuschneiden. Es blieb ihm nichts übrig, als den Kadaver ins

Meer zu werfen, und Carol sah am Gesichtsausdruck des Mannes, wie viel er verloren hatte – einen großen Teil des Verdienstes wahrscheinlich, den er in England zu machen gehofft hatte.

An Deck sah es aus wie auf einem Schlachtfeld. Blut und Erbrochenes hatten sich zu einer ekelerregenden Masse vermischt, die hin und her schwappte. Die erschöpften Bauern hielten ihre Tiere und die abgegriffenen Obstkisten umklammert, als wären es ihre Liebsten. Andere Passagiere saßen kraftlos an Aufbauten und Pfosten, die Köpfe gesenkt, die Beine ausgestreckt. Der Diener ihres Vater schob sich an Carol vorbei, denn seine Aufgabe war es, sich um die Gepäckkisten zu kümmern.

»Wir sollten von Bord gehen«, hörte sie hinter sich die Stimme ihres Vaters.

Sie war im Begriff, ihm zu folgen, als ihr die Lederrolle einfiel, die sie vorhin aufgehoben und unter Deck bei ihrem Stuhl verstaut hatte. Ihre Beine waren immer noch weich, trotzdem strebte sie gegen den Strom der Passagiere zurück in den Schiffsbauch. Die Rolle fand sie dort, wo sie sie abgelegt hatte. Sie würde sie ihrem Besitzer zurückgeben.

Wieder an Deck sog sie die frische Luft ein. Sturm und Wolkenbruch waren einem leichten englischen Nieselregen gewichen. Sie fühlte sich zu Hause.

Den Besitzer der Lederrolle konnte sie nicht entdecken. Sein Gesicht war ihr aufgefallen, es hatte sich ihr eingeprägt, länglich und irgendwie konzentriert, mit kräftiger Nase, klaren Augen und dunklem Oberlippenbart. Er war groß und überragte seinen Begleiter, diesen Mönch, dem er das Leben gerettet hatte, um einen ganzen Kopf. Doch nun war er verschwunden.

Achselzuckend folgte sie Vater und Bruder über die hölzerne Planke an Land. Die Lederrolle hatte sie in der einen Hand, mit der anderen hielt sie sich an dem Tau fest, das als Handlauf diente. Ihre Beine fühlten sich an wie englischer Pudding. Der Abstieg war eine Qual. Für einen Moment musste sie sogar stehen bleiben, denn ihr wurde schwindelig, in ihrem Kopf drehte sich ein Kreisel, und sie fürchtete, das Gleichgewicht zu verlieren.

»Was ist, Schwester?«, rief Oliver, der bereits Land unter seinen Füßen hatte.

»Nichts«, erwiderte sie, ohne ihn anzuschauen.

Von frühester Kindheit an waren sie dazu erzogen worden, keine Schwäche zu zeigen. »Baron und Baroness zu sein«, pflegte ihr Vater zu sagen, »ist keine Frage des Titels, sondern eine von Haltung und innerer Stärke.« Dieser Satz war ein Teil von Carols Wesen geworden.

Langsam setzte sie einen Schritt nach dem anderen und erreichte endlich festen Boden. Dover. Englische Erde.

Ihre Kutsche stand schon bereit, ein geschlossener Wagen mit Vorhängen und lederbezogenen Bänken. Die Gepäckkisten wurden festgeschnallt, eine hinten, die andere auf dem Dach. Ihr Vater stieg ein, Carol setzte sich neben ihn.

»Soll ich Zeichen zur Abfahrt geben, Mylord?«, fragte der Diener.

»Ich fürchte, so können wir nicht nach London reisen«, erwiderte Humphrey. »Schaut euch an, Kinder, wie ihr ausseht.« Er wandte sich an Oliver. »Du hast deine Mütze verloren.« Mit Blick auf Carol meinte er: »Dein Kopftuch ist feucht, und deine Röcke sind zerknittert.«

Carol strich sich über ihre Kleidung. Es half nicht viel, der Stoff wurde nicht glatter.

»Wir werden ein Gasthaus ansteuern«, erklärte ihr Vater. »Dort könnt ihr euch in Ordnung bringen. Und ein Ale nach dem Schreck ist sicher nicht verkehrt. Also los«, sagte er zu seinem Diener, »wir fahren zum *Channel Inn*.«

Der Diener stieg aus, brachte dem Kutscher die Anweisung und kehrte zurück. Die beiden Pferde setzten sich in Bewegung, ihre Hufe klapperten bereits über das Pflaster, als Carol den Besitzer der Lederrolle entdeckte. Zusammen mit dem Mönch, den er wie einen Blinden am Arm führte, war er auf dem Steg und bewegte sich Richtung Kai.

»Moment«, rief sie. »Diese Rolle gehört dem Mann dort. Ich bringe sie ihm.«

»Lass gut sein, Carol«, entgegnete Oliver. »Ich muss mich umziehen. Oder willst du dafür verantwortlich sein, dass ich mich erkälte?«

»Ach Gott, Oliver«, gab sie zurück. »So schnell geht das nicht.«

Doch offenbar hatte ihr Vater beschlossen, ihre Bitte zu überhören. Die Kutsche fuhr unbeirrt weiter.

...

»Vielleicht sollten wir nicht gleich nach London gehen«, sagte Archibald. »Ich bin müde. Meine Kutte ist nass, und mir ist kalt. Es war eine Prüfung, die uns der Herr geschickt hat.

Wenn ich es richtig sehe, haben wir sie bestanden.« Er seufzte. »Genau genommen hätte ich sie nicht bestanden. Ihr habt mir das Leben gerettet.« Der Mönch streckte seine Hand aus, in die Henri einschlug. »Danke.«

»Ihr hättet das Gleiche für mich getan.«

»Wer weiß, ob ich das gekonnt hätte. Wie auch immer, jetzt muss ich mich ausruhen.«

»Und wo sollen wir hin?«, fragte Henri. Er war ebenfalls erschöpft und hatte weiche Beine. Es war ihm mehr als recht, nicht gleich wieder marschieren zu müssen.

»Es gibt in Dover ein Kloster meines Ordens.«

Das war keine gute Wahl, glaubte Henri. »Eure Brüder werden mich kaum aufnehmen.«

»Warum glaubt Ihr das?«

Henri schaute an sich herab. »Es ist offensichtlich, dass ich keiner von ihnen bin. Keiner von Euch.«

Archibald winkte ab. »Sagt so etwas nicht! Barmherzigkeit ist die Botschaft unseres Herrn. Ich gehe davon aus, dass die Brüder in Dover sie genauso gut kennen wie bei uns in Harlesden. Habt Vertrauen.«

Henri seufzte. Vertrauen war in jeder Lebenslage richtig und dies eine Einstellung, gegen die es keinen vernünftigen Einwand gab. Also folgte Henri Archibald, und nach weniger als einer halben Stunde erreichten sie das Kloster. Es lag an einem Wald außerhalb von Dover. Die umgebende Mauer war hellgrau, das Holztor verschlossen.

Archibald klopfte mit der Faust dagegen.

Nach einiger Zeit öffnete ein junger Mann und streckte seinen Kopf heraus. »Euer Begehr?«

»Habt ihr Mahlzeit und Quartier für zwei arme Seelen, die beinahe im aufgewühlten Meer ertrunken wären?«

Der Junge nickte zunächst, dann blickte er Henri genauer an. »Für ihn auch?«, fragte er.

»Aber ja.«

»Ich glaube nicht, dass der Abt Fremde ...«

»Bruder, hab die Güte und teile deinem Abt mit«, erwiderte Archibald, »dass ich ohne diesen tapferen Mann nicht vor eurer Tür stünde. Dann wäre ich Fischfutter, und das, glaub mir, ist keine schöne Vorstellung.«

Sie wurden eingelassen und bekamen trockene Kleider. Henri gefiel sich nicht in der braunen Kutte. Die grobe Wolle kratzte an Hintern und Rücken. Er hatte nicht einmal Beinlinge an, denn auch die hingen zum Trocknen überm Feuer. Anstelle seiner Stiefel trug er Sandalen, die so groß waren, dass seine Füße darin schwammen.

Sie wärmten sich am Feuer auf und durften eine Stunde später mit den Mönchen im Speisesaal Platz nehmen. Henris Magen hatte sich beruhigt, er hatte Hunger, aber als er seinen Holzlöffel in den Gemeinschaftstopf tunkte und probierte, musste er sich bemühen, nicht den Mund zu verziehen. Der ungesalzene Hirsebrei schmeckte fade, das Gemüse war derart verkocht, dass er nicht sagen konnte, was es war. Den Mönchen schien das nichts auszumachen. Sie alle schaufelten sich die braune Masse in den Mund und sprachen dabei kein Wort. Henri hielt sich an das Ale. Es war von schwarzer Farbe und so stark, dass es ihm sofort zu Kopf stieg. Ihm wurde warm. Er würde schlafen wie ein Bär im Winter.

»Ich habe meine Pläne auf der Überfahrt verloren«, teilte

er Archibald mit, als sie nach dem Essen im Hof standen, wo wieder geredet werden durfte. »Wahrscheinlich sind sie im Wasser gelandet. Ohne sie kann ich gleich zurückfahren.«

»Warum?«

»Weil ich mit Worten nicht zu erklären vermag, was ich vorhabe. Ich muss es zeigen. Muss mithilfe der Zeichnungen anschaulich machen, wie wir in Frankreich bauen.«

»Dann habt Ihr zwei Möglichkeiten: Entweder Ihr fertigt neue Zeichnungen an, oder Ihr redet auf eine Art, dass der König und seine Berater es sich vorzustellen vermögen.«

»Beides ist unmöglich.«

»Warum?«

»Was das Reden angeht: Ich bin Handwerker und kein Doktor der Rhetorik. Und Zeichnungen anzufertigen dauert lange.«

Damals, nach Gisèles Tod, hatten ihn die Pläne in mancherlei Hinsicht gerettet. An den Wochentagen, wenn Betrieb auf der Baustelle war und er zu tun hatte, hielt sich der Schmerz in erträglichen Grenzen. Doch sonntags kam die Schwermut und drückte ihn nieder. Es gab Tage, da hatte er nicht einmal Lust, aufzustehen. Das Essen verschmähte er, und Wein trank er nur, um zu vergessen. Er konnte sich hundertmal sagen, Gisèle sei jetzt bei Gott, doch selbst in diesem Gedanken fand er keinen Trost. Sie fehlte ihm. Manchmal vergaß er, dass sie nicht mehr da war, begann, mit ihr zu reden, und wunderte sich, dass keine Antwort kam. Erst dann verstand er die neue Wahrheit: Sie war fort und würde nicht zu ihm zurückkehren.

Der Sonntag war für ihn auch deshalb schwer zu ertragen, weil sie an einem Sonntag gestorben war. So wurde er immer wieder an ihren Tod erinnert. Das Loch, das sie hinterlassen hatte, erschien ihm groß wie ein Krater, und es gab Stunden, da glaubte er, hineinzustürzen. Selbst kaltes Wasser, in das er seinen Kopf dann tauchte, verscheuchte diese Vorstellung nicht.

In seiner Not kam er auf die Idee, alte Pläne des Baumeisters abzuzeichnen, um die Geheimnisse des Kirchbaus zu begreifen.

Ungezählte Stunden vertrieb er sich mit seinen Studien. Die Reimser Kathedrale war ein altes, wahrscheinlich sehr altes Bauvorhaben, es gab stapelweise Pläne, die zusammengerollt und verstaubt in Regalen lagen, angefangen von den Fundamenten über die ersten Wände, die vielen Pfeiler und Träger, die Fenster und Türen an Haupt- und Seitenschiffen, bis hin zum Dach und den Türmen. Besonders interessant erschien ihm, dass auf den Skizzen einzelne Elemente aus unterschiedlichen Himmelsrichtungen dargestellt waren. Henri zeichnete unzählige Entwürfe ab. Manche waren derart detailliert, dass er halbe Tage brauchte, bis er mit all den feinen Linien fertig war, andere, vor allem jene, die die konstruktiven Elemente darstellten, waren eher grob. Dafür gab es an ihnen Maße – Länge, Breite und Höhe –, und auch die übernahm er.

Anfangs waren die Pläne nur eine Möglichkeit, die Sonntage in halbwegs guter Stimmung zu verbringen. Mit der Zeit aber stellte er fest, dass er über Fragen des Baus ein fundierteres Urteil gewann. Mehr und mehr verstand er, wann eine

Wand hielt und welche zum Einsturz verurteilt war. Sein Verständnis wurde mit den Monaten immer größer.

Der alte Baumeister bemerkte das ebenfalls und begann, seinen Rat zu suchen. »Sind die unteren Stockwerke stabil genug«, fragte der Weißbart, »um ein drittes zu tragen?«

»Ich fürchte, das sind sie nicht.«

»Dann müssen wir die Höhe begrenzen?«

»Wir sollten«, schlug Henri vor, »die Last besser verteilen. Lasst uns rückwärtige Pfeiler bauen. Andere Kathedralen haben auch welche. Geschickt gesetzt nehmen sie einen Teil des Gewichts auf.«

Der alte Baumeister begann, Henris Ideen als die seinen auszugeben. Henri verlangte von sich, darüber keine bösen Gefühle zu bekommen, doch auf die Dauer gelang ihm das nicht. Er war derjenige, der als wandernder Handwerker andere französische Kathedralen gesehen hatte und deshalb vergleichen konnte, und er hatte die alten Pläne studiert.

Er wandte sich an den Baumeister. »Ich helfe dir auch weiterhin, wenn du mir ebenfalls hilfst.«

»Wie das?«

»Ich will lernen, was du weißt: wie man Steine beurteilt und wo man sie kauft, wie man die nächsten Schritte plant, mit den Meistern spricht oder Ausgabenlisten führt.«

Der Baumeister sah ihn lange an, ohne eine Antwort zu geben. »Nun gut«, sagte er schließlich und hielt sein Wort.

Den Kopien aber hatte Henris erster Gedanke gegolten, als der englische Mönch an der Kathedrale vor ihm gestanden hatte: *Seid Ihr der Baumeister Henri of Reims?*

Deshalb hatte er seine Zeichnungen aus seinem Quartier

geholt und in die Lederrolle gewickelt, bevor er sich auf den Weg gemacht hatte, längst nicht alle, dazu waren es zu viele, aber die wichtigsten. Und die waren jetzt verschwunden. Trieben im Wasser oder lagen bereits auf dem Meeresgrund.

»Was habt Ihr, Baumeister?«, fragte Archibald. »Seid Ihr trübsinnig, weil es regnet?«

»Nein, ich mag den Regen.«

»Das ist gut. Wer in England lebt, sollte sich mit ihm anfreunden. Was ist es dann?«

»Wie bereits gesagt: Ohne Pläne brauche ich nicht beim König vorzusprechen. Im Gegenteil, ich werde mich blamieren.« Er zog die Schultern hoch. »Am besten kehre ich nach Frankreich zurück.« Er versuchte ein Lächeln, das ihm nicht recht gelang. »Auch wenn ich mich nicht darum reiße, gleich wieder auf ein Schiff zu steigen.«

Der Mönch klopfte ihm auf die Schulter. »Mit Eurer Zuversicht ist es nicht weit her, habe ich recht, Baumeister?«

»Das kommt auf den Standpunkt an. Ich bin kein Mönch wie Ihr, Père Archibald.« Unbeabsichtigt hatte er den Namen französisch ausgesprochen. Er klang wie *Arschibohl*. Henri lachte über sich. »Euer Name ist für eine Kehle wie meine eine stete Herausforderung.«

»Sagt einfach Archie. Das machen die meisten. Überhaupt wäre es Zeit, dass wir einander duzen. Schließlich haben wir noch einen gemeinsamen Weg vor uns.«

Dieser Satz ließ Henri erneut lachen. ›Deine Zuversicht, Archie, scheint mir in der Tat sehr groß zu sein. Ich sagte gerade, ich würde nach Frankreich zurückkehren.«

# III

Die uralte Straße, die Dover mit London verband, war gut ausgebaut, in beide Richtungen gab es viel Verkehr. Von Ochsen gezogene Bauernwagen rumpelten genauso über die unebenen Steine wie elegante Kutschen, Fußgänger und Reiter waren unterwegs, bewaffnete Ritter, Handelsleute, Priester, Handwerker, Bettler. Am Wegesrand standen Gasthäuser, in denen man eine Mahlzeit und einen Schlafplatz bekam, der einem das Nächtigen im Wald ersparte.

Henri hatte sich von Archies Einwand breitschlagen lassen, er sei inzwischen so nahe an Westminster, dass es dumm wäre, sein Glück nicht zu versuchen. Jetzt lag er auf seinem Strohsack und lauschte dem regelmäßigen Schnarchen des Mönchs. Er verzichtete darauf, sich Stroh in die Ohren zu stopfen, denn er wollte nicht schlafen, sondern nachdenken. Wenn er Archies Gerede über Zuversicht und fehlendes Vertrauen wegließ, zeigte sich, dass er vor einer Blamage stand. Er war nun einmal kein Redner und erst recht kein Dichter, er besaß nicht die Fähigkeit, die Kathedrale allein mit Worten auszumalen. Sicher, er konnte von Wänden, Türen und Fenstern sprechen, doch vorstellbar wurde all das und vor allem die schiere Größe erst anhand von Zeichnungen. Und die hatte er verloren.

Dagegen stand, dass Archie recht hatte: Er war nur noch zwei Tage von Westminster entfernt. Selbst wenn die Chance klein war, den Auftrag zu erhalten, der Versuch war mit geringer Mühe verbunden.

Doch ihn schreckte die Peinlichkeit, die ihm bevorstand und gegen die er nichts würde tun können. Er war einfach nicht zur freien Rede geboren. Die Worte kamen ihm nur mühsam aus dem Mund, er stockte oft und musste nachdenken, und wenn man ihn zwang, vor Publikum, selbst vor einer Gruppe Handwerker, zu sprechen, wurde ihm flau und der Mund trocken.

Und trotz allem empfand er einen gewichtigen Grund, zu bleiben und sein Glück zu versuchen, selbst wenn er sich wahrscheinlich blamierte. Es lockte ihn, Baumeister zu werden. Es lockte ihn mehr als irgendetwas auf der Welt.

Am nächsten Morgen saß er mit Archie im Schankraum bei der Morgensuppe, die genauso fade war wie der Brei im Kloster. Obwohl die Fensterläden offen standen, lag ein Geruch nach schalem Bier in der Luft. Henri schaffte nicht mehr als ein paar Löffel, und während er sie herunterwürgte, dachte er, dass ein französischer Koch, der seinen Gästen eine derartige Suppe vorgesetzt hätte, verprügelt oder gleich am nächsten Baum aufgeknüpft worden wäre. Zumindest wären die Gäste fortgeblieben. Die Engländer schienen unempfindlich gegen schlechten Geschmack.

»Am Abend werden wir in London eintreffen«, erklärte Archie mit vollem Mund.

»Also los, lass uns aufbrechen«, sagte Henri ungeduldig.

»Nicht so eilig, mein Freund.« Archie zeigte auf seine Schüssel. »Der Mensch muss essen. Und das in Ruhe.«

Archie ließ die Flüssigkeit von seinem Löffel herablaufen, sodass nur noch ein Haufen Getreide übrig blieb, dann schob er ihn sich in den Mund, kaute kaum, sondern spülte mit Dünnbier herunter. Womöglich war dies die richtige Methode für diesen Pamps. Henri machte es Archie nach und spülte ihn mit Bier herunter. Es ging tatsächlich besser.

Da so viele Reisende auf der Straße nach London unterwegs waren, war sie sicher. Henri hatte zu keinem Moment Sorge vor Räubern, auch dort nicht, wo die Wälder dichter waren. Es war ein angenehmer Spätsommertag. Sie machten nur wenige Pausen und kamen, wie Archie vorhergesagt hatte, vor Anbruch der Dämmerung an das südliche Londoner Tor.

Die Stadt war ein noch stärkeres Gewimmel aus Mensch und Tier, als Henri es aus Frankreich kannte. Ob zwei oder vier Beine, alles drängte sich durch enge Gassen, in denen es nicht weniger stank als in Paris oder Reims. Die Straßengräben waren genauso voll Unrat, nur einen Unterschied gab es: Es war nicht so laut. Die Engländer, so sein Eindruck, erhoben die Stimme nicht, selbst dann nicht, wenn ein Gespann ein anderes vorlassen musste, weil der Durchgang zu eng war. Die Kutscher schienen nicht ein Mal zu streiten, sondern folgten klaren Regeln. Wer zuerst am Engpass war, hatte das

Vorrecht, das der andere selbstverständlich einräumte. Henri schaute fasziniert zu.

Archie führte ihn zum Fluss, wo er sich auf einen umgefallenen Baumstamm setzte, die Sandalen auszog und die Füße ins Wasser steckte. »Das Leben«, sagte der Mönch, »hat seine Freuden. Es belohnt den, der sie auszukosten weiß.«

Die Themse war breit und floss ostwärts, sie bildete Wellen, die kleine weiße Kronen hatten. Eine Holzbrücke führte hinüber, eine solide Konstruktion, wie es Henri schien, gegründet auf einer Vielzahl von Pfeilern, an den Seiten von stabilen Balken gehalten.

Die eigentliche Stadt lag auf der Nordseite. Dort gab es einen sumpfigen Uferstreifen, der offenbar regelmäßig überschwemmt wurde. Die ersten Anlieger jenseits dieser Auenwiese waren Fischer, unschwer an den Booten und Netzen in ihren Höfen zu erkennen. Das anschließende Gassenviertel war höchst verwirrend, voller Ecken, Kurven und enger Wege, aber Archie lotste ihn so sicher hindurch, als sei er dort zu Hause. Er führte ihn zu seinem Kloster, das wie das in Dover ebenfalls außerhalb der Stadt lag. Diesmal sorgte sich Henri nicht darum, abgewiesen zu werden. Er hatte sich dem Mönch überlassen. Archie würde eine Lösung finden.

Am nächsten Morgen erwachte Henri mit einem Gefühl von Beklommenheit, das ihm auf die Brust drückte. Archie hatte angekündigt, ihn zum Palast zu führen. Henri versuchte, sich gründlich zu waschen, den Dreck von Umhang und Kittel zu klopfen und seine Stiefel zu säubern. Er war aber nicht recht bei der Sache. Sicherlich kannte der König von England den

Reimser Baumeister nicht. Aber vielleicht der Hofkaplan, der den Brief veranlasst hatte. Es bestand die Gefahr, aufzufliegen, und so war Henri erleichtert, als Archie ihn darauf hinwies, dass die Fahne auf dem Palastdach nicht gehisst war. Ein Oberst der Wache beschied ihnen, dass der König auf einem seiner Landgüter weilte. In der kommenden Woche sei er aber zurück und werde den Baumeister empfangen. Sie verabredeten einen Tag.

Henri nutzte die Zeit, um sich die Baustelle anzuschauen. Sie lag in unmittelbarer Nachbarschaft der königlichen Residenz, und Henri war beeindruckt. Der weißgraue Stein war der gleiche wie am Palast und die Ausmaße der Anlage nicht kleiner als in Reims, ein langer, dabei schlanker Grundriss, dazu gedacht, in die Höhe und nicht in die Breite zu wachsen. Henri umrundete den gesamten Bau mit Haupt- und Querschiffen, was einige Zeit in Anspruch nahm. Das Mauerwerk schien ihm solide zu sein.

Seltsam war nur die Stille, die hier herrschte. Obwohl der Herbst noch nicht begonnen hatte, sah es aus wie im Winter. Überall hatte sich Dreck gesammelt. Die Aussparungen für die Fenster waren mit Sackleinen verhängt. Kein einziger Handwerker war zu sehen, und wenn man den halb verfallenen Zustand der Bauhütten als Maßstab nahm, dann lag die Baustelle schon eine ganze Zeit brach. An den Hüttenwänden und den Dächern gab es Bruchstellen, hier hing eine Tür schief, dort drang Regenwasser ins Häuschen, weil sich tiefe Bodenrinnen gebildet hatten, eine dritte Unterkunft stand derart schief, dass der nächste kräftigere Windstoß sie umwerfen würde.

Die Ost-West-Ausrichtung war nicht anders als in Frankreich, der Altar sollte dort stehen, wo die Sonne aufging. Ihm schloss sich die Apsis, der letzte Teil der Kirche, an. Sie war weitläufig, ihre Wände waren etwa hüfthoch gemauert und so angelegt, dass sie das Gefälle des Geländes ausglichen. Zwei Ecksäulen reichten sogar höher, als er mit ausgestrecktem Arm greifen konnte. Im Unterschied zu Reims war die Apsis als eigenständige Kapelle geplant, als selbstständiger, intimerer Raum innerhalb der Kathedrale. Das kannte er nicht, es war aber aus den bereits angedeuteten nach innen zeigenden Wänden am Übergang zum Hauptschiff unschwer zu erkennen. Wozu war das gut? Er würde den Grund herausfinden müssen.

Insgesamt gewann er den Eindruck, als sei hier mit großer Eile aufgemauert worden. Die Wände waren, soweit er das ohne Lot beurteilen konnte, gerade, und dennoch gab es überall Spuren fehlender Sorgfalt. An den Fugen war der überschüssige Mörtel nicht abgestrichen worden und in langen Nasen herabgelaufen, und die Steine selbst waren längst nicht so gleichmäßig geschlagen, wie er es aus Frankreich kannte, es gab kleine und große, und manche Ecke war rund. Es machte den Eindruck, als hätte jemand die Steinmetze zu schneller Arbeit angetrieben, als hätte jemand in großer Hetze viele Steine gebraucht. Warum hatte der alte Baumeister so rasch vorankommen wollen?

Er beschloss, dass es nicht nötig wäre, die Wände wieder abzutragen, er würde sie nur säubern lassen. Eines Tages erhielten sie eine eigene Verblendung, und dann war die mangelnde Genauigkeit nicht mehr zu sehen. Trotzdem würde er gegenüber den Verantwortlichen klarstellen, dass diese Wände vor seiner Zeit gebaut worden waren. Er arbeitete anders: ordentlich und präzise.

Im Außenbereich bemerkte er auf der Themseseite Feuchtigkeit im Boden. Das wunderte ihn nicht, die Kathedrale war auf einer Insel oder Halbinsel direkt am Fluss angelegt worden. Das Grundwasser zeigte sich wahrscheinlich schon nach einem oder zwei Spatenstichen. Er beugte sich hinunter und befühlte die ersten Reihen der verbauten Steine. Seltsamerweise waren sie trocken. Darauf würde er achten müssen, sollte er den Auftrag erhalten. Nasse Fundamente führten früher oder später zum Einsturz eines Gebäudes.

Die Querschiffe waren ebenfalls bereits angelegt. Allerdings lagen sie nicht achsgleich, was ihn wunderte. Symmetrie war in Frankreich ein Teil der Harmonie und damit des Göttlichen, ohne sie war Schönheit nicht vorstellbar. Hier sah man das offenbar anders. Er nahm sich vor, das zu ändern, wenn er hier Baumeister wurde.

Außerhalb der Kathedrale war ein Kreuzgang vorgesehen, der ihm gefiel, weil er schmal, geradezu zart war und etwas Geschütztes und Anheimelndes hatte. Angesichts des vielen Regens in England würde er eine Überdachung vorsehen.

Ein Stückchen weiter standen die Grundmauern eines eigenständigen Hauses. Es gab nicht vier, sondern acht Ecken, und da die Acht eine heilige Zahl war und wegen der Nähe zur Kathedrale, ging er davon aus, dass dieses Haus für besondere Bewohner gedacht war. Er tippte auf das Domkapitel.

Nun brauchte er zweimal Glück: zum einen, dass er nicht erkannt wurde, zum anderen den königlichen Auftrag. Er rieb sich mit der Handfläche über Stirn und Augen. Möglicherweise verlangte er zu viel vom Schicksal.

Dass Westminster ein sumpfiges Ufer hatte, war bekannt, erklärte ihm Archie am Abend, der Ort wurde Thorney Island, die dornige Insel, genannt. Der feuchte Untergrund war eine besondere Herausforderung. Henri hoffte, dass alte Pläne aufbewahrt worden waren, denn es galt, zu überprüfen, wie der Bau gegründet worden war. Er nahm sich vor, im Palast nach diesen Plänen zu fragen, sollte das Gespräch überhaupt bis zu diesem Punkt kommen.

Henris Beklommenheit kehrte in voller Wucht zurück, als sie sich am vereinbarten Tag dem Palast näherten, und vermischte sich mit einer kaum auszuhaltenden Aufregung. Sein Mund war trocken. Eine laute innere Stimme drängte ihn zur Umkehr.

Archie indes plapperte über das Wetter – darüber, dass sich der Herbst ankündigte und dass diese Jahreszeit in England gelegentlich etwas regnerisch sein konnte. Henri hörte kaum zu, er suchte nach einer Erklärung für den Fall, dass der Kaplan den alten Baumeister kannte. Und er suchte Worte für die Unterredung mit dem König. Doch kaum hatte er einen guten Satz gefunden und wollte ihn festhalten, entschwand er ihm wieder. Er vergaß einfach alles. Sein Mund wurde noch trockener. Es war übel, dass er die Zeichnungen verloren hatte.

Diesmal wurden sie ohne Umschweife durchs Tor gelassen. Der Oberst der Wache führte sie das kurze Wegstück zum Gebäude, der Westminster Hall, dem sich ein kleinerer Bau anschloss, die Privatgemächer, wie Henri vermutete.

Die Halle war so weitläufig, dass man ein ganzes Dorf darin hätte unterbringen können, und hoch genug, um einen Kirchturm hineinzubauen. Als sie durch einen Torbogen eintraten, entdeckte Henri ein bekanntes Gesicht. Er schaute ein zweites Mal hin. Zweifellos, es war die junge Baroness, die mit ihnen auf dem Schiff gewesen war und ihn angesprochen hatte: *Kann ich Euch helfen, Monsieur?*

Ganz allein stand sie an einer der Wände, was in dieser Halle bedeutete, dass sie ein ganzes Stück entfernt war. Trotzdem erkannte sie ihn genauso schnell, wie er sie, hob die Hand, winkte kurz und kam auf ihn zu. Sie trug einen grünen Umhang, der Schleier über ihrem Kopf wurde von einem goldenen Stirnring gehalten. Ihre rotblonden Haare waren zu einem Zopf gebunden.

Genau wie Archie verneigte er sich. »Mylady.«

Er richtete sich wieder auf. Aus der Nähe sah er, dass ihre Augen schmal, beinahe mandelförmig waren.

»Sir«, sagte sie, »seid Ihr Baumeister?«

Die schlechteste aller denkbaren Fragen. Seine Freude, sie wiederzusehen, verschwand schlagartig. »Wie kommt Ihr darauf?«

»Könnt Ihr auf eine einfache Frage keine klare Antwort geben?«

»Doch, selbstverständlich«, stammelte er. »Ja, ich bin Baumeister.«

»Ich habe«, erklärte sie, »auf dem Schiff eine Lederrolle festgehalten, bevor sie ins Wasser fiel. Es waren einige Zeichnungen darin.«

Sein Herz begann zu klopfen. »Ja ... Wo?«, stammelte er.

»Hier.« Sie drehte sich um. »Dort in der Ecke.«

»Ich hole sie«, bot sich Archie an und eilte bereits davon.

Henri fragte: »Habt Ihr gesehen, dass ich die Rolle verloren habe?«

»Ja. Es war mir aber nicht möglich, sie Euch in Dover zurückzugeben, denn wir mussten schnell weiterfahren. Das tut mir leid.«

»Ich bitte Euch. Wisst Ihr zufällig, ob die Pläne halbwegs trocken sind?«

»Ich denke doch. Gestern zumindest waren sie es. Ich habe mir erlaubt, sie auszubreiten.«

Henri verbeugte sich erneut. »Ich weiß nicht, wie ich Euch danken soll, Mylady. Ich stehe in Eurer Schuld. Sagt, woher wusstet Ihr, dass Ihr mich hier finden würdet?«

Sie lachte auf. »Halb London redet darüber, dass der neue Kathedralenbaumeister eingetroffen ist. Und dass er ein Franzose sein soll. Ich sehe, die Gerüchte stimmen. Es war nicht schwer, herauszufinden, wann Ihr im Palast vorsprechen würdet.«

Archie kehrte zurück und reichte Henri mit einem breiten Grinsen die Rolle. Es war offensichtlich, dass er sich in seinem Gottvertrauen bestätigt fühlte.

»Ich glaube, wir müssen hineingehen«, erklärte der Mönch stattdessen. »Genauer gesagt: du.«

»Du hast recht. Mylady, würdet Ihr mich entschuldigen.«

»Wenn der König ruft, darf ich Euch nicht aufhalten.«

Henri verneigte sich ein drittes Mal. Archie begleitete ihn durch die Halle. Obwohl er versucht war, drehte sich Henri nicht mehr nach der Baroness um. Stattdessen rief er sich seinen Eid in Erinnerung. Stumm bekräftigte er ihn. Sollte die heilige Jungfrau ihm die beiden bevorstehenden Hürden aus dem Weg räumen, würde er ihr eine prunkvolle Kirche bauen, die prunkvollste in ganz England.

...

Carol fragte sich, was dieser Mann an sich hatte, das ihr Interesse derart geweckt hatte. Sie beobachtete, wie er vor den Wachen an der Flügeltür stehen blieb. Es war nicht in erster Linie die innere Kraft, die von ihm ausging, auch nicht, dass er aussah, als wäre er weit herumgekommen und hätte viele Erfahrungen gemacht. Nicht einmal um die Selbstverständlichkeit, mit der er seinen Freund gerettet hatte, ging es ihr. All diese einzelnen Eindrücke fügten sich in diesem Moment, während er mit dem Rücken zu ihr an der Tür stand, zu einem Ganzen: Dieser Baumeister war ein Mann, der nicht lange redete, sondern handelte. In ihrem ganzen Leben hatte sie einen solchen Menschen noch nicht kennengelernt.

# IV

Vor einer doppelflügeligen Eichentür wurden Archie und Henri von zwei weiteren Palastwachen aufgehalten. Beide trugen Kettenhemd und Helm, als würden sie in die Schlacht ziehen, und hatten ihre Speere gekreuzt.

Archie ließ sich davon nicht einschüchtern. »Dies hier ist der Baumeister Henri of Reims«, sagte er, »der vom König erwartet wird. Mein Name ist Archibald, ich bin Mönch im Kloster von Harlesden und wurde als Bote geschickt, diesen Mann nach Westminster zu bringen.«

Wortlos zogen die beiden Wachen ihre Speere zurück und traten zur Seite. Archie öffnete einen der schweren Holzflügel.

Henri schluckte. Nun kam es darauf an. Er schloss die Augen und betete, dass weder der König noch seine Berater den alten Reimser Baumeister kannten. Dann trat er hinter Archie in den Audienzsaal. Anders als im Vorraum lagen hier Wollteppiche auf dem Boden, die die Geräusche schluckten. Zwei Fenster standen offen. Der Kamin, der fast ein Drittel der Stirnwand einnahm, war kalt und sah wie ein schwarzer Schlund aus.

In der Mitte des Saales saß der König. Sein Thron hatte eine Rückenlehne, die seinen Kopf überragte. Sie war mit weinrotem Polster belegt, während die hölzernen Armlehnen kunstvoll verziert waren. Henri war sich nicht sicher, wie er sich zu benehmen hatte, und senkte vorsichtshalber den Blick. Rechts neben dem König saß auf einem zweiten, etwas niedrigeren Thron seine Gemahlin, und um beide herum standen drei Männer, alle mit Bart und in dunkler Kleidung. Seine Berater, nahm Henri an. Einer davon war der Soutane nach ein Kirchenmann. Der Hofkaplan, glaubte er. Es gab kein Zurück mehr.

»Tretet näher«, hörte er König Heinrich. Seine Stimme klang laut und erstaunlich hell.

Die Teppiche ließen keine Schrittgeräusche aufkommen. Am Thron angekommen, verneigte sich Archie noch tiefer, als er es bei der Baroness getan hatte. Auch Henri beugte den Oberkörper, bis er seine Stiefelspitzen sah.

»Ich grüße Euch.«

»Mylord«, begann Archie.

»Ist das der französische Baumeister? Er ist jung.«

Henri wurde augenblicklich rot.

»Darf ich vorstellen«, sagte Archie, »der Baumeister Henri aus Reims.«

»Henri«, wiederholte der König und musterte ihn. »Dann sind wir Namensvettern. Das scheint mir ein gutes Zeichen zu sein. Ihr sprecht unsere Sprache?«

»Ja, Mylord«, antwortete Henri, zwang sich, ruhig zu atmen, und suchte nach passenden Worten. »Sicher nicht perfekt, aber ich kann mich verständlich machen.«

»Das reicht für einen Handwerker, meine ich. Habt Ihr Euch den Bau schon angeschaut?«

Henri vermied es, den Kaplan anzusehen. »Ja, Mylord«, sagte er wieder. Ihm kam die Feuchtigkeit des Untergrundes in den Sinn, er hielt es aber nicht für klug, sie zu erwähnen, zumindest nicht sofort. Es war besser, das Gespräch nicht mit den Problemen zu beginnen.

»Ihr sollt wissen, Baumeister, diese Kathedrale ist mir eine Herzensangelegenheit.«

Während der König redete, hatte Henri Gelegenheit, ihn etwas genauer zu betrachten. Heinrich III. hatte ein breites, beinahe flaches Gesicht und helle, wässrige Augen, deren Blick er auf ihn gerichtet hielt.

»Bereits als junger König, mit fünfzehn Jahren, habe ich mit dem Bau begonnen. Ich war noch weit von der Volljährigkeit entfernt, deshalb führte meine Mutter die Regierungsgeschäfte. Die Sache mit dem Kirchbau habe ich mir gleichwohl nicht nehmen lassen. Mittlerweile bin ich über fünfzig. Ihr seht, die Westminster Abbey begleitet mich mein ganzes Leben. Der allererste Teil war die hintere Kapelle. Ihr habt sie angeschaut?«

»Selbstverständlich, Mylord. In der Apsis.«

»Genau. Sie heißt *Lady Chapel* und ist zu Ehren der heiligen Jungfrau errichtet worden. Ich mag sie sehr und hoffe, dass ich dort demnächst endlich beten kann. Was sagt Ihr, Baumeister: Haltet Ihr das für möglich?«

»Sicher, Mylord«, sagte Henri. Die Antwort entsprach nicht ganz der Wahrheit, dennoch setzte er hinzu: »Wir werden uns größte Mühe geben.«

»Wie Ihr gesehen habt, reicht mir allerdings die eine Kapelle nicht. Ich möchte eine große, eine sehr große Kathedrale. Der Ort heißt nicht umsonst Westminster, das westliche Münster. Hier haben immer Kirchen gestanden, schon zu uralten Zeiten. Doch sie alle waren wenig stabil und sind im Laufe der Zeit verfallen. Mein Ziel ist eine Kathedrale, die nicht nur imposant ist, sondern auch so solide gebaut, dass sie für die Ewigkeit an ihrem Platz stehen wird. Gott selbst möchte das. Er hat es mir in vielen meiner Gebete mitgeteilt. Und Sein Wunsch ist mir ein Befehl, dem ich alles andere unterordne.«

Die Königin nickte bedächtig. Henri wusste nicht, was er auf diese Rede erwidern sollte. Auch Archie neben ihm war still, so entstand ein Moment des Schweigens, der sich unangenehm lange hinzog. Henri schielte zum Kaplan hinüber. Dessen Miene verriet nichts. Henri hatte Angst, dass er ihn gleich auffliegen lassen würde. Dass er nur abwartete, bis der König zu Ende gesprochen hatte.

»Ich sehe«, fuhr der König schließlich fort und zeigte auf Henris Lederrolle, »dass Ihr bereits Pläne mitgebracht habt. So schnell?«

Henri war erleichtert, dass das Schweigen gebrochen war. »Mylord«, erwiderte er und bemerkte erleichtert, dass die Worte einigermaßen flüssig aus seinem Mund kamen, »diese Zeichnungen stammen aus Reims, wo ich in den letzten Jahren gearbeitet habe. Wir werden sie nicht vollständig übertragen können, weil die Maße hier in Westminster andere sind. Ich hatte nur gehofft, Euch einen Eindruck dessen vermitteln zu können, was möglich ist.«

»Oh! Ich bin gespannt. Lasst sehen.«

Henri entknotete den ledernen Umschlag und rollte ihn ab. Er hatte nicht die Möglichkeit gehabt, die Pläne nach der Rückgabe anzuschauen, deshalb war er nicht sicher, was ihn erwartete. Wenn er Pech hatte, waren sie so verwaschen, dass man nichts würde erkennen können. Und dennoch fühlte er, wie sie ihm Sicherheit gaben.

Er legte die Zeichnungen auf einen Tisch und bedeutete Archie, sie auf der anderen Seite zu halten, damit sie sich nicht wieder zusammenrollten. Wie es aussah, waren die Blätter nicht ins Wasser gefallen. Hier und da gab es Spuren des Regens, konturlose, undeutlich gewordene Linien und Stockflecken, aber insgesamt waren sie in erträglichem Zustand.

Er blätterte sie schnell nach einer Gesamtansicht durch. Als er gefunden hatte, was er brauchte, wandte er sich an den König.

»Wenn Ihr schauen möchtet, Mylord?«

»Gern.«

König und Königin erhoben sich und stellten sich neben Henri an den Tisch.

»Dies ist die Kathedrale von Reims. Ungefähr so sieht sie heute aus.«

Heinrich warf einen flüchtigen Blick auf die Zeichnung. »Ich kenne sie, mein Herr. Ihr glaubt nicht, wie oft ich schon in Frankreich war.«

Henri wurde starr. Das Blut schoss ihm ins Gesicht. »Se... selbstverständlich, Mylord«, stotterte er. »Ich wollte Euch auf einige Details hinweisen, die auch zu Westminster passen würden.«

»Die beiden Türme?«

»Die auch, ja.« Er zeigte auf das mächtige Rosenfenster über dem Eingang. »Eine Lichtquelle, groß genug, um das gesamte Kirchenschiff zu erhellen. Drei Eingänge auf der Westseite, schon aus Gründen der Symmetrie. Der mittlere Rundbogen ist erhöht.«

Der König nickte.

Henri merkte, dass er die Luft angehalten hatte, und atmete aus. »Dann sind uns in Frankreich das Steinwerk und die Fassaden äußerst wichtig. Wir streben schmale, geradezu filigrane Mauern an, und ich meine, das sollte auch das Leitbild für Westminster sein.«

»So?«

»Es ist das Bauen unserer Zeit, Mylord.«

»Ihr wollt bis zum Himmel kommen?«

»Nicht ganz. Aber es stimmt: Wir streben in die Höhe.«

»Um den lieben Gott an den Füßen zu kitzeln?«

Die Königin verzog den Mund, die Berater lachten pflichtschuldig, und auch Henri bemühte sich, zu lächeln.

»Was ist«, fragte die Königin und zeigte auf eine der Stellen, wo das Wasser die Zeichnung verwaschen hatte, »mit Euren Plänen passiert?«

»Wir hatten eine unruhige Überfahrt.«

»Ja, der Kanal kann seine Tücken haben«, erklärte der König.

»Ich habe weitere Pläne«, sagte Henri. »Wenn Ihr möchtet ...«

»Zeigt mir vielleicht noch zwei.« Er wandte sich an seine Frau. »Das sollte genügen, was meinst du?«

»Das glaube ich auch.«

Henri fand eine Detailansicht der Wände mit den Auslassungen für die Fenster und eine mit einer verzierten Fassade. Diese stellte er als Letztes vor, weil er wusste, dass sie beeindruckte. Es waren feine Bildhauerarbeiten darauf zu sehen, Halbreliefs, die Geschichten aus der Bibel erzählten.

Das Interesse des Königs war geweckt. Er schaute genau hin. »David und Goliath?«, fragte er.

»Ja, Mylord.«

»Ich liebe diese Geschichte. Sie zeigt, was möglich ist, wenn man fest genug glaubt. Wenn man den Namen Gottes im Herzen trägt, wird einem jeder Sieg geschenkt, egal wie überlegen der Gegner ist. Und hier«, sagte der König und tippte auf ein anderes Halbrelief, »das ist Salomo, nicht wahr? Mein Vorbild. Er kam wie ich sehr jung auf den Thron. Gott hat ihn mit Weisheit ausgestattet. Das ist das größte Geschenk, das der Herr machen kann.«

Er seufzte, was Henri als Aufforderung nahm, den Plan einzurollen. Das Königspaar ließ sich wieder auf seinen Thronen nieder.

»Baumeister«, fuhr Heinrich dann fort, »die englischen Barone werden es mir übel nehmen, wenn ich einen Franzosen mit dem Weiterbau meiner Kathedrale beauftrage. Sie sind ein wenig engstirnig und werden wissen wollen, ob es denn keinen einheimischen Fachmann für diese Aufgabe gebe.«

Henri fragte sich unwillkürlich, wieso man ihn – oder

besser gesagt den Baumeister von Reims – dann überhaupt herbestellt hatte.

»Aber meine Frau und ich glauben wie Ihr, dass der Kirchbau in Frankreich fortschrittlicher ist als bei uns. Ich habe in Eurem Land mehrere Kathedralen besichtigt, etwa in Amiens und Chartres.«

Erleichterung durchströmte Henri.

»Ich will nicht verhehlen«, fuhr der König fort, »dass ich von diesen Bauten beeindruckt war. Auch wir haben in Canterbury eine großartige Kirche. Sie ... wie soll ich das sagen ...?«

»Sie atmet einen anderen Geist«, half ihm die Königin. »Den einer anderen Zeit.«

»Richtig«, erwiderte ihr Gemahl. »Danke, meine Liebe.« Er fixierte Henri und ließ einen neuerlichen Moment der Stille entstehen. Henri atmete flach.

»Baumeister«, sagte er schließlich, »wenn Ihr bereit seid, mir eine Kathedrale zu bauen, die den Vergleich mit Reims oder Amiens nicht zu scheuen braucht, dann bekommt Ihr den Auftrag. Obwohl Ihr sehr jung seid.«

Henri verneigte sich. »Mylord, es wird mir eine Ehre sein.« Er dachte an seinen Eid und schickte der heiligen Jungfrau einen stillen Dank. »Westminster«, sagte er feierlich, »wird eine prachtvolle Kathedrale werden. Manches ist bereits angelegt, und ich werde es weiterentwickeln.«

»Gut. Sehr gut. Ich werde diesen Bau aus meinen eigenen Mitteln bezahlen, auch wenn die Barone denken, ich würde Steuergeld verwenden.«

Einer der Berater, ein Mann mit schmalem Gesicht und dünnem Bart, nickte.

»Sagt mir, Baumeister, was wird die Westminster Abbey kosten?«

Henri dachte über seine Antwort nach. »Das lässt sich zu diesem Zeitpunkt nicht abschätzen, Mylord.«

»Also ein Vermögen?«

»Ja, das sicher. Bedenkt aber, in Reims haben sie vor fünfzig Jahren mit dem Bau angefangen. Selbstverständlich kostet es viel Geld, eine Kathedrale zu bauen, allerdings benötigen wir die Mittel nicht auf einen Schlag, sondern nach und nach.«

»Schatzkanzler?« Der König wandte sich nach links.

Der Dünnbärtige neigte den Kopf. »Mylord?«

»Können wir uns das leisten?«

»Wenn ich einen Vorschlag machen darf?«

»Ich bitte darum.«

»Es wäre womöglich sinnvoll, die Summe, die wir jeweils für den Bau bewilligen, an der wirtschaftlichen Lage Eurer Güter auszurichten. Bei reichen Ernten fließt mehr, und sollten die Erträge einmal geringer ausfallen, passen wir uns an.«

»Gut! Sehr gut! Baumeister, könnt Ihr damit leben?«

Henri kannte das Baugeschäft und wusste, dass nirgendwo ein steter Geldzufluss garantiert wurde. »Selbstverständlich, Mylord.«

»Dann verfahren wir so.« Er zeigte mit dem Daumen nach links. »Mein Schatzkanzler, Sir Richard, wird Euch jeweils mitteilen, mit wie viel Geld Ihr rechnen könnt. Umgekehrt erwartet er eine penible Auflistung der Kosten.« Der König kicherte. »Das sage ich Euch aus eigener leidvoller Erfahrung voraus.«

»Selbstverständlich«, wiederholte Henri.

»Kommt immer zum Ende des Monats in mein Büro, Baumeister«, sagte der Schatzkanzler. »Es befindet sich hier im Palast.«

»Ja, Mylord.«

»Dann sind wir also einig?« Der König blickte Henri in die Augen.

Henri deutete eine weitere Verbeugung an. »Ich werde alles daransetzen, Eure Erwartungen zu erfüllen.«

»Das ist gut. Ich lasse mir berichten. Und, wer weiß, vielleicht schaue ich mir Eure Arbeit einmal an.«

Der König nickte versonnen, und Henri begriff, dass die Audienz beendet war. Er verneigte sich ein weiteres Mal, diesmal wieder tiefer, genau wie Archie neben ihm, dann sammelte er seine Zeichnungen ein. Hier war nicht der Ort, um sie wieder zusammenzurollen, das würde er draußen machen. Er hielt sie mit beiden Händen.

Auf dem Weg aus dem Saal hörte er, wie Archibald neben ihm gerufen wurde. »Auf ein Wort, Bruder«, sagte der Hofkaplan.

Henri war alarmiert, verließ aber gemessenen Schrittes den Saal.

Davor erwartete ihn die Baroness. »Mylady?«, fragte er verwundert. »Habt Ihr gewartet?«

»Ja, sicher. Ich bin neugierig und möchte erfahren, wie das Gespräch ausgegangen ist.«

»Der König war so gnädig, mich zu beauftragen.«

»Ich wusste es!«, rief sie.

»Ihr wusstet das? Woher?«

Sie zeigte auf die sperrigen Bögen, die Henri nach wie vor in den Händen hielt. »Als ich die Pläne zum Trocknen auseinanderrollte, ließ es sich nicht vermeiden, hier und da einen Blick auf sie zu werfen. Ehrlich gesagt, war ich beeindruckt. So sehr, dass ich es manchmal nicht bei einem schnellen Blick bewenden ließ, sondern sie länger angeschaut habe. Deswegen ging ich davon aus, dass sie den König überzeugen würden.«

»Ich fühle mich geehrt. Und ich habe Euch viel zu verdanken. Ohne die Pläne wäre das Gespräch nicht gut ausgegangen.«

»Wer weiß? Ehrlich gesagt halte ich nicht viel von derartigen Spekulationen. Da gibt es für meinen Geschmack zu viele Konjunktive.«

Henri verbeugte sich vor ihr. »Nehmt Ihr denn wenigstens meinen Dank an?«

»Das schon«, sagte sie und lachte.

Sie schritt davon. Henri blickte ihr hinterher, bevor er sich auf den Fußboden kniete und sich daranmachte, seine Pläne zusammenzurollen.

...

Archie ging dem Hofkaplan entgegen und senkte seinen Kopf.

»Ich möchte dich zu deiner erfolgreichen Mission beglückwünschen, Bruder«, sagte der Kaplan. Er hatte ein rundes Gesicht und einen weißen Vollbart. Auf seiner Soutane prangte ein goldenes Kreuz. Archie war misstrauisch. Irgendetwas in Paulus' Stimme ließ ihn hellhörig werden. »Er ist in der Tat jung, dieser Baumeister.«

»Das mag sein«, erwiderte Archie und blieb auf der Hut.

»Ich meine, dafür dass er einen so guten Ruf hat.«

Archie nickte.

»Aber du hast ihn aus Reims geholt?«

Archie erschloss sich der Sinn dieser Frage nicht. »Ja, sicher«, sagte er.

»Wie ich gehört habe«, fuhr der Kaplan fort, »war die Überfahrt nicht ganz einfach.«

»Gott hat uns beigestanden, so sind wir heil angekommen.«

»Er hält seine schützende Hand über uns alle. Bruder Archibald, ich habe eine weitere Aufgabe für dich.«

Archie versteifte sich. Nach der langen Reise wollte er zurück ins Kloster, in seinen Alltag. Dennoch nickte er. »Was kann ich für Euch tun?«

»Ich hatte eine Idee, von der ich glaube, dass der Herr selbst sie mir eingegeben hat.«

Archie ahnte Ungemach. Er bemühte sich, Interesse zu zeigen. »So?«

»Ja. Wenn die Kathedrale nun weitergebaut wird – wofür ich mich, unter uns gesagt, seit Langem starkmache –, dann sollten wir das für die Nachwelt dokumentieren.« Der Kaplan deutete ein Lächeln an.

»Ich fürchte, ich verstehe nicht.«

»Es ist eine Schande, dass es über die alte Abbey keine

Aufzeichnungen gibt. Und auch nicht über unsere Kathedrale von Canterbury. Ein Fehler, wie ich meine. Bei der neuen Abbey sollten wir ihn nicht wiederholen.«

»Das ist bestimmt ein gottgefälliges Anliegen.«

»Das meine ich auch«, entgegnete der Kaplan. »Ich habe dich dafür ausgewählt.«

»Mich?« Archie überkam der Drang, wegzulaufen. Hinaus aus dem Saal und aus Westminster. »Besser nicht«, sagte er zu laut. Augenblicklich bereute er seinen Tonfall.

»Oh doch.«

Archie hatte bereits die Erfahrung gemacht, aus dem Kreis der Mönche herausgehoben zu sein. Sie war nicht schön, er wollte sie nicht wiederholen. »Ich bitte Euch, Bruder Paulus, da gibt es berufenere Männer. Unser Klosterskriptor Stephen zum Beispiel. Er ist für eine solche Aufgabe geeignet.«

»Nein.« Der Kaplan klang nun streng. »Sicher nicht. Es mag sein, dass Stephen eine schöne Handschrift hat. Damit ist er goldrichtig in seiner Aufgabe. Er soll fortfahren, alte Bücher zu kopieren. Hier aber wird etwas Neues entstehen. Ein neues Buch, wenn du so willst.«

Archibald suchte nach einem neuen Einwand. Einem, der mehr Gewicht hätte. Ihm fiel nichts ein.

»Die heilige Kirche hat dich studieren lassen.«

»Das habe ich nicht vergessen.« Er hatte auch nicht vergessen, wie die Mitbrüder ihn damals aus ihrer Gemeinschaft verstoßen hatten.

»Nun bittet sie dich, ihr etwas zurückzugeben.«

»Aber …«

»Sag nicht aber«, seufzte der Kaplan. »Das ist kein schönes Wort. Gott wünscht sich ein Ja, wie du weißt. Ein fröhliches und bedingungsloses Ja. So klingt das richtige Versprechen. Eins, das mit Hingabe gegeben wird.«

»Ich ... ich«, stotterte Archie, setzte ab und begann neu, diesmal mit festerer Stimme. »Ich gebe nur zu bedenken, dass mein Kloster in Harlesden liegt. Wäre es nicht sinnvoller, einen Bruder zu bitten, der in der Nähe lebt? Zum Beispiel im Zisterzienserkloster in London.«

Der Kaplan legte Archie die Hand auf die Schulter. »Ich hoffe, es ist Bescheidenheit, mein Freund, die dich zaudern lässt, und nicht Faulheit. Letztere wäre eine Sünde, das brauche ich dir nicht zu sagen. Wenn es aber Erstere ist, dann versichere ich dir: Du hast sie bewiesen, du darfst sie nun ablegen. Wie weit ist es von hier bis zu deinem Kloster? Fünf Meilen? Oder sechs? Keine Entfernung, die man nicht in einer Stunde zurücklegen kann. Du wirst – und das werde ich deinem Abt auch mitteilen – alle Freiheiten erhalten. Du kannst kommen und gehen, wann immer du willst. Sobald du es für nötig erachtest, machst du dich auf den Weg und schaust dir die Fortschritte in Westminster an. Dann schreibst du sie nieder. Das Einzige, was zählt, ist, dass das Buch zusammen mit der Kirche wächst. Haben wir uns verstanden, mein Lieber?«

Archie erkannte, dass weiterer Widerstand zwecklos wäre. Er schluckte trocken. »Ja, Hochwürden.«

»Sehr schön. Ich stelle mir vor, dass du zunächst eine Bestandsaufnahme machst. Zeige auf, wie weit der Bau momentan ist und wo der Franzose mit der Arbeit anfängt. Und dann lass uns daran teilhaben, wie er wächst.«

»Jawohl.«

»Gut, dann ist das verabredet. Ich werde beizeiten zu euch ins Kloster Harlesden kommen und mir dein Buch anschauen. Darauf freue ich mich schon.«

Grußlos ging der Kaplan davon. Auch wenn er es nicht mehr sehen konnte, verbeugte sich Archie ein weiteres Mal, bevor auch er den Audienzsaal verließ. Die neue Pflicht drückte ihm auf die Brust. Er hatte noch nie ein Buch geschrieben und bezweifelte, dass er das konnte. Er schätzte ein gutes Gespräch weit mehr als die Einsamkeit des Skriptoriums.

Als er Henri entdeckte, verflog seine Sorge. Der Franzose kniete vor seinen Plänen auf dem Boden, achtete aber nicht auf die Blätter, sondern sah der jungen Baroness hinterher. Als hätte Gott selbst es geschickt, trat ein düsteres Bild vor Archies inneres Auge, ein Bild von Unglück, von Unheil. Diese beiden, der Baumeister und die Lady, entwickelten besser nicht zu viel Sympathie füreinander.

# V

Direkt in Westminster fand Henri eine Unterkunft im Haus einer Witwe namens Maude. Im Vorgarten war ein Schild angebracht, das in roter Schrift davon kündete, es sei ein Zimmer zu vermieten. Das Haus war aus Holz, hatte ein Steinfundament und ein Strohdach. Er klopfte, und als sie die Tür öffnete, stellte er sich vor.

»Ein französischer Baumeister. Was es nicht alles gibt.«

Sie ließ ihn ein, und er fand sich in einer Küche wieder, die ihm sehr aufgeräumt vorkam. Der Herd mit Arbeitsfläche stand auf einer Seite. Die Töpfe lagen der Größe nach auf einem Regalbrett, was Henri daran erinnerte, wie Handwerker ihr Werkzeug sortierten. Auf der gegenüberliegenden Seite gab es einen Esstisch, auf dem eine Öllampe brannte. Es war still, Tiere schienen nicht in ihrem Haus zu leben.

Die Frau trug ein fleckenloses Kleid aus derbem Leinen und darüber eine Schürze. Er schätzte, dass sie zehn Jahre älter war als er, dann wäre sie Anfang vierzig. Ihr Haar war am Hinterkopf zusammengesteckt, das Gesicht klar und offen. Nahe der Oberlippe prangte ein Muttermal. Sie war nicht unbedingt schön, ihre Züge wirkten eher herb, fast ein wenig abweisend, doch der Gesamteindruck war anders, da hatte die Frau etwas Apartes und Interessantes.

Als sie ihm anbot, ihm das Zimmer zu zeigen, legte sie einen schroffen Ton an den Tag. Er aber mochte sie bereits und war sich sicher, dass hinter ihren herrischen Worten warme, freundliche Züge lagen.

Der Raum, in den sie ihn führte, war eine Kemenate, ein Zimmer mit eigenem Ofen, und lag gleich hinter der Küche. Der Durchgang war so niedrig, dass er den Kopf einziehen musste.

»Oben ist mein Reich«, sagte sie und zeigte auf eine steile Treppe. »Das ist für Euch tabu, auch wenn Ihr Franzose seid.« Sie reckte den Zeigefinger in die Luft. »Ich warne Euch, mein Herr. Direkt nebenan wohnen meine Tochter und ihr Mann, und wenn ich sie rufe, sind die schneller hier, als Ihr eine Entschuldigung vorgebracht habt. Haben wir uns verstanden?«

»Selbstverständlich, Mistress.«

»Nun gut. Ich verlange einen Penny die Woche. Wenn Ihr abends bei mir essen wollt, dann zwei Pennys.«

»Einverstanden«, sagte Henri.

»Was nun? Mit Abendessen oder ohne?«

»Mit.«

»Wie lange werdet Ihr bleiben?«

»Lange, hoffe ich. Sehr lange, wenn alles gut geht. Falls Ihr es mit mir aushaltet, Mistress.«

»Das werde ich schon. Hauptsache, die Miete kommt pünktlich. Habt Ihr Kleidung, die Ihr hierlassen werdet?«

»Nur wenig. Und meine Pläne.« Er hob die Lederrolle.

»Pläne?« Sie legte die Stirn in Falten. »In dem Fall brauche ich die Miete im Voraus.« Um ihrer Forderung Nachdruck zu verleihen, streckte sie die Hand aus.

Henri zog zwei Pennys aus der Kitteltasche. »Mistress.«

Sie ließ das Geld in ihrer eigenen Tasche verschwinden. »Und noch etwas: Dieses Gerede von Mistress, das könnt Ihr Euch sparen. Ich bin keine feine Dame und habe auch nicht vor, eine zu werden. Ich heiße Maude. Alle Welt nennt mich so.«

Zum zweiten Mal musterte er sie, als müsste er seinen ersten Eindruck überprüfen. Ihre Augen waren hellbraun, ihr Blick gutmütig. Er erwiderte in einem ebenfalls etwas schärferen und gleichzeitig vertraulichen Ton: »Das geht nur, wenn du mich auch bei meinem Vornamen nennst. Ich bin Henri.«

Wie es schien, hatte er sie erreicht. Sie grinste. »Einverstanden.«

Sie gaben einander die Hand.

»Wir essen um fünf«, sagte sie. »Im Sommer etwas später.«

Bis dahin blieben ihm zwei Stunden. Er ging zur Kathedrale, die nur ein paar Minuten entfernt lag, und umrundete ein weiteres Mal den gesamten Bau mit seinen halbhohen Wänden und Fassaden. Dabei erstellte er eine Reihenfolge der Aufgaben. Als Erstes würde er eine Bestandsaufnahme machen. Dann galt es, die Baustelle zu säubern. Es war keine große Aufgabe, den Dreck der vergangenen Jahre wegzukehren und die schmutzigen Tücher abzuhängen. Weit schwieriger würde es sein, die Arbeiten wieder in Schwung zu bekommen. Vor allem würde er Handwerker brauchen.

Nach der Audienz beim König hatte Archie ihm erzählt, dass die Arbeiten nicht etwa deshalb ruhten, weil für den gestorbenen alten Baumeister ein Nachfolger fehlte, sondern wegen des Streits zwischen König und Adel. Auch wenn der König den Bau aus eigener Tasche bezahlte – zumindest behauptete er das –, gelang es den Baronen immer wieder, den Mittelfluss zu stoppen oder wenigstens zu unterbrechen.

Henri aber würde Geld bekommen, das hatte ihm der Schatzkanzler versichert. Die fehlenden Handwerker waren das größere Problem. Er nahm sich vor, Archie zu fragen.

Er wandte sich erneut den Fundamenten zu. Dazu kniete er sich auf der dem Fluss zugewandten Seite hin, kratzte, da er kein Werkzeug bei sich hatte, mit den Fingern in der Erde und befühlte sie. Ihm kam der Eindruck, er hätte sich bei seinem ersten Besuch geirrt, das Erdreich ringsherum war durchaus feucht. Wie konnten die Steine da trocken sein? Er drückte die Finger fast bis zu den Knöcheln in den weichen Boden. Es war erstaunlich, die Fundamente waren trocken. Er hatte sich nicht geirrt. Sie sackten auch nicht ab.

Er verstand nicht, wie das möglich war, und wollte es herausfinden.

Archie kam am nächsten Tag. Auch er musste für sein Buch eine Bestandsaufnahme machen. Das Vorhaben schmeichelte Henri, er hatte noch nie von einer Schrift über einen Kirchenbau gehört. Seiner würde der erste sein.

Den Morgen hatte Henri damit zugebracht, die Baumeisterhütte instand zu setzen. Bei den Zimmerern hatte er eine verrostete Säge und ein paar Bretter gefunden, die er sich zurechtschnitt und über die größten Fugen an Dach und Seitenwänden nagelte. Besonders schön sah sein Werk nicht aus, doch es war zweckdienlich. Am Ende schmierte er die Nahtstellen mit Lehm ein, der schnell trocknete und abdichtete. Er war zufrieden und machte sich daran, die Hütte auszufegen.

Als sich der Staub verzog, tauchte der Mönch auf.

»Sag, Archie, wie bekomme ich Handwerker auf meine Baustelle?«

»Handwerker? Ich bin ein Mönch.« Er legte seinen Kopf auf die Seite. »Nun, unser Kloster wird derzeit instand gesetzt. Vielleicht könnte ich bei den Leuten dort erwähnen, dass es in Westminster eine Baustelle gibt, die dem Seelenheil dient.«

»Dem Seelenheil?«

Archie zuckte mit den Schultern. »Wenn du willst, kann ich auch sagen, dass hier zudem ordentlich bezahlt wird.«

»Das wäre gut.«

»Welche Gewerke benötigst du?«

»Wenn wir am Steinbruch fertig abgeschlagene Blöcke kaufen können, dann zunächst Steinmetze, Maurer und Mörtelmischer, denn wir beginnen mit Steinarbeiten. Außerdem wären Zimmerer gefragt, um die Gerüste zu bauen. Ein Schmied fürs Werkzeug. Dazu Hilfsarbeiter.«

»Ich schaue, was ich erreichen kann.«

Es war Nachmittag. Henri zeigte ihm die Baustelle, und Archie versuchte, sich alles zu merken. Schließlich brachte Henri zwei Hocker aus seiner Bauhütte, und sie setzten sich in die Sonne und tranken Dünnbier.

»Wenn du mich auf dem Schiff nicht festgehalten hättest«, sagte Archie, »würde ich hier nicht sitzen. Dann hätten mich bereits die Fische zerfressen.«

»Und wenn du mich nicht geholt hättest, wäre ich noch in Reims. Man schuldet einander immer etwas.«

»Das ist wohl wahr.«

Sie prosteten einander zu, tranken und blieben, bis eine ferne Glocke fünf Mal schlug.

»Ich muss aufbrechen«, sagte Henri, »mein Abendessen wartet. Komm, ich zeige dir, wo ich wohne.«

Zusammen gingen sie den kurzen Weg. Er klopfte an die Haustür. Zu seiner Überraschung öffnete nicht Maude, sondern eine jüngere Frau. Ihre Tochter von nebenan, vermutete er.

»Ah, der Herr Baumeister«, sagte sie, aber es klang nicht gerade freundlich. »Und hat gleich einen Gast mitgebracht. Einen hungrigen Mönch, wie es scheint.«

»Emily«, hörte er Maudes Stimme aus der Küche.

Die Tochter ließ sich nicht beirren. »Meine Mutter ist gutmütig, aber ich bin es nicht. Das sage ich Euch gleich, Herr Baumeister. Wenn Ihr irgendwelche Freunde mitbringt ...«

»Emily! Hör auf.«

» ... dann müsst Ihr auch für sie aufkommen.«

Maude erschien an der Tür und zog sie weiter auf. »Kommt rein. Und bitte entschuldigt meine Tochter.«

Henri trat ein, während Archie draußen stehen blieb.

»Du auch«, forderte Maude ihn auf.

»Besten Dank, Mistress. Ich werde in meinem Kloster erwartet. Dort gibt es reichlich zu essen.«

»Noch einer, der mich Mistress nennt«, sagte sie und ließ

ihre Hand durch die Luft fahren. »Was seid ihr alle für feine Leute. Ich heiße Maude.«

»Archie.« Er verbeugte sich. »Vielleicht wird es einmal eine andere Gelegenheit geben.«

»Wer weiß?«, entgegnete Maude. »Mit einer Tochter wie Emily braucht man jedenfalls keinen Hund. Die vertreibt jeden.«

»Mutter!«

»Also, Henri«, erklärte Archie, »ich werde morgen streuen, dass an der Kathedrale von Westminster Handwerker benötigt werden.«

Er drehte sich um und ging davon.

Henri sah ihm nach. Dieser Mönch fuhr fort, seinem Leben eine ganz neue Richtung zu geben.

Drei Tage später kamen zwei Maurer, ein Mann und eine Frau. Henri war noch mit seiner Bestandsaufnahme beschäftigt. In seiner Hütte hatte er alte Zeichnungen gefunden und ausgerollt. Manche rochen modrig, die Tinte war verwaschen, die Darstellungen kaum noch erkennbar, andere aber waren nützlich. Er hatte sich ein Ordnungssystem für sie ausgedacht und die Zeichnungen nach der zeitlichen Reihenfolge sortiert, in der die dargestellten Gebäudeteile gebaut sein mussten. Die Details lagen extra.

Auch Skizzen der Fundamente hatte er entdeckt, für die er ein drittes Regalfach eingerichtet hatte. Eine Erklärung für seine Frage, wie es möglich war, dass sie der Feuchtigkeit im Erdreich trotzten, boten sie nicht. Da würde er weitersuchen müssen.

Die beiden Maurer waren ein ungleiches Paar. Der Mann mochte Mitte vierzig oder noch älter sein. Er hatte kurzes Haar und einen starren Gesichtsausdruck. Die Frau war ein paar Jahre jünger und dicker. Ihr Gesicht war glatt, die Haut glänzte, als hätte sie sie mit Öl eingerieben.

»Seid Ihr der Baumeister hier? Der Franzose?«, fragte der Mann. Seiner Stimme fehlte jede Betonung. Die Worte klangen alle gleich.

»Und wer seid Ihr?«

»Wir sind Maurer«, antwortete die Frau, wobei sie versuchte, Henris französische Aussprache nachzumachen. »Es hieß, hier werden Handwerker gesucht.« Sie sagte *Maurärr* und *Andwerkärr*. Dann schaute sie sich um. »Aber es gibt ja gar keine Baustelle.«

»Die Arbeiten werden wieder aufgenommen«, sagte Henri. »Wie heißt ihr?«

Der Mann stellte sich als Walter vor, die Frau als Tonia. Sie hatte die Hände in den Taschen ihres Kittels vergraben und verbarg ihre Skepsis nicht.

»Ich zahle zwei Pennys am Tag.«

»Und was sollen wir machen ohne Steine und ohne Mörtel?«, fragte Tonia.

»Als Erstes setzt ihr die Maurerhütte instand.«

»Wir sind Maurer, keine Zimmerleute.«

»Das bin ich auch nicht. Trotzdem kann ich sägen.«

»Wir haben keine Sägen«, ergänzte Tonia, die nach wie vor ihre Hände in den Taschen hatte und nicht danach aussah, als wolle sie anpacken. »Nur Maurerkellen. Ihr müsst Steine besorgen, Herr Franzose.«

»Das kommt schon.«

»Und dann braucht Ihr Steinmetze.«

»Danke für die Belehrung.«

Er hatte zwei Möglichkeiten. Entweder schickte er sie fort, oder er zeigte ihnen, wer auf dieser Baustelle das Sagen hatte.

»Nun?«, fragte er und blickte in unverständige Gesichter. »Es wird Zeit, dass ihr euch entscheidet. Entweder ihr tut, was ich sage, oder ihr verschwindet.«

Die beiden schauten einander unschlüssig an.

»Und noch eins: Nachdem wir so lange geredet haben«, setzte Henri hinzu, »gibt es heute nur Lohn für einen halben Tag.«

# VI

Der königliche Steuerschätzer misstraute den Markierungen der Farnhams. Was der Mann veranstaltete, um die Erntemengen nachzumessen, hätte zum Lachen sein können, wäre es nicht so ärgerlich gewesen. Oliver grinste und ballte gleichzeitig die Faust.

Der Steuerschätzer war ein Männlein, klein und schmal, weitgehend kahl und mit einer Tasche, deren Riemen ihm über die Brust hing und die an seinem Bauch schlackerte. Er erinnerte Oliver an eine Spinne. Vor allem bewegte er sich wie eine, trat kaum auf, sondern schien zu schweben. Dabei machte er ein hochernstes Gesicht, als hinge die Zukunft Englands von seinen Messungen ab.

Die Ernte war eingefahren und gedroschen, Weizen, Roggen, Gerste und Hafer lagerten in den Speichern innerhalb und außerhalb der Burgmauern. Wie üblich zeigten die Markierungen an den Wänden den Füllstand an. Die Einheit war Fuß, es ging in Fünferschritten aufwärts, und wenn der obere Rand des Getreides zwischen zwei Strichen lag, wurde die Menge von der letzten Markierung an geschätzt. All das hatte in vielen Jahren und Jahrzehnten ausgereicht, um die Höhe der Steuerschuld der Farnham'schen Güter auszurechnen.

Der neue Schätzer aber maß nach. Er gab sich größte Mühe, seinen runden Stab durch das Korn zu drücken. Je tiefer er kam, desto stärker wurde der Widerstand, trotzdem drehte und drückte er und wollte unbedingt den Boden erreichen. Sein kahler Kopf war rot vor Anstrengung.

Nicht nur Oliver war amüsiert, auch sein Vater hatte den Mund zu einem Lächeln verzogen, was man selten sah. Beide warteten, und als der Steuerschätzer das Maßnehmen endlich beendet und wieder Erdreich unter den Füßen hatte, begleiteten sie ihn durchs Tor zu den beiden außerhalb liegenden Speichern, die Olivers Urgroßvater einst hatte anlegen lassen, weil es innerhalb der Mauern keinen Platz mehr gab. Dort begann das Männlein erneut, eine Leiter anzusetzen. Er sprang vom Rand auf das Korn und begann, mit seinem Stab zu hantieren. Sosehr er sich auch abmühte, es gelang ihm nicht, das Ding bis zum Boden zu schieben. Von unten sah es aus, als würde der Kerl auf die Zähne beißen.

Auch wenn der Steuerschätzer ein Schwachkopf war, nicht einmal einen Becher Ale angenommen hatte – als hätte Baron Humphrey of Farnham ihn mit ein paar Schluck Bier bestechen wollen – und kaum mit ihnen redete, gab es etwas an diesem morgendlichen Besuch, das Oliver in gute Laune versetzte. Er hatte seinem Vater etwas mitzuteilen, und da war es günstig, wenn der Alte und er in gleicher Weise über die Witzfigur lachten. Das verband.

»Wie es scheint«, meinte sein Vater augenzwinkernd, »sind die Speicher bei unseren Nachbarn weniger gefüllt, sonst hätte sich der Herr Beamte einen stärkeren Stab mitgebracht.«

»Oder der gute Mann denkt nicht allzu praktisch. Unsere Nachbarn haben ähnliche Böden, und sie hatten das gleiche Wetter. Warum sollte ihre Ernte schlechter gewesen sein?«

»Du hast recht«, sagte Humphrey.

»Findest du nicht auch, dass er etwas von einer Spinne hat?«, fragte er.

Humphrey lächelte breiter. »Oder von einer Ameise. Sieh, wie unbeirrt er ist.«

Der Steuerschätzer verließ den Speicher über die Leiter und zog eine Tafel aus seiner Tasche, auf der er sich Zahlen notierte. Dann schulterte er die Leiter und ging zum benachbarten Silo, wo er sie wieder anstellte.

»Wenn nur der gute König Heinrich ihn sehen würde«, sagte Oliver. »Sein bester Mann im Einsatz für den Schatz.«

»Und verdurstet lieber, als dass er unser Bier trinkt«, ergänzte sein Vater.

Oliver unterstellte, dass der Alte es genoss, wenn sie einer Meinung waren.

»Wie ein echter Ritter kämpft er darum, seinem Herrn den letzten Penny zu besorgen. Heinrich freut sich schon, wie viel er im nächsten Jahr ausgeben kann.«

»Ja, wahrscheinlich«, entgegnete sein Vater und wurde ernster. »Aber jetzt lass uns die Lästerei beenden. Er ist immer noch unser König.«

Leider, wollte Oliver einwenden, verkniff sich diese Bemerkung aber. »Ein König«, sagte er stattdessen, »der nicht für seine Sparsamkeit bekannt ist.«

Humphrey neigte den Kopf. Er ließ sich Zeit mit seiner Antwort. »Das mag sein.«

Sie beobachteten schweigend, wie der Steuerschätzer seine Überprüfung beendete und erneut Zahlen auf seiner Tafel notierte, dann verabschiedete er sich mit einer knappen Verbeugung, stieg auf seinen Klepper, der so ungepflegt und schwerfällig aussah, dass Vater und Sohn erneut grinsten, und ritt davon.

Sie kehrten in den Burghof zurück. Es war Essenszeit.

»Vater«, begann Oliver, »der König beruft eine Armee gegen die rebellischen Waliser. Die Lords aus dem Grenzgebiet haben es verlangt.«

»Ich hörte davon.«

»Und Simon de Montfort wird ihr Kommandant.«

»Auch das ist mir bekannt und wundert mich nicht. Er ist immerhin der Schwager des Königs.«

»Montfort wird die Waliser und ihren Anführer, diesen Llewelyn, dazu bringen, die Angriffe zu beenden. Wenn einer das kann, dann er.«

»Wir werden es sehen.«

Die Wiese vor dem Tor war feucht, ihre Stiefel glänzten. Oliver betrachtete die Flecken auf dem Leder und nahm einen kurzen inneren Anlauf vor seinem nächsten Satz. »Ich werde mit ihnen ziehen.«

Humphrey blieb stehen und musterte ihn. Oliver hielt seinen Blick.

Die Stimmung seines Vaters hatte sich schlagartig verändert. »Das tust du nicht«, sagte er und setzte seinen Weg fort.

Oliver beeilte sich nicht, hinter ihm herzukommen. Erst an der Tür holte er ihn ein. »Ich bin volljährig.«

»Das ist ganz egal.«

»Vater, ich frage nicht um Erlaubnis, sondern ich teile dir etwas mit.«

Humphrey blieb wieder stehen, wandte sich ihm zu, öffnete den Mund und holte Luft.

»Es ist eine gerechte Sache«, sagte Oliver schnell. »Die Waliser rauben und brandschatzen bei Engländern. Bei unseren Landsleuten.«

»Und?«

»Deshalb werde ich mich an einem englischen Feldzug gegen Wales beteiligen.«

»Nein, Oliver, mach das nicht. Ich bitte dich.«

Sie hatten das Haus erreicht. Sein Vater stieß die Tür auf. Er war verärgert.

»Wir sind mehrere Ritter aus dieser Gegend und werden uns gegenseitig schützen«, brachte Oliver hervor. »Gerald Sholtam wird auch gehen.« Sholtam war ein benachbartes Gut, deutlich kleiner als das der Farnhams. »Seine Halbbrüder dienen uns als Knappen.«

An der Schwelle zum Esszimmer blieb sein Vater noch einmal stehen. »Ich habe bereits drei Kinder verloren«, sagte er leise.

»Doch nicht im Krieg!«

»Krieg ist die einfachste Möglichkeit, dass mir ein weiterer Sohn stirbt. Das wäre dann der letzte. Hast du bedacht, was dann aus dem Gut wird?«

Güter ohne Erben fielen an den König, der sie nach eigenem Gutdünken neu vergeben konnte und auf diese Art Treue und besondere Verdienste belohnte. Oliver wusste das, aber er hatte nicht vor, zu sterben.

Als sie die Stube betraten, saß Carol bereits am Tisch. Sie aßen schweigend, jeder in seine Gedanken versunken. Oliver versicherte sich still, dass er sich den Feldzug nicht ausreden lassen würde. Er konnte sich kaum etwas Aufregenderes vorstellen, als zusammen mit Simon de Montfort und anderen Baronen die aufrührerischen Waliser in die Schranken zu weisen. Der Kampf, der echte, in dem es um etwas ging, war das wichtigste Ziel seiner Ausbildung gewesen. Ritterturniere spielten Gefechte nur nach.

Sobald die Höflichkeit es zuließ, stand Oliver auf und verließ die Stube. Er wollte einen klaren Kopf bekommen und musste raus. Er ging hinaus, sattelte sein Pferd und ritt los, ins weite Land, durch den Wald zum Dorf Farnham, dann weiter auf der Straße durchs Hügelland, schließlich querfeldein. Er trieb sein Tier in den Galopp, jagte über Wiesen und Feldwege und ließ es erst langsamer werden, als sich auf seinem Fell ein glänzender Schweißfilm gebildet hatte.

Er ging Schritt und ließ den Einwand seines Vaters nun doch in sich nachklingen. Sicher konnte man in einer Schlacht tödlich verwundet werden, ausgeschlossen war das nicht. Sich diesem Einwand zu beugen bedeutete aber, dass der gesamte Adel über ihn lachen würde, über den jungen Farnham, der vor dem Feldzug kniff. Dass er ein Feigling sei, würden sie behaupten, dass er Angst vor Llewelyn und den wilden Walisern habe, dass er wahrscheinlich nicht richtig fechten könne und seine Pfeile ihr Ziel verfehlten. Er würde seine Ehre verlieren, und das kam nicht infrage. Sein Vater wusste das, schließlich war er der Baron of Farnham und kannte die Bedeutung der ritterlichen Regeln. Auch ihm zählte die Ehre viel.

Oliver nahm sich vor, am nächsten Morgen in aller Frühe aufzubrechen. Mit Gerald Sholtam hatte er vereinbart, dass er ihn und die Halbbrüder abholte. Im Grenzgebiet wollten sie zu Montfort und seiner Armee stoßen und mit ihnen zusammen die Waliser das Fürchten lehren.

Sein Vater würde sich schon daran gewöhnen. Und es würde nicht lange dauern, bis Oliver zurückkehrte.

...

Archie stand an einem Schreibpult im Skriptorium. Durch die offenen Fensterläden fiel etwas Licht herein, zudem brannten mehrere Kerzen. Der Kamin war kalt. Es war dies einer der wenigen Räume im Kloster, der im Winter geheizt wurde, um Papyrus und Tinte und die empfindlichen alten Schriften vor Frost zu schützen. Doch draußen herrschten milde Temperaturen, man brauchte noch kein Feuer.

Er war allein im Saal. Während er sich Mühe gab, in Schönschrift die ersten Ereignisse rund um den neuen Baumeister der Westminster Abbey in sein Buch einzutragen, dachte er daran, dass das gesamte Kloster von seinem Auftrag bereits gewusst hatte, als er vom Gespräch mit dem Kaplan zurückgekehrt war. Wie war das möglich? Es verblüffte ihn immer wieder, wie schnell sich Neuigkeiten herumsprachen, selbst an einem Ort, an dem das Schweigegebot streng befolgt wurde. Sicher, es gab die eine Stunde am Tag, in der geredet werden durfte. Dennoch war die Geschwindigkeit, mit der sich die Nachricht von seinem Auftrag verbreitet hatte, erstaunlich. Die einzige Erklärung war, dass jemand vorab von den Absichten des Kaplans gewusst hatte. Nach Lage der Dinge kam dafür nur der Abt infrage, er war der Einzige mit Kontakt zum Kaplan. Ausgerechnet den Abt aber hätte Archie nicht für eine Klatschbase gehalten.

Wie man sich irren konnte.

Im Kloster gab es wortlose Formen des Miteinanders, man nickte sich zu, zwinkerte, lächelte einen Mitbruder an, berührte sich sogar flüchtig, zeigte, dass man den anderen wahrnahm. Stephen aber, der eigentliche Skriptor, schaute neuerdings an Archie vorbei. Genau davor hatte Archie sich gefürchtet.

Stephen war ein hagerer Kerl. Er trat an sein Pult, das etwas höher als die anderen war. Dort schlug er das Buch auf, an dem er schrieb, und versenkte sich in seine Arbeit. Auf diese Weise konnte er sich auch noch damit schmeicheln, dass er die strengen Klosterregeln befolgte. Ora et labora, bete und arbeite.

Archie seufzte tonlos. Geschnitten zu werden war für ihn keine neue Erfahrung. Damals hatten andere Brüder mit ihm zusammen die freien Künste studieren dürfen, die Basisfächer, doch an die theologische Fakultät in Oxford war nur er geschickt worden. Und das Kloster hatte, wenn er ab und an nach Hause kam, nicht anders reagiert als heute und ihn wie Luft behandelt.

Er schob die Erinnerung zur Seite und begann seine Chronik mit einer Darstellung dessen, was der neue Baumeister bei seinem Antritt vorgefunden hatte: die der heiligen Jungfrau gewidmete Kapelle, die halb fertigen Kathedralwände, den Kreuzgang, das angefangene Haus des Domkapitels. Archie benannte den Baumeister, sparte aber seine eigene Rolle bei dessen Anwerbung aus. Es war nicht gottgefällig, sich selbst in den Vordergrund zu stellen.

Schreiben war ein mühsames Geschäft, es quälte ihn. Man musste sich im Vorfeld nicht nur überlegen, was man sagen wollte, und es innerlich in eine sinnvolle Reihenfolge bringen, sondern auch so konzentriert arbeiten, dass man keine Fehler machte, keine Buchstaben verdrehte oder Wörter falsch schrieb. Er kam nur langsam voran und war immer wieder versucht, die Feder zur Seite zu legen und sich auszuruhen. Das ließ allerdings die Anwesenheit von Bruder Stephen nicht zu. Archie durfte keine Schwäche zeigen, wollte er nicht wieder Gesprächsthema werden.

Was den Mitbrüdern besonders sauer aufstieß, war die Freiheit, die er genoss, damals zu Studienzeiten wie heute. Es war nicht nur, dass er das Kloster verlassen durfte, wann immer es ihm passte, als Einziger konnte er sogar entscheiden, an welchen der über den Tag verteilten gemeinsamen Gebete er teilnahm und welche er ausließ. Dieses Privileg erzürnte die anderen mehr als alles andere. Viele von ihnen quälten sich zur Prim bei Dunkelheit und Kälte aus dem Bett und wünschten sich nichts mehr, als im warmen Stroh bleiben zu dürfen. Dass Archie die Gebete nicht schwänzte, zumindest dann nicht, wenn er im Kloster war, schienen sie nicht zu bemerken. In seinem Neid ließ sich niemand gerne stören.

Die Glocke erklang und rief sie zum Essen. Endlich durfte er die Feder zur Seite legen. Er verschloss das Tintenfass. Das Buch hingegen ließ er offen, damit die Schrift trocknen konnte.

Im Speisesaal erwartete ihn eine Situation, wie er sie noch nicht erlebt hatte, auch damals als Student nicht. Die Mitbrüder saßen allesamt am Tisch, aber für ihn war kein Platz. Einige von ihnen hatten sich ein klein wenig breiter gemacht als nötig, und da hockten sie nun, die Köpfe gesenkt, weil sie sich fürs Essen sammelten und dem Herrn für die Speise dankten.

Der Koch verzog ebenfalls keine Miene, als er Archie eine Schüssel, einen Löffel und den üblichen Becher Ale aus der Klosterbrauerei reichte. Archie trug, was er bekommen hatte, zu einem separaten Tisch, setzte sich, schloss die Augen, faltete die Hände und dankte Gott dafür, dass er ihn auch an diesem Tag versorgte. Dann setzte er ein Lächeln auf. Er hatte Seelenschmerzen, etwas drückte ihm auf die Brust, die Augen taten weh, und er fühlte sich niedergeschlagen. Er war aber nicht bereit, das den anderen zu zeigen.

Die Grütze hatte die ewig gleiche Farbe, ein helles Braun, das sich ergab, wenn man alle Zutaten zusammen kochte. Sie schmeckte auch wie immer. Archie spülte jeden Bissen mit Ale herunter und sagte sich, dass er sich beim Abt nicht über die Mitbrüder beschweren würde. Verrat galt als Grund, einen Bruder für viele Jahre aus der Gemeinschaft auszuschließen.

Er warf einen Blick hinüber zum langen Tisch. Ein Gefühl von Verachtung meldete sich in ihm und löste den Schmerz ab. Sollten sie sich doch alle wie die Kinder benehmen, ihn würden sie damit nicht treffen. Der Herr hatte ihn mit einer besonderen Gabe gesegnet, er war in der Lage, in den Schwächen der Mitmenschen das Komische zu entdecken. Hier war es offensichtlich. Sie alle und besonders Bruder Stephen nahmen ihre Strafaktion so furchtbar ernst, dass es zum Lachen war.

...

Nach ein paar Tagen sprach ein weiterer Mann auf der Baustelle vor. Er nannte sich John und kam aus Gloucester. Sein dunkler Bart war von grauen Strähnen durchzogen, auf seiner Stirn lagen Falten, der Blick war ernst, das Haupthaar licht. Er war ein Steinmetzmeister.

Henri gefiel er auf den ersten Blick. »Willkommen, John. Wir können einen erfahrenen Mann gut gebrauchen.«

Der Steinmetz neigte den Kopf. »Es ist etwas Besonderes, eine Kathedrale zu bauen.«

»Das ist wahr.«

Henri streckte seine Hand aus. John schlug ein.

Zusammen machten sie sich daran, die alten Steinblöcke zu inspizieren, die Henri in den Bauhütten der Maurer und Steinmetze gefunden und die er mithilfe von Walter und Tonia aufgestapelt hatte. Fachmännisch und vorsichtig klopfte John an verschiedenen Stellen mit dem Hammer dagegen, achtete auf den Klang des Steines, rieb hier und da den Staub ab, begutachtete die Risse, ging mit dem Finger an ihnen entlang, maß sie aus. Henri sah ihm zu. So gründlich wie dieser Mann gingen die besten Steinmetze in Frankreich vor. Er wusste, dass ein fähiger Meister zu ihnen gestoßen war. Einer, den er um jeden Preis halten musste.

»Wo hast du gehört, dass die Arbeit hier weitergeht?«

»Ich war am Kloster in Harlesden. Da gibt es einen Mönch, der hat gut von dir gesprochen.«

»Archibald?«

»Ich glaube, das war sein Name, ja. So ein kleiner Kerl mit hoher Stirn und Sommersprossen.«

»Das ist er.«

Henri bot ihm drei Pennys am Tag und eine Belohnung von drei weiteren am Ende der Woche, wenn alles gut gelaufen war. John war einverstanden und machte sich umgehend an die Arbeit. Henri sah zu, wie er einen ersten der großen Quader vom Stapel hob, sich auf den Platz hockte und Meißel und Hammer hervorzog, um ihn zu behauen.

Es dauerte nicht lange, da fingen die beiden Maurer ein Spielchen mit John an. Sie waren zu zweit, und es ging ungleich schneller, einen Stein auf eine Wand zu setzen, als einen aus einem Block herauszuschlagen, so stellten sie sich vor den Steinmetz und traten ungeduldig von einem Bein aufs andere.

»Meinst du«, fragte Walter seine Frau, »der gute Mann wird bald fertig?«

»Wir können nur hoffen.«

Henri schritt ein. Er steckte einen Finger in den Mörteleimer. »Was ist das denn?«

Die beiden Maurer blickten fragend.

»Viel zu flüssig«, schimpfte Henri. »Wisst ihr nichts über das richtige Verhältnis?«

»Meister, wir sind Maurer, keine Mörtelmischer.«

»Ein Maurer, der keinen Mörtel anrühren kann, hat seinen Beruf verfehlt.« Henri stieß den Eimer um, der Inhalt lief über den Boden. »So, und jetzt noch mal von vorne. Und ich will Mörtel, der die Steine hält. Haben wir uns verstanden? Wir wollen nicht alles zweimal anfassen.«

Murrend machten sich die beiden an die Arbeit. Tonia kippte Mörtel in den Eimer und goss vorsichtig Wasser hinzu, während Walter rührte. John hatte während der Auseinandersetzung nicht einmal aufgesehen. Er machte einfach weiter damit, seinen Stein zu behauen. Und er war schnell. Während die Maurer noch rührten, gelang ihm ein kleiner Vorsprung. Dieser Mann, dachte Henri, war ein echter Glücksfall.

In der Mittagspause wandte sich Henri wieder an ihn. Sie saßen vor der Hütte und aßen. »Wir brauchen mehr Leute aus deinem Gewerk, John. Gesellen, Lehrlinge.«

»Ich kenne einige Steinmetze.«

»Kannst du sie anwerben?«

»Das denke ich schon. Ich werde dir welche bringen, Baumeister. Schon aus eigenem Interesse.« Er zeigte auf den Stapel mit den Quadern. »Wenn ich die alle allein schlagen wollte, würde ich nie fertig werden.«

Henri war sich sicher, dass der Steinmetz Wort halten würde. John sah nicht aus wie ein Mann, der leichtfertig Versprechen abgab. Und in der Tat meldeten sich in den folgenden Tagen vier Steinmetze, zwei Männer und zwei Frauen. Henri stellte sie alle ein. Mit ihnen und John ging es voran, der Stapel von Mauersteinen wuchs, die großen Blöcke aus dem Steinbruch wurden weniger.

Er musste schon bald neuen Stein besorgen. Nun fing die Arbeit erst richtig an.

# VII

Auf dem Rückweg aus Wales erreichte Oliver die sanft geschwungenen Ausläufer der Surrey Hills. Es waren heimische Gefilde, bald würde er Burg Farnham erreichen. Drei Wochen war er fort gewesen. Er folgte einem Bachlauf, gegenüber lag ein herbstlicher Laubwald, dessen Blätter in Gelb und Rot geradezu leuchteten. Nebelschwaden zogen über ein Moor. Auf seinem Weg hatte Oliver viel von der englischen Landschaft gesehen, Felder, Seen und endlose Wälder, auch den breiten Fluss Severn, den er auf einem flachen Kahn überquert hatte, den ein einzelner Mann ruderte.

Auf dem Rückweg hatte der Fährmann ihn wiedererkannt. »Der Ritter kehrt heil zurück. Willkommen, Herr«, hatte er gesagt.

Oliver trieb sein Pferd an einer Stelle über den Bach, die so flach war, dass er den sandigen Grund sehen konnte. Das Packpferd zog er hinter sich her. Auf dessen Rücken lag die Rüstung, in Tücher eingeschlagen und festgezurrt. Auch das Langschwert und der Speer, beide unbenutzt, waren an den Tragesattel des zweiten Tieres gebunden. Der Speer ragte mit der Spitze weit nach hinten heraus.

Im Waliser Grenzgebiet hatte Oliver viel Gutes erlebt – und eine böse Schmach erlitten. Er hatte beides nicht vergessen. Auf der einen Seite stand, dass er mit Simon de Montfort und dessen Söhnen engere Bekanntschaft geschlossen hatte. Lord Montfort wusste nun, wer er war. Oliver hatte darauf geachtet, sich oft in seiner Nähe aufzuhalten, er hatte allen Besprechungen beigewohnt und jedes Wort gehört, dass Montfort diesem Llewelyn zugerufen hatte. Mehr denn je war er davon überzeugt, dass Sir Simon der militärische Anführer war, den England benötigte. Wenn sie schon einen schwachen und reichlich frommen König hatten, brauchten sie umso dringender einen starken Feldherrn.

Er folgte weiter dem Bachlauf. Als sein Pferd den Kopf zum Wasser reckte, hielt Oliver an, saß ab und ließ es trinken. Er selbst nahm seinen letzten Proviant und den Trinkschlauch aus der Tasche und genoss seine kleine Mahlzeit.

Seine Schmach hatte darin bestanden, dass er als einziger Ritter ohne Knappen gekommen war. Gerald und seine Halbbrüder hatten ihn im Stich gelassen, und Oliver war allein losgezogen.

Er hätte nicht einmal seinen Harnisch anlegen können, hätte ein Ritter aus Wessex nicht Mitleid gezeigt und seinen Knappen hinübergeschickt. Trotzdem – oder vielleicht gerade deswegen – war die Demütigung vollkommen gewesen. Später, als sich alle Welt auf den Heimweg machte, hatte Oliver den Helfer fortgeschickt, seine Rüstung alleine verpackt und aufs Packpferd geschnallt.

Er ritt weiter und hatte im Dorf Farnham das Pech, ausgerechnet auf Gerald Sholtam und seine Halbbrüder zu treffen. Sie waren am anderen Ende der Straße, hatten ihn aber bereits entdeckt. Gerald hob die Hand und winkte so heftig, als träfe er seinen verlorenen besten Freund.

Es war nicht möglich, ihnen auszuweichen. Er war der junge Baron, das Dorf und die Gegend trugen seinen Namen, woraus eine gewisse Verantwortung folgte, und das galt auch gegenüber den Söhnen eines schlichten Junkers, dessen Adel kaum ernst zu nehmen war.

Die drei Sholtams brachten ihre Pferde vor ihm zum Halten. Staub wirbelte auf. Wie sie da auf ihren Sätteln saßen, Gerald vorne, flankiert von seinen beiden jüngeren Brüdern, musste Oliver daran denken, wie sie ihn im Stich gelassen hatten. Ihr Vater hatte ihnen verboten, in den Krieg zu ziehen, und sicherheitshalber sogar den Pferdestall bewachen lassen. Lächerlich. Diesen drei Jungen hatte er die Demütigung im Feldlager zu verdanken.

Gleichwohl würde er ihnen seine Verärgerung nicht zeigen. Ein Lord hatte sich zu beherrschen.

»Ich freue mich«, rief Gerald ihm zu, »dich wohlbehalten zurückkehren zu sehen.« Mit seinem pechschwarzen Haar sah er kaum wie ein Engländer aus. Ein Bart wuchs ihm noch nicht, es lag nur ein dunkler Schatten über Oberlippe und Kinn.

»Das war nicht sonderlich schwer«, erwiderte Oliver trocken. »Wir haben überhaupt nicht gekämpft.«

Geralds Mund stand offen. Mit dieser Aussage hatte er nicht gerechnet.

»Montfort wollte es so«, erklärte Oliver beiläufig.

»Und weshalb?«, fragte Liam, der ältere der beiden Halbbrüder. Er war sechzehn und hatte weiche und jungenhafte Züge.

»Er hat Llewelyn das Versprechen abgenommen, in Zukunft Frieden zu halten.« Oliver zuckte mit den Schultern. »Wir alle waren dabei, auch die Adeligen aus dem Grenzgebiet, die Marcher Lords.«

Geralds Schultern sackten ein Stück herab. Oliver ahnte den Grund und musste schmunzeln. Er selbst hatte Llewelyn gesehen, Gerald aber nicht. In vielen Geschichten, die man sich erzählte, galt der Rebellenführer als wilder und gleichzeitig kluger Feldherr. Oliver konnte von nun an behaupten, ihn zu kennen.

»Und er hat geschworen?«, fragte Gerald ungläubig.

»Ja, das hat er. Wir haben jetzt Frieden.«

Gerald straffte sich. Oliver sah ihm an, dass er viele Fragen hatte. Er würde sie ihm nicht beantworten.

»Wir sehen uns«, sagte er, nickte den drei Sholtams zu und setzte sein Pferd in Bewegung. Es waren nur noch zwei Meilen bis zur väterlichen Burg, und er war äußerst gespannt, was sich dort während seiner Abwesenheit getan hatte.

»Oliver!«, hörte er hinter sich. Es war ungehörig, jemandem hinterherzurufen, deshalb reagierte er nicht.

Im nächsten Moment war Gerald neben ihm. »Oliver«, begann er. »Ich weiß, dass wir dich hängen gelassen haben. Auch ich. Ich konnte nicht ... Mein Vater hatte es verboten.«

»Ja, das sagtest du bereits.«

Geralds Pferd ging so dicht neben seinem, dass sich ihre Knie beinahe berührten.

»Aber ich schwöre dir, das wird nicht noch einmal vorkommen.« Er hatte die Hand gehoben. »Ich schwöre es bei meiner Mutter.«

»Dein Vater wird dich auch beim nächsten Mal nicht ziehen lassen.«

»Noch vor Weihnachten werde ich volljährig.«

Oliver blickte ihn an. Er hatte Gerald für jünger gehalten. »Und dann setzt du dich durch?«

»Das habe ich soeben geschworen.«

»Nun.« Oliver schluckte seinen Zweifel herunter und deutete ein Lächeln an.

»Ich möchte zu gern wissen«, sagte Gerald, »was du erlebt hast. Am liebsten alle Einzelheiten. Könnte ich ... Ich meine, würde es stören, wenn ich mit dir ... Du wirst doch deinem Vater alles erzählen. Ich würde einfach still danebensitzen. Wenn das möglich ist.«

»Und deine Brüder?«

»Die sind zu jung. Ich schicke sie nach Hause.«

»Nein«, sagte Oliver, ließ das Wort einen langen Moment stehen und genoss es, Gerald seinerseits eine kleine Demütigung beizubringen. »Es stört mich nicht«, setzte er dann hinzu.

Sein Vater kam aus dem Haus, als hätte er auf Oliver gewartet. Er lächelte und begrüßte ihn mit Handschlag, als er vom Pferd stieg. Auch Gerald reichte er die Hand.

»Schön, dass ihr zurück seid.«

Carol erwartete sie im Kaminzimmer. Sie kam auf ihn zu, und beide hielten sich für einen Moment an den Armen, dann setzten sie sich alle auf die Polsterstühle, und es gab französischen Wein, von dem Oliver schnell zwei Becher trank. Nach all dem warmen Bier unterwegs schmeckte er herrlich.

»Wie ich höre«, begann sein Vater, »ist der König unzufrieden mit Montforts Entscheidung, die Waliser ungestraft davonkommen zu lassen. Er zürnt, denn er hatte befohlen, die Aufständischen so hart in ihre Schranken zu weisen, dass sie nie wieder einen Angriff gegen die Marcher Lords wagen werden.«

»Wenn der König nicht selbst ins Feld zieht, sollte er sich nicht beschweren«, sagte Oliver.

»Dafür bestimmt man einen Feldherrn«, entgegnete Carol. »Ein König darf nicht fallen.«

Oliver kannte es nicht anders, als dass sich seine Schwester in politischen Fragen äußerte wie ein Mann. »Es gibt einen Kronprinzen«, hielt er ihr entgegen.

»Oliver«, herrschte ihn sein Vater an. »Geh nicht zu weit.« Im nächsten Moment hatte er sich wieder unter Kontrolle, sicher auch deswegen, weil ein Fremder bei ihnen saß. »Erzähl lieber, welchen Eindruck hattest du von Llewelyn und von Montfort?«

Oliver nickte. Es half niemandem, wenn er mit seinem Vater stritt. »Nun, Llewelyn ist ein Anführer, zu dem seine Männer aufschauen. Das ist ganz eindeutig. Sie vertrauen ihm blind, und was er sagt, ist ihnen Gesetz. Ich glaube, jeder Waliser würde sein Leben riskieren, sollte Llewelyn das verlangen.«

Humphrey trank einen Schluck Wein und schloss die Augen. Es sah aus, als versuchte er sich vorzustellen, was er gehört hatte. »Der Mann hat Ausstrahlung, und die macht ihn stark«, resümierte der Alte.

»Das stimmt«, erwiderte Oliver. »Aber Simon de Montfort ist noch viel stärker. Erstens ist er Engländer und spricht eine normale Sprache, nicht dieses Kauderwelsch, das kein Mensch versteht. Llewelyn ap Griffith«, machte er den Namen ihres Anführers in der kehligen Zunge der Waliser nach, und die drei Zuhörer lachten. »Zweitens ist er weltläufig, kennt Frankreich und unser Land, während Llewelyn in seinem Schafsfellumhang aussieht, als sei er noch nie weiter gekommen als ins nächste Tal.«

Wieder lachten sie alle, auch Carol.

»Montfort ist der Größte«, erklärte Gerald. Sein erster Satz in dieser Runde.

»Und drittens ist er ein Stratege«, setzte Oliver hinzu.

»Es bleibt allerdings, dass er sich einem Befehl des Königs widersetzt hat«, gab Carol zurück.

»Soweit ich weiß«, meinte Oliver, »war dieser Befehl nicht so eindeutig, wie er jetzt dargestellt wird.«

»Zumindest behauptet Montfort das«, bemerkte Carol spitz. »So steht Wort gegen Wort. Allerdings stammt eine der Aussagen vom König.«

»Und der lügt nicht?«, fragte Oliver provokant.

Humphrey wandte sich ihm zu. »Der König ist von Gott eingesetzt. Das sollten wir nicht vergessen.« Er schaute die anderen beiden an. »Wir alle nicht.«

Oliver verzichtete ein weiteres Mal darauf, laut auszusprechen, was ihm durch den Kopf ging. Er glaubte Montforts Aussage mehr als der des Königs.

»Und die Marcher Lords«, fragte Humphrey, »waren einverstanden mit Montforts Entscheidung?«

»Das hat mich auch gewundert«, erwiderte Oliver, »aber ja, so war es. Das haben sie deutlich zu verstehen gegeben. Sie brauchen es am meisten, dass die Rebellen Frieden halten.«

»Vielleicht befürchten sie, dass gedemütigte Waliser noch schlimmer wären«, meinte Carol.

»Ein kluger Gedanke, Tochter.«

Den der König nicht hatte, sagte sich Oliver. Er trank einen weiteren Schluck Wein und sah zu seiner Schwester hinüber. Carol war dreiundzwanzig und hübsch, ihr kräftiges rotblondes Haar lag auf ihren Schultern. Doch sie war eigensinnig und vorlaut. Oliver war davon überzeugt, dass diese Eigenschaften manchen Bewerber abschreckten. Er hoffte dennoch, sie bald verheiratet zu wissen.

»Das allerdings würde Montforts Verhalten recht geben«, erklärte sie. »So gesehen hätte er richtig gehandelt.« Wieder nickte ihr Vater.

Es war eine alte Erfahrung, dass Humphrey ihren Ansichten zustimmte und denen seines Sohnes widersprach, wo immer es ging.

»So ist auch meine Meinung«, sagte Oliver und blickte zu Carol. »Montfort hat im Sinne Englands entschieden.«

»Nun, das werden wir sehen«, erwiderte Humphrey.

Ein Diener trat ein und rief sie zum Essen.

»Du bleibst doch?«, fragte Humphrey Gerald.

»Gerne, Mylord. Wenn es nicht stört.«

»Nein, überhaupt nicht. Sei willkommen.«

Mit einem kräftigen letzten Schluck leerte Oliver seinen Becher, stellte ihn auf den Tisch und verließ als Letzter den Kaminsaal. Er war beschwingt, nicht nur durch den Wein, sondern vor allem durch die Wendungen der letzten Wochen. Simon de Montfort kannte und achtete ihn.

# VIII

Henri zog sein weißes Hemd an und strich es an den Ärmeln glatt. Nachdem Maude es in einem Bach gewaschen und in der Sonne getrocknet hatte, war es so sauber wie lange nicht mehr. Dazu trug er eine graue Hose. Seine Stiefel hatte er mit einer Bürste gereinigt und mit Fett eingerieben, bis sie glänzten. Auch sein Kittel war sauber.

Er trat in die Küche, wo Maude und ihre Tochter Emily einen Kohlkopf klein schnitten. Neulich hatte Henri zum ersten Mal Emilys leicht gerundeten Bauch bemerkt. Seitdem musste er sich zwingen, nicht andauernd dort hinzustarren.

»Der Herr Baumeister«, sagte sie. »Auf dem Weg in den Palast?«

»Ja«, erwiderte Henri, bemüht, seinen Widerwillen zu verbergen.

Vor ein paar Tagen war ein königlicher Bote auf der Baustelle erschienen und hatte Henri eine Einladung überbracht. Im Palast sollte der Friede mit Wales gefeiert werden, und er, der Baumeister, wurde aufgefordert, zu diesem Fest zu erscheinen.

Archie hatte ihm noch andere Gründe für die Feier genannt. Der König hatte sich mit seinem Sohn, der zwischenzeitlich versucht gewesen war, sich auf die Seite der untreuen Barone zu schlagen, ausgesöhnt. Und nicht nur das: Inzwischen standen auch die Zeichen zwischen König und widerspenstigem Adel auf Frieden.

»Das wird sicher ein rauschendes Fest«, hatte Archie gesagt. »Ich beneide dich, dass du dabei sein darfst.«

Auch Emily schien neidisch zu sein. Mit der Hand auf ihrem gewölbten Bauch sagte sie: »Ich will auch einmal in den Palast. Wir wohnen so nahe, und ich war noch nie drinnen.«

»Da gehörst du auch nicht rein«, meinte Maude barsch.

»Ach, und warum nicht?«

»Weil du die Tochter einfacher Leute bist.«

»Und unser Baumeister hier? Der Herr Franzose? Ist der etwas Besseres, nur weil seine Kleidung frisch gewaschen ist?«

»Das ist etwas anderes, Kind.«

Henri kam sich bei dieser Auseinandersetzung überflüssig vor, zumal ihn die Furcht beschäftigte, er könne bei dem Fest auffliegen. Es brauchte nur eine Person im Palast, die den alten Reimser Baumeister kannte. Eine einzige. Doch war es ausgeschlossen, der Einladung nicht Folge zu leisten, schließlich kam sie vom König.

Es war zu früh, um sich auf den Weg zu machen, deshalb setzte er sich an den Esstisch. Maude bot ihm Bier an, und er nahm es dankend an. Emily verabschiedete sich.

»Sie ist manchmal ein wenig zornig«, erklärte Maude, als die Tür hinter ihr zufiel. »Aber darunter schlägt ein gutes Herz.«

»Das bezweifle ich nicht«, entgegnete Henri, auch wenn er diese Seite an ihr noch nicht kennengelernt hatte.

Maude setzte sich zu ihm. »Die Wahrheit ist«, fuhr sie fort, »ich würde auch gerne mitkommen. Das alles einmal sehen, König und Königin, die ganzen hohen Herren und ihre Damen in den feinen Kleidern.«

»Ich berichte dir«, erklärte er, trank sein Bier aus und stand auf. »In allen Einzelheiten, wenn du möchtest.«

Er trat hinaus und machte sich auf den Weg. Es war bereits dunkel, das Jahr ging zu Ende, und da Wolken den Mond verbargen, musste er darauf achten, wo er hintrat. Erst am Palast wurde es hell. Eine lange Reihe von Fackeln im Boden erleuchtete den Weg.

Offenbar war es nicht üblich, zu Fuß zu kommen. Henri wurde von mehreren Kutschen überholt, die vor dem Eingang hielten. Livrierte Diener traten vor, zogen die Wagentüren auf und halfen den Damen und Herren beim Ausstieg.

Bevor er eingelassen wurde, musste er den Wachen mehrfach seinen Namen nennen, am Anfang der Auffahrt, dann an ihrem Ende und schließlich vor der Palasttür, wo vier bewaffnete Männer und ein Kommandeur standen. Schließlich fand er sich in der weitläufigen Halle von Westminster wieder. Sie war noch heller erleuchtet als die Auffahrt, an Eisenringen hingen Dutzende Fackeln, auf den Tischen flackerten unzählige Kerzen. Es war an nichts gespart worden. Neben dem grellen Licht empfing ihn lautes Stimmengewirr. Überall hatten sich Gäste in Grüppchen zusammengefunden, sie redeten, scherzten, lachten. Diener wuselten umher und brachten Bier und Wein.

Anders als bei seinem ersten Besuch stand die doppelflügelige Tür zum Audienzsaal offen, und die Teppiche waren herausgeräumt. Der Fußboden war aus dem gleichen hellgrauen Stein wie der in der Halle. Am anderen Ende entdeckte er das Königspaar und näherte sich, um Maude und Emily erzählen zu können, wie sie gekleidet waren und wie sie sich verhielten.

Er kannte niemanden bei diesem Fest. Eine Gruppe einfacher Leute, unschwer an ihrer groben Kleidung zu erkennen, drückte sich an eine Wand. Einer von ihnen war der Stallmeister, ihn immerhin hatte er bereits einmal gesehen. Der Mann sprach mit einem niedrigen Offizier, vielleicht einem Hauptmann oder Sergeanten. Auch Frauen gab es dort, Hauspersonal und Dienerinnen der Königin. Den allergrößten Teil der Gäste aber machten Adelige in feinen Kleidern aus.

Im Audienzsaal war auf einem endlos langen Tisch das Essen aufgebaut. Große Silberplatten waren mit unterschiedlichem Fleisch belegt, mit Filet und Kotelett, Wild und Geflügel, Wurst und Schinken, und entlang der beiden Seiten standen die Lords und Ladys in ihrer bunten Seidenkleidung, bedienten sich und redeten weiter, während sie abbissen und kauten. Es gab Berge von Weintrauben, grüne und blaue, dazu herbstliche Birnen und Äpfel, lange, bereits in Scheiben geschnittene Brote, aufgetrennte Fische unterschiedlicher Größe, noch mit Köpfen und leblosen Augen, aber bereits von den Gräten befreit. Ein Stück weiter fand sich der Dessert-Bereich mit gezuckerten Pflaumen und goldbraunen

Waffeln, auf die Honig geträufelt war und die man zusätzlich in Sahne tauchen konnte.

Henri bemerkte, wie achtlos die Gäste zugriffen, die jeweiligen Bissen herunterschluckten und sich gedankenverloren die Finger ableckten. Um nicht ganz alleine zu bleiben, fasste er die Gruppe an der Wand ins Auge. Dort würde er sich ein wenig unterhalten können.

»Ah, der Herr Baumeister«, hörte er hinter sich.

Er drehte sich um. Wenige Schritte von ihm entfernt stand Carol of Farnham zusammen mit ihrem Vater und ihrem Bruder. Sie lächelte – oder grinste – ihn an.

Sie sah umwerfend schön aus. Der Schein einer Fackel erleuchtete ihr Haar, das noch mehr zwischen Rot und Blond zu springen schien als bei Tageslicht. Ihr Kleid war hochgeschlossen und betonte trotzdem ihre Figur. Über der Brust trug sie eine Goldkette. Ihr Gesicht hatte einen Ausdruck, für den ihm das Wort *eigenwillig* in den Sinn kam. Die Augen blitzten.

Er trat näher und verbeugte sich.

»Kennt Ihr meinen Vater, Humphrey of Farnham?«

Henri hatte ihn auf dem Schiff nur von Weitem gesehen. »Nein, das Vergnügen hatte ich noch nicht.« Er verbeugte sich erneut. »Mylord.«

»Das ist der französische Baumeister, Vater, von dem ich dir erzählt habe. Der seine Pläne auf der Überfahrt verloren hatte.«

Der Baron hatte die Jahre der Kraft bereits hinter sich gelassen. Er war weißhaarig, das Gesicht faltig, die Schultern waren ein wenig gebeugt.

»Mein Herr«, sagte er höflich und mit einem Knarren in der Stimme. »Ihr seid an der Abbey in Westminster tätig?«

»Das ist richtig.«

»Ein großes Unterfangen.«

»Das ist wahr, Mylord.«

»Und dies«, fuhr Carol fort, »ist mein Bruder Oliver.«

Der junge Lord hatte ein rundes Gesicht mit großen Augen, um die allerdings dunkle Schatten lagen. Henri verbeugte sich auch vor ihm. »Monsieur.«

»Herr Baumeister«, erwiderte der junge Farnham. »Der König hat Euch eingeladen?«

»Ja.«

»Nun, dann amüsiert Euch.«

Oliver wandte sich ab. Henri schaute Carol an und hatte für einen Moment die Vorstellung, ihre Hand zu nehmen. »Ich bin zum zweiten Mal im Königspalast, und beide Male habe ich Euch getroffen. Seid Ihr hier regelmäßiger Gast?«

»Ganz und gar nicht. Neulich bin ich Euretwegen gekommen, um Euch die Pläne zurückzugeben. Und diesmal? Nun, ich glaube, es gibt keine einzige Baronsfamilie in Südengland, die nicht eingeladen wurde.«

»Wahrscheinlich nicht«, sagte Henri, obwohl er nichts darüber wusste.

»Während Ihr Euch auf Eure Einladung etwas einbilden könnt, denn Ihr habt sie nicht für Eure Abstammung bekommen. Der König hat eine hohe Meinung von Euch.«

»Oder er lädt grundsätzlich seine Baumeister ein. Wie den Stallmeister und verdiente Soldaten.« Er zeigte auf die Gruppe, die abseits stand.

Sie lachte, und der Tonfall gefiel ihm. »Nicht so bescheiden, mein Herr. Habt Ihr schon etwas gegessen?«

»Nein.«

»Begleitet Ihr mich ans Büfett?«

»Gerne.«

Carol ging an den Fleischtabletts vorbei und steuerte auf das Obst zu. »Hier haben wir einen guten Platz, wir können uns vom Pottage bedienen oder vom Dessert. Nach was steht Euch der Sinn?«

Henri zeigte mit dem Daumen nach rechts. »Lieber herzhaft.«

Sie lachte zum zweiten Mal. »Mein Geschmack geht auf das Süße«, sagte sie.

In ihrer Gesellschaft bekam Henri nun doch Hunger. Er stellte fest, dass es Teller nur bei den warmen Speisen gab. Er war es gewöhnt, seinen eigenen Löffel zu benutzen, den er im Alltag stets bei sich trug, und fand es seltsam, einfach in eine Schüssel hineinzugreifen und sich hinterher die Finger abzulecken. In Frankreich galt Essen mit den Fingern als etwas, das man nur Kindern erlaubte. Am englischen Hof schienen andere Regeln zu gelten.

»Nun, Baumeister, könnt Ihr Euch nicht entscheiden?«

»Doch, doch.« Henri füllte einen Teller mit heißem Pottage, während er zusah, wie Carol sich mit der Zunge über die Zuckerreste an ihren Fingern fuhr.

»England feiert den Frieden?«, fragte er.

»Ja«, erwiderte sie und hatte es geschafft, in das kurze Wort ein Lachen einzubauen.

»Ihr nicht?«

»Sagen wir so«, sagte sie und neigte ihren Kopf zur Seite, »ich habe meine Zweifel.«

»Das verstehe ich nicht.«

»Ihr seid Franzose, Euch braucht englische Politik nicht zu kümmern, und ich will Euch damit nicht langweilen.«

»Das tut Ihr nicht, Mylady. Es ist ungewöhnlich, dass sich eine Frau für dieses Feld interessiert.«

»Es gibt viele Leute, die meinen, England wird in Wahrheit von einer Frau regiert und ihr Mann führt nur ihre Vorgaben aus. Und wenn man wie ich die Tochter eines Barons ist, dann ist es nicht ganz so ungewöhnlich. Bei uns zu Hause dreht sich das Gespräch fast immer um derlei Themen.«

»Ich verstehe«, erwiderte Henri. »Worin sind Eure Zweifel begründet?«

Henri stellte seinen leeren Teller auf den Tisch, und sie entfernten sich ein Stück. Ein Diener kam ihnen entgegen. Henri nahm zwei Bierbecher vom Tablett und reichte einen davon Carol.

»Ich bezweifle, dass sich der König wirklich mit den Baronen, die ihn entmachten wollten, ausgesöhnt hat«, sagte sie. »An diesen Frieden glaube ich erst, wenn er einige Jahre hält. Das Gleiche gilt für die Auseinandersetzung mit Llewelyn. Wenn ein Waliser heute etwas zusagt, heißt das nicht, dass er sich morgen noch daran gebunden fühlt.«

»Und die Engländer? Ist denn auf ihr Wort Verlass?«

Sie schaute ihm in die Augen. »Gute Frage«, erwiderte sie. »Soweit ich hörte, hat Simon de Montfort —«

»Kennt Ihr ihn?«

»Nur dem Namen nach.«

»Dort steht er.« Sie zeigte nach vorne. »Da, zusammen mit meinem Bruder. Oliver ist ein großer Montfort-Anhänger.«

Henri blickte in die Richtung, in die ihr Finger wies. Montfort war ein Mann in mittleren Jahren und ganz in Schwarz gekleidet. Auch Haare und Bart waren schwarz, und dennoch wirkte seine Ausstrahlung nicht düster. Um ihn hatte sich eine Gruppe Adeliger versammelt. Während er redete, gestikulierte er mit den Händen, manchmal sogar mit dem ganzen Arm. Es machte den Eindruck, als hielte er einen Vortrag. Die Männer, besonders die jüngeren, hingen an seinen Lippen.

Henri schaffte es nicht, seinen Blick loszureißen. Von diesem Montfort ging etwas Besonderes aus. Er wirkte durchsetzungsstark, ein Mann, der andere an sich zu binden vermochte und der an einem einmal gesetzten Ziel festhielt, egal welche Widerstände sich ihm in den Weg stellten.

»Die jungen Barone scheinen allesamt Montfort-Anhänger zu sein«, sagte er zu Carol.

»Das stimmt. Aber insgesamt ist der englische Adel nicht einig. Montfort ist entschlossen, aber er gilt auch als jemand, der die Macht liebt. Es heißt, er liebe sie sogar mehr als seine Frau. Deshalb fragt sich mancher, ob Lord Simon nicht einfach den König beseitigen will, um selbst dessen Platz einzunehmen. Wusstet Ihr übrigens, dass sie Schwäger sind?«

»Wer?«

»Der König und Montfort. Simon hat Heinrichs Schwester geheiratet.«

»Also ein Familienzwist?«

Sie schüttelte den Kopf. »Das wiederum würde ich nicht sagen. Es geht um viel mehr. Um die Herrschaft in unserem Land. Beide Seiten haben vor einiger Zeit ein Abkommen geschlossen, das die Macht zwischen ihnen teilt, die *Oxforder Vereinbarungen*.«

»Ich stelle fest«, sagte Henri, »dass Ihr Euch noch besser in der Politik auskennt, als ich zunächst vermutet hatte.«

Sie zuckte mit den Schultern. »Aber jetzt genug davon. Reden wir über Euch. Wie kommt es, dass Ihr keine Frau habt?«

»Ich bin Witwer.«

»Oh«, sagte sie, und ihr Tonfall verlor augenblicklich die Schärfe. »Das wollte ich nicht. Bitte entschuldigt.«

»Ihr habt nichts getan, Mylady. Meine Frau ist seit vielen Jahren tot. Aber sagt mir, wie steht es mit Euch? Warum seid Ihr nicht verheiratet?«

Sie versuchte ein Lächeln und wich seinem Blick aus. »Darauf habe ich keine Antwort. Es hat sich nicht ergeben.«

»Das überrascht mich. Eine so schöne Frau. In Frankreich würden die Bewerber Schlange stehen und versuchen, die Konkurrenten auszuschalten.«

»Danke.« Sie schaute ihn an. »Ich hoffe, das war ein Kompliment.«

Er nickte. »Selbstverständlich, das war es.«

Im größeren Saal, jenseits der Flügeltüren, begannen Musikanten aufzuspielen, und Carol hob den Kopf.

»Tanzt Ihr, Baumeister?«

Er wich ihrem Blick aus. »Ich weiß nicht. Was sagt Euer

Vater dazu, wenn Ihr den ganzen Abend mit einem Handwerker zusammensteht und dann noch mit ihm tanzt?«

»Mein Vater lässt mich gewähren. Und mein Bruder wird nicht von Montforts Seite weichen.«

»Nun, dann gerne, Mylady.«

Sie schoben sich durch die Gäste, und als sie einander zu verlieren drohten, streckte Henri seine Hand in ihre Richtung. Sie ergriff sie. Er zog sie mit sich.

In der großen Halle standen sich Männer und Frauen in zwei Reihen gegenüber, bewegten sich aufeinander zu und drehten sich umeinander. Henri hatte zwar mit Gisèle auf Jahrmärkten getanzt, doch Volkstänze waren etwas ganz anderes als die höfischen. Dort bildete man einen Reigen und zog zur Musik umher, es wurde geschunkelt und gelacht, man freute sich daran, andere berühren zu können, und wer die Schritte nicht kannte, wurde einfach mitgezogen. Hier hingegen schien es eine festgelegte Art zu geben, wie man sich aufeinander zubewegte. Er fürchtete, sich zu blamieren.

Als er seinen Platz in der Reihe der Männer eingenommen hatte und Carol gegenüberstand, schielte er zu seinen Nachbarn, und als sie sich verneigten, tat er es ihnen gleich. Carol knickste wie alle Damen. Daraufhin rückte die Männerreihe mit festgelegten Schritten vor. Aus den Augenwinkeln beobachtete er, wie sich sein Nebenmann verhielt, stellte aber fest, dass er, wenn er dessen Schritte nachahmte, immer zu spät war. Deshalb ging er dazu über, dem Takt zu folgen. Er näherte sich Carol und drehte sich um sie herum, wie die anderen Männer es bei ihren Damen taten. Allerdings erwischte Henri die falsche Seite, sodass er aus der Reihe fiel. Es war ihm unangenehm, umso mehr als Carol ihn auslachte.

»Mylady«, murmelte er, »bedenkt, ich bin nur ein einfacher Mann.«

Mit der Zeit fand sich Henri in die Schritte ein und freute sich daran, immer wieder ihre Hand ergreifen zu dürfen, die weiche Haut und ihre Wärme zu fühlen. Das ging so lange gut, bis sich ein anderer Mann vor ihn schob. Henri war auf einmal ausgebootet. Carol warf ihm einen Blick zu, bei dem er sich nicht sicher war, ob sie die Entwicklung bedauerte oder ob sie insgeheim froh darüber war. Er verließ die Tanzfläche und fand Platz bei den Zuschauern. An der Seite stand ein Krug Bier. Er wusste nicht, wem er gehörte, nahm ihn trotzdem und trank.

Der Kerl, der mit Carol tanzte, trug ein mehrfarbig gestreiftes Gewand, das ihm bis an die Oberschenkel reichte und von einem schwarzen Gürtel gehalten wurde. Kräftige Wangenknochen dominierten sein Gesicht. Die Ohren waren groß und standen ab. Henri gefiel sein Blick nicht, in dem er etwas Berechnendes fand. Das Auftreten des Mannes und seine festen Tanzschritte zeugten von Selbstsicherheit. Der Kerl wusste, wie man sich vor einer Dame verneigte, wie man ihre Hand in die Höhe hielt und wann man sie wieder loszulassen hatte.

Henri trank den Becher leer und stellte ihn zurück. Er dachte daran, nach Hause zu gehen. In diesen Kreisen hatte er nichts zu suchen. Er hatte seine Pflicht getan, sogar mehr als das, aber er passte nicht in ein Schloss mit Grafen und Baronen, und schon gar nicht gehörte er an den königlichen

Hof mit seiner Politik und diesen komplizierten Umgangsformen. Sein Reich war die Baustelle, seine Welt die der Handwerker. Maude, die sich dagegen verwahrte, Mistress genannt zu werden, passte dazu, und auch Archie. Einfache Leute allesamt.

Dennoch konnte er seinen Blick nicht von Carol abwenden. Er wartete auf eine Gelegenheit, und sie kam, als die Tänzer wieder ihre Grundposition in der Reihe einnahmen. Mit schnellen Schritten kam er dazu und stellte sich direkt vor den Kerl, der mit Carol getanzt hatte. Dabei machte er Schultern und Ellenbogen so breit, dass der andere nicht an ihm vorbeikam. Mit den anderen Männern bewegte er sich auf die Damenreihe zu, verneigte sich vor Carol und reichte ihr seine Hand.

Sie ergriff sie. »Herr Baumeister«, sagte sie und lächelte, »Ihr erstaunt mich.«

Henri deutete eine Verbeugung an.

»Wisst Ihr, wen Ihr da ausgestochen habt?«

»Der Herr mit den großen Ohren? Er hat sich mir leider nicht vorgestellt.«

Sie lachte. »Das war Guy, ein Montfort-Sohn.«

»Also habe ich mir einen mächtigen Feind gemacht?«

»Das will ich nicht hoffen.«

Schweigend tanzten sie weiter. Henri blieb bei Carol und achtete darauf, nicht erneut verdrängt zu werden.

Schließlich legten die Musiker eine Pause ein.

»Mylady«, sagte Henri, während er mit ihr zu dem langen Tisch mit dem Büfett zurückkehrte, »wenn Ihr mögt, kommt mich doch einmal auf der Baustelle besuchen. Es wäre mir eine Ehre, Euch die Kathedrale zu zeigen.«

Sie verzog das Gesicht, ihr Gesichtsausdruck war nicht zu deuten.

»Was meint Ihr?«, fragte er.

»Ich glaube nicht«, erklärte sie und wandte sich ab.

# IX

Es gab für Henri kaum etwas Schöneres, als wenn der Betrieb auf der Baustelle nach dem Winter wieder losging. Die kalte Jahreszeit war in England kürzer als in Nordfrankreich. Schon Anfang Februar vertrieb der Regen die Kälte, ein kräftiger Westwind brachte mildes Wetter, der letzte Schnee schmolz, selbst Nachtfrost gab es nicht mehr, und bald krochen die ersten Blümchen aus der Erde, und an Büschen und Bäumen zeigten sich Knospen. In Westminster regte sich neues Leben, die Bewohner kamen aus ihren Häusern, standen auf der matschigen Straße und schwatzten, Bauern stellten ihre Marktstände auf, auf der Themse setzte wieder der Schiffsverkehr ein. Kähne, mit Waren voll beladen, fuhren das kurze Stück flussabwärts nach London.

Am ersten Morgen erschien der Steinmetzmeister John zeitgleich mit Henri auf der Baustelle, und beide umarmten einander wie alte Freunde.

»Ich habe über den Winter hier und da gestreut, dass wir weiterhin Handwerker suchen«, sagte John und kratzte sich den Bart, »und dabei behauptet, dass wir nur gute Leute nehmen. Nur die besten.«

»Ziemlich schlau«, meinte Henri. »Du hast sie bei der Ehre gepackt.«

»Schauen wir mal, ob es etwas nützt.«

Zu zweit begannen sie, die Planen von den Mauern zu ziehen, das Stroh, das die offenen Stellen bedeckt hatte, herunterzureißen, und den Dreck, der sich in den Ecken gesammelt hatte, wegzukehren. Henri mochte diese Arbeit. Es war ähnlich wie in der Natur. Man trieb den Winter aus und ließ das Frühjahr herein. Nach zwei Tagen waren sie fertig, die Mauern der Kathedrale standen bereit, weiterzuwachsen.

Johns Anwerbe funktionierte. Arbeitswillige Männer und Frauen kamen zu ihnen, nannten ihre Namen und ihr Gewerk und berichteten, wo sie bereits gearbeitet hatten.

Henri war nicht für die Anstellungen verantwortlich, das machten die jeweiligen Meister oder Vorarbeiter, die ihm dann Listen mit allen Namen und dem jeweils ausgehandelten Tagesverdienst übergaben. Er übertrug nur die Ausgaben und ging mit seiner Aufstellung regelmäßig zum Palast, um sie dem Schatzkanzler vorzulegen. Es war erstaunlich, wie leicht Sir Richard die Vorlagen absegnete und seinen Diener anwies, die Gelder auszuzahlen. Der Schatzkanzler rechnete zwar jedes Mal die Summen nach, aber ihm wäre nicht aufgefallen, wenn Henri jemanden auf die Liste gesetzt hätte, den es gar nicht gab, und dessen Lohn eingestrichen hätte. Das Gleiche galt für das Material, für Steine und Holz, für Sand und Werkzeug. Das Vertrauen in den Baumeister war offenbar groß. Henri würde es nicht enttäuschen. Er war kein Typ für krumme Sachen. Er wollte bauen.

Wie er es bereits im Vorjahr geplant hatte, stellten sie neben Steinmetzen und Maurern nun auch Mörtelmischer und Zimmerer ein. Zum jetzigen Zeitpunkt hatte er noch keinen Bedarf an Dachdeckern oder Bildhauern, und wenn er auf die begonnenen Wände schaute, die ihm kaum bis zur Brust reichten, fragte er sich, ob er es überhaupt erleben würde, dass diese Gewerke zum Zug kamen.

Die Maurer Tonia und Walter kehrten auch auf die Baustelle zurück. Den alten Nörgelton hatten sie beibehalten, und sie waren Henri nicht sonderlich sympathisch. Es gab aber nichts, was er zu beanstanden hätte, sie arbeiteten nicht schlechter als andere auch, kamen nach den Pausen genauso schnell zurück und quatschten oder tranken nicht mehr.

Im Winter hatte er darüber nachgedacht, wie er es anstellen sollte, die beiden Querschiffe achsgleich anzuordnen. Ohne größeren Aufwand war das nicht möglich. Er musste das südliche Querschiff wieder abtragen lassen, was angesichts der niedrigen Wände nicht ins Gewicht fiel. Schlimmer war, dass die Fundamente an dieser Stelle neu gesetzt werden mussten, und das bedeutete, zu graben und gleichzeitig die alten Löcher zuzuschütten und zu verdichten. Es half aber nichts. Wenn er Symmetrie wollte, dann musste es getan werden.

Sein anderes Vorhaben für dieses Frühjahr war es, an der Apsis und der dort begonnenen Kapelle ein zweites Stockwerk bauen zu lassen und es dort, wo es nötig war, mit Strebepfeilern abzusichern. Auch darüber hatte er im Winter nachgedacht und Pläne gezeichnet, und schon bald hingen dort die ersten Gerüste, Mörtel und Steine wurden herbeigeschleppt, und die Maurer machten sich daran, neue Reihen aufzuschichten.

Die größte Sorge blieben die Fundamente. Im Winter war der Boden rund um die Kathedrale besonders feucht geworden, und jetzt, im Frühling, trocknete er nur langsam. An manchen Stellen sackte man mit den Absätzen ein, und die Erde machte ein schmatzendes Geräusch, wenn man die Stiefel wieder herauszog. Auch hier gab es keinen anderen Weg als den gründlichen; da er genau Bescheid wissen wollte, musste er die Fundamente mit Spaten und Schaufel freilegen.

Nach jeweils zwei oder drei Stichen hielt er inne, stieß den Spaten in den aufgeschütteten Haufen, kniete sich hin und befühlte die Quader im Erdreich. Abermals war er erstaunt, wie trocken sie waren. Auch die Erde, die er aushob, war längst nicht so feucht und weich, wie er erwartet hatte und wie sie es ein Stückchen weiter auf dem Platz war. Es kam ihm wie Zauberei vor. Allerdings glaubte er nicht an solche Dinge. Er suchte nach einer Erklärung, die sein Verstand akzeptierte, und die würde er nur finden, wenn er weitergrub.

Mittags, während die anderen bei Essen und Dünnbier zusammensaßen, entrollte er alte Pläne. Jetzt machte sich sein Ordnungssystem bezahlt, denn er fand ohne Mühe die ältesten Zeichnungen, jene für die ersten Schritte. Eine Antwort auf seine Frage bekam er aber auch hier nicht. Er ballte die Faust. Er würde weitersuchen.

Als er am nächsten Tag einen weiteren Plan ausgerollt hatte, rief ihn John, der mit seinen Gesellen einige neu gelieferte Steinquader ablud. Die Ochsenwagen und ihre Kutscher standen noch dabei. Die schweren, aus dem Steinbruch geschlagenen Stücke lagen wie tote Riesen auf dem Boden. Die Gesellen umringten und betrachteten sie.

»Baumeister, schau dir an, was wir bekommen haben.«

Henri betrachtete die Quader. Sie kamen ihm heller vor als die vom letzten Jahr.

Im vergangenen Herbst hatte er manches über das Material in Erfahrung gebracht. »Sind das Reigate-Steine?«, fragte er.

»Ja«, erwiderte John.

»Aus Surrey?«

»Richtig.«

»Die Farbe ist anders, stimmt's?«

John streckte den Arm aus. In der Hand hielt er einen Meißel, mit dem er über den Quader fuhr. »Auch das. Es geht mir aber um etwas anderes, nämlich um diese rötlichen Adern im Stein. Je tiefer wir schlagen, desto mehr von diesem Rot werden wir haben.«

»Woher weißt du das?«

»Wenn du genau hinsiehst, Baumeister, erkennst du, dass die Adern nach unten breiter werden. Das heißt, der Stein wird immer roter.«

»Das ist nicht gut.«

»Eben. Wir bekommen eine andere Farbe ins Mauerwerk. Nicht die, die wir hatten.«

Henri dachte nach. Es war naheliegend, die geaderten Blöcke wieder aufladen zu lassen und die Wagen mitsamt der Ware zurückzuschicken. Zwar hatte er bereits eine Anzahlung geleistet, doch die müsste ihm der Steinbrecher auf eine neue Ladung anrechnen. Der Nachteil dieser Lösung war, dass der Bau in der Zwischenzeit ruhen würde. Und die Steine gingen bereits zur Neige, die Maurer brauchten neue. Ohne sie käme alles zum Stillstand.

Henri rang mit sich. Solche Entscheidungen hatte er früher nicht treffen müssen.

»Wenn du diesen Stein außen verbauen lässt, wird er glitzern, sobald die Sonne darauf fällt«, erklärte John.

»Wir behalten ihn trotzdem«, entschied Henri. Er musste weiterkommen, das war vorrangig. »Ich bitte dich, John, lass für den roten Stein einen Extrastapel einrichten. Wir werden ihn dort benutzen, wo man ihn nicht sieht.«

»Ist gut.«

Henri zählte dem ältesten der Lieferanten die ausstehende Summe in die Hand, ließ sie sich quittieren und schickte die Männer mitsamt ihren Ochsenkarren fort. Die Steinmetze machten sich daran, die schweren Quader so hinzulegen, dass sie sie behauen konnten. Nur einer von ihnen, ein dunkelhaariger und untersetzter Mann mit dünnem Bart an Wangen und Kinn, blieb bei ihm stehen.

»Kennen wir uns nicht, Baumeister?«, fragte er. Er hatte eine seltsame Stimme, ziemlich hoch, fast wie eine Frau.

»Nicht, dass ich wüsste«, gab Henri zurück. »Wo kommst du her?«

»Aus Frankreich. Ich bin Normanne.«

Henri ließ sich sein kurzes Erschrecken nicht anmerken.

»Und ich bin mir ziemlich sicher, dass wir uns schon einmal begegnet sind.«

»Bestimmt nicht«, erwiderte Henri und wollte den Mann stehen lassen.

Doch der war schneller. »Man nennt dich Henri of Reims. Also hast du dort gearbeitet? In Reims?«

»Selbst wenn, was spielt das für eine Rolle?« Er zeigte dorthin, wo die Quader lagen. »Sieh, die Steinmetze machen sich an die Arbeit. Das solltest du auch tun, sonst verdienst du heute nichts.«

Henri stapfte davon. Im vergangenen Jahr, als der Bau noch einigermaßen übersichtlich gewesen war, hatte er darauf geachtet, ob sich französische Handwerker vorstellten. Nun war es passiert. Er war wütend und hätte am liebsten gegen irgendetwas getreten. Im letzten Moment bremste er sich.

In der darauffolgenden Woche erhielt Henri ohne jede Vorankündigung kein Geld mehr. Es gelang ihm auch nicht, beim Schatzkanzler vorzusprechen.

Die Wachen kreuzten ihre Speere und wiesen ihn bereits am Palastaufgang ab. »Lord Richard ist nicht da.«

»Wann kommt er zurück?«

»Das wissen wir nicht.«

»Ist er morgen zu sprechen?«

»Das hat man uns nicht gesagt«, wiederholte der Soldat.

Henri wollte sich nicht auf eine derart trockene Weise abspeisen lassen. »Ihr kennt mich, ich komme regelmäßig.« Er hielt die Liste in die Höhe. »Der Schatzkanzler will die Abrechnungen sehen.«

Der Wachmann blieb stumm und zog auch seinen Speer nicht weg.

»Also?«, fragte Henri.

»Was also?«

»Wann er zurückkehrt?« Er klang mürrisch.

»Mann, hörst du nicht zu? Wir können dir diese Frage nicht beantworten.«

Nachdenklich kehrte Henri zur Baustelle zurück. Er wollte die Lage nicht schlimmer sehen, als sie war, der Schatzkanzler hatte sicherlich viele Aufgaben, er würde morgen oder übermorgen zu sprechen sein. Doch so unwirsch hatte er die Wächter noch nicht erlebt. Bei seinen anderen Besuchen hatten sie ihn freundlich gegrüßt. Ihn beschlich ein ungutes Gefühl.

Am nächsten Tag wurde er wieder abgewiesen und ebenso am übernächsten. Über Rücklagen verfügte er nicht, und da es üblich war, die Handwerker jeden Abend zu bezahlen, konnte er sich ausrechnen, wie lange er die Baustelle noch betreiben konnte.

Am dritten Tag stellte er sich bereits die Frage, auf welche Weise er sie herunterfahren würde, nach und nach oder mit einem Schlag. Im ersten Fall galt es, immer nur wenigen Leuten mitzuteilen, dass sie am nächsten Tag nicht mehr gebraucht würden. Und gleichzeitig auf neues Geld zu hoffen.

Er fand es fatal, auf diese Weise vorzugehen. Sie waren vergleichsweise wenige Arbeiter auf der Baustelle, fünfzehn, an guten Tagen auch mal zwanzig Männer und Frauen. In Reims hatten viermal so viele gearbeitet. Wen er fortschickte, der würde nicht wiederkommen. Dabei war es mühsam gewesen, überhaupt gute Handwerker zu finden.

Also entschied er sich dafür, den Betrieb so lange aufrechtzuerhalten, bis der letzte Penny ausgegeben war. Vorher würde er nur die Meister einweihen.

Von Archie erfuhr er schließlich den Grund dafür, dass er nicht zum Schatzkanzler vorgelassen wurde. Der Mönch kam am späten Nachmittag, kurz vor Feierabend, als die Handwerker bereits ihre Werkzeuge säuberten. »Das Königspaar und der engere Hofstaat«, erklärte Archie, »haben sich im Tower verschanzt.«

»Verschanzt? Warum das denn?«

»Der Streit mit den Baronen ist wieder ausgebrochen. Die Adeligen werfen dem König vor, die *Vereinbarungen von Oxford* nicht einzuhalten, obwohl er einen Eid darauf geleistet hat.«

»Puh«, machte Henri. »Und wer ist im Recht?«

»Die Barone, würde ich sagen. Der König spielt ein doppeltes Spiel. Er hat Boten nach Rom geschickt und bittet den Papst darum, seinen Eid zu annullieren.«

»Dabei hat er noch im Winter den Frieden gefeiert«, sagte Henri. »War das nur zum Schein?«

»So sieht es aus.«

Henri erinnerte sich daran, dass Lady Carol damals eine dauerhafte Einigung bezweifelt hatte. Wie es schien, hatte sie recht behalten. Er rieb sich über das Kinn. Den Tower von London hatte er sich angesehen, eine massive Burg mit Zugbrücke, von Gräben und dicken Mauern gesichert, kaum einzunehmen. Wenn sich der König dorthin zurückgezogen hatte, dann musste man davon ausgehen, dass er um seine Sicherheit bangte. Und wenn diese Einschätzung stimmte, hatte er derzeit wahrscheinlich andere Dinge im Kopf als den Weiterbau seiner Kathedrale.

»Der Schatzkanzler«, fragte er Archie, »ist ebenfalls im Tower?«

»So heißt es.«

Henri stellte sich vor, in die alte Burg zu gehen, sich bei Lord Richard melden zu lassen und nach neuem Geld zu fragen. Doch er wusste, er konnte sich den Weg sparen. Sein Projekt war im Vergleich zu dem Machtkampf, der in England tobte, zweitrangig.

»In ein paar Tagen muss ich die Arbeit einstellen«, sagte er zu Archie. »Auch das sollte in deinem Buch vorkommen.«

»Das wird es, dessen sei gewiss.«

Die Handwerker hatten ihre Werkzeuge inzwischen weggeräumt, einige von ihnen zogen bereits davon. Die Vorstellung, dass hier bald alles Hämmern und Sägen eingestellt, dass kein frischer Mörtel angerührt und keine neuen Steinreihen aufgemauert würden, schmerzte Henri. Er versuchte, sich damit zu trösten, dass das Versiegen der Mittel auch in Frankreich eine normale Erfahrung war, eine, die er oft gemacht hatte, und irgendwann war es immer weitergegangen. Doch mit seinem Weggang nach England hatte er gehofft, nicht von der Spendenbereitschaft der Gläubigen oder von irgendwelchen Launen abhängig zu sein; hier hatte ihm ein König versichert, dass er diese Kirche wolle und finanziere.

»Wie lange dieser Streit wohl andauern wird?«, fragte er Archie, auch wenn er die Antwort bereits ahnte.

»Das kann niemand sagen. Die Zukunft liegt bei Gott. Es gibt Leute, die sagen, der König bemühe sich, die Front der Barone zu spalten.«

»Wie das?«, fragte Henri.

»Soweit ich weiß, versucht er, die Grundbesitzer im Waliser Grenzgebiet, die Marcher Lords, wie wir sie nennen, auf seine Seite zu ziehen.«

»Warum sind diese Lords so wichtig?«

»Sie sind gut gerüstet, weil sie wehrhaft sein müssen. König Heinrich verspricht ihnen Schutz. Am Ende kann nur er ihn garantieren.«

»Es hieß doch, England hätte Frieden mit Wales geschlossen.«

»Das stimmt, aber mittlerweile rechnet kaum noch jemand damit, dass der halten wird.«

»Was ist eigentlich das Problem mit den Walisern?«, fragte Henri.

»Außer dass sie englische Burgen überfallen und ausrauben, meinst du?« Archie legte den Kopf auf die Seite. »Ich habe den Eindruck, dass sie vielen Engländern zu frei und zu selbstbestimmt sind. Frauen haben bei ihnen viele Rechte. Sie dürfen nicht gegen ihren Willen verheiratet werden, und wenn ein Mann sie schlecht behandelt, können sie sich scheiden lassen.«

»Oh«, machte Henri. »Aber sie sind doch Christen?«

»Natürlich. Gute Christen sogar. Es gibt viele Kirchen in ihrem Land, sie beten nicht schlechter als wir. Wales hat auch einen eigenen Schutzheiligen.« Er zuckte mit den Schultern. »Ich glaube nicht, dass sich im Himmel mehr Beschwerden über sie ansammeln als über die Engländer. Vielleicht gibt es dort sogar zurzeit ein paar mehr über unseren König.«

»Wie das?«

»Er geht zu weit.« Archie machte eine Pause. »Weißt du«, sagte er dann, »ich stelle mir den Machtkampf immer wie ein Pendel vor: Je weiter es in eine Richtung ausschwingt, desto stärker schlägt es zurück.«

»So?« Henri hörte zu, auch wenn ihn die Situation der Baustelle mehr umtrieb.

»Letztlich mögen meine Landsleute keinen Umsturz. Dazu sind sie zu träge. Sie erwarten, dass sich ihr König und die Edelleute einigen und den Karren gemeinsam ziehen.«

»Es fällt mir verdammt schwer«, sagte Henri seufzend, »die Handwerker rauszuwerfen.«

Archie legte ihm die Hand auf die Schulter. »Das glaube ich. Wobei mir dein Satz auch ohne Erwähnung der Verdammnis nahegegangen wäre.«

»Entschuldige.«

»Bitte«, sagte Archie. »Ich weiß nicht, was du tun könntest, deshalb habe ich keinen Rat für dich. Außer ...«

Er brachte den Satz nicht zu Ende, was ganz untypisch für ihn war.

»Was ist?«, fragte Henri.

»Nichts.«

»Doch, da ist noch was.«

Archie verzog das Gesicht, blickte auf die Baustelle. »Ich habe auf meinem Weg vom Kloster hierher Lady of Farnham getroffen«, sagte er schließlich.

»Lady Carol?« Als er ihren Namen aussprach, wurde ihm

warm. Er hatte im Winter oft an sie gedacht, vor allem an ihren Tanz im Palast. »Wo war das?«

»In London. Streng genommen außerhalb der Stadt.«

»Ach so? Und sie hat mit dir gesprochen?«

Er winkte ab. »Es hat mich gewundert, dass sie mich wiedererkannt hat. Aber sie sagte, ich sei doch der Mönch, der mit dem Baumeister befreundet ist.« Er breitete seine Arme aus, als wollte er eine große Klage anstimmen. »Dafür bin ich nun also bekannt, dass ich mit dir befreundet bin. Nicht für meine Frömmigkeit, auch nicht für das Buch, das ich schreibe. Oder für mein Studium in Oxford. Allein dein Baumeister-Ruhm färbt auf mich ab.«

»Du machst dich über mich lustig.«

Archie schüttelte den Kopf. »Nicht mehr als sonst.«

»Und was hat Lady Carol nun gesagt?«

»Sie hat sich danach erkundigt, wie dein Bau vorangeht.«

»Und?«

»Sie meinte noch …«

»Was?«, fragte Henri ungeduldig.

»Ich glaube, es wäre wirklich klug, du würdest nicht weiter fragen und ich würde das für mich behalten.«

»Sprich endlich!«

Archie senkte den Kopf. »Sie meinte«, sagte er mit leiser Stimme, »ich soll dir ausrichten, wie schön jener Teil Londons ist, wo ich sie getroffen habe. Es ist die Gegend der Grundbesitzer. Nordwestlich des Moorgate.« Er wurde noch leiser. »Mylady schlug vor, dass du dir das einmal ansiehst. Sonntag …«

»Sonntag?«

»Sie fand, das sei ein guter Tag dafür.«

»Was bedeutet das?«

»Das darfst du mich nicht fragen. Ich bin ein Mönch und verstehe nichts von Frauen. Von der heiligen Jungfrau abgesehen ist dieser Teil der Menschheit für mich ein einziges Rätsel. Nur werde ich das Gefühl nicht los, einen Fehler gemacht zu haben, indem ich dir ihre Worte ausgerichtet habe.«

Es war nicht nötig, weiter über dieses Thema zu reden. Eine Baroness und ein Handwerker, so etwas war in Frankreich nicht erlaubt, und die englischen Regeln waren nicht anders. Und dennoch dachte er immerzu an sie und wollte sie wiedersehen.

Henri schlug sich den Staub vom Kittel. Außer ihnen beiden war niemand mehr auf der Baustelle. Die Dämmerung setzte ein, es wurde frisch.

»Ich werde mir die Hände waschen, dann gehe ich nach Hause. Magst du mitkommen?«

»Ich begleite dich bis an die Tür.«

»Maude kocht sehr gut.«

»Das glaube ich«, sagte Archie und schloss die Augen, als erlaube er sich einen Moment des Träumens. »Allerdings scheint ihre Tochter streng darüber zu wachen, wer sich an Mutters Tisch setzt.«

Als sie sich vor dem Haus voneinander verabschiedeten, wurde die Tür von innen geöffnet und Maude erschien an der Schwelle.

»Der Mönch«, rief sie. »Da habe ich endlich die Gelegenheit, etwas wiedergutzumachen. Kommt beide rein.«

Archie zögerte.

»Keine Angst. Emily ist nebenan bei ihrem Mann. Ihr Bauch ist mittlerweile dick wie eine Kugel, deshalb bewegt sie sich nur noch wenig. Kommt rein, das Essen ist fertig.«

# X

Am Sonntag, als Henri aus seinem Zimmer kam, war Emily dann doch wieder bei ihrer Mutter in der Küche. Beide beugten sich über ein totes Huhn auf dem Esstisch und zerteilten es. Emilys Bauch war tatsächlich groß geworden, der Stoff ihres Kleides spannte sich.

Sie drehte sich zu ihm um. Er fand, sie sah erschöpft aus, so, als raube ihr die Schwangerschaft den Schlaf.

»Gehst du wieder in den Palast?«, fragte sie.

»Wie kommst du darauf?«

»Weil du ein frisches Hemd und eine saubere Hose anhast.«

»Erstens«, erwiderte er, »ist der König mit seinem Gefolge im Tower. Und zweitens ziehe ich auch saubere Sachen an, wenn ich …« Er brach ab, denn er wollte nicht verraten, was er vorhatte.

» … wenn du in die Kirche gehst?«

»Zum Beispiel«, sagte er schulterzuckend.

Er nahm seine Stiefel, bat Maude um eine Bürste und einen alten Lappen und wischte vor der Tür den Baudreck ab.

»Ich glaube nicht, dass du in die Kirche gehst«, rief Emily durch die offene Tür. »Dafür putzt kein Mensch seine Stiefel.«

»Tochter, nun ist es gut«, zischte Maude. »Zügele deine Neugier. Du fragst meinem Mieter noch Löcher in den Bauch.«

»Ach«, gab sie zurück, »so schnell passiert das schon nicht.«

Henri tat, als sei er ganz und gar mit seinen Stiefeln beschäftigt, tauchte Bürste und Lappen in die Regentonne, rieb und wischte, bis das letzte Stückchen Erde abgefallen war, trocknete und polierte das Leder. Emily hatte den richtigen Eindruck, er hatte sich einen seltsamen Gang vorgenommen. Allerdings wusste sie nicht um die innere Kraft, die ihn zu Carol zog. Sie war stark, auch wenn er nicht vergessen hatte, wie eindeutig sie seine Einladung auf die Baustelle ausgeschlagen hatte.

Ein kräftiger Wind wehte und trieb helle Wolken über den Himmel, als er bald darauf den Strand entlangwanderte und der Schleife folgte, die die Themse machte. Der Uferstreifen war überall so sumpfig und feucht wie in Westminster, man konnte deutlich erkennen, wie sehr der Fluss mit den Gezeiten schwang und wie sich sein Wasser hob und senkte. Auf den Wiesen hatten sich Muscheln und Kieselsteine, Tang und Holzstücke angesammelt. Die Themse hatte all das mitgebracht und dort abgelegt. Hier und dort gab es einen toten Fisch, über den kreischende Möwen herfielen.

An der St.-Pauls-Kathedrale blieb er stehen. Er hatte sich die Kirche im Winter bereits gründlich angesehen. Sie war beeindruckend und doch ein Zeugnis für das alte Bauen –

die Steine schwer, die Fenster klein. Die Westminster Abbey würde ganz anders aussehen. Hinter der Kirche wandte er sich nach Norden. Hütten und Häuser standen eng beisammen, in den Höfen wurden Hühner, Schafe und Ziegen gehalten, magere Straßenhunde schlichen umher. Das Leben der Bewohner fand im Freien statt, die Männer werkelten, die Frauen hielten ein Schwätzchen, und Kinder rannten umher. Es war ein reges Treiben, und Henri fiel wieder die Unaufgeregtheit auf, mit der all das stattfand. Anders als in den französischen Städten brüllte niemand seinen Nebenmann an, weil er ihm im Weg war. Keiner hatte einen wutroten Kopf.

Am Straßengraben lächelten sie sich sogar an, wenn sie hinübersprangen oder sich an den hohen Steinen, auf denen man ihn gefahrlos überqueren konnte, den Vortritt ließen.

Obwohl Henri ausgerechnet an diesem Tag nicht an Gisèle denken wollte, spukte sie ihm im Kopf umher, er hörte sogar ihre Stimme und fragte sich, was sie wohl über London gesagt hätte. Damals hatte sie ihn vom ersten Moment an in ihren Bann geschlagen, so sehr, dass ein Maurerkollege behauptete, sie hätte ihn verhext. Es war aber nicht Hexerei, er fühlte sich einfach wohl in ihrer Gegenwart und suchte deshalb immer wieder ihre Nähe.

Als er zwölf Jahre alt war, starb seine Mutter. Nachdem sie sie zu Grabe getragen hatten, zog er mit Vater und Onkel von Baustelle zu Baustelle durchs Land und lernte das Maurerhandwerk. Die beiden Älteren zeigten ihm nicht nur, wie viel Mörtel man zwischen zwei Steine zu schmieren hatte und wie man eine gerade Wand errichtete, sondern auch, wie man im Wald überlebte. Wo die Spuren großer Tiere frisch waren oder wo es Junge gab, schlugen sie ihr Lager nicht auf, sie achteten auf Zeichen von Räubern, hielten das abendliche Feuer klein, tranken aus fließenden, aber nicht von stehenden Gewässern, und wenn ihnen die Vorräte ausgegangen waren, wussten sie, welche Waldfrüchte und Nüsse genießbar waren und welche nicht.

Henri ging viele Jahre durch ihre Schule, so lange, bis er alles, was sie ihm beibringen konnten, gelernt hatte. In den Freudenhäusern wartete er vor der Tür, während sie drinnen die Dienste in Anspruch nahmen, auf den Baustellen musste er sich, weil sie ihn immer weiter als Lehrling bezeichneten, mit dem halben Lohn zufriedengeben, und auch unterwegs war er stets ihr Bursche, hatte Wasser zu holen und Feuerholz zu sammeln, die Schüsseln im Fluss abzuwaschen und ihnen zu helfen, die Stiefel auszuziehen. Er ertrug auch ihren Spott darüber, dass er lesen konnte.

Als er zum Gesellen geschlagen wurde, tat er, was er lange geplant hatte, und verließ sie im Morgengrauen des nächsten Tages. Er schloss sich einer anderen Truppe an und achtete fortan darauf, dass ihm niemand mehr irgendwelche Anweisungen gab. Inzwischen war er sechzehn. Auf den Baustellen forderte und bekam er den üblichen Maurerlohn, hin und wieder betrank er sich mit den Kumpanen oder ging mit ihnen zu Dirnen. Es war ein freies Leben, eins, bei dem es ihm an nichts fehlte. Er machte sich keine Gedanken über die Zukunft, die wenigsten Handwerker wurden alt, mancher erkrankte, andere hatten einen Unfall, Frauen starben, wenn sie Kinder auf die Welt brachten. Irgendwann, dachte er sich, war das Leben eben vorbei.

Seine Vorstellungen änderten sich, als er Gisèle traf. Sie war die Tochter eines Bauern aus Reims und versorgte zusammen mit ihrem Vater die dortige Kathedralenbaustelle. Beide kamen nachmittags, wenn alle Welt Hunger hatte, sie bauten ihren Stand auf, entluden den Wagen, boten feil, was ihre Felder und Weiden hergaben, Schinken und Wurst, Äpfel, Birnen und Pflaumen, Brot, Käse und Wein. Es war seltsam, bei keinem der anderen Bauern stellten sich die Handwerker mit ähnlicher Geduld in die Schlange. Selbst von den Meistern zur Eile angetrieben zu werden brachte sie nicht aus der Ruhe.

Henri hielt es nicht anders, und wie allen anderen ging es ihm nicht in erster Linie ums Essen, sondern um ein paar Worte von Gisèle. Sie hatte schwarzes Haar und ein schmales, hübsches Gesicht. Ihm gefiel ihre Art, weil sie einen Widerspruch verkörperte, denn sie war gleichzeitig sehr offen und sehr zurückhaltend. Ihm war, als läge hinter jenem Teil von ihr, den sie den Kunden zeigte, noch eine ganze Welt, die sie für sich behielt.

Sie hatte für jeden ein paar freundliche Worte übrig. Nahm Henris Münzen, wünschte ihm einen guten Appetit. Wandte sich mit dem gleichen gewinnenden Lächeln dem Nächsten zu. Diese Art begann ihn zu schmerzen. Je länger er sie beobachtete, desto mehr glaubte er, dass sie sich nicht für ihn interessierte, zumindest nicht in dem Maße, wie es umgekehrt der Fall war. Er zwang sich, bei anderen Bauern zu kaufen, wo es schneller ging und ebenfalls gut schmeckte, und wenn er doch wieder schwach wurde und zu ihr ging, schimpfte er mit sich.

Egal, wo er sich sein Essen besorgte, die Gedanken an Gisèle blieben und lenkten ihn ab. Das ging so weit, dass sein Meister ihn ermahnte und schließlich in barschem Ton ordentlichere Arbeit von ihm verlangte, andernfalls bräuchte er nicht wiederzukommen. In der Folge gab sich Henri mehr Mühe. Und dennoch fiel es ihm schwer, sich das Mädchen aus dem Kopf zu schlagen, und die Tatsache, dass er sie jeden Tag sah, machte es nicht gerade leichter.

Bald wurde es Herbst und kühl in Reims. Nachtfrost setzte ein, am Morgen lag eine dünne Eisschicht über den Pfützen und auf den Regentonnen. Die ersten Handwerker packten ihre Beutel und machten sich auf den Weg gen Süden. Die Schlange vor dem Stand von Gisèle und ihrem Vater wurde kürzer, und Henri konnte nicht anders, als sich wieder dort anzustellen.

»Und du«, fragte sie ihn an einem dieser Tage und schenkte ihm ein Lächeln, »wirst du auch fortgehen?«

»Ja. Wenn der Winter kommt, gibt es hier keine Arbeit mehr.«

»Schade«, sagte sie.

Nur dieses eine Wort: Schade. Es reichte aus, damit er sich umentschied und blieb. Und dann sah er sie den ganzen Winter nicht ein einziges Mal. Weder wusste er, wo sie wohnte, noch, wie sie ihre Zeit verbrachte, wenn auf dem väterlichen Hof nichts zu tun war.

Es waren einsame Monate. Da er nichts verdiente, aß er oft nur einmal am Tag, und weil er nichts Besseres zu tun hatte, wanderte er ziellos durch die Stadt. Bei aller Langeweile waren diese Wintermonate entscheidend für ihn. Zum ersten Mal wurde er sich bewusst, wie viel er gelernt hatte. Wieder und wieder schaute er sich den Rohbau der Kathedrale an, studierte einzelne Wände und Fassaden, zeichnete sie auf Wachstafeln, maß Pfeiler und Fensteröffnungen nach, kletterte auf Gerüste, die hängen geblieben waren, schaute von oben genauso auf den Bau wie aus der Ferne. Er verglich Reims mit anderen Kathedralen, an denen er mitgearbeitet hatte, mit Chartres, Paris und Amiens, sah, was hier richtig war und gut gebaut, aber auch, was man hätte besser machen können. In diesem Winter reifte er.

Als die Arbeit im Frühjahr wieder begann, richtete er gleich am ersten Tag das Wort an Gisèle: »Ich war den ganzen Winter hier und habe dich gesucht. Ich möchte dich treffen.«

Sie wurde rot im Gesicht. Kniff die Augen zusammen. Wich seinem Blick aus. »Komm heute Abend zum Fluss«, flüsterte sie. »Dort, wo die kleine Insel ist.«

»Und dein Vater?«

»Das lass meine Sorge sein.«

An diesem Abend küssten sie sich zum ersten Mal und wurden ein Paar. Er blieb in Reims, sie heirateten, er fand ein Häuschen für Gisèle und sich. Sie war, dachte er, während er das nördliche Londoner Tor erreichte, in vielen Belangen das Gegenteil von Lady Farnham, wärmer, freundlicher, auch verbindlicher, während ihm Carol spöttisch vorkam. Selbst beim Tanz hatte sie eine gewisse Distanz nicht aufgegeben.

Sie war schön, ja, und sie gefiel ihm, auch das stimmte. Aber er würde sich nicht zum Narren machen lassen. Ganz bestimmt nicht.

Er trat durch das Tor aus der Stadt, wandte sich nach

Westen und fand sich bald in einer Gegend wieder, die ganz anders war als die Viertel innerhalb der Mauer. Er befand sich in einem Vorort, geprägt von breiten Straßen, Gärten und prächtigen Steinhäusern, zwei-, manchmal sogar dreistöckig, mit breiten Fensteröffnungen, die Dächer mit Ziegeln gedeckt und nicht mit Stroh, und oben ragten hohe Schornsteine heraus. In den Gärten standen neben ordentlich beschnittenen Bäumen Skulpturen aus weißem Marmor und roter Terrakotta. Henri glaubte, sie stellten römische und griechische Gottheiten dar, er meinte Jupiter und Merkur zu erkennen und Achill und Aphrodite. Der Regen hatte manchen Fleck auf dem kunstvoll behauenen Stein hinterlassen, und hier und da gab es wie ein Kontrast zur Bildhauerarbeit Spuren von dunklem Vogelkot.

Er wanderte umher. Wo es innerhalb der Stadtmauer lebendig zuging, herrschte hier Ruhe. Hin und wieder überholte ihn ein Reiter, und er musste einmal vor einer Kutsche anhalten, die die Straße kreuzte. Es war ein schönes Fahrzeug, schwarz, mit Türen, von zwei Schimmeln gezogen. Ein Wagen reicher Leute.

Je länger er umherstreifte, desto verlorener kam er sich vor. Mit jedem Schritt wurde die Gewissheit stärker, dass er Lady Farnham nicht treffen würde. Archie hatte gesagt, er solle in die Gegend nordwestlich des Moorgate kommen, doch die Verabredung war viel zu vage, die Straßen waren menschenleer, kaum vorstellbar, dass sie hier umherschlenderte. Er zuckte mit den Schultern. Es war gut, eine neue Gegend kennenzulernen, das schulte den Blick. Hier also lebten die adeligen Familien, wenn sie in London weilten, denn sie alle hatten natürlich ihre Güter auf dem Land, dort, wo sie Grund und Boden besaßen und ihn bewirtschaften ließen.

Ihm gefielen die Gärten, auch wenn sie von den Bewohnern offenbar nicht genutzt wurden. Er beobachtete Amseln und Spatzen, die aus Pfützen tranken, Eichhörnchen, die Baumstämme hinaufjagten, auch Hasen, die hakenschlagend über das Gras rannten und in ihrem Bau verschwanden. Was er sah, wirkte idyllisch, er fand, dass die Reichen verstanden, wie man sich ein gutes Leben machte. Und sie passten auf, dass ihr Besitz nicht kleiner wurde. Sie wollten niedrige Steuern und Mitsprache darüber, wie die Mittel ausgegeben wurden.

Als er meinte, einen ausreichenden Eindruck gewonnen zu haben, schlug Henri den Rückweg ein.

»Wollt Ihr schon gehen, Baumeister?«

Er drehte sich um. Lady Carol. Sie hatte sich die Kapuze ihres Mantels so weit über den Kopf gezogen, dass er sie beinahe nicht erkannt hätte. Es war, als wollte sie ihr Antlitz verstecken.

»Ehrlich gesagt, Mylady, war ich gerade dabei. Ich habe nicht mehr daran geglaubt, Euch hier zu treffen.« Er breitete die Arme aus. »Hier ist ja kein Mensch auf der Straße.«

Zwei Schritte hinter Lady Carol stand ihre Zofe, die Henri mit einem Kopfnicken begrüßte.

»Ida, du kannst zurückgehen.«

»Wie Ihr wünscht, Mylady.«

Carol zeigte auf das Haus, das ihre Zofe ansteuerte. Es war aus sandfarbenem Stein, so groß und prächtig wie seine

Nachbarn. »Dort wohnen wir. Als ich Euch durchs Fenster sah, bin ich hinausgeeilt. Gehen wir ein Stück?«

»Gerne.«

Sie behielt ihre Kapuze auf, und er achtete darauf, dass sein Kopf gesenkt blieb. Ob man sie, wenn man sie sah, für ein Ehepaar hielt, konnte er nicht einschätzen. In jedem Fall war es besser, sie würden nicht erkannt.

»Ihr habt Euch seit dem Winter nicht verändert«, sagte sie.

»Ist das ein Kompliment?«

»Erinnert Ihr Euch, dass wir miteinander getanzt haben?«

»Selbstverständlich.«

»Nun, da habt Ihr Eure Antwort. Ich hätte kaum mit jemandem getanzt – und erst recht nicht so lange –, an dem ich keinen Gefallen gefunden hätte.«

Ihm fiel keine passende Erwiderung ein. »Ihr habt Euch auch nicht verändert«, sagte er schließlich, ohne besonders glücklich mit seinem Satz zu sein.

»Danke.«

Sie schlug einen Weg ein, der sie aus dem Vorort herausführte, in eine Gegend mit Feldern und einem Wäldchen. Erst als sie die letzten Häuser hinter sich gelassen hatten, begann sie zu reden.

»Monsieur, ich habe Euch hergebeten, weil ich Euch etwas sagen möchte.«

»Und was ist das?«

»Ich möchte Euch warnen. Es kann sein, dass es Krieg zwischen den Baronen und dem König geben wird. Dann wird es schwer für Eure Kathedrale, fürchte ich. Im Krieg gehen alle Geldmittel in Waffen und in die Bezahlung der Truppen. Auch die privaten des Königs.« Sie blieb stehen und sah ihn an. »Deshalb glaube ich, Ihr solltet möglichst schnell und möglichst viel bauen.«

»Ich habe gehört, dass der König mit der Machtteilung nicht zufrieden ist.«

Sie machte einen abfälligen Laut, es klang wie ein Zischen. »Das ist sehr höflich ausgedrückt. Er will die Zeit zurückdrehen und lässt sich von seinem Eid entbinden. Wisst Ihr, wie man so etwas anstellt?«

»Nein.«

»Nun, ganz einfach: Man zahlt dem Papst, was immer er fordert, und wenn das Geld in Rom eingetroffen ist, verstreut er ein wenig Weihrauch und spricht eine Formel, die er sich wahrscheinlich gerade ausgedacht hat, und dann ist der Eid vergessen. So funktioniert Kirchenrecht für die Reichen und Mächtigen.«

Henri war erstaunt, derart gottlose Worte von der jungen Baroness zu hören.

»Warum ratet Ihr mir, weiterzumachen, wenn die Mittel doch bald versiegen werden?«

»Um Tatsachen zu schaffen. Ich glaube, dass es für die Barone immer schwerer wird, den Bau aufzuhalten, je weiter er fortgeschritten ist. Am Ende könnte sich auch bei ihnen die Einsicht durchsetzen, dass die Westminster Abbey zu Ehren Gottes und nicht zum Ruhm des Königs erbaut wird.«

»Ihr rechnet also mit einem Sieg des Adels? Und hofft auch darauf, wie ich Euren Worten entnehme.«

»Ich bin die Tochter eines Barons. Das sagt alles, oder

nicht? Ich finde es in der Tat besser, wenn sich im Kronrat nicht nur Jasager und Freunde des Königs zusammenfinden. Will man die Ausgaben kontrollieren, dann braucht es eine gewisse Skepsis, meint Ihr nicht?«

»Doch, sicher.«

Henri ging ein Stückchen schweigend neben ihr her. Sie hatte einen kräftigen Schritt. Überhaupt war sie kräftig, auch das im Unterschied zu Gisèle, die eher zart gewesen war.

»Ich möchte Euch danken, Mylady. Dafür, dass Ihr an mich gedacht habt, und für Eure Warnung. Allerdings fürchte ich, dass sie zu spät kommt. Unsere Mittel halten nur noch wenige Tage, und es ist mir nicht mehr möglich, beim Schatzkanzler vorzusprechen und um neues Geld zu bitten. Lord Richard hält sich im Tower auf.«

»Ach, der gute Richard auch schon? Das wusste ich noch nicht. Die Angst scheint groß zu sein unter Heinrichs Leuten.« Sie blieben stehen. »Ich muss zurück, so gerne ich noch weiter mit Euch spazieren würde. Je länger ich fortbleibe, desto schwerer fällt es mir, eine sinnvolle Erklärung dafür zu liefern.«

»Selbstverständlich. Ist es Euch recht, wenn ich Euch begleite? Wenigstens ein kleines Stück?«

»Wenn Ihr mögt.«

Sie schlugen einen schmalen Feldweg ein. Landarbeiter, durch Strohhüte vor der Sonne geschützt, schnitten Gras mit Sicheln und breiteten es zum Trocknen aus. Am anderen Ende wurde es bereits gewendet.

»Selbst wenn wir bald nicht mehr weiterarbeiten können«, sagte Henri, »mögt Ihr Euch die Baustelle nicht doch einmal ansehen?«

»Ihr habt mich letztes Jahr schon eingeladen.«

»Ich weiß. Und Ihr habt mir einen Korb gegeben.«

»Vielleicht hätte ich Euch da bereits eine Begründung liefern sollen. Ich möchte gerne, sehr gerne sogar, ich fände es schön, mir das alles anzusehen. Bitte glaubt mir das. Aber es ist nicht möglich. Stellt Euch mich vor, in diesen Kleidern und in Begleitung meiner Zofe zwischen Handwerkern.«

»Ich führe Euch.«

»Auch dann geht es nicht.« Sie neigte den Kopf. »Leider.«

»Schade!«

Er begleitete sie nicht bis vor ihr Haus, sondern verabschiedete sich an einer Straßenecke von ihr. Inzwischen war es Mittagszeit.

»Ich habe den Gottesdienst geschwänzt«, sagte sie mit einem verschmitzten Lächeln.

»Meinetwegen?«

»Auch. Aber nicht nur.«

»Sondern?«

»Auch für mich, Monsieur. Ich habe nie behauptet, ich sei selbstlos.« Sie lachte auf, winkte und ging davon.

Es war ein Zauber um sie, und dieser Zauber war dabei, ihn gefangen zu nehmen. Er freute sich über ihren Zusatz »leider«, als sie gesagt hatte, sie könne nicht auf die Baustelle kommen. Auch ihr Satz, dass sie kaum mit jemandem getanzt hätte, an dem sie keinen Gefallen gefunden hätte, machte ihn froh.

Doch sein Hochgefühl wurde durch einen anderen Gedanken gedämpft. Wenn er sich durch einen Umgang mit Carol ihren Vater zum Feind machte, wäre nicht nur der Bau, sondern auch seine Stellung in Gefahr. Baron of Farnham besaß wahrscheinlich genügend Einfluss bei Hofe, um Henri Schaden zuzufügen. Umgekehrt hatte Henri keine Freunde im Palast, es gab dort niemanden, der ihn beschützen würde.

Er durfte sich keinen Träumereien hingeben. Carol blieb für ihn unerreichbar.

Ein paar Tage später kam Archie gegen Abend zu ihnen nach Westminster. Er trug ein Fässchen Wein auf der Schulter, das er vor Maude abstellte. »Hier ist mein Dank für die köstliche Mahlzeit neulich.«

»Maude ist Großmutter geworden«, mischte sich Henri ein. Er saß bereits am Tisch.

»Oh! Ich gratuliere. Dann dient mein Geschenk beiden Anlässen. Was ist es geworden?«

»Ein Mädchen«, sagte Maude, »und kerngesund. Das Fass kann ich nicht annehmen, das ist zu viel.«

»Sicher nicht. Dieser saure Wein ist nichts gegen deine Kochkunst.«

»Henri«, rief sie, »der Mönch ist dein Freund. Mach ihm klar, dass ich das nicht annehme.«

Henri stand auf und hob das Fässchen an. »Ich soll dir ausrichten, dass Maude es nicht annimmt. Ich hingegen werde probieren, ob der Wein wirklich so sauer ist, wie du sagst. Um das zu beurteilen, braucht es …« Er machte eine Pause, in der er das Fass auf den Tisch stellte und so ausrichtete, dass es mit der Spitze zu ihm zeigte, » … dafür braucht es eine französische Zunge.«

»Sie sind eingebildet, diese Kontinentalen«, entgegnete Archie.

»Und glauben, sie wären die Einzigen, die schmecken könnten«, setzte Maude hinzu.

Henri drückte das dünne Holzplättchen ein und fing den herauslaufenden Wein mit einem Becher auf. Als er voll war, stellte er das Fass aufrecht, um den Fluss zu stoppen.

Er trank, wie er es bei Weinbauern in Bordeaux gesehen hatte, schlürfend, den Wein im Mund umherspülend, mit geschlossenen Augen schmeckend. Anders als sie spuckte er ihn allerdings nicht aus, sondern schluckte ihn herunter.

»Gar nicht so übel«, sagte er und neigte den Kopf erst zur einen, dann zu anderen Seite, »zumindest wenn man das Wetter bedenkt, bei dem die armen Trauben reifen müssen.«

»Der Herr schenkt den Regen«, entgegnete Archie. »Die Trockenheit schickt der Teufel.«

»Und der beste Wein kommt aus Frankreich. Von dort, wo die Sonne scheint.«

»Mein Mieter wirkt heute ein wenig störrisch«, mischte sich Maude ein. »Irgendetwas juckt ihn. Vielleicht hat er Heimweh?«

Henri war überrascht, dass Maude zum zweiten Mal Archies Partei ergriff.

»Möglicherweise«, stimmte ihr der Mönch zu. »Heimweh kann einen ganz schön piksen. Ich habe aber noch eine andere Vermutung. Sag, mein Freund, hat deine Begegnung mit Lady Farnham bereits stattgefunden?«

»Ja, hat sie. Und sie war sehr sachlich.«

Archie lachte, und Maude schmunzelte.

»Pff«, machte Henri. »Glaubt mir oder nicht. Die Lady hat mich gewarnt, dass der König sein Geld bald für andere Dinge als für den Kirchenbau brauchen wird, nämlich für einen Krieg.«

»Das ist in der Tat sehr sachlich«, erwiderte Archie. »Man könnte meinen, der Herr Baumeister wäre ihr ganz egal.«

»Dann hätte sie mich wohl kaum gewarnt. Aber es war doch anders als das, was du unterstellst.«

»So?«

»Ja. Unser Mönchlein«, sagte er zu Maude, »plagen verbotene Fantasien.«

»Gut gekontert«, entgegnete Archie, »wenn auch recht naheliegend. Die Lady bestellt dich in ihren Adelsort, um mit dir über Politik und Staatsfinanzen zu diskutieren?«

»Er will mich unbedingt falsch verstehen«, sagte Henri wieder zu Maude, die er auf seine Seite ziehen wollte. »Hatte ich nicht deutlich gemacht, dass es um die Kirche ging, an der zu bauen ich die Ehre habe? Und nicht um die Staatsfinanzen im Allgemeinen.«

»Doch«, stimmte Maude zu. »Und gleichwohl …«

»Was heißt *gleichwohl*?«, fragte Henri. Er klang jetzt scharf.

»Ich bin im Laufe meines Lebens einigen begegnet, die der Liebespfeil getroffen hat«, erklärte sie.

»Und?«, fragte Henri.

»Sie sahen nicht viel anders aus als du«, setzte sie hinzu, und wieder lachte Archie.

»Wie schön, dass ihr euch so einig seid.« Mit einem großen Schluck trank Henri seinen Becher aus und füllte ihn wieder. »Sonst noch jemand vom sauren englischen Wein?«

Archie nickte. Henri überging ihn und schob den zweiten Becher Maude hinüber. »Kein Mensch weiß, wo unser Mönch das Zeug herhat …«, sagte er.

Maude wartete, bis Archie ebenfalls Wein hatte, dann hob sie ihren Becher. »So, und jetzt beruhigen wir uns alle ein wenig, sonst bekommt uns das Essen nicht.« Sie neigte den Becher erst in Henris Richtung, dann zu Archie. »Meine Enkeltochter soll auf den Namen Kate getauft werden. Trinken wir auf ihr Wohl.«

»Auf Kate«, stimmten die beiden Männer ein.

Maude hatte ein Stew auf dem Feuer, einen kräftigen Eintopf, mit Stückchen von jenem Huhn, das sie vor ein paar Tagen mit Emily zerlegt hatte, und mit Sellerie, Steckrüben, Zwiebeln und Knödeln.

Es dampfte, als sie den Topf auf den Tisch stellte. Ein wunderbarer Geruch erfüllte den Raum.

# XI

»Baumeister!«

Es war John, der ihn rief. Der Steinmetzmeister neigte nicht dazu, aus Kleinigkeiten große Probleme zu machen. Henri ging zu ihm.

»Schau dir das an«, sagte John und zeigte auf vier Steinquader, die sie am Vormittag bekommen hatten. Er ging in die Knie und streckte den Arm aus. »Da, siehst du diese roten Adern? Hier. Und hier. Und hier.«

»Ja«, meinte Henri. »Darüber haben wir doch bereits gesprochen.«

John kam wieder hoch. Die Falten an seiner Stirn waren tiefer als sonst. »Du hast gesagt, dass wir diesen Stein dort verbauen sollen, wo man ihn nicht sieht.«

»Richtig.«

»Ich habe deine Vorgabe an die Maurer weitergegeben, und sie haben sich daran gehalten.«

»Und?«, fragte Henri, obwohl er bereits ahnte, was der Steinmetz ihm sagen wollte.

»Jetzt geht das nicht mehr.«

»Warum nicht?«

»Ich vermute, du kennst die Antwort, Baumeister. Wir haben zu viel roten Stein, aber kaum noch Material, das wir davorsetzen können. Wir brauchen Steine für die Verblendung.«

»Und davon haben wir keine mehr?«

John zeigte auf einen Stapel bereits geschlagener Steine, fertig, vermauert zu werden. Er war nicht mehr als zwei Fuß breit und bestenfalls kniehoch. Ein Häufchen, ein kläglicher Rest. »Das ist alles. Heute Nachmittag oder spätestens morgen ist das verbaut. Und was machen wir dann?«

Henri hockte sich auf einen der neuen Quader und stützte seine Unterarme auf die Knie. Sie befanden sich in einer misslichen Lage. Immerhin konnte er dankbar sein, dass er mit John jemanden hatte, der vorausschauend dachte.

»Auch das ist Reigate-Stein aus Surrey?«, fragte Henri.

»Das ist richtig.«

»Kennst du den Steinbruch?«

»Sicher. In den North Downs.«

»Ich werde hingehen und mit dem Steinbrecher reden«, sagte Henri. »Begleitest du mich?«

»Wenn du möchtest. Hier gibt es ja zurzeit nicht viel zu tun.«

»Du bist ortskundig. Schaffen wir den Weg an einem Tag?«

»Schon, allerdings kommen wir so spät an, dass wir am Steinbruch niemanden mehr antreffen werden.«

»Auch gut. Dann haben wir Zeit, uns dort ein wenig umzusehen. Wir gehen morgen in aller Frühe los.«

Es war ein schöner Spätsommermorgen, ein wenig kühl, aber trocken. Noch vor Sonnenaufgang trafen sie sich an der Baustelle. Henri hatte einen Wasserschlauch umgeschnallt und trug einen Beutel mit Proviant bei sich, den Maude ihm gepackt hatte. Auch John war ausgerüstet. Er war älter als Henri, hatte aber kräftige Beine und einen sehnigen Oberkörper. Eine Tageswanderung würde für ihn kein Problem sein, auch dann nicht, wenn sie schnell gingen.

Sie folgten dem Lauf der Themse, bis sie in einem Ort namens Putney an eine Holzbrücke kamen, auf der sie den Fluss überquerten. Von da an hielten sie sich in südwestlicher Richtung. John war ein sicherer Führer, allerdings gab es auch kaum Abzweigungen, an denen man die falsche Richtung hätte einschlagen können.

Die Straße war ein Lehmweg und längst nicht so breit wie die aus Dover, auf der er damals mit Archie nach London gekommen war. Sie wurde auch weniger genutzt, nur hin und wieder trafen sie auf Reisende oder auf Ochsenkarren.

»Sag, Baumeister«, fragte John, während er weit ausschritt, »was ist deiner Meinung nach der größte Unterschied zwischen Frankreich und England?«

»Schwer zu sagen, es gibt so viele.«

»Zähl ein paar auf. Wir haben Zeit.«

»Offensichtlich sind das Essen und das Wetter«, sagte Henri und hob den Daumen.

John lachte.

»Was die Politik angeht«, fuhr Henri fort und streckte den Zeigefinger in die Luft, »ist es in Frankreich ruhiger. Unser

König sitzt fest in seinem Sattel, und der Adel respektiert ihn. Wir haben nicht einmal ein Parlament.«

»Auf das die Engländer stolz sind.«

»Das glaube ich gerne. Es ist einfach ein Unterschied zwischen beiden Ländern. Ein anderer ist eure Gelassenheit.« Henri hob den dritten Finger. »Meine Landsleute regen sich schnell auf.«

»Und das Bauen?«

Henri warf John einen Blick zu. ›Die entscheidende Frage. Auch da gibt's Unterschiede. In Frankreich will alle Welt die neue Art. Hohe, schlanke Wände und große Fenster, durch die eine Menge Licht hereinfällt. Das Licht ist die Hauptsache.«

»Weil es durch Jesus Christus in die Welt gekommen ist?«

»So würde es ein Bischof sagen. Oder ein Domkapitel, das den Auftrag gegeben hat.«

»Du nicht?«

»Das ist ein gefährliches Gebiet, auf das du mich führst, John. Ich will nicht als Ketzer dastehen.«

»Wir reden unter uns«, sagte John entschieden. »Und da bleibt es auch.«

Henri hatte keinen Zweifel an dieser Aussage. Johns Art war ehrlich, trotzdem starrte er, während er antwortete, auf den Weg und auf seine Stiefel, an deren Leder sich der Staub der Landstraße festgesetzt hatte. »Mich beschäftigt, auf welche Weise wir Platz für die Fenster lassen können. Wie man die Last so auf Wände und Säulen verteilt, dass sie nicht einstürzen. Ob das Licht nun von der Sonne kommt oder von Christus, das ist mir …«

»… ziemlich egal«, ergänzte John. »Geht mir ähnlich. Für uns ändert sich dadurch nichts. Aber sag, wer hat das erfunden, diese hohen Kirchen?«

»Das weiß ich nicht, aber in Frankreich werden sie schon seit vielen Jahrzehnten so gebaut. Mein Vater und mein Onkel haben bereits an ihnen gearbeitet, als sie noch Jungen waren.«

»Baumeister, alle beide?«

»Nein, Maurer«, erwiderte Henri knapp.

Schweigend wanderten sie weiter. Erst als die Sonne hoch über ihnen stand, suchten sie sich einen Platz, um Rast zu machen. Sie hatten bereits ein ordentliches Wegstück zurückgelegt.

Sie nahmen auf einem umgestürzten Baum Platz, Henri zog den Korken von seinem Wasserschlauch, bot ihn John an und nahm dann selbst einen kräftigen Zug. Sie aßen ihr Brot.

»Wände, die dünn sind, geradezu zerbrechlich«, nahm John das Thema wieder auf. »Viel Licht. Dazu diese Höhe, fast bis in den Himmel. Bei uns gibt es Leute, die Angst haben, weil dieses Bauen sie an den Turm von Babel erinnert. In Frankreich nicht?«

»Doch, sicher.«

»Damals hat sich Gott über die Eitelkeit der Menschen geärgert.«

»Und du? Hast du diese Sorge nicht?«

Henri kaute. Früher hatte er diesen Einwand oft gehört, aber in seiner Reimser Zeit nicht mehr. Die Schwarzseher hatten sich an die Kathedrale gewöhnt. »Die französischen Kirchen stehen noch allesamt. Nicht eine ist eingestürzt. Und wir haben in unserem Land auch nach wie vor dieselbe Sprache.«

»Das ist bei uns anders«, meinte John. »Im Norden und im Osten reden sie ganz anders. Ziemlich unverständlich, wenn du mich fragst.«

»So?«

»Ja. Es könnte eine andere Strafe geben. Für den Bau, meine ich.«

Henri stand auf und stellte sich vor den Steinmetz, zu dem er nun von oben sprach. »Ach John. Vergiss nicht, es sind Kirchen, die wir bauen. Gotteshäuser. Zu Seinem Ruhm.«

John stopfte den Korken auf seinen Wasserschlauch und stand ebenfalls auf. »Und vergiss du nicht, dass ich selbst an einer Kathedrale mitarbeite. Ich stelle Fragen, mehr nicht. Ich habe Zweifel, das gebe ich zu. Manchmal auch Angst. Aber ich mache trotzdem weiter. Für mich ist es eine Ehre, meinen Teil zur Westminster Abbey beizutragen.«

Henri schlug ihm freundschaftlich auf die Schulter. »Niemand ist ohne Zweifel. Als ich vor vielen Jahren in Chartres gearbeitet habe, kam eines Tages der Bischof, um die Baustelle zu besichtigen. Die Kirche stand, viele der Fenster waren bereits eingesetzt und das Dach gedeckt. Weißt du, was er gesagt hat?«

»Nein.«

»Er meinte, die neue Kathedrale würde den Gläubigen einen Vorgeschmack auf das Paradies geben und deshalb sorge unser Bau dafür, dass die Menschen ein gottgefälliges Leben führen, denn sie würden immerzu sehen, was sie erreichen könnten, wenn sie sich anstrengen.« Henri zuckte mit den Schultern. »Wenn ein Bischof zu einer solchen Einschätzung kommt, werde ich kaum widersprechen.«

»Dann ist es also gottgefällig, was wir tun?«

»Offenbar.«

Am späten Nachmittag erreichten sie den Steinbruch an den North Downs. Die Hügel waren bewaldet, hatten aber auf der Nordseite Abschnitte, die so steil waren, dass dort weder Baum noch Busch wuchs. Geschlungene Wege führten an jene Stellen, wo der Fels geschlagen wurde, und sie stießen auf tiefe Radspuren. Wie John vorausgesagt hatte, war die Arbeit für den Tag bereits eingestellt, deshalb konnten sie sich in Ruhe umsehen. Sie entdeckten die Bereiche, wo der Stein rot geädert war. Man konnte erkennen, dass dort zuletzt gearbeitet wurde.

»Das ist das Problem«, meinte John. »Sie schlagen vor allem an dieser Stelle.«

»Vielleicht können wir den Steinbrecher dazu bringen, uns von anderen Stellen zu versorgen.«

»Nun, wir werden sehen.«

Henri war erstaunt, wie klein der Steinbruch war. Aus den französischen Bergen war er andere Ausmaße gewohnt, und selbst dort machten sich verschiedene Baustellen oft Konkurrenz und boten mehr Geld, um schnell beliefert zu werden.

John führte sie zu einer Herberge in einem nahe gelegenen Dorf, wo sie zu Abend aßen.

»Vor einiger Zeit«, sagte John und wischte sich mit dem

Handrücken über den Mund, »meintest du, dass unser Bau eingestellt werden muss. Weil es kein Geld mehr gebe.«

»Ja, das stimmt.«

»Hat sich das verändert?«

»Wir haben etwas neues Geld, und es gibt Gerüchte. Offenbar hat der König in Flandern Söldner rekrutiert. Sie sollen schon in England eingetroffen sein und haben den Baronen ordentlich Angst eingejagt.«

»Ausländische Soldaten?«, fragte John und bekam neue Falten auf der Stirn. »Für einen englischen Konflikt?«

»Wie auch immer, beide Seiten werden wohl einen neuen Vertrag schließen, zumindest sagt das der Mönch, mit dem ich befreundet bin. Der Vertrag wird ziemlich vorteilhaft für den König sein, glaubt er. Die Barone sind verärgert, müssen aber zustimmen.«

»Wegen dieser Söldner vom Kontinent?«

»Bewaffnete Kämpfer können ein ziemlich starkes Argument sein.«

John lachte. »Und deshalb haben wir Geld bekommen?«

»Ja, der Schatzkanzler ist zurück im Palast, und er hat mir zumindest einen Teil meiner Wünsche bewilligt. Frag mich nicht, wo der König diese Mittel hernimmt.«

Sie hoben ihre Becher und stießen an. »Ganz egal«, meinte John, »Hauptsache, die Westminster Abbey wird weitergebaut.«

Am nächsten Morgen kehrten sie in die Downs zurück. Man hörte schon von Weitem die Hammerschläge hallen. Wie kleine Tiere hockten die Arbeiter im Fels und schlugen Brocken heraus.

Henri und John fragten nach dem Steinbrechermeister und mussten warten. Schließlich kam ein Hüne von einem Mann zu ihnen. Er war gleichermaßen groß wie breit und hatte seine blonden Haare zu einem Zopf gebunden. In der einen Hand hielt er einen Hammer, in der anderen einen schweren Meißel, lang wie Henris Unterarm. Obwohl es kühl war, trug er nur eine Lederweste, darunter war sein Oberkörper nackt, sodass seine Armmuskeln zu sehen waren. Seine Augen waren klein, der Blick unfreundlich.

»Was wollt ihr?«

»Ich bin Baumeister der Kathedrale von Westminster«, stellte sich Henri vor. »Das ist unser Steinmetzmeister.«

»Westminster? Das ist ein weiter Weg. Warum seid ihr hergekommen?«

Während Henri sich räusperte, antwortete John bereits. »Du lieferst uns den falschen Stein, Meister«, sagte er direkt heraus. Offenbar hatte er keine Angst vor dem Hünen.

»Es gibt keine falschen Steine. Ihr bekommt, was der Berg hergibt.«

»Du hast uns bisher einen weißgrauen Stein geliefert. Jetzt schickst du nur noch rote. Damit können wir nichts anfangen.«

Der Steinbrecher zuckte mit den Achseln. »Nicht mein Problem.«

»Oh doch«, widersprach John.

Beide funkelten einander an.

Henri bemühte sich um einen verbindlicheren Tonfall. »Wir haben gesehen, dass ihr auch den grauen Stein abbaut.«

»Und?«

»Warum gebt ihr uns den nicht?«

»Meine Güte, weil alle Welt den haben will. Dabei ist der rötliche genauso stabil.«

»Den roten bezahlen wir nicht mehr«, sagte John.

»Pff«, machte der Steinbrecher. »Dann geht eben woanders hin.«

»Das werden wir. Es gibt genug Steinbrüche in England.«

»Wer weiß, was die für Steine haben. Vielleicht blaue? Oder gelbe?«

»Das ist Quatsch«, sagte John, drehte sich um und wollte fortgehen.

»Nicht so schnell«, sagte Henri. »Hör zu, Steinbrecher. Wie ist dein Name?«

»Dean.«

»Also, Dean. Wir verstehen, dass dein Berg Steine in verschiedenen Farben hergibt. Dafür kannst du nichts, so hat Gott diese Hügel erschaffen.«

Dean klemmte sich Hammer und Meißel unter die Achsel und knackte die Knöchel der einen Hand in der anderen, was nicht gerade freundlich klang.

Henri ließ sich nicht einschüchtern. »Und wenn jeder deiner Kunden nur grauen Stein bekäme, könntest du den Berg nicht gleichmäßig abtragen.«

»Was du nicht sagst. Bist ein richtiger Schlauberger, was?«

»Umgekehrt musst du auch Verständnis für uns haben. Die Mauern unserer Kirche stehen mannshoch. Es ist nicht möglich, im zweiten Stock mit einer anderen Farbe weiterzumachen.«

»Und?« Dean zog das Wort in die Länge, es klang wie *Uuu-nnnd?*.

»Mein Vorschlag ist, wir machen halbe-halbe. Wir kaufen deinen roten Stein, wenn du uns auch grauen lieferst. Die eine Hälfte so, die andere so.«

Der Steinbrecher schaute ihn an. Sein Blick war durchdringend, über die Stirn lief eine tiefe senkrechte Falte. Das Werkzeug hielt er inzwischen wieder in den Händen; dass es schwer war, schien er nicht zu bemerken. Henri ging davon aus, dass Dean darüber nachdachte, ob er einen solchen Handel schließen konnte. Die Kathedrale in Westminster war sicherlich ein guter Kunde, denn sie brauchte viele Steine und das über lange Zeit.

»Nun gut, Baumeister«, sagte Dean schließlich. John würdigte er keines Blickes. »Halbe-halbe. Wir verfahren so, wie du es vorschlägst.«

»Ich verlasse mich darauf«, erwiderte Henri.

Gruẞlos drehte sich der Steinbrecher um und ging davon, und sie machten sich daran, den Hügel wieder hinabzuwandern. Dabei wechselten sie kein Wort. John hatte die Hände in die Taschen geschoben und starrte vor sich hin.

»Was ist los?«, fragte Henri nach einer Weile.

»Nichts.«

»Nun sag schon. Raus mit der Sprache.«

John blieb stehen. »Der Mistkerl hat das nicht verdient.«

»Was meinst du? Dass ich ihm einen Vorschlag gemacht habe, der für uns praktikabel ist und für ihn auch?«

»Praktikabel?«, gab John zurück. »Er war es doch, der sich gegen seine ursprüngliche Zusage verhalten hat.«

»Er kann nichts dafür, welcher Stein in seinem Berg zum Vorschein kommt.«

»Ganz egal. Er muss das liefern, was er zugesagt hat.«

»Hör zu«, sagte Henri und blieb stehen. »Du hast mich gestern nach Unterschieden zwischen unseren Ländern gefragt. Ich habe einen weiteren entdeckt. Eure Steinbrüche sind klein. Zumindest dieser hier. Daraus folgt zweierlei: Zum einen können wir es uns mit Dean nicht verscherzen, wenn wir weiterkommen wollen. Und zweitens brauchen wir andere Lieferanten. Wenigstens noch einen, der groß genug ist. Wo wird euer Bathstone geschlagen?«

»In Purbeck. Und auf der Insel Portland.«

»Weiter Richtung Südwesten?«

»Ja. An der Küste.«

»Dann lass uns unseren Weg fortsetzen. Die Kathedrale von Westminster wird noch unendlich viele Steine benötigen.«

Zum ersten Mal, seit er John kannte, trat die Andeutung eines Lächelns auf das Gesicht des Steinmetzen.

»Baumeister«, sagte er, »ich glaube, ich habe dich unterschätzt.«

Als Henri nichts erwiderte, fuhr John den Daumen aus und zeigte nach rechts. »Purbeck liegt in diese Richtung.«

# XII

Mit Argusaugen überwachte Oliver die Vorbereitungen auf Burg Farnham. Er kontrollierte, ob die Mägde, die die Halle wischten, ordentliche Arbeit leisteten, prüfte die Herdfeuer in der Küche genauso wie die Zutaten, die die Köchinnen verwendeten, und auch, ob im Kühlkeller genug Bier und Wein gelagert waren. Diese Dinge konnte er niemand anderem überlassen. Die Farnhams waren als Gastgeber auserkoren, bei ihnen würde ein Führungszirkel der Barone zusammenkommen. Es war ein wichtiges Treffen, denn es brauchte Entscheidungen, die im kleinen Kreis vorbereitet wurden, bevor sich das Parlament versammelte. Oliver war stolz, dass sich die wichtigsten Adeligen des Landes bei ihnen versammelten.

Diesmal war der König zu weit gegangen, selbst Olivers Vater war inzwischen dieser Meinung. König Heinrich suchte den Streit mit dem Adel, mehr als das, er wollte einen Kampf, und Olivers Standpunkt war, dass er ihn bekommen sollte. Bald würde er in eine echte Schlacht ziehen und jedem, der sich ihm entgegenstellte, beweisen, wie gut er im Umgang mit Speer und Schwert war.

Auch wenn in einem solchen Waffengang Engländer gegen Engländer stünden, gab es keine andere Möglichkeit. Der König war ein Verräter. Heinrich hatte dem Adel bei der letzten Parlamentssitzung ein Schriftstück präsentiert, in dem der Papst bestätigte, dass er den König von seinem Eid auf die *Oxforder Vereinbarungen* entband. Was für ein schmutziges Spiel! Das fanden alle, bei diesem Treffen in Winchester war keiner der Barone still geblieben, als die Ausrufe von Missbilligung und Verachtung laut wurden. Der von Gott eingesetzte Herr über Volk und Land brach seinen Schwur. Wie konnte man derart tief sinken?

Noch wütender wurde die Stimmung, als sich herumsprach, dass das Königspaar auf dem Kontinent Soldaten angeworben hatte. Fremde Kämpfer zu unterhalten kostete ein Vermögen, denn sie bekamen nicht nur Sold, sondern mussten auch gespeist und beherbergt werden, und außerdem war ihr Dienstherr verpflichtet, für alle Schäden auf Feldern und in Dörfern aufzukommen. Es war Steuergeld, das König Heinrich dafür verwandte, was sonst? Allein von den Ernten seiner Güter konnte er das fremde Heer sicher nicht finanzieren. Simon de Montfort hatte es auf eine prägnante Formel gebracht: »Heinrich nimmt das Geld der Barone, um damit Soldaten zu bezahlen, die gegen die gleichen Barone ins Feld ziehen sollen.«

Die Aufregung im Saal schäumte über. Der König hatte den eigenen Landsleuten den Krieg erklärt.

Er war eindeutig zu weit gegangen, und das würde sich rächen.

Nach seinem Kontrollgang trat Oliver in den Burghof

hinaus. Es war ein Herbsttag, frisch und mit einem kräftigen Wind, der die Wolken über den Himmel trieb und das Laub von den Bäumen wehte. Das Tor war geöffnet, die Wachen standen bereit. Von der Mauer rief der Ausgucker, dass sich drei Reiter näherten. Die ersten Gäste.

Es war seinem Vater vorbehalten, die Ankömmlinge zu begrüßen, und da seine Frau tot war, übernahm Carol die Rolle der Dame. Sie trug nur einen dünnen Schleier über Stirn und Wangen. Oliver stellte sich neben die beiden. Dies war sein Platz – in einer Reihe mit Vater und Schwester. Es verblüffte ihn, wie gut Carol ihre Rolle zu spielen wusste. Seine freche, aufmüpfige Schwester, die ritt wie ein Mann, sich allein durch London bewegte und die zu allem eine eigene Meinung hatte: Wenn es darauf ankam, kannte sie ihren Platz.

Vor dem Tor bremsten die Reiter ab. Die Wachen gaben den Weg frei, und die Gäste ritten in gesetztem Schritt in den Hof hinein. Es waren die Montforts, Simon und zwei seiner Söhne. Sie stiegen von ihren Pferden und gingen, wie es sich gehörte, die letzten Schritte auf Humphrey, Carol und ihn zu Fuß zu. Vor ihnen angekommen, verneigten sie sich.

Es war das erste Mal, dass die Montforts Burg Farnham mit ihrer Anwesenheit beehrten. Oliver nahm sich fest vor, alles daranzusetzen, dass sie sich wohlfühlten. Simon de Montfort war ein Ehrengast.

...

»Mylady«, sagte Lord Simon und beugte sich über Carols ausgestreckte Hand. »Ich kann nicht in Worte fassen, wie erfreut ich bin, Euch wiederzutreffen.«

»Danke, Mylord.«

»Ganz England rühmt Eure Schönheit. Die Wahrheit aber, wenn man sie mit eigenen Augen sieht, stellt alle Rede in den Schatten.«

»Sir, Ihr wollt mir schmeicheln.«

»Ich sage nur, was ich empfinde. Zwei meiner Söhne begleiten mich heute. Kennt Ihr sie?« Er ließ den ersten vortreten. Es war Guy, der vor ein paar Wochen im königlichen Schloss mit ihr getanzt hatte.

Er verbeugte sich. »Lady Carol, ich bin erfreut.«

Der zweite Sohn hieß Simon wie sein Vater. Er war mehr ein Junge als ein Mann, mit bartlosem Gesicht und großen blauen Augen.

»Seid willkommen auf Burg Farnham«, sagte sie zu beiden.

Zwei Burschen führten die Pferde der Montforts zum Stall, während ein Diener anbot, ihnen ihre Zimmer zu zeigen. Carol nahm wahr, wie vertraut ihr Bruder mit Guy de Montfort umging, beide klopften sich auf die Schultern, und Oliver machte einen Scherz, über den sie laut lachten. Dass Oliver Lord Montfort bewunderte, hatte sie gewusst, aber nicht, wie eng er mit Guy war.

Sie bezweifelte, dass es ein Zufall war, als Guy später beim Essen neben ihr saß. Es waren sechs Lords und ihre Familien, die bei ihnen zu Gast waren. Guy war vor allen anderen im Speisesaal gewesen und wartete bereits, beide Hände auf die Stuhllehne haltend. Carol war sich sicher, dass Oliver ihm verraten hatte, wo ihr Platz sein würde.

Als sie neben ihn trat, sagte er: »Lady Carol, ich bin erfreut, Euer Tischnachbar sein zu dürfen. Ich hoffe, es ist Euch recht.«

Wie sollte sie ablehnen? Sie bemühte sich um ein Lächeln, und Guy begann das Gespräch und erklärte, wie beeindruckt er von der Farnham'schen Burg war. Offenbar hatte er sie bereits inspiziert, wahrscheinlich unter Olivers Führung. Er wusste, wie weit man vom Turm ins Land sehen konnte und welche Stärke die Mauern hatten. Er nannte sie uneinnehmbar.

»Allerdings gibt es im Grenzgebiet zu Wales ebenfalls wehrhafte Burgen«, fuhr er fort, »und trotzdem ist es Llewelyn und seinen Räubern gelungen, sie zu erobern. Stellt euch das vor!«

Carol erwiderte nichts. Sie widmete sich der Suppe, die die Diener aufgetragen hatten.

Guy schien auch keine Antwort zu erwarten. »Wir müssen die Verteidigung unseres Landes in die eigenen Hände nehmen«, erklärte er zwischen zwei Löffeln. »Auf den König können wir uns nicht verlassen. Mein Vater und ich ...«

Sie warf ihm einen Blick zu. Ihr war noch nicht zu Ohren gekommen, dass irgendjemand die Heldentaten eines gewissen Guy de Montfort gerühmt hätte, und sie glaubte auch nicht, dass hinter diesem Gesicht eine Stärke verborgen lag, die in irgendeiner Weise bemerkenswert wäre, im Gegenteil, wahrscheinlich ließ er sich nur deshalb einen Oberlippenbart stehen, um wenigstens den Anschein von Männlichkeit zu vermitteln.

»... wir sind bereit dazu«, fuhr Guy fort. »Selbst wenn der König einen innerenglischen Krieg vorbereitet. Aber entschuldigt, wenn ich Euch mit Politik langweile.«

Sie seufzte. Es gab Sätze, auf die sie mit Hautausschlag reagierte, und dieser war einer davon. Warum glaubten Männer immer, dass Frauen kein Interesse an Politik hatten?

»Allerdings«, fuhr Guy fort, »wüsste ich in diesen Tagen kein wichtigeres Thema in unserem Land. Nur deswegen haben wir uns schließlich hier versammelt: um das Parlament vorzubereiten.«

Sie nickte nur und wandte sich ihrem Teller zu.

Nach der Suppe trugen die Diener Karpfen aus ihren Teichen auf und brachten Wein. Sie trank einen Schluck. Guy beeilte sich, seinen Becher ebenfalls anzuheben.

»Auf eine gute Zukunft«, sagte er. »Auf England.«

»Seid Ihr nicht französischer Herkunft?«, fragte sie spitz.

»Das ist lange her. Mein Vater ist in Frankreich geboren, doch wir haben normannisches, also englisches Blut. Diese Frage wurde endgültig geklärt, als mein Vater dem König einen Lehenseid geschworen hat. Dafür bekam er den Earldom Leicester zurück, den alten Sitz unserer Familie.«

»Wie schön für Euch.« Sie überkam die gemeine Lust, ihn in seine Schranken zu weisen. »Diesen Sitz wird sicher Euer ältester Bruder erben?«

»So sieht es das englische Recht vor. Seid aber gewiss, Mylady, dass ich in der Lage sein werde, für meine eigene Familie zu sorgen, wenn es so weit sein wird.«

Er hielt ihr seinen Becher hin. Es wäre zu unhöflich gewesen, nicht noch einmal mit ihm anzustoßen.

Ihr kam Henri in den Sinn. Er war in vielerlei Hinsicht das Gegenteil des Montfort-Sohnes, er strahlte Bodenständigkeit und Tatkraft aus. So, wie sie den Baumeister kennengelernt hatte, käme er nicht auf die Idee, sich in den Mittelpunkt zu stellen, wie Guy es tat, er würde nicht behaupten, der Bau der Kathedrale hänge an ihm, so wie der junge Montfort erklärt hatte, er verteidige zusammen mit seinem Vater das ganze Land. Henri besaß etwas, das diesem Guy fehlte, eine realistische Selbsteinschätzung. Die Überheblichkeit eines Adelssprösslings ging ihm ab.

Bei den Gedanken an Henri stieg Schamgefühl in ihr auf, denn im nächsten Moment erinnerte sie sich daran, wie sie seinem Freund, diesem Mönch, gesagt hatte, wo der Baumeister sie treffen könne. Das war ungehörig gewesen, geradezu unentschuldbar; da war sie über alle Grenzen des Anstandes hinweggegangen. So etwas durfte ihr nicht noch einmal passieren.

Ungeachtet Carols mangelnder Aufmerksamkeit redete Guy weiter und erzählte etwas von seinem Onkel und dessen französischen Besitzungen. Carol hatte immer noch Henri im Kopf. Er stammte ebenfalls aus Frankreich, und auch das nahm sie für ihn ein, obwohl sie selbst angelsächsischer Herkunft war, wie ihr Vater stets betonte.

Dann bremste sie sich mit Gewalt, als sie sich bei der Frage ertappte, ob eine Verbindung zwischen einem Franzosen und einer Angelsächsin möglich und vielleicht sogar reizvoll wäre. So etwas durfte man nicht einmal in Erwägung ziehen.

»… meint Ihr nicht, Lady Carol?«, fragte Guy neben ihr.

Sie hatte ihm nicht mehr zugehört. Guy blickte erwartungsvoll.

»Doch, sicher«, sagte sie und hoffte, dass das eine passende Erwiderung war.

Sie hatte Glück. »Seht Ihr, das glaube ich auch. Die Gerechtigkeit wird siegen, schon allein deshalb, weil Gott nicht zulässt, dass die andere Seite gewinnt. Am Ende würde Er uns Hilfe gegen Heinrichs Söldner schicken. Wenn es sein muss, auch aus Frankreich.«

»Ja, bestimmt.«

»Wir sind nicht allein. Ich freue mich, dass wir so einig sind, Lady Carol. Es ist ein Vergnügen, mit Euch zu plaudern.«

»Danke«, sagte sie und verzichtete darauf, das Kompliment zu erwidern.

Ihn schien auch das nicht zu stören. Er begann, über seine Mutter zu reden, Eleanor, die Schwester des Königs, die sich mit Leib und Seele auf die Seite des Adels geschlagen habe und eine echte Montfort geworden sei.

»Heinrich und sie reden nicht mehr miteinander. Wusstet Ihr das? Obwohl sie Schwester und Bruder sind.«

»Ja, das habe ich gehört«, sagte Carol nüchtern und war froh, dass die Diener in den Saal traten, um die Teller mit Fisch einzusammeln und den nächsten Gang hereinzutragen. Die Barone zu bewirten war ein teures Vergnügen. Oliver hatte den Vater gedrängt, diese Einladung auszusprechen.

Direkt nach dem Essen würden die Männer sich zu ihrer Besprechung zurückziehen. Sie war ausnahmsweise froh, nicht dazuzugehören, denn so konnte sie Guy entkommen.

Überraschend tauchte Oliver hinter ihren Stühlen auf. Eine Hand an Carols Lehne, die andere an der von Guy, beugte er sich vor. »Unterhaltet ihr euch gut?«

»Sehr«, sagte Guy, lächelte und strich sich mit zwei Fingern über den Oberlippenbart. »Du hast eine bemerkenswerte Schwester.«

Carol hielt den Atem an, während sie Oliver in die Augen blickte. Er war ihr Bruder, sie hatten als Kinder miteinander gespielt und so lange die dunkelsten Kammern der Burg erkundet, bis der Grusel unerträglich geworden war. Nach dem Tod der Mutter war Oliver, obwohl er der Ältere war, nachts Trost suchend in ihr Zimmer gekommen, und sie hatte ihn in ihrem Bett schlafen lassen. Sie kannte ihn genau, deshalb konnte sie in diesem Moment lesen, was in ihm vorging. Er hatte einen Plan.

Alles in ihr rebellierte gegen dieses Vorhaben.

»Es ist für mich, lieber Oliver«, meinte Guy und lächelte immer noch süffig, »immer ein Vergnügen mit Lady Carol. Sie ist gleichermaßen hübsch und nett.«

»Das stimmt. Ich muss es wissen, schließlich kenne ich sie schon ein paar Jahre.«

Guy lachte, als hätte Oliver den Scherz des Jahres gemacht. Er hob seinen Becher und beide stießen an, als sei die Verlobung von Carol und dem Montfort-Sohn bereits beschlossene Sache und die beiden Männer auf dem besten Weg, Schwäger zu werden.

Da würde sie nicht mitspielen.

Sie würde ihre ganze Kraft darauf verwenden, diesen jungen Lord abzuweisen. So etwas war ihr auch schon mit anderen Bewerbern geglückt.

Sie schaute hinüber zum Kopfende der Tafel, wo ihr Vater saß. Sie würde einen Verbündeten brauchen.

...

Im großen Saal, wo sie nach dem Essen tagten, saß Oliver schräg gegenüber von Simon de Montfort. Der Earl trug seine typische schwarze Kleidung und hörte, den Kopf auf die Fingerspitzen der rechten Hand gestützt, den Rednern zu. Schräg hinter ihm hatten seine Söhne ihren Platz.

Im Kamin brannte ein Feuer, die Eisenringe an den Wänden waren mit Fackeln bestückt. Der Saal war hell, und jeder der Anwesenden hatte einen vollen Bierkrug vor sich stehen. Es zahlte sich aus, dass Oliver die Vorbereitungen so akribisch kontrolliert hatte.

Das Wort führte Peter Mortimer, einer der Marcher Lords, die ihre Ländereien und Burgen im Grenzgebiet hatten. In der Tendenz hielten er und seine Nachbarn zum König. »Wir wollen nichts überstürzen«, schloss er seine Rede. »Wissen wir, warum Heinrich die Söldner angeheuert hat? Nein, das wissen wir nicht.«

Bemerkenswerte Zustimmung erhielt er nicht.

»Viele Gründe fallen mir dafür nicht gerade ein«, bemerkte Simon beiläufig, »schon gar nicht, wenn man bedenkt, dass er die *Oxforder Vereinbarungen* nicht mehr anerkennt. Darin war die Machtverteilung gerecht geregelt.«

Einige Zuhörer raunten ihr Einverständnis.

»Und trotzdem«, meinte Peter Mortimer, »sollten wir das Gespräch mit dem König suchen. Wir müssen die Alternative bedenken.«

»Worauf wollt Ihr hinaus, Mortimer?«, fragte Nicholas Seagrave, der an der langen Seite saß. Seine Besitztümer lagen in Leicestershire. Soweit Oliver wusste, stand Seagrave auf Montforts Seite.

»Was ich meine? Das ist wohl ziemlich offensichtlich. Die Waliser warten doch nur darauf, dass wir Engländer uns zerfleischen. Sobald wir gegeneinander kämpfen, werden sie die Gunst der Stunde nutzen und über uns herfallen.«

Oliver drängte es, das Wort zu ergreifen. Er wollte kundtun, dass sich die Entscheidung des Adels nicht allein nach den Interessen der Lords im Grenzgebiet richten durfte. Dass es höhere Werte gab. Und er würde hinzufügen, dass die Marcher Lords bereits viele Vorteile genossen. Ihre Steuerlast war halb so hoch wie die aller anderen, und im Notfall eilten Ritter aus dem ganzen Land herbei, um ihre Besitzungen zu verteidigen.

Doch er bremste sich. Es redeten nur die Alten, keiner der Söhne meldete sich zu Wort. Es war klüger, diese Regel zu achten, gerade in Montforts Anwesenheit.

»Ich habe Frieden mit Llewelyn geschlossen«, erklärte Simon.

»Aber was ist der wert?«, fragte Peter Mortimer zurück.

»Wir, die wir seine Nachbarn sind, kennen den Mann allzu gut.«

»Im Notfall schicke ich einen Emissär zu ihm, der ihm in Erinnerung ruft, was er mir zugesagt hat.«

»Ach, Simon, seid nicht naiv, ich bitte Euch.«

Sir Simon reckte den Kopf, schaute an Mortimer vorbei und verzichtete auf eine Antwort. Oliver hatte das Gefühl, dass sich Mortimers Beleidigung auch gegen ihn und seinen Vater gerichtet hatte. Die Farnhams waren die Gastgeber. Wenn jemand auf eine derart arrogante Art einen anderen Lord zurechtwies, fiel es auch auf sie zurück.

Olivers Vater hatte offenbar den gleichen Eindruck. Er erhob sich. »Meine Herren, lasst uns miteinander reden, wie es unser Stand verlangt. Nach meiner Meinung ist es das Wichtigste, dass wir Einigkeit erzielen. Wir sind hier zusammengekommen, um das Parlament vorzubereiten. Eine sinnvolle Möglichkeit wäre, dort dem König die Gelegenheit zu bieten, sich zu erklären. Er soll sich äußern, ob er tatsächlich plant, den Kronrat der Barone in Zukunft zu ignorieren, und erklären, warum er die Söldner angeheuert hat.«

»Und wie lange er glaubt, sie bezahlen zu können«, rief Hugh Bigod von der Seite, der Land in Norfolk besaß. Alle lachten über seine Bemerkung. Scherze darüber, dass dem König das Geld durch die Finger rann, fanden immer Anklang.

»Habt ihr gehört«, ergriff wieder Nicholas Seagrave das Wort, »dass Heinrich sogar seine Kathedrale weiterbauen lässt? Er gibt mehr Geld aus, als er hat. Wenn er Pech hat, wenden sich die flämischen Soldaten am Ende sogar gegen ihn, weil er sie nicht mehr bezahlen kann.«

»Ich fürchte, er kann länger durchhalten, als wir uns das heute vorstellen«, erklärte Simon.

»Nun gut, was schlagt Ihr also vor, Montfort?«, fragte ein weiterer Baron, James FitzPeter.

»Ich hielte es für klug, uns auf eine Schlacht vorzubereiten.«

Ein Raunen ging durch den Saal.

Simon wartete ab, bis es wieder still war. »Schaut auf die Fakten, sie sprechen eine deutliche Sprache. Es ist offensichtlich, dass Heinrich den Kronrat künftig ignorieren wird.« Er ließ eine kurze Pause, bevor er fortfuhr. »Außerdem versammelt er ein Heer. Wozu tut er das? Gibt es irgendjemanden in diesem Saal, dem das nicht klar ist? Heinrich will alle, die sich gegen ihn stellen, vernichten. Der Mann will die ganze Macht. Und das, meine Herren, wäre Englands Untergang.«

Seine Worte trafen. Von allen Seiten erhielt er Zustimmung.

»Dennoch«, wandte Peter Mortimer ein, als es wieder leiser geworden war, »geht Ihr zu weit, Montfort. Ihr opfert uns, die wir im Grenzgebiet leben und die selbst ein Opfer für England bringen, indem wir ein notorisch unruhiges Gebiet befrieden. Das darf nicht sein.«

»Nun, Mortimer, wie sollten wir nach Eurer Ansicht vorgehen?«, fragte Olivers Vater.

»Wie bereits gesagt, müssen wir mit dem König reden. Dafür sollten wir eine Abordnung zusammenstellen. Ich selbst bin bereit, ihr anzugehören. Ihr könnt gerne mit mir gehen, Lord Farnham.«

»Wenn das allgemein gewünscht wird« sagte Humphrey ernst.

Oliver wusste, dass sich sein Vater nicht um derartige Aufträge riss. Da man es nie zwei Herren gleich recht machen könne, verliere ein Vermittler meistens, pflegte er zu sagen.

»Wir alle kennen unseren König«, wandte Montfort ein, »und können vorhersagen, wie er reagieren wird.«

»So?«, fragte Mortimer.

»Er wird den Entrüsteten spielen und behaupten, dass er sich nicht gegen die eigenen Leute wende, sondern nur Sicherheit gegen die aufmüpfigen Waliser suche. Dann wird er darauf verweisen, dass er ein Mann Gottes sei, ein Mann des Friedens, der nichts mehr wolle, als dem Schöpfer eine Kirche zu bauen.«

Einige Lords lachten auf.

»Nehmen wir einmal an«, setzte Montfort hinzu, »wir würden ihm glauben. Dann lässt Heinrich einige von uns festsetzen. Unseren Freund Seagrave zum Beispiel. Oder Bigod.«

»Er wird unsere Seite schwächen!«, entfuhr es Oliver.

Im Saal herrschte augenblicklich Schweigen, und Oliver hatte den Eindruck, alle Blicke wären auf ihn gerichtet. Sein Vater wirkte verärgert.

Montfort wandte sich ihm zu. »Das ist richtig, junger Lord Farnham«, sagte er mit Wohlwollen in der Stimme. »Ihr trefft den Nagel auf den Kopf. Nur vereint sind wir stark.«

Oliver atmete aus und bedankte sich im Stillen bei Montfort.

»Bedenkt allerdings auch die Alternative, Herrschaften. Sie heißt Bürgerkrieg«, meinte Peter Mortimer.

»Nicht unbedingt«, widersprach Montfort. »Wie heißt es so schön: Wer den Frieden will, der rüste für den Krieg. Wenn Heinrich unsere Entschlossenheit spürt, zieht er wahrscheinlich zurück.«

»Oder ihm geht das Geld aus«, rief wieder Hugh Bigod von der Seite, und einige lachten. Dieser Scherz ließ sich offenbar beliebig wiederholen. »Das ist das, was passieren wird.«

»Jawohl«, kam es von allen Seiten.

Olivers Vater erhob sich wieder und klatschte in die Hände. »Meine Herren, wir müssen zu einer Einigung kommen. Wenn wir mit unterschiedlichen Meinungen ins Parlament gehen, haben wir bereits verloren.«

»Dann hört meinen Plan«, erklärte Montfort. »Ich sage, wir stärken den Kronrat, indem wir festlegen, dass er in Zukunft vom Parlament gewählt wird. Dann haben wir eine echte Kontrolle, und Heinrich darf nur noch Ausgaben beschließen, für die er die Zustimmung der Ratsmitglieder bekommt. Damit wird er uns fragen müssen, wenn er fremde Söldner anwirbt.«

Was er mit ruhiger Stimme vorgetragen hat, war in Wahrheit eine Kriegserklärung, das erkannte Oliver sofort, und der Aufruhr im Saal gab ihm recht.

»Eine gute Idee«, rief Lord Bigod. »Dann muss er die flandrischen Soldaten nach Hause schicken und den Weiterbau seiner Protzkirche einstellen. Ich meine: Nichts gegen ein Haus für die heilige Jungfrau. Aber es sollte doch bitte schön bescheiden sein.«

»Und nicht in Westminster stehen«, verlangte James Fitz-Peter. »Sondern in London. Schließlich ist das unsere Hauptstadt. In Westminster wohnt nur der König.«

Beide Männer bekamen lauten Applaus.

»Dann ist das also unsere Linie?«, fragte Olivers Vater in den Saal hinein. »Das Parlament wählt den Kronrat, und der hat alle Rechte über die königlichen Ausgaben? Und wir stellen, bevor das Parlament getagt hat, kein eigenes Heer auf«, setzte er schnell hinzu. Darüber hatte Montfort noch kein Wort verloren. Oliver sah, dass er den Kopf schüttelte.

Die Zustimmung zu den Worten seines Vaters kam zunächst von einigen wenigen, bald aber aus dem ganzen Saal. Alle wollten eine Einigung. Oliver wusste aus vielen Gesprächen, dass sein Vater gegen eine kriegerische Auseinandersetzung mit den Royalisten war. Der Alte hatte einen günstigen Moment genutzt. Das war gut für ihn, aber womöglich schlecht für England, falls nämlich Heinrich die Vorschläge abwies.

Simon de Montfort erhob sich achselzuckend und begann eine Unterhaltung mit seinen Söhnen. Die anderen Barone standen ebenfalls auf. Die Sitzung war beendet.

# XIII

Der Winter kündigte sich an. An diesem Morgen, als er sich zur Prim aus dem Bett quälte, war es so kalt, dass Archie am ganzen Körper zitterte. Er musste sich schütteln und versuchte, wenigstens das Zähneklappern zu unterdrücken. Er wollte vermeiden, dass die Mitbrüder mitbekamen, wie er schlotterte, deshalb presste er die Lippen aufeinander. Es half nichts. Doch als er sich zu ihnen umwandte, hörte er in der Dunkelheit, dass es den anderen nicht besser ging. Überall schlugen Zähne aufeinander, und er konnte dem Geräusch etwas Lustiges abgewinnen. Es klang wie ein Kanon der Frierenden.

Einer nach dem anderen schritten sie durch den Kreuzgang in die Kapelle, ein Zug fröstelnder Mönche mit gefalteten Händen. Der Gebetsraum wurde nicht geheizt, es gab dort nicht einmal einen Ofen. Archie freute sich darauf, im Anschluss ins warme Skriptorium gehen zu können. Schon die Aussicht darauf ließ ihn wärmer werden.

Auch wenn das Schreiben mühsam war, ging es ihm besser als den Mitbrüdern, und das wusste er. Sie hatten ihren Dienst draußen oder in kalten Räumen zu versehen und froren den ganzen Tag. Archie kniete sich in der Kapelle neben seine Brüder. Dabei bat er Gott, der Kaplan möge seine Arbeit absegnen. Der hohe Besuch hatte sich für den Nachmittag angekündigt und wollte sicherlich überprüfen, wie es um das Buch stand.

Die Kälte des Fußbodens zog ihm durch die Wollkutte in die Knie. Wie eingemauert saß sie in den Steinplatten und kroch die Oberschenkel hinauf bis in Bauch und Brust. Seine Füße waren längst taub. Beim Ausatmen stieß er weiße Wölkchen aus. Er gab sich alle Mühe, sich auf die Gebete zu konzentrieren, doch es gelang ihm nicht. Der Frost war einfach stärker. Als die Zeit um war, empfand er Erleichterung und mühte sich auf die Beine. Mit seinen steifen Gliedern konnte er kaum gehen.

Im Skriptorium brannte bereits ein kleines Feuer im Kamin. Archie schichtete neue Scheite darauf, stellte sich an die Feuerstelle, rieb sich die Hände, hörte auf das Knacken des Holzes und spürte, wie die Wärme in seinem Körper langsam die Oberhand gewann. Die Verkrampfungen lösten sich, er konnte klarer denken. Es waren zwei Stunden bis zur Morgenmahlzeit, die er nutzen wollte, um das fertig zu schreiben, was er gestern nicht mehr geschafft hatte. Der Bau wuchs, es waren Steine aus Purbeck eingetroffen. Henri verstand nicht nur sein Fach, er wusste auch zu organisieren. Archie hatte vor, den Baumeister lobend zu erwähnen.

Er ging hinüber zu den Fensterläden und stopfte die Ritzen mit Wollresten aus alten Kutten aus, die dort gestapelt waren. Bald würde sich die Wärme voll entfalten. Dann wäre das Skriptorium endgültig der angenehmste Raum im ganzen Kloster.

Mit einer Kerze in der Hand trat er ans Schreibpult, wo sein aufgeschlagenes Buch lag. Er hielt die Kerze gerade, sodass kein Wachs auf die kostbaren Seiten tropfen konnte, und pustete vorsichtig über das, was er gestern geschrieben hatte. Staub hatte sich dort zwar noch nicht abgesetzt, dennoch begann er den Arbeitstag immer mit dieser Geste. Ein neuer Morgen und neuer Atem, der alles Alte fortblies. Es konnte losgehen.

Als er genauer hinschaute, stutzte er. Am Vortag hatte er vor dem Abendgebet die letzte Seite beinahe bis zum Rand vollgeschrieben und gerade noch Platz für einen Absatz gelassen. Doch diese Seite war nicht da. Die, die aufgeschlagen war, war leer. Ohne einen einzigen Buchstaben.

Er zwinkerte. Öffnete die Augen wieder und starrte auf die Seite. Sie war wirklich leer.

Er blätterte vor, dann zurück. In beiden Richtungen fand er nicht, was er suchte. Die Seite vom Vortag war verschwunden. Hatte sich aufgelöst.

Jemand musste sie herausgerissen haben. Augenblicklich kam ihm Stephen in den Sinn, und er wurde wütend. Damit hätte der Skriptor Klostereigentum zerstört, und das ausgerechnet vor dem Besuch des Kaplans.

Archie hob die Kerze höher, um das Buch genauer zu untersuchen, und hielt seine Handfläche darunter, falls sie tropfte. Gleichzeitig beugte er sich so tief über das Buch, dass er die Falzung genau begutachten konnte. Eine Schnittkante musste doch zu erkennen sein.

Heißes Wachs tropfte auf seine Hand. Es brannte. Er ließ sich nicht davon abhalten. Betrachtete die Stelle, strich mit dem Finger darüber. Und fand nichts.

Er stellte die Kerze ab und wischte sich die gelben Wachsspuren von der Handfläche. Er fragte sich, ob er nur davon geträumt hatte, die Seite vollgeschrieben zu haben. Ob es nicht mehr als ein Wunsch gewesen war, gespeist aus dem geheimen Willen, dem Kaplan möglichst viel vorzuzeigen.

Nein, das war es nicht. Er hatte gestern Nachmittag an dieser Seite gearbeitet, das wusste er genau, und ganz sicher hatte sich der Teufel nicht die Mühe gemacht, sie auszuwischen. Er ging hinüber zum Kamin, hockte sich an das Feuer, das inzwischen kräftig brannte, und suchte in der Asche nach Papierresten. Da war nichts zu finden.

In seinem Ärger dachte er an Rache. Archie im Speisesaal zu schneiden war eine Sache, eine Kinderei, über die man hinwegsehen konnte. Sein Werk zu beschädigen war etwas anderes, das ging gegen alle Regeln und traf nicht nur Archie, sondern auch den Kaplan und ihre gesamte Gemeinschaft.

Er ließ seinen Vorstellungen davon, wie Stephen bestraft werden würde, viel Raum, bevor er sich schließlich bremste. Der Abt würde nach einem Motiv fragen und einen Beweis verlangen, denn ohne Gewissheit konnte er ihn nicht strafen. Einen solchen Beweis hatte Archie nicht. Wenn Stephen es gewesen war, dann war er schlau vorgegangen, und das bedeutete nichts anderes, als dass Archie die Seite von gestern neu schreiben musste.

Er ging wieder zum Kamin hinüber, lauschte dem leisen Knistern und beruhigte sich. Ab sofort würde er das Buch verstecken. Von der Stube des Abtes abgesehen, gab es im Kloster allerdings keinen Ort, der nicht allen Brüdern zugänglich war. Die Türen hatten weder Schlösser noch Riegel, innerhalb ihrer Mauern herrschte Vertrauen, schließlich hatten sie sich hier zusammengefunden, um gemeinsam ein gottgefälliges Leben zu führen.

Darum würde er sich später kümmern. Zum Glück hatte er noch im Kopf, was er am Vortag geschrieben hatte, so brauchte er es nur in Schönschrift zu Papier zu bringen.

Zur Morgensuppe gönnte er sich eine kurze Pause, schwänzte aber die Gebete des Vormittags, und als die Unruhe im Kloster so groß wurde, dass sie sogar im Skriptorium spürbar war, hatte er den Verlust bereits ausgeglichen. Er säuberte seine Feder, rieb sich Tinte von den Fingern und trat in den Hof hinaus. Es galt, den hohen Besuch zu empfangen.

Der Kaplan reiste in einer zweispännigen Kutsche. Nach ihm stieg ein junger Mönch aus, sein Sekretär und wahrscheinlich auch sein Diener. Der Abt sowie Archie und seine Mitbrüder verneigten sich.

»Aber, aber«, rief der Kaplan wohlwollend, »das braucht es nicht. Wir sind doch alle Kinder Gottes.«

Er umarmte den Abt und klopfte ihm freundschaftlich auf die Schultern. »Ich bringe Euch gute Nachrichten. Oder habt Ihr sie schon gehört?«

»Was meint Ihr, Hochwürden?«

»Unser König ist sehr erfolgreich. Zusammen mit den Söldnern vom Kontinent sind seine Truppen bis nach Dover vorgestoßen. Sie haben die Stadt und die Küste besetzt.« Er lachte auf. »Sollten die Barone ihrerseits auf Unterstützung aus Frankreich gehofft haben, so haben sie sich geirrt. Alle Häfen sind in unserer Hand. Und all das, ohne einen einzigen Tropfen Blut vergossen zu haben. Das nenne ich Kriegskunst. Heinrich hat seine Kritiker Lügen gestraft.«

Er hielt inne und schaute den Abt eindringlich an.

»Ihr steht doch auf der Seite des Königs, Bruder?«

»Selbstverständlich«, erwiderte der Abt. Sonderlich überzeugend klang seine Antwort nicht, und Archie hatte aus seinen Worten schon manchmal herausgehört, dass er die Anliegen der Barone nicht ganz falsch fand. Viele Mönche dachten so.

»So ist es gut«, meinte der Kaplan. »Bedenkt immer, dass der König von Gott eingesetzt worden ist. Sich gegen Heinrich zu stellen bedeutet, gegen Gott zu sein. Niemand, der bei Verstand ist, sollte das tun.«

»Natürlich nicht«, sagte der Abt.

»Es wird derzeit ein Friedensvertrag zwischen beiden Seiten ausgearbeitet. Unsere Gebete sind erhört worden. Wisst Ihr, was darin stehen wird?«

»Nein, Hochwürden.«

»Dass Montfort unser Land zu verlassen hat. Er muss ins Exil.«

Der Kaplan strahlte, während der Abt pflichtschuldig nickte. Er machte sich daran, die Besucher durchs Kloster zu führen, und alle Brüder schlossen sich an. Es war immer sauber bei ihnen, etwas anderes duldete der Abt nicht, doch in den letzten Tagen hatten sie ihre Anlage zum Glänzen gebracht. Nichts erinnerte noch an die Instandsetzungsarbeiten. In den Gängen lag keinerlei Laub, die Säle und Stuben waren gewischt. Man hätte vom Boden essen können.

Ein paar Schritte vor Archie stand Stephen. Archie überfielen dunkle Gedanken, er träumte von Rache. Stellte sich vor, dem Skriptor gegen die Hacken zu treten, ihn ins Stolpern zu bringen. Dem neidischen Kerl eine Drohung ins Ohr zu zischen, die nur er hörte. Ihm zu zeigen, dass Archie Bescheid wusste und einen zweiten Anschlag nicht dulden würde.

Nichts davon unternahm er, stattdessen schritt er wie alle anderen schweigend dem Besuch hinterher, ein Zug niederer Mönche, die einem hohen Gast die Ehre erwiesen.

Ihr Weg führte durch die Gemeinschaftsräume und die Klosterkapelle, an den Schlafsälen vorbei, streifte den Vorratskeller und die Werkstätten. Und brachte sie schließlich ins Skriptorium.

»Schön warm hier«, rief der Kaplan und rieb sich die Hände. »Ist Bruder Archibald anwesend?«

»Ja«, erwiderte der Abt, und Archie trat vor und verneigte sich.

»Wie ich höre, entwickelt sich die Kathedrale recht gut«, meinte der Kaplan. »Gilt das auch für dein Buch?«

»Schaut selbst, Hochwürden. Es liegt vor Euch auf dem Pult.«

Der Kaplan trat an Archies Arbeitsplatz, neigte den Kopf und warf einen Blick auf die an diesem Morgen geschriebene Seite. Auch sein Sekretär schaute darauf.

»Schön«, sagte der Kaplan und blätterte zurück. »Ja, so habe ich mir das vorgestellt. Siehst du«, fragte er den jungen

Sekretär und strich mit dem Finger über die Seiten, »wie kunstvoll er das macht? Und wie gut er die Worte zu setzen weiß.«

Auch der Sekretär las einige Sätze und nickte geflissentlich.

»Es gibt nicht viele Mönche, die so etwas können«, sagte der Kaplan zu Archie. »Ich bin sehr zufrieden.«

»Danke, Hochwürden.«

Archie erhaschte einen Blick auf Bruder Stephen, der die Augen zusammenkniff und sich abwendete.

Das war ihm Beweis genug.

Die Gruppe verließ das Skriptorium, nur Archie blieb zurück. Er brauchte ein Versteck für sein Buch. Und zwar dringend.

...

Obwohl es nachts bereits Frost gab, herrschte auf der Baustelle noch reger Betrieb. Seit der Schatzkanzler in den Palast zurückgekehrt war und Henri zweimal mit neuem Geld ausgestattet hatte, wurde wieder mit Schwung gearbeitet. Keiner der Handwerker packte seine Sachen, im Gegenteil, sie kamen jeden Morgen wieder und machten da weiter, wo sie am Vortag aufgehört hatten. Das war etwas, das Henri aus Frankreich, zumindest aus dem Norden, nicht kannte. Dort begann man, wenn es nachts kalt wurde, die Baustelle winterfest zu machen und dafür zu sorgen, dass Regen und Schnee dem Rohbau nichts anhaben konnten. Es war bereits sein zweiter Winter in England, und dass das hier anders war, wunderte ihn immer noch.

»Wird es denn bei euch nie kalt?«, fragte er John.

»Strenger Frost, meinst du? Selten, und nur kurz. Ein paar Tage im Januar, mehr nicht«, erwiderte der Steinmetz.

»Wie kommt das?«

»Ich schätze, es liegt am Meer, das uns umgibt. Wir haben Regen, aber keinen Schnee.«

»Mir soll es recht sein«, meinte Henri.

Dank des neuen Geldes wurde von früh bis spät gehämmert und gesägt und gemauert. Aus den Schornsteinen der Bauhütten kringelte sich Rauch, die Mörtelmischer arbeiteten drinnen, denn ihr Material vertrug nicht einmal eine freundliche Kälte, es wurde dann hart und ließ sich nicht mehr verarbeiten. So schleppten sie immer nur kleinere Eimer heraus und brachten sie den Maurern, und die leerten sie schnell.

Henri selbst war an der äußeren Seite des linken Querschiffs zugange. Vor ein paar Wochen hatte er das Maurerpaar Walter und Tonia veranlasst, dort die Steine in dem ungleichmäßig angesetzten Flügel abzutragen.

Wie er nicht anders erwartet hatte, hatten sie gemurrt. »Warum denn runterreißen? Ich dachte, wir wollen etwas aufbauen«, meinte Walter.

»Niemand hat von *runterreißen* gesprochen«, wies ihn Henri zurecht. »Ihr sollt die Steine abnehmen, und zwar so, dass wir sie noch einmal benutzen können.«

»Verstehe ich nicht«, sagte Tonia.

»Das ist auch nicht nötig.«

Trotz ihres Unwillens zeigte er ihnen, was mit den beiden Flügeln nicht stimmte und wie sie eines Tages aussehen sollten. Überzeugen konnte er sie damit nicht. »Zwei Fuß Unterschied«, murrte Walter. »Ist doch nicht so schlimm.«

Henri hatte die Nase voll. »Macht einfach, was ich sage.«

Er hielt die beiden in seiner Nähe, so konnten sie nicht anderswo Zwist säen. Allerdings zahlte er einen Preis, denn die langsame Art der beiden machte ihn unruhig. Selbst wo der Mörtel spröde geworden war und man einen Stein mit ein paar Handbewegungen hätte lockern können, klopften sie mit ihrem Werkzeug ewig lange dagegen. Und sie arbeiteten immer zu zweit. Tonia hielt den Stein fest, während Walter schlug, und während sie den gelösten Ziegel zum Stapel trug, blieb er stehen, schaute in die Luft und wartete ab.

Henri bemühte sich immer noch, das Geheimnis der Fundamente zu verstehen. Wenn er sich beim Graben zwischendurch den Schweiß abwischte und ihm dabei das Maurerpaar in den Blick kam, wurde er so wütend, dass er kurz davorstand, die beiden anzubrüllen. Er bremste sich, atmete tief durch und stieß seinen Spaten wieder in die Erde. Es galt, aller Welt zu zeigen, dass man dem Baumeister nicht auf der Nase herumtanzen konnte.

»Tonia«, sagte er zu der Maurerin, »komm mal mit. Ich brauche dich an einer anderen Stelle.«

Als sei es selbstverständlich, wollte auch Walter ihm folgen.

»Du nicht«, wies Henri ihn an. »Du bleibst, wo du bist.«

»Aber wir arbeiten immer zusammen.«

»Seid ihr Kleinkinder, die nicht alleine bleiben können?«, herrschte Henri ihn an.

Walters Gesicht lief rot an. Den Mumm zu einer scharfen Antwort hatte er nicht.

»Also, was ist?«, fragte er Tonia. »Gehen wir?«

Er führte sie zum gegenüberliegenden Querschiff, wo andere Maurer eine Wand höher bauten, und tauschte sie dort gegen einen Mann namens Jake aus, der ihm wegen seiner flinken Art aufgefallen war.

»Ich habe Sorge, dass Freund Walter da drüben einschläft. Vielleicht kannst du ihm ein wenig Beine machen.«

»Das kriege ich hin, Master Henri.«

»Wenn ihr die Wände schnell abtragt, zahle ich dir einen zusätzlichen Tageslohn. Zwei Pennys.«

»Die nehme ich gerne«, sagte Jake und grinste.

Walter erwartete sie mit beiden Händen auf seinem Bauch. Er schien zu ahnen, dass er bestraft wurde. Die Botschaft kam an, noch ehe Jake Hammer und Meißel in der Hand hatte. Walter begann, allein zu klopfen. Er wagte nicht, Jake den Stein, den er abschlagen wollte, festhalten zu lassen.

Jake ging ganz anders vor. Er packte den Stein, rüttelte daran und benötigte, selbst wenn er festsaß, höchstens zwei vorsichtige Hammerschläge, um ihn zu lösen. Wo er stand, wurde die Wand schnell kleiner. Er klopfte alten Mörtel ab, legte die Steine zu seinen Füßen und trug sie erst dann zum Stapel, wenn die Menge groß genug war.

Walter blieb unbeirrt in seiner Langsamkeit. In der Zeit, in der Jake drei Steine abschlug, schaffte er nur einen und brachte ihn zum Stapel, wodurch er noch einmal Zeit verlor.

Es war zum Verzweifeln. Henri stieß den Spaten in die Erde, wischte sich mit dem Ärmel über die verschwitzte Stirn und ging zu Walter. »Mir reicht es. Ich zahle dir nur noch einen Penny am Tag.«

Walter blickte auf. »Warum das denn?«

»Vielleicht nur einen Penny alle zwei Tage.«

»Du hast gesagt: Zwei Pennys. Das war die Vereinbarung, als wir hier angefangen haben.«

»Ja, das ist der Lohn fürs Arbeiten, aber nicht für dein Schneckentempo.«

»Schneller kann ich nicht.«

»Schau dich um. Es gibt niemanden auf der ganzen Baustelle, der so langsam arbeitet wie du.« Henri zeigte auf das andere Querschiff. »Selbst Tonia nicht.«

»Die mauert und muss nicht abreißen. Das kann ich auch fixer.«

Henri fand den Streit sinnlos. »Du hast zwei Möglichkeiten: Entweder du wirst schneller, oder du kommst morgen nicht wieder«, sagte er und kehrte zu seinem Spaten zurück.

Seine Maßnahme schien Früchte zu tragen. Nach wie vor konnte Walter nicht mit Jake mithalten, doch immerhin gab er sich jetzt Mühe, wackelte mit der Hand am Stein, schlug zügig gegen den Mörtel und trug nicht mehr jeden einzelnen wie eine Trophäe zum Stapel.

Henri grub weiter. Er brauchte jetzt keinen Spaten mehr, sondern eine Schaufel, denn die Erde war feuchter und schwerer, und als er sie auf den Haufen warf, war sie pechschwarz. Die Fundamente der Kirche hingegen waren immer noch trocken. Er verstand es einfach nicht.

Um tiefer zu gelangen, musste er zunächst weiter in die Breite graben. Die Arbeit war schweißtreibend. Er trank einen Schluck Dünnbier, dann zog er mit der Schaufel eine Linie von zwei mal zwei Schritten und machte sich daran, weiteres Erdreich auszuheben.

Zwischendurch kam John vorbei.

Henri stützte sich auf den Stiel der Schaufel. »Wie sind die neuen Quader aus Surrey?«

»Viel besser. Der Steinbrecher hält sich an die Vereinbarung.«

»Das ist gut. Achten die Maurer darauf, den roten Stein nur dort zu verbauen, wo man ihn nicht sieht?«

»Das tun sie. Ich habe es ihnen gesagt.«

John blickte auf den Aushub. »Brauchst du Hilfe, Baumeister?«

»Hast du nichts anderes zu tun?«

»Doch, sicher«, sagte der Steinmetz.

»Ich werde schon fertig. Die Fundamente sind ziemlich tief. Ich möchte den Grund erfahren, warum sie in dieser sumpfigen Erde so trocken bleiben.«

»Und das findest du heraus, wenn du ihren Boden erreicht hast?« John klang skeptisch.

»Ich hoffe es.«

»Na dann viel Glück.« Der Steinmetz tippte sich an die Mütze und zog ab.

Henris Arme begannen zu schmerzen, trotzdem schaufelte er weiter, bis die Dämmerung hereinbrach. Er hatte rund um die Fundamente ein ordentliches Stück freigelegt und war bis in ihre Tiefe gelangt. Nun kniete er sich hin und befühlte die Situation mit den Händen. Unter den Bruchsteinen – klobigen dunkelgrauen Dingern – ertastete er eine Schicht von Kieseln. Er stand auf und klopfte sich Erde von der Hose. Das war also das Geheimnis: Die Fundamente standen auf Kies.

Er musste nicht lange über den Sinn nachdenken. Zwar hatte er so etwas noch nie gesehen, doch ihm leuchtete unmittelbar ein, warum der erste in der Reihe der Westminster-Baumeister diese körnigen Steinchen hatte aufschütten lassen. Sie boten, wenn sie dicht genug aneinandergepresst waren, einerseits Festigkeit und ließen andererseits alle Feuchtigkeit nach unten versickern. Das war der Grund, warum die Fundamente trocken waren. Er konnte beruhigt sein, zumindest dann, wenn diese Gründung unter allen Mauern eingebracht worden war.

Er entschied, für heute Feierabend zu machen und das Loch morgen zuzuschaufeln. Er war der Letzte auf der Baustelle und hatte nach dem anstrengenden Tag Hunger. Als er an Maudes Essen dachte, lief ihm das Wasser im Mund zusammen.

An der Regentonne, wo er sich die Ärmel aufkrempelte, um sich die Erde von Händen und Unterarmen zu waschen, stellte er fest, dass doch noch jemand auf dem Platz war. Der normannische Steinmetz mit den langen Haaren trat aus dem Halbdunkel.

»Baumeister, auf ein Wort.«

Henri tauchte Hände und Arme in das kalte Wasser und rieb den Dreck ab. »Was gibt's?«

»Ich glaube, ich weiß jetzt, wo ich dich schon mal gesehen habe.«

»So?«

»Ja. Es war tatsächlich in Reims. Mein erster Gedanke war richtig.«

Henri tauchte seine Hände erneut in die Tonne und klatschte sich Regenwasser ins Gesicht. »Und?«

»Dort warst du Maurermeister.«

»Du musst mich verwechseln, Steinmetz. Hast du eigentlich einen Namen?«

»Ich heiß Owin. Und ich glaube nicht, dass ich dich verwechsle. Es gab in Reims einen Baumeister namens Henri. Aber der war weißhaarig und viel älter als du.«

Henri trocknete sich Hände und Gesicht an seinem Kittel ab. Er richtete sich auf und streckte die Brust vor. »Vielleicht war er mein Vorgänger.«

»Das glaube ich nicht.«

»Das musst du geträumt haben. Ich gehe jetzt nach Hause. Und das solltest du auch tun.«

»Das war kein Traum«, sagte Owin und tauchte seine Finger in die Regentonne. Henri kam Pontius Pilatus in den Sinn mit seinem Ausspruch, er wasche seine Hände in Unschuld. Die Frage war, wer von ihnen das behaupten konnte.

»Von mir aus«, fuhr Owin beiläufig fort, »muss ich keine große Sache aus deiner Lüge machen.«

»Vorsicht«, gab Henri zurück und bemühte sich, weiterhin sicher zu wirken. »Für deine Frechheit verdienst du, dass ich dich bestrafe. Hau ab, bevor ich es mir anders überlege.«

Owin trat ein paar Schritte zurück. »Mach keinen Fehler, Baumeister.«

»Das Gleiche rate ich dir, Owin.«

»Im Gegensatz zu dir habe ich mir keine Stelle als Baumeister erschlichen.«

Henri kam nicht mehr gegen seine Angst an. Er konnte alles verlieren. Doch schnell wendete er die Angst in Wut. Entschlossen trat er auf Owin zu.

Der wich noch ein Stück zurück.

»Solltest du diese Anschuldigung wiederholen, dann erbringe einen Beweis. Sonst schweig, oder ich werfe dich eigenhändig in die Themse.«

Owin blickte sich um, trippelte rückwärts und vergrößerte den Abstand zwischen ihnen. Henri vermutete, er prüfe den besten Fluchtweg. »Meister«, rief er, »es ist nicht viel, was ich verlange. Im Gegenzug bekommst du mein Schweigen. Das sollte dir einiges wert sein.«

Henri erkannte eine Gelegenheit. Der Satz, der ihm auf der Zunge lag, war nicht ungefährlich. Zumindest durfte ihn kein Unbeteiligter hören. »Und was soll das sein?«, flüsterte er.

»Mach mich zum Meister. Und bezahle mich entsprechend.«

»Wir haben einen Steinmetzmeister. John of Gloucester.«

»Schick ihn fort.«

»Sicher nicht. Er ist der beste Mann auf dieser Baustelle.«

»Das stimmt nicht. Unsere Gesellen mögen ihn nicht, weil er rechthaberisch ist. Was er kann, kann ich auch, und ich werde in unserer Bauhütte für eine bessere Stimmung sorgen.«

»Meine Antwort ist Nein, Owin.«

»Wie du meinst, Baumeister.« Owin war klein und fahrig. Er schaute sich nervös um.

Henri nutzte den Moment. Seine Wut half ihm, als er blitzschnell auf ihn zusprang. Ehe Owin ausweichen konnte, packte er ihn am Kragen und drückte zu. »Jetzt schmeiße ich dich in den Fluss.«

Owin zappelte und bemühte sich gleichzeitig, Henris Arme auseinanderzudrücken. »Lass mich los«, krächzte er.

Doch Henri war stärker. »Wenn du nicht schwimmen kannst, dann wirst du zur Hölle fahren.« Er zog ihn Richtung Ufer.

Owin sackte in sich zusammen und machte sich schwer.

»Lass den Mist«, herrschte Henri ihn an und hob die Faust. »Sonst verprügele ich dich gleich hier. Ein Erpresser hat nichts anderes verdient.«

Es war inzwischen vollkommen dunkel. Henri packte ihn mit der anderen Hand am Nacken.

»Hör zu, Baumeister.«

»Was?«

»Lass mich los. Dann …«

»Dann was?«, fuhr Henri ihn an, während er seinen Griff lockerte.

Owin erkannte seine Chance. Mit einem Stoß gegen Henri und einem Schritt zur Seite machte er sich los, sein Kittel riss, doch er rannte davon und verschwand in der Dunkelheit.

# XIV

Archie fand ein Versteck für sein Buch. In der Mitte der Klosterbibliothek gab es Stehpulte, die als Leseplätze vorgesehen waren, während alle vier Wände von Regalen eingenommen wurden. Archie schob sein Buch in eins davon. Die Nachbarbände waren gleich hoch. Unter ihnen fanden sich alte Werke, bei denen der Einband porös wurde und sich die Bindung auflöste, bei anderen blätterte das Gold der Lettern ab. Aber daneben standen auch jüngere Bücher, und als er zurücktrat, stellte er fest, dass seins nicht auffiel, weder aus der Nähe noch von der anderen Seite.

Er zog die Abschlusskante noch einmal gerade und war zufrieden. Niemand würde ihm noch einmal eine Seite herausschneiden. Falls jemand auf die Idee käme, sein Buch hier zu suchen, müsste er viele Bände aus den Regalen ziehen und anschauen, und zwar an allen vier Wänden. Das wäre auffällig, und die Bibliothek war ein Ort, in den überraschend jemand kommen konnte. Archie nickte zufrieden, er hatte eine gute Lösung gefunden.

In guter Laune machte er sich auf den Weg nach Westminster. Der Himmel war grau, der leichte Nieselregen konnte der Wolle seiner Kutte nichts anhaben. Archie hatte sich angewöhnt, auf dem Weg kurze Gebete zu sprechen und sie so oft wie möglich zu wiederholen. Sobald er sich bei anderen Gedanken ertappte, fing er mit seinem Gebet von vorne an.

In Westminster hörte er die Baustelle, bevor er sie sah. Das Hämmern der Steinmetze war das Erste, was ihm in die Ohren drang, dann kamen das Sägen der Zimmerer und die lauten Rufe der Meister, und die verschiedenen Geräusche mischten sich zu jenem typischen Klang von Bauen und Schaffen, der ihm Freude machte.

Er blieb stehen. Master Henri verstand sein Handwerk, das war offensichtlich. Die Pfeiler hatten sicherlich sechs Fuß Durchmesser. Sie sahen solide aus, ohne klobig zu wirken, im Gegenteil, wo sie bereits verkleidet waren, wirkten sie schmal und geradezu zart. Auch auf der Außenseite waren Träger hinzugekommen, die trotz ihrer zierlichen Anmutung dazu gedacht waren, einiges an Gewicht aufzunehmen. Diese Träger wurden besonders an den Stellen benötigt, wo die Wände nicht geschlossen waren, also dort, wo Fenster und Türen vorgesehen waren.

Er registrierte nicht nur das stete Wachsen der Wände, sondern auch das versetzte Querschiff und die ersten Fensteröffnungen, die spitz zuliefen, wie er es in Frankreich gesehen hatte. Archie fehlte etwas, wo er sich Notizen machen konnte. Wenn er sich, wie er es immer tat, später noch mit Henri unterhielt und der von seinen nächsten Vorhaben erzählte, hätte Archie mehr zu erinnern, als in seinem Kopf Platz fand. Dabei gehörten diese Dinge alle in sein Buch.

Die Handwerkermeister trugen Wachstafeln am Gürtel und beschrieben sie mit ihren Kohlestiften immer wieder neu, da man sie leicht abwischen konnte. Archie nahm sich vor, Henri um eine solche Tafel zu bitten.

Es faszinierte ihn, mit welcher Selbstverständlichkeit sich die Handwerker über die Baustelle bewegten. Jeder wusste, wo er hingehörte und was er zu tun hatte, alle gingen fraglos ihrer Arbeit nach. Dabei standen die Frauen den Männern in nichts nach, sie schleppten Steine, rührten Mörtel, sägten, kletterten sogar auf die Gerüste. Im Kloster dagegen waren Frauen nicht zugelassen. Sie durften es nicht einmal betreten.

Mit dieser Regel war Archie aufgewachsen. Als Mönch hatte er Keuschheit geschworen, da war es kaum möglich, mit Frauen unter einem Dach zu leben. Unter den Handwerkern aber schien ein solches Miteinander zu klappen. Er hatte einen Gedanken, der ihm so ketzerisch vorkam, dass er ihn augenblicklich verscheuchte. Dennoch klang er nach. Vielleicht waren diese Leute in Wahrheit die besseren Christen.

Als er glaubte, alle Neuerungen gesehen zu haben, trat er zu Henri, der am Querschiff mit zwei Maurern sprach und ihn erst bemerkte, als er unmittelbar vor ihm stand.

›Archie«, sagte er. »Wir haben die Wände versetzt.«

›Das habe ich gesehen. Symmetrie ist etwas Göttliches.«

›Das meine ich auch.«

Henri versicherte sich, dass die Maurer wussten, wie sie weiterzumachen hatten, bevor er Archie in die Mitte der Kirche führte. Es war ein beeindruckender Platz. Auch wenn die meisten Fassaden bestenfalls mannshoch waren, ahnte man bereits den Eindruck, den die Kathedrale eines Tages machen würde. Sie würde ein steinernes Zeugnis von Gottes Größe sein.

»Ich habe gute Nachrichten für dich, Henri.« Er erzählte ihm, was der Kaplan im Kloster berichtet hatte, dass die königlichen Truppen gesiegt hatten und Montfort nach Frankreich entschwunden war. »Es steht also gut um die Mittel für deinen Bau.«

»Glaubst du, dass der Friede diesmal von Dauer sein wird? Soweit ich gehört habe, haben beide Seiten einen Vertrag geschlossen.«

Archie hätte ihm gerne etwas Zuversichtliches gesagt. Er zog es aber vor, bei der Wahrheit zu bleiben. »Ich fürchte, Verträge gelten bei uns nur so lange, bis eine Seite einen Vorteil darin entdeckt, sie zu brechen.«

»Ist das so?«

»Mein Eindruck ist«, meinte Archie, »dass beide Parteien zu viel wollen. Das gilt für die Königlichen genauso wie für den Adel. Ich bin überzeugt, dass England den Ausgleich will und braucht. Nicht alle Macht in der Hand des Königs, aber auch nicht in der der Barone. Sondern Kompromisse. Verträge, an die man sich hält.« Er breitete die Arme aus.

»Damit das Pendel nicht zurückschlägt«, sagte Henri.

»Genau. Der Herr will Maß und Mitte für unser Land.«

»Demnach wären bald die Barone wieder obenauf?«, meinte Henri.

»Möglicherweise. Zwar sieht es derzeit nicht danach aus, doch das bedeutet nichts. Der Herr braucht keine Ankündigungen. Er handelt nach seinem eigenen Plan.«

»Ich hoffe nicht, dass du recht behältst, sonst habe ich demnächst wieder kein Geld, und wir kommen nicht voran.«

Archie schüttelte den Kopf. »Das ist Politik, mein Freund. Der hat sich alles andere unterzuordnen.«

»Schon klar.« Henri kratzte sich am Kopf. »Wenn es so kommt, wie du sagst, muss ich mich darauf vorbereiten und bald mehr Stein bestellen.«

»Das ist sicher eine vernünftige Idee.«

»Ich würde dich in meine Bauhütte bitten«, sagte Henri. »Allerdings ist sie nicht geheizt.«

»Mach dir keine Umstände. Ich wollte nur schauen, wie es steht, damit ich weiterschreiben kann. Es ist Zeit, mich auf den Rückweg zu machen.«

»Oder du wartest bis fünf, dann essen wir gemeinsam bei Maude.«

»Nein, lieber nicht«, erwiderte Archie, auch wenn ihn kaum etwas so sehr reizte wie die Aussicht auf ein gutes Mahl. Er gehörte ins Kloster. Dorthin, wo man ein bescheidenes Leben führte. Er sollte sich nicht selbst in Versuchung führen.

»Zier dich nicht«, verlangte Henri. »Bleib einfach hier und sieh dich um. Nachher gehen wir zusammen.«

Bevor Archie etwas entgegnen konnte, war Henri schon bei seinen Handwerkern. Nicht einmal nach einer Wachstafel hatte Archie ihn gefragt.

Er umrundete die Kathedrale einschließlich aller Nebengebäude. Von der Themse zog Feuchtigkeit herüber, und die Dämmerung setzte ein. Es würde nicht möglich sein, bis fünf zu arbeiten, dazu hätte man die Baustelle mit Fackeln beleuchten müssen, und so etwas tat kein Mensch. Zudem wurde es kühl. Die Kutte zusammengebunden und die Hände in den Taschen, beobachtete Archie, wie die Handwerker ihre Werkzeuge reinigten und sich für ihren Tageslohn anstellten. Wer sein Geld hatte, ließ die Münzen in der Hand klimpern und zog davon. Mancher wurde am Tor erwartet.

Henri kam zu ihm und gab ihm einen freundschaftlichen Klaps auf die Schulter. »Sag mal«, begann er, fuhr aber nicht fort.

»Was soll ich sagen?«

»Ach nichts.«

»Wenn es nichts ist, soll es mir recht sein.«

Sie machten sich auf den Weg. Archie hatte das Gefühl, dass Henri etwas beschäftigte.

»Diese Barone«, begann der Baumeister schließlich, »ich meine, die Adelsfamilien ...«

»Ja?«

»Verbringen die eigentlich die Winter in London?«

»Soweit ich weiß, reisen sie im Herbst auf ihre Güter. In London gibt es dann keine Gesellschaften mehr. Jeder ist auf seinen Besitzungen und schaut nach dem Rechten.«

»Das habe ich mir schon gedacht«, meinte Henri.

»Weißt du«, sagte Archie vorsichtig, »es gibt viele Frauen in London. Sehr viele sogar. Schöne, kluge, jungfräuliche, verwitwete, mit Kindern oder ohne, wohlhabende oder ...

»Jaja, ist gut«, unterbrach ihn Henri. »Ich habe schon einmal eine geliebte Frau verloren, Gisèle. Ihr Verlust war eine bittere Erfahrung, und ich möchte sie nicht wiederholen.«

Sie standen vor Maudes Haus. Henri machte den Eindruck, als wollte er noch etwas hinzufügen.

»Na ja«, winkte er ab, »das ist lange her. Tatsache ist, ich müsste gar nicht bis nach London gehen, um eine schöne Frau zu treffen. Es reicht, wenn ich mich auf der Baustelle umsehe oder durch die Straßen von Westminster spaziere. Das Problem ist, ich fange kein Feuer. Bei keiner von ihnen.«

»Und bei Lady Carol ist es anders?«

Anstelle einer Antwort lächelte Henri gequält.

»Wenn du meinen Rat möchtest: Reiß dir dieses Gefühl aus dem Leib. Sollte es nötig sein, mach es mit Gewalt, so wie du dir einen Stachel herausziehen würdest, in den du getreten bist. Es ist ein Irrweg. Er führt ins Elend. Ich sage das als dein Freund, nicht als Geistlicher.«

Henri ging nicht darauf ein. »Was ist nun, kommst du mit rein?«

Archie zuckte mit den Schultern.

»Na los, zier dich nicht.«

Henri öffnete die Tür. Archie trat nach ihm ein. Er bemerkte, dass wie von selbst ein Lächeln auf seinen Mund trat, als er Maude sah, und als sie seinen Namen rief und erfreut klang, wurde dieses Lächeln breiter.

Er war dabei, eine Riesendummheit zu begehen, nicht viel anders als der Baumeister. Seine klugen Ratschläge sollte er besser selbst beherzigen.

# XV

Noch nie in ihrem Leben hatte Carol sich auf Burg Farnham so sehr gelangweilt wie in diesem Winter. Sie wollte nur eins: weg von hier. Fort von diesen grauen Mauern, die die Bewohner schützen sollten, von denen sie sich aber eingesperrt fühlte. Fort auch von ihrem Wohnhaus mit seinen schweren Steinwänden. Selbst die Wolkendecke am Himmel drückte auf ihr Gemüt. Sie fühlte sich unbeweglich, geradezu bleiern.

Dabei hatte sie schöne Erinnerungen an ihre Kindheit auf der Burg, nicht nur an ihre Mutter, die mit ihr gesungen und gebetet hatte. Wenn sie hinfiel, eilte jemand herbei, um sie aufzuheben; weinte sie, wurde sie augenblicklich getröstet; hatte sie einen Wunsch, gab es immer jemanden, der ihn erfüllte. Wo sie Interesse zeigte, ob im Pferdestall, in der Küche oder in der Nähstube, war sie willkommen, und alle waren bemüht, ihr etwas beizubringen.

Auch an die Jahre mit Oliver dachte sie gerne zurück, an ihre Spiele, an die gemeinsame Liebe zu Katzen, Hunden und Pferden, an ihre Versuche, süße Früchte oder Honig aus der Vorratskammer zu stibitzen, daran, dass ihre Schlafkammehr nebeneinanderlagen und sie sich durch die Wand Klopfzeichen geschickt hatten.

Dieser Winter war jedoch anders. Tag für Tag ging sie zum Grab ihrer Mutter, ohne ihr zu erzählen, was sie belastete. Es hieß, die Toten könnten die Gedanken ihrer Liebsten lesen, also musste sie sich die Mühe nicht machen.

Und Gott hatte mit Sicherheit Kenntnis darüber, dass Carol nicht stark genug war, um sich an ihren Plan zu halten und sich einzig auf das Ziel zu konzentrieren, die Avancen von Guy de Montfort abzuwehren. Diese Sorge war verblasst, seit die Montforts in Frankreich waren. Ob sie jemals wieder zurückkehren würden, war zweifelhaft.

Ihr echtes und eigentliches Problem war, dass sie Henri nicht vergessen konnte, den ganzen Winter über nicht, sie dachte jeden Tag an ihn und hatte eine Sehnsucht, die sie schwermütig machte. Oft versuchte sie sich vorzustellen, wie er diese Wochen verbrachte, eine Zeit, in der auf der Baustelle nicht oder nur wenig gearbeitet werden konnte. Was tat er den ganzen langen Tag? Hatte er womöglich eine Frau gefunden, mit der er Tisch und Bett teilte? Für die er Holz hackte und Wasser aus dem Brunnen schöpfte? Das war kein abwegiger Gedanke. Warum sollte ein Mann wie er lange allein bleiben?

Es gab in ihr noch geheimere Gedanken. Sie konnte nicht aufhören, sich zu fragen, wie sie es anstellen sollte, ein neuerliches Treffen herbeizuführen. Von ihm würde das nicht ausgehen, das durfte sie nicht hoffen, denn er wusste weder, wann sie nach Farnham abgereist war, noch, wann sie zurückkam. Man konnte schlecht erwarten, dass er jeden

Sonntag durch ihre Straße spazierte. Also lag es an ihr. Und es war unmöglich.

Mitte Februar bestimmte ihr Vater endlich, dass sie in den nächsten Tagen zurück nach London fahren würden. Sein Satz klang in Carols Ohren wie eine Erlösung. Sie gab sich alle Mühe, sich ihre Erleichterung nicht anmerken zu lassen. Sie nickte nur und fragte, ob sie das Packen überwachen sollte.

»Das wäre gut, mein Kind.«

Ihr ging alles nicht schnell genug, die Diener und Ida brauchten ewig, um die Kleider zu falten, in den Kisten zu verstauen und sie zu verschließen, und als die schweren Dinger endlich auf die Kutsche geschnallt waren, entschied ihr Vater, nun sei es zu spät, sie würden am nächsten Morgen abreisen.

»Es ist noch nicht zu spät«, wandte sie ein. »Die Fahrt dauert doch nur kurz.«

Er strich ihr übers Haar und lächelte. »Morgen, meine Liebe.«

Also reisten sie am Freitag nach der Morgensuppe. Nebel lag über den Feldern, der Kutscher hatte eine Laterne in der Hand und ließ die Pferde trotzdem nur Schritt gehen. Carol hatte Mühe, sich zu beherrschen. Es dauerte mehrere Stunden, bis sie endlich ihr Stadtpalais erreichten. Am Vortag hatte sie zwei Diener vorausgeschickt, deshalb war eingeheizt und sauber gemacht.

Unterwegs kam ihr eine riskante Idee. Zwei Tage später,

am Sonntag, schützte sie Unwohlsein vor. Zu Ida sagte sie, sie werde sich hinlegen und wolle nicht gestört werden.

»Soll ich den Medicus rufen, Mylady?«

»Nein, wozu?«

»Wenn Ihr krank seid?«

»In den anderen Monaten ist der Schmerz auch von selbst verschwunden.«

Ida wurde rot und senkte den Kopf. »Verzeiht, Mylady. Demnach geht Ihr nicht in die Kirche?«

»Heute nicht. Gott wird Verständnis haben.«

»Soll ich Euch etwas zu essen bringen?«

»Ich möchte nicht gestört werden«, erwiderte sie barsch. »Ist das so schwer zu verstehen?«

»Nein, verzeiht Mylady.«

»Gut. Dann bis morgen.«

Carol schloss ihre Zimmertür hinter sich. Es gab eine günstige Zeit, um das Haus ungesehen zu verlassen, das war, wenn ihr Vater und Bruder sich auf den Weg zur Kirche gemacht hatten. Die Dienstboten beteten dann ebenfalls. Sonntags durften sie die Palaiskapelle nutzen, einen vertäfelten Raum mit Stühlen, Altar und einem Goldkreuz an der Wand, direkt neben dem Speisezimmer gelegen.

Als es so weit war, band sich Carol ihren Umhang um die Schulter und zog sich die Kapuze übers Haar. Leise öffnete sie die Haustür und schlüpfte hinaus.

Die Straße war menschenleer.

Um nach Westminster zu gelangen, war es unvermeidlich, London zu durchqueren, der Weg außen herum wäre viel zu lang gewesen. Sie hatte nicht so sehr Angst, in der

Stadt erkannt zu werden, sondern eher davor, angepöbelt zu werden. Doch auch hier war Sonntag und Gottesdienstzeit. Mit beiden Händen am Kleid, das sie ein wenig anhob, um schneller gehen zu können, eilte sie durch die Stadt und erreichte St. Paul's. Dort hielt sie sich westwärts. Sie machte weite Schritte und kämpfte gegen die Zweifel, die ihr kamen und ihr einredeten, ihr Gang sei sinnlos.

Sie nahm die Fleet Street und den Strand und erreichte Westminster. Wo Henri wohnte, wusste sie nicht, nur dass es in der Nähe der Baustelle war. Sie bog nach links, dann nach rechts ab. Die Häuser waren klein und strohgedeckt, sie ähnelten denen in London. In der Straßenmitte verlief eine Gosse mit allerlei Unrat darin. Es stank.

Carol wurde langsamer, während sie sich ausmalte, dem Baumeister zu begegnen. Sie hatte keine Ahnung, wie sie erklären sollte, weshalb sie hier war. Eine Frau ohne Begleitung spazierte nicht durch die Straßen, erst recht nicht ohne Ziel.

Es gab keine glaubhafte Begründung. Ihre ganze Unternehmung war schlecht durchdacht, nicht nur gefährlich, sondern auch peinlich.

Sie war drauf und dran, umzudrehen, als sie ihn tatsächlich entdeckte. Er stand im Vorgarten eines kleinen Hauses. Neben ihm eine Frau. Sie lachten miteinander, und die Frau griff Henri an den Arm und drückte zu.

Carol wandte sich ab. Sie spürte, wie ihr heißes Blut in den Kopf stieg.

Was hatte sie da getan? Wie eine läufige Hündin war sie einem fremden Mann nachgelaufen. Das Ergebnis war nicht nur ein stechendes Gefühl von Eifersucht, sondern auch eins von Demütigung. Beide zusammen ließen Carol wünschen, verschwinden zu können, sich in Luft aufzulösen und erst an einem anderen Ort wieder zu sich zu kommen.

Sie ging noch schneller als auf dem Hinweg. Rannte beinahe. Wollte nur fort von hier.

Als sie durch das westliche Stadttor nach London zurückkehrte, war die Stadt erwacht. Wer den Gottesdienst besucht hatte, trank jetzt ein Ale, nicht nur im Wirtshaus, sondern gleich auf der Straße, wo findige Anwohner vor ihren Häusern Bier ausschenkten. Dort sammelten sich die Durstigen.

Carol wurde angeglotzt. Sie senkte den Blick und blieb bei ihrem eiligen Schritt.

»Miss, nicht so schnell«, rief ihr trotzdem ein Mann hinterher. Es klang anzüglich. Sie schaute nicht hin, war aber bereit, diese Worte als Bestrafung für ihren dummen Ausflug zu nehmen, und ging weiter. Als sie endlich die Stadtgrenze und kurz darauf das väterliche Palais erreichte, war sie erleichtert.

Vor der Tür wischte sie sich verräterische Erdklümpchen von den Stiefeln, bevor sie den Griff drückte und eintrat. Es war still. Sie streifte die Schuhe ab und eilte die Treppe hinauf. Erst als sie ihr Zimmer erreicht hatte, beruhigte sie sich langsam.

Am folgenden Sonntag entdeckte sie Henri, als sie mit Vater und Bruder auf dem Rückweg aus der Kirche war, und wusste nicht, was sie davon halten sollte. Er kam ihnen auf der anderen Straßenseite entgegen. Humphrey und Oliver waren in ein Gespräch über einen Abschnitt der Predigt vertieft, dennoch blickte ihr Bruder auf. Carol war sich nicht sicher, ob er Henri erkannt hatte. Der Baumeister hatte seine Mütze tief ins Gesicht gezogen.

Er nickte Carol zu und winkte, ohne die Hand zu heben. Sie schickte ihm ein scheues Lächeln.

Ihr war nicht klar, was sie von diesem Besuch halten sollte. Was wollte er hier? Und wo war die Frau aus Westminster?

Sie wünschte sich ein Wort von ihm, das war die einzige Möglichkeit, um ihre Verwirrung aufzulösen. Doch es war weit komplizierter als in der Vorwoche, das Haus zu verlassen, die Gebetszeit war vorbei, die Morgenmahlzeit stand bevor, es würde auffallen, wenn sie nicht erschien. Umgekehrt würde er nach Westminster zurückkehren, sollte sie nicht wieder auf die Straße kommen. Kein Mensch wartete ewig lange.

Zurück im Haus, schlang sie die ersten Löffel ihrer Hafersuppe so schnell herunter, dass ihr Vater sie musterte.

»Carol«, ermahnte er sie.

»Entschuldige, Vater. Ich habe Hunger.«

»Ein wenig Selbstbeherrschung schadet trotzdem nicht.«

»Ja«, sagte sie und aß langsamer.

Oliver brachte das Gespräch auf Montfort, der nach wie vor im Exil war. Es hatte sich herumgesprochen, dass sich der französische König zu einer Vermittlung bereit erklärt hatte und Heinrich zu ihm reisen wollte. Auch Montfort sollte erscheinen.

Oliver vermutete eine Falle. »Ein König wird immer einem anderen König recht geben.«

»Das weiß man nicht«, antwortete Humphrey.

»Nein, wissen kann man es nicht. Aber es ist wahrscheinlich.«

In Carol pochte die Ungeduld. Gespräche über dieses Thema konnten lang werden.

»Jemand muss diesen Streit entscheiden«, meinte ihr Vater. »Wir brauchen Frieden in unserem Land.«

An einem anderen Tag hätte sie ihre Meinung geäußert. Heute wusste sie nicht mehr, für wen sie hoffen und eintreten sollte. Sie stand auf der Seite der Barone und wünschte sich gleichzeitig, dass Montfort und seine Söhne in Frankreich blieben, am besten für alle Zeiten.

»Ich glaube nicht«, sagte Oliver, »dass Frieden der höchste Wert ist, solange sich der König an keine seiner Zusagen hält.«

Carol ahnte, was ihr Vater einwenden würde, und musste grinsen, als es genau so kam. »Der Vertrag war einfach nicht gut genug. Er hat nichts darüber gesagt, was passiert, wenn eine Seite ihn bricht.«

Oliver hielt seinen Löffel wie eine Waffe in der Hand. Sein Kopf war rot. Auch seine Argumente kannte Carol, sie hatte sie oft genug gehört und befürchtete, dass dieses Gespräch eine Stunde oder zwei weitergehen würde.

»Wir wollen erst einmal abwarten, was das Ergebnis der Vermittlung ist, bevor wir darüber streiten«, sagte sie deshalb.

Ihr Vater warf ihr einen Blick zu. »Das ist wahr. Wir unterhalten uns über Dinge, die wir noch gar nicht kennen.«

Sie hatte es geschafft, das Thema zu beenden. Oliver war nach wie vor rot im Gesicht, doch nun aß er still und verabschiedete sich bald. Carol verschwand durch die Hintertür. Sie drückte sich mit dem Rücken gegen die Hauswand, schlich um die Ecke und trat auf die Straße, wo sie augenblicklich Schutz im Schatten eines Nachbarhauses suchte. Sie schlug die Richtung ein, in die der Baumeister vorhin gegangen war.

Er stand an einer Ecke, die Hände in den Kitteltaschen und den Kopf gesenkt.

Sie ging an ihm vorbei. Ohne aufzublicken oder anzuhalten, sagte sie: »Wir können auf der Straße nicht miteinander reden. Folgt mir in ausreichendem Abstand.«

Sie hielt auf den nördlichen Ortsrand zu, dorthin, wo sie schon einmal mit ihm gewesen war. Die Felder wurden so früh im Jahr noch nicht beackert. Ein Birkenwäldchen schloss sich an. Auch wenn die Bäume noch nicht ausgeschlagen hatten, würden sie Schutz vor neugierigen Blicken bieten. Sie schritt über knirschendes altes Laub und stieg über abgefallene Äste. Ging tiefer in den Wald hinein.

Endlich hielt sie an.

Der Baumeister tat es ihr gleich.

Ihr Herz klopfte laut.

»Master Henri«, sagte sie mit zu hoher Stimme, »Ihr wandert ohne Ziel durch einen fremden Stadtteil. Seid Ihr ein Müßiggänger?«

»Eigentlich nicht.«

»Also ausnahmsweise.«

»Könnte man so sagen, ja.«

»Also macht Ihr einen ausgedehnten Spaziergang nach dem Kirchbesuch?«

»Das trifft es auch nicht ganz.«

»Wie geheimnisvoll, Herr Baumeister. Weiht Ihr mich ein?«

Er nahm ihre Hände in seine, und sie spürte die Wärme, die von ihm ausging.

»Mylady«, sagte er, »Ihr wisst, dass ich Euretwegen gekommen bin.« Er drückte ihre Hände. »Wir müssen nicht kämpfen.«

Sein Satz traf sie wie ein Pfeil in die Brust.

Sie senkte den Blick. »Nein«, erwiderte sie. »Das müssen wir nicht.«

Er legte seine Finger um ihre Hüften und kam näher. Seine Augen waren dunkelbraun. Ein Ausdruck lag darin, den sie nicht sofort greifen konnte, etwas Schweres, wie ein Seufzen, vielleicht eine Melancholie. Sie suchte nicht weiter nach dem passenden Begriff, ihr reichte das Gefühl, in diese Augen schauen zu können. Sie zu mögen.

Vorsichtig zog er sie an sich und küsste sie auf den Mund. Seine Lippen fühlten sich weich an, und als er sie öffnete, trafen sich ihre Zungenspitzen. Ein Schauer lief ihr über den Rücken. Sie hielten einander fest und küssten sich, als wollten sie nie wieder damit aufhören. Seine Barthaare kratzten an ihrem Kinn, und auch das, diesen rauen, männlichen Ausdruck, mochte sie. Ihre Finger lagen an seinem Kragen und strichen ihm über den Hals.

Sie verhielt sich nicht wie eine Lady, ganz und gar nicht, doch in diesem Moment war sie bereit, alle Gedanken zu vergessen, ihre Eifersucht, ihre Erziehung, und auch den, dass es Sünde war, was sie trieb.

»Ich habe den ganzen Winter über an Euch gedacht«, flüsterte sie, als sie den Kuss unterbrachen. Ihre Wangen lagen aufeinander, die Lippen so dicht, dass sie einander beinahe berührten. »Und wollte überprüfen, ob mein Bild von Euch der Wirklichkeit entspricht oder ob es Einbildung ist.«

»Und?«, fragte er ebenso leise.

Da sie so nahe an ihm war, brauchte sie ihn nicht anzusehen. »Die Wirklichkeit ist besser als die Vorstellung.«

Er zog sie wieder an sich. »Für mich auch.«

Sie küssten sich erneut, und Carol wollte wieder alles hinter sich lassen, die Zeit, ihren Stand, die Tatsache, dass ihr Vater keine Vorstellung davon hatte, wo sie war.

Diesmal gelang es ihr weniger gut. Die Gedanken pochten und hämmerten und ließen sich nicht mehr verjagen. Sie machte sich los und trat einen Schritt zurück. »Ich muss gehen.«

»Ihr habt recht. Es ist schön, dass Ihr gekommen seid. Soll ich Euch ein Stück begleiten, Mylady?«

»Ich heiße übrigens Carol.«

Er lachte. »Und ich Henri. Soll ich dich begleiten, Carol?«

»Besser nicht.«

»Sehen wir uns denn wieder?«

»Es ist schwierig.«

»Ich habe ein Zimmer in Westminster. Besuch mich dort, wenn du zu Hause weggehen kannst.«

»Das geht nicht.« Sie legte die Stirn in Falten. »Ich weiß nicht ...«, sagte sie dann.

»Ich möchte nur, dass wir uns irgendwo treffen können, wo es nicht so kühl ist. Ich zeige dir, wo ich wohne.«

Er hockte sich auf den Boden, schob das Laub zur Seite und begann, mit einem Stock eine Karte zu zeichnen. Zunächst zog er die Schleife der Themse nach, wie selbstverständlich von seinem Platz aus verkehrt herum, sodass sie keine Mühe hatte, sich zurechtzufinden. Dazu malte er ein Kreuz. »Hier ist der Palast. Und hier ...« sagte er, während er ein zweites Kreuz machte, » ... die Kathedrale.« Das dritte Kreuz, das er aufzeichnete, bezeichnete sein Haus.

»Ich muss dir etwas gestehen«, sagte sie, nachdem er wieder aufgestanden war.

Er nahm wieder ihre Hand. »Was denn?«

»Ich weiß, wo du wohnst. Ich war schon bei dir. Vor dem Haus. Da habe ich dich mit einer anderen Frau gesehen.«

»Mit Maude?«

»Ihren Namen kenne ich nicht.«

»Und ihretwegen hast du dich nicht gezeigt?«

Carol antwortete nicht.

»Maude ist meine Vermieterin.« Er strich ihr mit den Fingerspitzen über die Wange. »Sie ist nett, ich mag sie. Aber mein Herz hat eine andere erobert.« Er wandte sich ab. »Was ist, wirst du kommen?«

»Ich weiß nicht, ob das möglich ist.«

»Das ist es.« Er drückte ihr einen Kuss auf den Mund. »Bis bald, Carol.«

»Ja«, sagte sie, »bis bald.«

Eilig machte sie sich auf den Heimweg und blickte dabei so weit wie möglich voraus. Nichts wäre schlimmer, als ausgerechnet jetzt ihrem Vater oder Bruder in die Arme zu laufen. Sie dachte an Henri. Es war vor allem der Satz von ihm, dass sie nicht kämpfen müssten, der sie beschäftigte. Diese Worte hatten sie getroffen wie ein Blitzschlag, von einem Augenblick auf den anderen hatte sich ihre tiefste Überzeugung verändert. Sie war weich geworden.

Wann genau diese innere Haltung von Abwehrbereitschaft und Kampf ihren Anfang genommen hatte, ob sie schon als Kind so gewesen oder erst nach dem Tod der Mutter so geworden war, erinnerte sie nicht. Gott, so hatte sie geglaubt, hatte sie nicht für Ruhe und Frieden bestimmt. Aber mit dem richtigen Menschen – mit jemandem, bei dem sie nicht auf der Hut sein musste – konnte sie das lassen. Noch nie hatte sie so jemanden getroffen, umso mehr hielt sie es für Bestimmung, dass sie jetzt Henri begegnet war. Allein deshalb war es ihr nicht möglich, ihn wieder ziehen zu lassen. Sie faltete die Hände, senkte den Kopf und bat Gott um Hilfe.

Dann schlüpfte sie durch die Hintertür zurück ins Haus.

...

Henri wanderte langsam zurück. Gleich hinter dem Moorgate hielt er an, um ein Ale zu trinken. Seine Gedanken kreisten um Carol. Er sah sie vor sich, als wäre sie tatsächlich da, erinnerte sich an die Küsse und Umarmungen. Das Wichtigste: Sie war ihm genauso zugetan wie er ihr; das wusste er jetzt mit Gewissheit. Die Schwierigkeiten lagen anderswo: Zwar kannte er selbst niemanden, der versucht hatte, die Grenze zwischen Adel und Handwerkern zu überwinden, doch ihm waren Geschichten zu Ohren gekommen, und darin waren es immer die Vertreter des niederen Standes, die fortgejagt, eingesperrt oder von irgendwelchen Brüdern, Cousins oder Onkeln verletzt oder getötet wurden. Angst hatte er nicht, aber eine gewisse Sorge, die er sich beim Bier eingestand. Dabei überkam ihn die Erinnerung an Gisèle.

Als sie damals immer schwächer wurde, nur noch aß wie ein Spatz und ganz grau wurde, rief er einen Medicus. Nicht einen dieser Kurpfuscher, die nur ein einziges Mittelchen gegen jede Krankheit anpriesen, sondern einen studierten Arzt. Der Besuch kostete ihn einen Wochenlohn.

Gisèle lag auf dem Bett, und der Medicus setzte sich neben sie und begann, Fragen zu stellen. Ob sie geblutet habe? Wie ihr Urin aussehe? Wie er rieche? Ob sie Lebenszeichen des Kindes wahrnehme? Wann sie es zuletzt gespürt habe?

Gisèle liefen Tränen über die Wangen. Das Kind, sagte sie, bewege sich schon seit Tagen nicht mehr. Es fiel ihr schwer, weiterzureden. Sie wurde leiser, flüsterte fast. Geblutet hatte sie zwar nicht, aber was sie ausscheide, würde so sehr stinken, dass sie die Schüssel immer sofort hinausbrächte und auskippte. Und sie sei die ganze Zeit müde.

Der Medicus begann, durch ihr Kleid hindurch ihren Bauch zu betasten. Henri war längst davon überzeugt, dass etwas Schlimmes passiert war. Er stand daneben und konnte nichts tun, und diese Machtlosigkeit war etwas, das er hasste. Der Medicus schob Gisèles Kleid über ihren runden Bauch und hörte ihn mit einem trichterförmigen Werkzeug ab. Er war gründlich, ein Handwerker, der sein Fach ernst nahm.

Als der Medicus fertig war, schüttelte er den Kopf. »Ich fürchte, Frau, dein Kind lebt nicht mehr.«

Gisèle schrie auf und hielt sich im nächsten Moment die Hand vor den Mund.

»Es ist bereits seit einigen Tagen tot und dabei, dich von innen zu vergiften.«

»Wie ist das möglich?«, flüsterte sie.

»Man nennt es Leichengift. Es verteilt sich in deinem Körper.«

»Was kann man tun?«, fragte Henri. Abwarten war sicher nicht richtig.

»Ich muss das tote Kind herausholen. Allerdings kann ich nicht in deine Frau hineingreifen. Sie hat keine Wehen. Würde ich meinen Arm bis dahin schieben, wo ich das Kind zu fassen kriege, würde ich sie aufreißen.« Er stockte. »Aber ...«

»Was?«, drängte Henri.

»Es gibt eine andere Möglichkeit. Ein Schnitt am Bauch.« Er zog mit dem Zeigefinger eine Linie unterhalb ihres Nabels. »Er ist in einem Lehrbuch verzeichnet.«

»Du hast es noch nie gemacht?«

»Nein. Und es ist schmerzhaft. Aber wir können das Kind nicht im Bauch deiner Frau lassen.«

»Dann schneide«, entschied Gisèle.

Es war das Schlimmste, was Henri je gesehen hatte. Der Medicus gab Gisèle becherweise Rotwein zu trinken, bis sie benommen auf dem Stroh lag. Ihre Augen waren halb geschlossen, die Gesichtsfarbe war nicht mehr grau, sondern weiß. Der Medicus nahm ein poliertes Holzstück aus seiner Tasche, das er ihr in den Mund schob. Henri musste sich neben sie aufs Bett setzen, ihre Hände festhalten und sollte sie die ganze Zeit ansehen, während der Medicus ihre Beine an die Bettpfosten fesselte. Er schob ihr das Kleid noch ein Stück höher und deckte Tücher über sie. Sobald er mit seiner scharfen Klinge den ersten Schnitt gesetzt hatte, schoss das Blut aus Gisèle heraus, und er presste die Leinentücher auf sie und versuchte, den Strom zu stillen.

Henri hielt Gisèles Hände umklammert. Sie schwitzte und wimmerte und biss auf das Holzstückchen, warf den Kopf hin und her, weinte und drückte Henris Hände mit einer Kraft, die er bei ihr noch nicht erlebt hatte.

Der Eingriff dauerte nicht lange. Das tote Kind bekamen sie nicht zu sehen, der Medicus wickelte es, sobald er es aus Gisèles Bauch gezogen hatte, in ein weiteres Tuch. Dann machte er sich daran, ihren Bauch zuzunähen, und rieb schließlich die Wunde mit einem scharf riechenden Mittel ab.

Er kam täglich, um nach ihr zu sehen. Henri gab ihm weitere Sousmünzen, und dennoch starb Gisèle in der dritten Nacht in seinem Arm. Die Wunde, erklärte der Medicus, hätte sich entzündet. Ein Feuer hatte die Patientin aufgefressen.

Während Henri seinen Alebecher in der Hand hielt, nahm er es als Zeichen, dass er ausgerechnet jetzt an Gisèles Tod dachte und an den ihres gemeinsamen Kindes. Carols Bruder hatte ihn am Morgen auf der Straße erkannt, dessen war er sich sicher. Er musste höllisch aufpassen, dass sich die Farnham-Familie nicht gegen ihn wendete und das Schicksal ihm nicht zum zweiten Mal die Liebe stahl.

# XVI

»Baumeister?«

Hinter Henri rief jemand. Es klang zischend wie der Laut einer Schlange.

Er blickte über die Schulter. An eine Bauhütte gelehnt stand Owin, der Steinmetz. Der Erpresser.

Henri war überrascht. Er war davon ausgegangen, ihn vertrieben zu haben.

»Was machst du hier?«

»Arbeiten. John hat mich wieder eingestellt.«

Henri ärgerte sich. Die Baustelle war derart angewachsen, dass er den Überblick über die Arbeiter verloren hatte. »Was willst du?«

»Dasselbe wie im letzten Jahr. Und ich warne dich.«

Obwohl er ein ganzes Stück entfernt war, redete Owin leise. Henri musste genau hinhören. »Ha«, machte er. »Du warnst mich? Du bist doch der Erpresser.«

»Wenn du mich wieder angreifst, werde ich dich melden.«

Für Henri lagen die Dinge unverändert. John war ein Mann, der den Bau zu seiner Sache gemacht hatte. Auf keinen Fall würde er ihn opfern, um sich Owins Schweigen zu erkaufen, zumal nicht gewiss war, dass der Erpresser sein Wort hielt und nicht immer neue Forderungen stellte. Er musste eine andere Lösung finden.

Owin zupfte mit den Fingern an seinem Bart. Offenbar war er nervös. Henri ging innerlich seine Möglichkeiten durch. Er brauchte einen Plan. Seine Stellung als Baumeister stand auf dem Spiel, möglicherweise noch viel mehr, sollte jemand behaupten, er hätte den König von England getäuscht.

Er musste nachgeben. Und konnte es nicht.

»Ich werde John nicht rausschmeißen. Von mir aus suche dir etwas anderes aus. Eine Position, die dir gefällt.«

»Nichts anderes. Ich will Steinmetzmeister werden.«

»Dann ist unser Gespräch beendet«, sagte Henri. Er drehte sich um und stapfte davon. Spielte eine Sicherheit vor, die er nicht verspürte.

Owin trippelte hinter ihm her. »Du machst einen Fehler, Baumeister. Sag nicht, ich hätte dich nicht gewarnt.«

Henri blieb stehen und drehte sich um. Sofort wich Owin zurück. Henri musterte ihn, soweit das in der aufziehenden Dunkelheit möglich war. Es war nicht klar, was der Normanne zu erreichen glaubte. Als einfacher Steinmetz würde er nicht zum König vorgelassen werden, auch nicht zum Schatzkanzler, also konnte er seine Anschuldigung kaum an geeigneter Stelle vorbringen. Dennoch musste Henri davon ausgehen, dass der Mann für Unruhe sorgen würde. Zumindest hatte er gezeigt, dass er nicht beim ersten Widerstand aufgab.

Ohne Owin eines weiteren Blickes oder eines Wortes zu würdigen, drehte er sich wieder um und ging davon.

Am Abend, als er an Maudes Tisch saß, klopfte es an der Tür. Archie streckte seinen Kopf herein.

»Störe ich?«

»Aber nein«, rief Maude mit fröhlicher Stimme und stand auf. »Ganz und gar nicht. Komm, setz dich zu uns und iss mit uns.«

Archie trug eine Tasche über der Schulter, die er auf dem Tisch absetzte und öffnete. Wieder zog er ein Holzfässchen hervor.

»Ich habe Bier mitgebracht.«

»Hoffentlich hast du es nicht gestohlen«, sagte Maude mit erhobenem Zeigefinger.

»Ich bitte dich, wo denkst du hin? Ich habe es gekauft.«

»Ihr bekommt Geld im Kloster?«

»Sicher«, erwiderte er. »Nicht viel, aber immer mal etwas. Und ich bekomme sogar ein wenig mehr.«

Sie lachte auf. »Warum das?«

»Weil ich im Auftrag des Kaplans ein Buch über die Abbey schreibe und regelmäßig nach Westminster gehe. Da verpasse ich manche Mahlzeit. Selbst der Kaplan erwartet nicht, dass ich faste.«

Während Maude ihm einen Löffel brachte, schlug Archie das Bierfass an. Am Anfang kam nur Schaum heraus, den er in einem Becher auffing. Dann schenkte er jedem ein.

Henri dachte an Owin. Einerseits wollte er den Erpresser möglichst schnell loswerden, andererseits quälte ihn seine

Lüge. Zudem machte sie ihn einsam. Aber Archie konnte er nicht einweihen. Und Maude auch nicht.

»Zum Wohl«, rief Archie ihm zu. Auch Maude hatte ihren Becher erhoben.

»Was ist mit dir?«, fragte sie.

»Nichts.«

»Besser gesagt: Nichts, was du uns berichten willst«, meinte Archie.

Henri zuckte mit den Schultern. Er ließ den Kopf hängen.

»Man kann niemanden zur Rede zwingen«, sagte Maude. »Ich schlage vor, wir essen.«

»Nun gut«, sagte Henri, »ich würde euch gerne etwas erzählen.«

»Schieß los«, meinte Archie.

»Es fällt mir schwer.«

Henri hob seinen Bierbecher an und leerte ihn in einem einzigen Zug, dann begann er, ohne sie ansehen zu können, seine Geschichte vor ihnen auszubreiten. Dass er nur ein Maurermeister war und zufällig den gleichen Namen wie der Reimser Baumeister trug. Dass er, als Archie ihn damals angesprochen hatte, seine Chance erkannt und zugegriffen hatte, zumal er dem Baumeister oft die Entscheidungen abgenommen und im Gegenzug vieles über die Organisation einer großen Baustelle gelernt hatte. Und dass ihn der normannische Steinmetz erkannt hatte und erpresste.

Maude und Archie hörten schweigend zu. Ihr Essen blieb unberührt, sie hoben nur hin und wieder ihren Becher und tranken einen Schluck.

»Am Ende meinte Owin, ich würde einen Fehler machen und sollte nicht behaupten, er hätte mich nicht gewarnt.«

Mit diesen Worten schloss Henri seine Beichte. Er fühlte sich gleichzeitig beschämt und erleichtert. Nach wie vor blickte er an ihnen vorbei; anders ging es nicht.

Er schenkte sich vom Bier nach und nahm einen weiteren großen Schluck, und als er die Flüssigkeit noch im Mund hatte, erkannte er, dass England ihm kein Glück brachte. Zwar leitete er eine große Baustelle, aber dafür hatte er sich in Gefahr gebracht. Außerdem traf er sich mit einer Frau, die er nicht haben konnte.

»Sagt ihr nichts?«, fragte er in das Schweigen von Maude und Archie hinein.

»Eine solche Geschichte muss man verdauen wie ein schweres Essen«, meinte Maude. »Lass uns ein wenig Zeit.«

»Ich stimme zu«, sagte Archie.

Henri war angespannt und trank weiter. Das Bier schmeckte würzig und war stark. Er wischte sich den Schaum vom Bart.

»Vielleicht sollte ich nach Frankreich zurückkehren«, seufzte er. »Man bleibt besser in seinem Land. Dort gehört man hin. Hier habe ich mir alles verdorben.«

»Und wer wird dann den Bau leiten?«, fragte Maude.

Henri zuckte mit den Schultern. »Der König wird schon einen geeigneten Baumeister finden.«

»Der König wollte einen Franzosen«, wandte Archie ein.

»Genau genommen wollte er einen französischen Baumeister, und das bin ich nicht.«

»Es wird ihm nicht gefallen«, warf Maude ein, »wenn der Mann, dem er vertraut hat, so plötzlich verschwindet.«

»Ich weiß«, erwiderte Henri. »Deshalb beeile ich mich, das Land zu verlassen, ehe er mich einsperren lässt. Seht ihr eine Alternative? John rauszuschmeißen kommt nicht infrage. Kein Feldherr jagt seinen besten Krieger vom Hof.«

»Kann dieser Owin überhaupt etwas ausrichten?«, wollte Maude wissen.

»Das habe ich mich auch gefragt«, entgegnete Henri. Er starrte auf seinen Becher und mied es nach wie vor, die anderen anzusehen. »Am Ende reicht es, wenn er auf der Baustelle zu tratschen beginnt und Misstrauen sät. Irgendwann wird das seine Kreise ziehen.«

Sie nickte. »Die Gefahr besteht.«

»Und du?«, fragte er Archie und zwang sich nun, ihn anzuschauen. »Redest du noch mit mir?«

»Sicher. Ich habe sogar Verständnis.«

»Für was?«

»Für deine …«

»Lüge?«

»Entscheidung«, korrigierte Archie. »Dafür, dass du die Gelegenheit ergriffen hast. Ich stelle mir diesen Moment wie einen Funken vor, der vor dir aufplatzt. Ein Funken, von dem ich glaube, dass er vom Himmel kommt.«

Henri starrte ihn ungläubig an.

»Nun denn«, hob Archie an, »hier ist, was ich denke, Henri von Reims. Erstens: Der Bau läuft gut. Davon habe ich mich oft vergewissert. Du hast einen neuen Steinbruch hinzugewonnen, die Wände werden höher, es war eine gute Entscheidung, einen der beiden Querschiff-Flügel zu verlegen und ansonsten den Grundriss zu belassen. Auch dass du nachgeprüft hast, wie sicher der Bau gegründet ist, spricht für deine Sorgfalt. All das war klug.«

»Danke«, sagte Henri halblaut.

»Zweitens: Zu fliehen ist selten eine gute Entscheidung.« Archie neigte den Kopf. »In deinem Fall hilft allerdings auch die Wahrheit nicht weiter. Wenn du dich dem Schatzkanzler offenbarst, wird das Folgen haben. Der gute Mann wird nicht anders können, als seinem Herrn zu berichten, und dann steht im Raum, dass du den König betrogen hast. Kein leichtes Vergehen.«

»Ich weiß. Dafür schlagen sie mir den Kopf ab.«

»Das vielleicht nicht, aber sie werden dich einsperren. Der Tower ist nicht nur die Königsburg, sondern auch das Londoner Gefängnis, und wenn ich ehrlich sein soll, steht dieser Teil in dem üblen Ruf, ein feuchtes Loch zu sein. Aber selbst wenn dir das erspart bleibt, das Mindeste wird sein, dass du nicht Baumeister bleiben kannst.«

»Keine Flucht, keine Wahrheit? Du weist alle Möglichkeiten zurück. Mir bleibt nicht viel.«

»Das stimmt«, meinte Archie. »Eine gute Idee habe ich auch nicht.«

»Aber ich vielleicht«, mischte sich Maude ein.

Archie und Henri wandten sich ihr zu, und Maude genoss die Aufmerksamkeit. Sie ließ sich Zeit, ehe sie fortfuhr.

»Wie wäre es, wenn *du* mit dem Erpresser sprichst?«, sagte sie zu Archie.

»Ich? Und was soll ich ihm sagen?«

Sie schaute ihm in die Augen. »Du bist doch jemand, der um Worte nicht verlegen ist.«

»Dein Vertrauen ehrt mich. Aber …«

»Was heißt *aber*? Deine Rede sei Ja, ja, nein, nein, sagt der Herr.«

»Du schlägst mich mit meinen eigenen Waffen, Maude. Respekt.« Er drehte sich zu Henri. »Also gut, wenn du möchtest, mache ich diesen Owin auf die eine oder andere Konsequenz seines Handelns aufmerksam.«

Henri konnte es kaum glauben: Archie und Maude standen wie selbstverständlich auf seiner Seite. Das war eine gute Erfahrung. Er hatte Freunde gewonnen. Womöglich war England für ihn doch nicht so schlecht.

Von Archies Gespräch mit Owin allerdings erhoffte er sich nicht viel. Der Steinmetz würde sich auch von einem Mönch nicht von seinem Weg abbringen lassen.

Es hatte womöglich andere Gründe, dass Archie den Vorschlag von Maude so bereitwillig ausführen wollte. Er mochte sie, dessen war sich Henri sicher. Hoffentlich war da nicht mehr, als einem Mönch zustand.

Archie tauchte nicht an der Kathedrale auf, weder am nächsten Tag noch an den darauffolgenden. Es kam Henri vor, als hätte er seine Zusage vergessen.

Er selbst hielt Owin immerzu im Auge, stellte morgens fest, ob der Steinmetz zur Arbeit erschien, beobachtete in den Pausen, mit wem er redete, fragte sich abends, wohin er ging. Das kostete ihn Aufmerksamkeit. Wenn ihn John oder einer der anderen Meister etwas fragte, war er gereizt und manchmal nicht bei der Sache. Einige Male ertappte er sich dabei, wie er in die Luft starrte, als würde er dort die Antwort auf seine Frage finden.

Der Frühling war zwar windig, aber mild. Normalerweise liebte er diese Jahreszeit, er mochte den Neubeginn und die Kraft, die die Natur entfaltete. Diesmal konnte er all das nicht genießen. Er nahm es kaum wahr. An trockenen Tagen, wenn die Handwerker Tische und Stühle herausbrachten, ihr Brot und den Käse vor den Hütten verspeisten und sich zuprosteten, war er kein Teil davon. Er blieb in der Kathedrale, sah sie nur von ferne, und die Bilder blieben schwammig, als wollte er sie nicht in sich hineinlassen. Er stand abseits.

Am folgenden Abend passte Owin ihn wieder ab. Der Kerl hatte eine seltsame Art, wie ein Geist aus dem Nichts zu erscheinen.

»Morgen komme ich nicht«, zischte er. »Ich spreche beim Schatzkanzler vor.«

»Und was, wenn er dir nicht glaubt?«

»Er wird mir nicht glauben.«

»Nein?«

»Nein. Aber er wird die Sache trotzdem untersuchen lassen, und dann wird jemand feststellen, dass es in Reims einen Baumeister namens Henri gibt, der die Baustelle nie verlassen hat. Im Übrigen ist er älter als du und sieht anders aus.«

»Das sind vage Aussichten.«

»Und wenn schon«, gab Owin zurück. »Wenn das Misstrauen einmal gesät ist …«

Henri wusste, dass sein Gegner recht hatte. »Hör zu«,

schlug er vor, »ich gebe dir den gleichen Lohn, wie er einem Meister zusteht. Aus meiner eigenen Tasche.«

»Ich will Meister werden. Bei den Steinmetzen.«

»Du weißt, dass das nicht möglich ist.«

»Wenn man etwas will, dann geht alles.«

»Owin, du kannst etwas erreichen, ohne dich auf ein gefährliches Spiel einzulassen. Das ist mein Angebot. Lehnst du es ab, werde ich mich mit allen Mitteln wehren.«

»Ich sage Nein. Ich will Meister in meinem Gewerk sein. In dem meines Vaters.«

In diesem Moment erschien Archie. Wie immer in letzter Zeit baumelte ihm eine Wachstafel am Gürtel. Er hatte die Hände aneinandergelegt und schob sich mit gegen den Wind gesenktem Kopf über den Platz.

»Du bist also Owin?«, fragte er.

»Und du, wer bist du?«

»Ich glaube, du kennst mich, denn ich komme oft her. Mein Name ist Archibald, ich gehöre dem Kloster Harlesden an und bin mit dem Hofkaplan gut bekannt.«

»Und?«, sagte Owin trotzig.

»Was du tust, ist Sünde. Dafür wirst du im Fegefeuer brennen.«

»Mag sein. Aber ist es nicht Sünde, wenn einer lügt und vorgibt, jemand anders zu sein? Steht nicht geschrieben, man darf nicht falsch Zeugnis reden?«

»Wider deinen Nächsten, heißt es. Auch das spricht gegen dich.«

»Nein, denn es ist nicht falsch Zeugnis, sondern die Wahrheit.« Er zeigte mit dem Finger auf Henri. »Dieser Mann

ist ein Lügner. Warum redest du nur mir zu und nicht ihm?«
Er winkte ab. »Du brauchst mir die Antwort nicht zu geben.
Ich kenne sie bereits.«

»Nämlich?«

»Er ist dein Freund. Ich habe beobachtet, wie ihr beieinandergestanden seid und getratscht habt.«

»Aber du weißt nicht, Owin, wie ich ihm bereits ins Gewissen geredet habe. Im Moment geht es allerdings um dich. Um einen Fehler, den du machst. Ich erkläre ihn dir, wenn du möchtest.« Archie wartete nicht auf eine Antwort. »Wenn jemand anders eine Verfehlung begeht, kann man damit nicht eine eigene rechtfertigen. Schon bald wirst du vor deinem himmlischen Richter stehen, und er wird nicht akzeptieren, wenn du mit dem Finger auf den Baumeister zeigst. Er wird dich für das bestrafen, was du getan hast. Etwas anderes zählt dann nicht.«

Owin senkte seinen Blick. »Woher willst du das wissen?«

»Ich habe Theologie studiert«, erwiderte Archie und klang überlegen. »An der Universität von Oxford.«

»Und da lernt man so etwas?«

»Ja, so ist es. Und man lernt auch, Streitigkeiten zu schlichten. Der Baumeister ist bereit, dich zu bevorzugen. Sag ihm, was du möchtest, und gehe in Frieden. Aber verlange nichts, was er nicht erfüllen kann.«

»Das hat er mir schon angeboten. Ihr sprecht euch ab, ist es nicht so?«

»Nein, so ist es nicht.«

»Ich will Steinmetzmeister werden.«

»Nun«, meinte Archie, »das wird nicht gelingen. Wenn du

auf deiner Forderung bestehst, melde ich dich dem Kaplan. Dann lässt er dich einsperren.«

Owin hatte die Arme vor der Brust verschränkt. Selbst über die Entfernung spürte Henri den Druck, unter dem der Normanne stand. Er hoffte inständig, der Kerl würde sich in seinem Sinne entscheiden.

»Wenn du mich anschwärzt«, sagte Owin zu Archie, »redest auch du falsch Zeugnis. Dann brennst du auch.«

»Nein, warum? Ich sage, du verbreitest Unruhe auf der Baustelle des Königs. Das ist die reine Wahrheit.«

»Die Wahrheit ist, dass sie einen Baumeister haben, der nur ein einfacher Maurer ist.«

»Ach«, winkte Archie ab, »du bist spitzfindig. Wenn ich dem Kaplan ein Vergehen melde, heißt das nicht, dass ich auch allen anderen Mist zur Anzeige bringen muss. Ich bin nicht allwissend, und ein Kaplan ist weder ein Sheriff noch ein Gericht.«

Owin sah sich um. »Ihr steckt unter einer Decke, ihr beiden«, rief er wütend und eilte davon.

»Was wird er tun?«, fragte Henri, während er ihm nachsah.

»Das weiß nur Gott.«

Der Wind blies weiterhin stark. Sie setzten sich in Bewegung. Henri lastete die Sorge auf der Brust, und sie verschwand nicht, bis sie vor Maudes Haus waren.

»Kommst du mit rein?«, fragte Henri.

»Heute nicht.«

»Warum nicht?«

Archie zeigte in die Luft. »Es zieht ein Unwetter auf.«

»Du kannst hier übernachten.«

»Ich muss zurück ins Kloster. Außerdem: Was soll Maude von mir denken, wenn ich mich immerzu an ihren Tisch setze?«

»Ich glaube, sie denkt ziemlich gut über dich.«

»Wenn das stimmt, dann möge es so bleiben. Und was den Steinmetz angeht ...«

»Ja?«, fragte Henri.

»Es ist zwar nicht schön, aber sollte er dich tatsächlich anschwärzen, werden wir seine Ernsthaftigkeit und seine Ehre infrage stellen müssen, du beim Schatzkanzler und ich beim Kaplan. Dann wird es einen Kampf geben.«

Er klopfte Henri auf die Schulter und ging davon. Der Wind griff in seine Kutte und füllte sie. Archie musste sie festhalten. Henri sah ihm nach. Die alte Lüge hatte ihn eingeholt, und mit Archies Methoden würde sich seine Lage nicht bessern.

Das Dumme war, dass er keinen besseren Einfall hatte.

# XVII

Drei Tage regnete es ununterbrochen. Der Wind heulte wie ein hungriger Wolf, jaulte und pfiff, dass es Henri durch und durch ging. Er hob Dächer an und riss Bäume aus, an den Häusern klapperten Fensterläden und Türen. Die Wellen auf der Themse führten schaumige Gischt wie ein Meer. Verlassene Fischerboote wurden auf und nieder geworfen, und bei manchen hatte der Wind die Vertäuung losgerissen, als wären es Bindfäden. Sie trieben fort.

Auf die Straße traute sich nur, wer unbedingt musste, und die, die es taten, banden sich Tücher vor Mund und Nase und kniffen die Augen zusammen, weil winzige Erdkrümel durch die Luft tanzten und überall eindrangen. Der Markt von Westminster blieb geschlossen, die Gasthäuser ebenso. Der Ort wirkte ausgestorben.

Der Regen ließ viele an die Sintflut denken. Die Gosse lief über, und der Unrat verteilte sich über die morastigen Straßen. Vom Himmel kam ununterbrochen neues Wasser.

An Arbeit war nicht zu denken. Henri blieb im Haus. Er schlief, saß herum und schaute hinaus, trank Dünnbier und dachte an Carol und manchmal an Owin. Die viele freie Zeit tat ihm nicht gut, mehr und mehr setzte sich in ihm der Gedanke fest, dass er sich verrannt hatte. Weil er sich den Titel des Baumeisters erschlichen hatte, war er in den Fängen eines Erpressers gelandet. Und er hatte sich in eine Frau verliebt, die er nicht haben konnte.

So viele Auswege, wie er benötigte, gab es auf der ganzen Welt nicht.

Henri wunderte sich, wie leicht Archie vorgeschlagen hatte, Owins Ruf zu zerstören. Dies war nicht Henris Art des Kampfes; er bevorzugte die Fäuste und fand es ehrlicher, sich zu prügeln.

Er fragte sich auch, was er damit gewann, wenn er Owin ausschaltete. Früher oder später konnte es wieder jemanden geben, der ihn aus Reims kannte.

Mit Maude im Haus zu sein war immerhin angenehm. Hin und wieder kamen sie in der Küche zusammen und wechselten ein paar Worte, und abends aßen sie gemeinsam am Tisch. Wenn ihre Tochter mit ihrem Mann und der kleinen Kate zu Besuch kam, blieb Henri in seinem Zimmer und freute sich an der Wärme des Ofens. Seine Fensterläden hatte er mit Stoff ausgestopft. Seitdem klapperten sie nicht mehr so laut.

Schließlich ließ der Wind nach. Die Baumstämme bogen sich nicht mehr, allein die Äste und Zweige wippten noch auf und ab. Die Wege waren so nass und schmutzig, dass es kaum möglich war, sie zu benutzen. Dennoch zog es Henri zur Baustelle. Er schmierte seine Stiefel mit Fett ein. Man musste auf jeden Schritt achten und konnte trotzdem nicht vermeiden, in Wasser und Dreck zu treten. Thorney Island war besonders matschig, denn hier hatten sich Regen und Flusshochwasser getroffen und die Insel überspült.

An der Kathedrale sah es wüst aus. Sand war auf dem ganzen Platz verteilt, Säcke weggeweht und aufgerissen, Steinstapel umgekippt. Überall war Stroh verteilt, hatte sich an Ecken und Kanten gefangen, hing in Fensteröffnungen, an Balken, in den Gerüsten, an Pfeilern und Trägern. Es würde Tage dauern, alles aufzuräumen. Sie hätten dann insgesamt eine ganze Woche verloren.

Das war etwas, das er hinnehmen musste, denn das Wetter ließ sich nicht ändern. Er bemühte sich, an die guten Dinge zu denken: Er bekam Geld, die Kathedrale wuchs, und die Fundamente waren selbst nach Sturm und Hochwasser einigermaßen trocken. Auf dem Bauplatz und im Inneren der Kirche stand das Wasser hoch wie auf den Straßen, hier hingegen war es bereits versickert. Das Kiesbett erfüllte seinen Zweck. Das war eine wunderbare Nachricht.

Die ersten Handwerker, die zurückkehrten, schauten sich um, wie Henri es getan hatte. Der Anblick der Baustelle traf sie, Henri sah Kopfschütteln und hörte Flüche, manche gezischt oder halblaut, andere so deutlich, dass sie einem Pfarrer die Zornesröte ins Gesicht getrieben hätten.

Er klatschte in die Hände. Alle blickten ihn an. »Also los, machen wir uns ans Aufräumen. Von selbst wird das nicht.«

Henri stellte fest, dass die Frauen bereitwilliger anpackten. Während die Männer mit verschränkten Armen dastanden, nahmen sie die Besen in die Hand und fegten Wände und Gerüste, andere stapelten die umgefallenen Steine auf, sogar die aufgerissenen Säcke nähten sie wieder zusammen.

Dabei stimmten sie immer wieder ein altes englisches Lied an, das von Herzschmerz handelte, weil der Liebste im Meer ertrunken war. Wenn es zu Ende war, lachten sie, und irgendwann fing eine von ihnen von vorne an, und die anderen sangen mit, stets dasselbe Lied.

Das Wasser auf dem Platz wie im Kircheninneren musste von selbst versickern, das konnte man nicht aufnehmen. Schwierig war es auch mit dem Sand. Der Wind hatte ihn so fein verteilt, dass man ihn nicht zurückschaufeln konnte. Er knirschte unter den Sohlen, hatte sich in den Öffnungen gesammelt, und weil er feucht war, widerstand er den Besen. Auch damit würden sie leben müssen.

Henri fasste genauso an wie die Frauen, was ihm manches respektvolle Nicken einbrachte. Für ihn war es selbstverständlich, dass er half, und er spürte, dass ihm die Arbeit guttat. Er hatte viele Dinge zu bedenken. Vor allem mussten die Gerüste auf ihre Tragfähigkeit untersucht werden, was er zu seiner Sache machte. Er kletterte die Leitern hinauf, betrat die hängenden Bretter zunächst nur mit der Fußspitze, und als sie hielten, ging er auf ihnen herum, hüpfte schließlich sogar auf und nieder. Von oben schaute er sich um. Owin war nicht zu sehen. Ein Grund zu Erleichterung war das nicht unbedingt. Womöglich hatte der Kerl ihn bereits angeschwärzt und traute sich deshalb nicht zurück.

So überkam Henri trotz der vielen Arbeit hin und wieder die Vorstellung, dass ein Abgesandter des Hofes auftauchte, ihm auf die Schulter tippte und ihn fortjagte. Es gab noch bösere Bilder, da nahmen ihn Leute des Sheriffs fest und sperrten ihn in ein Verlies, weil er den König belogen hatte.

Diese Gedanken störten auch deshalb, weil er einen wichtigen Besuch vorzubereiten hatte. Rund um Ostern, so hatte Archie angekündigt, wollte ihnen der Hofkaplan die Ehre erweisen und schauen, wie es um den Bau bestellt war. Und auch Lord Richard, der Schatzkanzler, hatte sich angesagt.

Wieder und wieder versicherte Henri sich, dass er zufrieden sein konnte. Die Baustelle hatte sich in seinen anderthalb Jahren stark verändert. Die Wände waren nachgearbeitet und sahen ordentlich aus, nirgendwo gab es noch Mörtelüberstände oder Unebenheiten. Im Hauptschiff war die östliche Wand so weit angewachsen, dass man dort ohne Gerüst nicht mehr arbeiten konnte, und wenn man auf einem stand und hinunterschaute, sah der Bau beeindruckend aus. Auch die Apsis mit ihrer Kapelle war deutlich höher geworden. Das achteckige Haus des Domkapitels und der Kreuzgang nahmen mehr und mehr Formen an. Und er hatte die Seitenflügel angeglichen.

Henri gefielen die hintere Kapelle und der Kreuzgang besonders. Letzterem hatte er durch schmale Säulen eine südliche Anmutung gegeben, die noch stärker werden würde, wenn der Gang eines Tages bepflanzt war. Dann würde man erkennen können, woher das neue Bauen stammte, vom Kontinent nämlich, aus Frankreich. Um die Engländer nicht zu beleidigen, beließ er es bei diesem einen dezenten Hinweis, erkennbar nur für jene, die solche Zeichen zu lesen verstanden. Aus der Kapelle plante er einen Andachtsraum zu machen, dessen Privatheit die Besucher überraschen würde.

Hier, so war seine Idee, würde man den Trubel der Welt vergessen können.

Die Bauhütten machten einen belebten Eindruck. Henri erinnerte sich gut daran, wie verfallen sie damals ausgesehen hatten, mit eingedrückten, undichten Dächern, durch die das Regenwasser hineinlief. All das hatten sie repariert. Die meisten Hütten hatten sogar einen Schornstein.

Ja, es war einiges, was er geschaffen hatte.

Als sie die Baustelle wieder in einen ordentlichen Zustand gebracht hatten, tauchte Owin auf. Er kam am Morgen wie alle anderen und tat, als sei nichts passiert. Beiläufig meldete er sich bei seinem Meister John.

John stellte ihn zur Rede. »Du erscheinst, wann es dir passt? So geht das nicht, Geselle. Wir müssen planen.«

Er schimpfte so laut, dass alle es hören konnten.

»Entschuldige, Meister«, erwiderte der Normanne, sah aber nicht so aus, als würde er meinen, was er sagte. »Ich war verletzt. Beim Sturm ist mir ein schwerer Ast auf die Schulter gefallen. Ich habe sogar noch Glück gehabt.«

Henri wünschte sich inständig, dass John seinen Gesellen zum Teufel jagte, und hielt es gleichzeitig für besser, ihn im Auge behalten zu können. John ließ sich Zeit mit einer Antwort. »Scher dich an die Arbeit«, sagte er schließlich. »Und pass beim nächsten Mal besser auf. Ich bin nicht immer so großmütig.«

Owin blieb bei seinen Leuten und hielt sich von Henri fern. Als er einmal aus der Hütte der Steinmetze herauskam, trafen sich ihre Blicke, und Owin regte sich nicht, wandte sich nicht ab, sondern starrte Henri an. Seine Augen waren zusammengekniffen, ein Funkeln lag in diesem Blick, und Henri wusste mit Gewissheit, dass der Normanne nur auf eine nächste Gelegenheit lauerte. Er musste endlich eine Lösung finden.

Auf den sintflutlichen Regen folgten trockene, sonnige Tage. Das Wasser verschwand aus dem Kirchenschiff genauso wie vom Vorplatz und den Straßen, es wurde wärmer, Pflanzen und Bäume blühten und ergrünten. Bis Ostern war die Erinnerung an das Unwetter verblasst. Henri dachte an den bevorstehenden hohen Besuch.

Am Donnerstagabend gingen die Handwerker mit Handschlag und guten Wünschen auseinander, denn am heiligen Freitag wurde nicht gearbeitet. Die Baustelle war sauber und aufgeräumt. Henri wusch sich. An der Regentonne konnte man ablesen, wie sehr sich das Wetter verändert hatte. Während des Sturms war sie immerzu übergelaufen, jetzt musste man, um ans Wasser zu kommen, die Arme ganz ausstrecken und tief hineingreifen. Und es roch bereits brackig. Dennoch war es besser, als mit schmutzigen Händen nach Hause zu gehen. Er trocknete sich ab und machte sich auf den Weg.

Hinter sich hörte er Schritte.

Er wusste, wer das war. Wusste es mit Gewissheit. Und drehte sich nicht um.

Der Verfolger holte ihn ein. »Möglicherweise«, zischte Owin, »bist du im Moment im Vorteil. Die Baustelle sieht nicht schlecht aus, der Kaplan wird dich loben. Doch glaub mir, ich gebe nicht auf. Meine Forderung bleibt. Ich warte nur auf eine günstige Gelegenheit.«

Mit diesen Worten drehte sich der Normanne um und verschwand. Henri wartete einen Moment, dann ging er ihm nach.

Es war die blaue Stunde, die Dämmerung machte der Nacht Platz. Henri hielt sich nahe an den Hauswänden. Owin war viele Schritte vor ihm. Solange er sich nicht umdrehte, bestand keine Gefahr. Der Normanne schlenderte mehr, als dass er ging, setzte gemächlich einen Schritt vor den anderen, hatte keine Eile. Schließlich verschwand er durch eine Tür.

Henri ging dorthin und stand vor einem dreistöckigen, dabei engen Fachwerkhaus, in dessen Erdgeschoss sich eine Gaststätte befand. Der Wirt schien ein Witzbold zu sein, denn er hatte sein Lokal *Palace Inn* genannt.

Wie es schien, hatte Owin hier ein Zimmer gemietet.

# XVIII

Oliver ritt mit seinem Vater und dessen Diener nach Oxford. Es war mild und regnerisch.

Was ihn beschäftigte, behielt Oliver für sich, obwohl ihm die Worte im Mund lagen und er immer wieder versucht war, sie herauszulassen. Doch tief in ihm saß ein seltsamer Aberglaube, der aus der Zeit rührte, als seine Mutter gestorben war. Damals, als Kind, hatte er gesagt, sie werde bald wieder gesund, und seitdem fürchtete er, dass sich Dinge, die man zu früh aussprach, am Ende in ihr Gegenteil verkehrten und zu Enttäuschung führten.

Selbstverständlich war er seinem Vater ein aufmerksamer Reisepartner, trieb mit der gebührenden Höflichkeit Konversation, und als sie Rast machten, achtete er darauf, dass der Diener Humphreys Pferd anständig versorgte. In der Zeit breitete der Alte bereits seine Decke unter einem Baum aus und ließ sich nieder. Oliver setzte sich zu ihm.

Sie plauderten viel, nur nicht über Montfort.

Erst vor ein paar Tagen hatte ein Bote ihnen die Nachricht überbracht, Montfort sei nach England zurückgekehrt und rufe seine Anhänger nach Oxford. Der Bote war in ihrem

Viertel in London gewesen. Wo die Häuser des Adels standen, musste er nur von Tür zu Tür gehen. Oliver war augenblicklich zum Aufbruch bereit gewesen.

Die Neuigkeit beschäftigte ihn unablässig. Man erzählte sich, dass der französische König entgegen aller Erwartungen eine Lösung angemahnt hatte, die für alle Seiten annehmbar war. Und das hieß: Rückkehr zu den alten *Oxforder Vereinbarungen*.

Vor allem war Lord Simon wieder in England. Es sah für ihre Seite gut aus.

Manchmal, wenn der Weg vor ihnen frei und überschaubar war, trieb Oliver sein Pferd an. Der Gegenwind machte seinen Kopf frei, außerdem wollte er schnell ankommen. Als sie Oxford erreichten, war er gespannt. Seine Oberschenkel drückten gegen den massigen Pferdeleib, der Rücken war kerzengerade, sein Geist wach.

Die Themse war hier nur ein Flüsschen, mit London nicht zu vergleichen. Der Ort, auch wenn er das Zentrum der Grafschaft darstellte, war winzig, ein paar Bauernkaten und Steinhäuser, eine einzige Kirche, dazu einige Werkstätten, in denen Schmiede und Zimmerer arbeiteten. Nur die Universität stach heraus. Ihr lang gestrecktes Gebäude war von einem Garten umgeben und von einer Hecke geschützt. Im Garten standen große Bäume, die Wiese war von Wegen durchzogen, auf denen Studenten, die Hände hinter dem Rücken verschränkt und ins Gespräch vertieft, umherspazierten.

Oliver hatte den Reiz der Gelehrsamkeit noch nie verstanden. Selbstverständlich konnte er lesen und rechnen, aber wozu brauchte man dieses Bücherwissen? In seinen Augen sollte sich ein Mann sinnvolle Dinge suchen, ein scharfes Schwert und ein kräftiges Pferd, dazu ein einträgliches Gut mit einem wohnlichen Haus und eine fruchtbare Frau. Wichtiger als alles andere aber waren Mut und Ehrgefühl – diese Eigenschaften machten einen Ritter aus. Er war sich nicht sicher, ob diese Tugenden in den Büchern erwähnt wurden. Soweit er gehört hatte, ging es darin eher um Heilige und deren Leben. Das musste man nicht lesen, es reichte, sonntags in der Kirche von ihnen zu hören.

Im Schritt setzten sie ihren Weg fort und ritten zum gräflichen Palais, das oberhalb des Ortes lag. Als es in Sichtweite kam, leistete Oliver Abbitte wegen seiner schlechten Meinung über Oxford. Der Earl bewohnte ein prächtiges Haus aus Stein, dreistöckig, mit einer stattlichen Auffahrt und zwei lang gestreckten Stallgebäuden. Hier waren vor fünf Jahren die *Oxford Provisions* ausgearbeitet und der Kronrat erdacht worden, und hier, so hoffte Oliver, würden die Vereinbarungen bestätigt werden. Damals war er zu jung gewesen. Doch jetzt gehörte er dazu.

Sie stiegen ab und übergaben den Burschen, die aus den Ställen gelaufen kamen, ihre Pferde. Bevor sie die Stufen zum Eingang genommen hatten, wurde die Tür geöffnet. Graf William erschien. Er trug einen Pelzmantel und allerlei silberne Reifen um die Handgelenke. Mit einer angedeuteten Verbeugung hieß er sie willkommen, fragte höflich, ob sie trotz des Regens eine gute Reise gehabt hätten, und führte sie zu einer Flügeltür, die er mit beiden Händen aufstieß. Dahinter lag ein holzgetäfelter Raum, aus dem lautes Stimmengewirr zu ihnen drang. Männer standen in Grüppchen beieinander, redeten und lachten. Die Stimmung war gut.

Der Erste, der auf Oliver zukam, war sein Nachbar Gerald Sholtam, der mit seinem Vater und den beiden Halbbrüdern hier war. Gerald begrüßte ihn mit einer Umarmung, als wären sie beste Freunde. »Endlich, Oliver. Wie schön, dass du da bist.«

Oliver ließ seinen Blick schweifen und fand schnell, wen er suchte. Montfort. Er war wirklich zurück. Wie immer ganz in Schwarz gekleidet, bildete er den Mittelpunkt der Aufmerksamkeit. Oliver wollte zu ihm. Sein Vater war bereits in ein Gespräch mit Hugh Bigod vertieft, deshalb brauchte Oliver keine Rücksicht zu nehmen.

»Ich will hören, was Montfort zu berichten hat«, sagte er zu Gerald und drängte sich durch die Menge. Gerald kam ihm hinterher.

Böse Stimmen hatten behauptet, Montfort würde in Frankreich bleiben, wo er ebenfalls Ländereien besaß, und sein hiesiges Gut an den ältesten Sohn übergeben. Oliver hatte dieses Gerücht nie geglaubt, und selbstverständlich war es nicht wahr. Da stand er, Simon de Montfort, und war beeindruckend wie eh und je. Oliver schob sich weiter durch den Kreis der Zuhörer und blieb erst stehen, als er so nah war, dass er Montfort hätte berühren können. Auch seine Söhne waren da. Olivers Blick traf den von Guy. Er nickte ihm zu und war erfreut, als Guy seinen Gruß erwiderte.

Montfort war zum Scherzen aufgelegt. Er schilderte seinem Publikum gerade den entsetzten Gesichtsausdruck von

König Heinrich, als der französische König sein Verdikt aussprach und Versöhnung verlangte. Die Zuhörer lachten.

»Gott selbst hat durch den Franzosen gesprochen«, rief jemand auf Montforts linker Seite. Es war James FitzPeter.

»Und Er hat ein weises Urteil gefällt«, ergänzte ein Mann, den Oliver nicht kannte.

»Wollen wir hoffen, dass unser Heinrich sich nun daran hält«, meinte Montfort.

»Dafür werden wir schon sorgen«, sagte Lord Seagrave.

Oliver schaute sich weiter um und erkannte Peter Mortimer, den Baron aus dem Grenzgebiet. Er legte einem anderen die Hand auf die Schulter. Beide wandten sich ab und suchten sich eine ruhige Ecke.

Es ließ sich leicht erkennen, dass diese beiden in ihrer unverbrüchlichen Königstreue die Minderheit bildeten, alle anderen waren einig darin, dass der Schiedsspruch galt. Hier in Oxford würden sie vom König verlangen, einen neuen Eid auf die alten Vereinbarungen zu leisten. Es war nicht vorstellbar, dass es Heinrich gelang, sich dann ein zweites Mal herauszuwinden. Diesmal konnte ihm selbst der Papst nicht helfen.

Eine Glocke erklang, die sie alle aufforderte, Platz zu nehmen, damit die Sitzung beginnen könne. Oliver kehrte zu seinem Vater zurück, wie es sich gehörte.

Der Hausherr erteilte zunächst Montfort das Wort, und der begann, der großen Runde vom Schlichtungstreffen mit den beiden Königen zu berichten, detaillierter und ernsthafter als zuvor in der kleineren Runde. Nach ihm meldeten sich einige Barone zu Wort, die auf seiner Seite standen. Es wirkte, als hätten sie sich abgesprochen, denn einer nach dem anderen zählte Heinrichs Verfehlungen auf und verlangte mehr oder weniger deutlich, der Adel solle den König stürzen.

Mit jedem Wortbeitrag breitete sich mehr Unruhe im Saal aus.

Schließlich erhob sich Peter Mortimer. An der Seitenwand stehend, mit einer Hand auf der Stuhllehne, wirkte der Mann ungewöhnlich groß, und seine Stimme war tief und durchdringend.

»Meine geschätzten Vorredner sollten nicht vergessen, dass wir im Grenzgebiet den königlichen Schutz gegen die Waliser brauchen. Wer das nicht berücksichtigt, verrät unsere Güter. Sollten unsere Burgen fallen, dann weiß kein Mensch, wo Llewelyns Raubzug eines Tages enden wird. Dann gnade uns Gott. Deshalb, Herrschaften: Geht nicht zu weit.«

Sein Vater nickte, und Oliver ging davon aus, dass seine Zustimmung vor allem Mortimers letztem Satz galt. Nicht zu weit zu gehen war eine Devise, der Humphrey of Farnham stets folgte.

Oliver würde diesmal still bleiben. Seine Überzeugung war, dass die Zukunft nicht von den hier gesprochenen Worten abhing, sondern davon, wie sich König Heinrich verhielt. Respektierte er den Schiedsspruch und teilte die Macht in Zukunft ehrlich, würde er diese Krise überstehen. Suchte er hingegen erneut die Auseinandersetzung, wären seine Tage gezählt.

Die Entscheidung lag diesmal nicht bei den Baronen.

...

Oliver bezog ein Zimmer mit seinem Vater. Ihr Diener hatte bereits das Gepäck hineingebracht. Es war nicht mehr als eine schmale Kammer, mit zwei Betten und einem Waschtisch, was angesichts der vielen Gäste in Gut Oxford verständlich war. Sein Vater wirkte trotzdem ein wenig indigniert, nickte aber, als Oliver meinte, für eine Nacht werde es reichen. Sie machten sich frisch und zogen sich für das Abendessen um.

Als sie in den getäfelten Saal zurückkehrten, waren lange Tische hineingetragen und festlich gedeckt worden. Die Farnhams setzten sich, und bald wurde das Essen aufgetragen. Zum Hauptgang ließ der Hausherr gebratene Gans servieren, gefüllt mit Äpfeln und Pflaumen. Dazu gab es Rotkraut, das nach Essig roch.

Oliver trank einen Schluck Bier und zählte die Anwesenden, von denen jeder eine halbe Gans vorgesetzt bekommen hatte. Er schmunzelte. Für dieses Essen hatten die Köche den Geflügelbestand ihres Herrn ordentlich dezimiert. Es würde lange Zeit brauchen, bis sich Oxfords Gänseschar von diesem Treffen erholt hatte.

Humphrey war in ein Gespräch mit seinem Tischnachbarn auf der anderen Seite vertieft, dem Oliver nicht folgen konnte. Es interessierte ihn auch nicht sonderlich. Er schaute hinüber zu den Montforts und behielt Sir Simon im Blick. Etwas ging von diesem Mann aus, das Oliver jedes Mal aufs Neue faszinierte, und er versuchte zu ergründen, was das war. Montfort besaß Ausstrahlung. Er wirkte auf die Leute.

Stets gab es Zuhörer, die ihn umringten. Jetzt am Tisch beugten sich die Männer vor, um mitzubekommen, was er zu sagen hatte.

Oliver aß vom Gänsebraten und fühlte sich am Ende der Mahlzeit schwer. Mit dem Ritt, der Sitzung am Nachmittag und dem abendlichen Essen war es ein langer Tag gewesen. Er würde tief schlafen.

Doch zeigte sich, dass es noch nicht Zeit war, ins Bett zu gehen. Montfort erhob sich, nickte seinem Sohn Guy zu und kam in ihre Richtung. Oliver wurde schlagartig hellwach. Er war nicht ganz sicher, wen die Montforts anvisierten, in seiner Nähe saßen einige wichtige Männer, unter anderem Peter Mortimer und seine Freunde aus dem Grenzland.

Doch Montfort hatte den Blick auf seinen Vater geheftet. Er blieb vor Humphrey stehen und deutete eine Verbeugung an. »Lord Farnham, darf ich mich für einen Moment zu Euch setzen?«

»Selbstverständlich. Es ist mir eine Ehre.«

Auch Guy verbeugte sich vor Humphrey, wobei er Oliver zuzwinkerte. Oliver konnte diese Geste nicht deuten. Was hatten die Montforts vor?

»Bring uns zwei Stühle, Guy«, verlangte Lord Simon.

Die Montforts setzten sich auf die gegenüberliegende Tischseite, sodass man sich ansehen konnte. Humphrey winkte einem Diener und verlangte saubere Becher.

»Ich bin sehr froh, Lord Humphrey, dass Ihr auf unserer Seite steht«, begann Montfort. »Wir brauchen besonnene Stimmen. Männer des Ausgleichs.«

»In der Tat gibt es manchen Hitzkopf in unseren Reihen«, erwiderte Humphrey.

Oliver unterstellte, dass sein Vater mit dieser Bemerkung ihn gemeint hatte. Ob die Vermutung stimmte, würde er nicht erfahren, denn in diesem Moment kam der Diener mit den Bechern und stellte sie auf den Tisch, und sein Vater ließ es sich nicht nehmen, den Montforts eigenhändig Wein einzuschenken. Alle vier stießen miteinander an.

»Ihr sucht also ein ehrliches Einvernehmen mit dem König, Montfort?«

»Selbstverständlich tue ich das.«

»Das ist gut«, sagte Humphrey. »Wir brauchen ihn. Er ist es, der das Land zusammenhält.«

Montfort deutete ein Lächeln an. »König Louis von Frankreich hat in diesem Sinn entschieden. Ich habe ihm zugesagt, dass sich unsere Seite an sein Urteil halten wird. Das ist das, was wir tun können, Lord Humphrey.«

»Wohl wahr.«

»Ihr wisst, dass unser König krank ist?«

»Ich hörte davon«, sagte Humphrey. Auch Oliver waren diese Gerüchte zu Ohren gekommen. »Eine Seuche?«, fragte sein Vater.

»Richtig. Viele aus seinem Umfeld sind bereits gestorben, Männer genauso wie Frauen.«

»Nun«, erklärte Humphrey, »sollte Gott ihn zu sich rufen, dann wird Edward König. Er ist der Thronfolger. Letztlich würde das nichts ändern.«

»Ich sehe es wie Ihr«, erwiderte Montfort. »Wir würden auch mit seinem Sohn Einigkeit erzielen. Ich möchte aber hervorheben, dass nicht wir es waren, die die alten Vereinbarungen gebrochen haben. Das war Heinrich.«

»Ich weiß.«

»Insofern kann ich nicht leugnen, dass ich ein gewisses Misstrauen gegen den Palast hege.«

Oliver schenkte dem Gespräch der beiden Alten seine ganze Aufmerksamkeit, während Guy irgendwie abgelenkt zu sein schien. Er drehte seinen Becher in den Händen, fuhr mit dem Finger über die Goldverzierungen, trank, behielt den Wein im Mund, zog ihn durch die Zähne und wackelte mit dem Kopf.

»Und was folgt aus Eurem Misstrauen?«, fragte sein Vater.

»Dass wir aufpassen müssen. Wir sind bereit, Heinrich eine zweite Chance zu geben. Er soll – das hat König Louis verlangt – seinen Eid auf die *Oxforder Vereinbarungen* erneuern.«

»Das wäre eine Demütigung für ihn«, meinte Humphrey.

»Das kann man auch anders sehen. Er hat einen Fehler gemacht und nimmt ihn zurück«, sagte Montfort. »Am Ende zeigt das Stärke.«

»Ich fürchte, nicht jeder wird zu dieser Bewertung kommen. Einem Ritter zählt die Ehre alles.«

Auch Montfort trank nun Wein und schmeckte ihn ausgiebig. »Wenn Ihr recht habt«, sagte er schließlich, »dann heißt auch das, dass wir auf der Hut sein müssen.«

»Wir sollten uns mit unserem König einigen.«

Montfort legte den Kopf auf die Seite. Es schien Oliver, als sei er auf der Suche nach einem neuen Argument.

Doch Montfort wechselte das Thema. »Ich wünsche mir,

Lord Farnham«, sagte er, »dass die Verbindungen, die zwischen unseren Familien bestehen, enger werden.«

»Was meint Ihr?«, fragte sein Vater.

Olivers Oberkörper spannte sich. Sein Hals wurde starr.

»Mein Sohn hier«, sagte Montfort und legte Guy seine Hand auf den Oberarm, »möchte um die Hand Eurer bezaubernden Tochter anhalten.«

Oliver schloss für einen Moment die Augen. Unter dem Tisch ballte er die Hände zu Fäusten. Ihn überkam ein Gefühl von Freude und Triumph. Diesen Satz hatte er sich heimlich gewünscht. Und jetzt war er in der Welt.

»Und ich«, setzte Montfort seine Rede fort, »habe Guy zugesagt, mich bei Euch für ihn zu verwenden, Mylord. Nun liegt es an Euch. Selbstverständlich müssen die finanziellen Einzelheiten ausgehandelt werden. Im Moment geht es nur um die grundsätzliche Frage.«

»Ich …«, brachte Humphrey heraus, und Oliver spürte, wie sein Vater um Worte rang. »Ich fühle mich geehrt. Überaus geehrt, Lord Montfort.«

# XIX

Es waren vertraute Geräusche, die Carol die Rückkehr von Vater und Bruder ankündigten. Das Pferdegetrappel auf dem Weg zum Haus, das Schnauben der Tiere, die nach einem langen, anstrengenden Weg anhielten, die Weisungen an die Stallburschen und schließlich die Haustür, die aufgezogen wurde. Sie wollte hören, was die beiden zu erzählen hatten. Sie wusste, dass Montfort zurück in England war, während König Heinrich eine Krankheit in Frankreich festhielt. Die Frage war, was die Barone in dieser Situation planten.

Sie ging die Treppe hinunter und begrüßte beide.

»Wir haben Neuigkeiten«, sagte Oliver, während er den Schwertgürtel abschnallte. Seinen Umhang hatte er bereits einem Hausdiener in die Hand gedrückt. »Sehr gute Neuigkeiten.«

Ihr Vater wich ihrem Blick aus, was Carol seltsam und untypisch vorkam. In ihr machte sich ein schlechtes Gefühl breit. »Was ist geschehen?«, fragte sie. »Geht es um den König?«

»Nein«, erwiderte Oliver.

»Was dann?«

»Wir warten bis zum Abendessen«, entschied ihr Vater und wandte ihr den Rücken zu. »Vorher nehme ich ein Bad. Wir sehen uns bei Tisch.«

Die Zeit bis zum Essen verbrachte sie mit einem wachsenden Gefühl von Beklommenheit. Unruhig wanderte sie in ihrem Zimmer auf und ab, bis es endlich Zeit war, zu Tisch zu gehen.

Carol räusperte sich, als sie ihrem Vater gegenübersaß. »Nun?«, fragte sie. »Essen wir schweigend?«

»Nein«, erwiderte Humphrey, redete aber nicht weiter.

»Also dann, was gibt es für Neuigkeiten?«, hakte sie nach.

»Es geht um Montfort«, antwortete er.

Carol verzog das Gesicht und schob ihren Teller zur Seite.

Endlich fuhr ihr Vater fort. »Lord Simon hat sich an uns gewandt«, sagte er. »Er ist im Festsaal an unseren Platz gekommen und hat sich zu uns gesetzt.«

Welche Ehre, wollte Carol spotten, behielt ihre Bemerkung aber für sich. Sie trank einen Schluck und blickte ihn an.

»Sein Sohn Guy hält um deine Hand an, Carol. Er möchte dich heiraten.«

Carol hatte Bier im Mund. Sie musste husten, war dabei, sich zu verschlucken und es auf den Tisch zu spucken. Ihr Hals war wie versperrt, es gelang ihr nicht, die Flüssigkeit herunterzuschlucken. Sie begann zu husten, drückte dagegen die Faust auf den Mund und hielt die Luft an. Trotzdem musste sie wieder husten.

Sie schluckte das Bier herunter.

»Trink etwas«, riet ihr Vater. Ein schlechter Rat, fand sie.

Der Husten verschwand, aber eine Erleichterung stellte sich nicht ein, denn nun kamen die Gedanken zurück, ihre Befürchtung, ein Fluchtwunsch, auch die Wut. Das Gespräch war verstummt. Offenbar wartete Humphrey auf eine Antwort.

»Ich will ihn nicht«, krächzte sie.

»Aber Carol«, mahnte ihr Vater. Seine Einwände kamen wie erwartet, ihr Alter, dreiundzwanzig Jahre, dann die Tatsache, dass sie schon andere Bewerber abgewiesen hatte.

»Ich weiß, Vater. Und trotzdem werde ich Guy de Montfort nicht heiraten.«

Nach diesem Satz legte sich Schweigen über den Tisch, eine Stille, die Carol wie der Vorbote eines Gewitters vorkam. Niemand aß mehr, ihr Vater starrte ins Leere, während Oliver ihr einen scharfen Blick zuwarf.

»Diesmal ist es nicht deine Entscheidung«, zischte er. »Diesmal nicht.«

Den Abend und den nächsten Tag verbrachte sie in ihrem Zimmer. Es entsprach nicht ihrem Naturell, in Trübsinn zu versinken, sie war eine Kämpferin, und anders als Henri gesagt hatte, brauchte sie diese Eigenschaft sehr wohl. Sie benötigte sie umso mehr, als dass Oliver seinerseits alles dafür tun würde, diese Ehe durchzusetzen. Das stand fest.

Bei den nächsten Mahlzeiten wurde das Thema ausgespart, und auch sonst redeten sie nur wenig. Umso mehr wünschte sich Carol jemanden, mit dem sie sich besprechen konnte. Sie versuchte, an ihre Mutter zu denken, stellte aber fest, dass die Erinnerung an sie verblasst war. Es gab nur einen Menschen, dem sie sich anvertrauen konnte. Einer, der alles versuchen würde, um ihr zu helfen.

Am Sonntag folgte sie Vater und Bruder zur Kirche. Ihr Plan war riskant, die Gefahr, aufzufliegen, hoch. Dennoch würde sie ihn umsetzen. Sie wollte zu Henri. Er musste erfahren, was geschehen war.

Wie üblich saßen die Frauen auf der linken Seite des Kirchenschiffs und die Männer rechts. Carol nickte ihrem Vater zu, bevor sie sich setzte. Sie schaute ihm und Oliver nach, die weiter nach vorne strebten, dorthin, wo andere Barone bereits Platz genommen hatten. Als die beiden weit genug entfernt waren, stand sie auf und drückte sich gegen den Strom der Leute zum Eingang.

In einem günstigen Augenblick trat sie hinaus und sog die frische Luft ein. Sie hatte etwas mehr als eine Stunde, das war die Dauer des Gottesdienstes. Es war nicht viel Zeit, um nach Westminster zu laufen und wieder zurück. Sie zögerte nicht. So schnell es ihre Röcke zuließen, eilte sie zur Stadtmauer. Erreichte das Tor, an dem sich Bauern drängten, schlängelte sich an ihnen vorbei und kam in die Stadt. Hielt sich in Richtung St. Paul's, nahm die Fleet Street und dann den Strand, lief, ohne anzuhalten, bis sie nach Westminster gelangte.

Ihr fiel Henris Skizze auf dem Waldboden ein. Sie hätte sie nicht gebraucht, sie erinnerte sich gut an die Straße und das Haus. Es war klein und strohgedeckt, mit zwei Stockwerken und einem winzigen Vorgarten. Das glatte Gegenstück zum Palais ihres Vaters.

Außer Atem klopfte sie an die Tür.

»Ja?«, hörte sie eine Frauenstimme von innen.

Weiterhin schwer atmend trat sie ein und fand sich in einer dunklen Küche wieder. Die Frau blickte sie an, Carol erkannte sie wieder. Sie hatte gesehen, wie sie mit Henri gelacht hatte.

»Entschuldigt, Mistress, ich suche Henri of Reims, den Baumeister.«

»Und wer seid Ihr, Lady?«

Carol hatte Scheu, ihren Namen zu nennen, zu verboten war, was sie tat. »Bitte, ist er da?«, fragte sie drängend. »Ich habe nur wenig Zeit.«

Die Vermieterin mochte in ihren Vierzigern sein. Sie hatte ein schmales Gesicht, das Haar war aufgesteckt. Auf ihre Art war sie schön. Ihr Wollkleid wurde von einem Gürtel gehalten. Es war einfach, aber ordentlich, und sicherlich hatte die Frau es selbst genäht.

Carol konnte nichts gegen den Gedanken tun, dass Henri sich, anders als er gesagt hatte, für sie interessierte. Die neuerliche Eifersucht verpasste ihr einen Stich. Wie viel einfacher es für ihn mit dieser Frau aus seinem Stand wäre.

Carol erinnerte sich, dass sie Maude hieß. Sie zeigte auf eine Tür am gegenüberliegenden Ende ihrer Küche. Carol klopfte erneut. Diesmal wartete sie nicht auf eine Antwort, sondern trat sofort ein.

Henri saß an einem winzigen Tisch. Er war mit einem Bauplan beschäftigt.

Als er sie sah, sprang er auf. »Carol!«

Sie schaffte es gerade noch, die Tür zu schließen, bevor sie einander in die Arme fielen.

»Ich hätte nicht gedacht, dass du kommen würdest«, sagte er, während er sie an sich presste.

»Ich kann nicht lange bleiben.« Sie war immer noch ein wenig atemlos. »Es gibt Neuigkeiten.«

»Was ist es?« Er senkte den Blick. »Ich muss dir auch etwas sagen.«

Carol machte einen halben Schritt zurück und schaute ihn an, die schwarzen Haare, die braunen Augen. »Mein Vater möchte, dass ich Guy de Montfort heirate.«

»Guy? Der Kerl von dem Fest? Der mit den abstehenden Ohren?«

»Ja«, erwiderte sie und senkte ihren Blick.

»Und du, was willst du?«

Sie bemühte sich, zu lächeln, während sie den Kopf schüttelte. »Weißt du das nicht?«

Er zog sie wieder an sich. Sie spürte seine Hände an ihrem Rücken. »Doch, ich glaube schon. Dein Kommen ist Antwort genug.«

»Und wie ist es mit dir?«, wollte sie wissen.

»Ich antworte mit derselben Frage: Weißt du das nicht?«

»Doch«, sagte sie.

»Carol, was können wir tun?«

Sie befreite sich aus seiner Umarmung. »Ich habe bereits drei Bewerber abgewiesen.« Sie zuckte mit den Schultern. »Ich fürchte, diesmal wird mir das nicht gelingen.«

Er streckte ihr seine Hand entgegen, die sie ergriff. Dann fuhr sie fort. »Meinem Bruder ist es diesmal ernst. Furchtbar ernst. Viel mehr als früher. Er will zum Montfort-Clan gehören, egal, was er dafür tun muss. Und er hat Einfluss auf meinen Vater. Mehr als ich. Schließlich ist er der Sohn. Der Erbe.«

Sie hatte einen Gedanken und verzog ihren Mund zu einem schiefen Lächeln.

»Was ist?«, fragte er.

»Bei den Walisern, die wir so unzivilisiert finden, dürfen Mädchen nicht gegen ihren Willen verheiratet werden. Wenn sie einen Bewerber ablehnen, sind die Väter verpflichtet, sich daran zu halten. Aber wir leben nun einmal in England.«

»Dann lass uns nach Wales gehen«, sagte er.

»Das meinst du nicht ernst, oder?«

»Nein.«

Er umarmte sie wieder und küsste sie. Anders als im Wald fehlte Carol diesmal die Ruhe, sich auf ihn einzulassen.

»Henri, ich kann nicht bleiben. Ich muss zurück in der Kirche sein, bevor der Gottesdienst endet.«

»Ich begleite dich.«

Henri öffnete die Tür, nickte seiner Vermieterin zu, und sie machten sich auf den Weg. Dabei gingen sie zwar nebeneinander, aber mit so viel Abstand zwischen sich, dass niemand ihnen etwas unterstellen konnte.

»Wir brauchen einen Plan«, sagte er. »Wie viel Zeit bleibt uns?«

»Zunächst muss ein Ehevertrag ausgehandelt werden, Mitgift, Morgengabe, all diese Dinge. Und ich glaube, mein Vater möchte mein Einverständnis, auch wenn er es nicht braucht. Er wird versuchen, mit mir zu reden. Ich kann ihn hinhalten.«

»Das ist gut.«

Sie sah wenig Grund zur Zuversicht.

»Wie spät mag es sein?«, fragte sie.

»Gegen zehn, schätze ich.«

»Hoffentlich noch nicht. Der Gottesdienst endet bald.«

Schneller ging es nicht, größere Schritte konnte sie nicht machen. Sie war froh, als sie das nördliche Stadttor erreichten, und führte ihn zur Kirche, die bald in Sicht kam.

Die Türen wurden gerade geöffnet. Die ersten Andachtsbesucher drängten heraus.

»Von hier gehe ich allein weiter«, sagte sie. Sie bemerkte, dass sie ihn vor lauter Eile nicht nach dem gefragt hatte, was er ihr sagen wollte. Nun war es zu spät.

»Carol«, rief er halblaut, während sie weiterging. »Ich bin von jetzt an sonntags immer zu Hause. Komm, wenn du kannst. Wir müssen uns etwas einfallen lassen.«

Sie hob die Hand vor die Brust und winkte vorsichtig zum Zeichen, dass sie ihn gehört hatte. Im nächsten Moment erreichte sie das Grüppchen Gläubiger, die auf dem Vorplatz zusammenstanden.

Schnell postierte sie sich neben der Tür, wobei sie versuchte, ihren Atem zu beruhigen. Ihr Herz klopfte laut. Gleichwohl tat sie, als würde sie auf Vater und Bruder warten.

Henri hielt sich im Schutz einer Pappel am Wegesrand. Ihre Blicke trafen sich, und sie konnte nicht anders und musste lächeln. Sie hob ihre Hand, diesmal nur auf Hüfthöhe, und winkte ihm wieder zu, und er grüßte sie ebenso unauffällig zurück. Offenbar trug er irgendein Geheimnis mit sich herum. Sie glaubte nicht mehr, dass es um seine Vermieterin ging, sie hatte keinen Grund, eifersüchtig zu sein. Aber sie hätte gerne gewusst, was ihn beschäftigte.

»Ah, Carol«, hörte sie die Stimme ihres Vaters hinter sich, »da bist du ja. Hast du das Abendmahl nicht empfangen? Ich habe dich gar nicht gesehen.«

»Äh …«

»Na, lasst uns nach Hause gehen. Ich habe Hunger.«

# XX

Niemand hatte herausgefunden, wo Archie sein Buch versteckte, und er hatte seinen Triumph genossen, auch wenn ihm keiner der Mitbrüder das ansehen konnte. Archie beherrschte die Kunst, sich still zu freuen.

Doch jetzt hatten seine Feinde Rache genommen.

Sie hatten ihn eingesperrt.

Das Skriptorium verfügte weder über Schloss noch Schlüssel, gleichwohl ließ sich die Tür nicht öffnen. Der Griff bewegte sich nicht. Es war nicht allzu schwer, sich vorzustellen, wie es auf der anderen Türseite aussah, sie hatten wahrscheinlich einen der bastbespannten Stühle, die sie zum Essen benutzten und für so manche Arbeit, unter die Klinke geklemmt

Die Folge war, dass Archie nicht zum Gottesdienst konnte. Er empfand Wut. Ein heißes Gefühl, im Bauch, in der Brust, schließlich im Kopf.

Stephen, dachte er und richtete seine Wut auf den Mitbruder.

Er ahnte, dass er nicht gut würde beten können, dennoch trat er ans Fenster, kniete sich nieder und faltete die Hände.

Noch bevor er die Augen geschlossen hatte, hörte er hinter sich ein Geräusch. Ein Kratzen an der Tür.

Stephen, vermutete er.

Doch es war einer der Novizen, der eintrat, ein Junge von vierzehn Jahren, mit roten Pusteln an Hals und Kinn.

»Da stand ein Stuhl vor der Tür.« Der Junge hatte die Hände zusammengelegt und blickte zu Boden. »Er war eingeklemmt. Hätte ich ihn dort lassen sollen?«

»Nein, es ist gut, dass du ihn weggezogen hast.«

»Es sah beinahe aus, als solltest du eingesperrt werden, Bruder Archibald.«

»Ja, offenbar.« Archie kämpfte eine aufsteigende Scham nieder. Es war unangenehm, dass der Junge ihn so gesehen hatte. »Wer das war, kann ich dir nicht sagen. Vielleicht war es ein Versehen. So oder so, danke, dass du mich befreit hast.«

Zusammen machten sie sich auf den kurzen Weg in die Klosterkapelle, wo die Mönche gerade dabei waren, zum gemeinsamen Gebet niederzuknien. Archie richtete es so ein, dass er dicht an Stephen vorbeikam, und trat ihm auf die Finger. Stephen stöhnte auf. Archie drehte sich nicht zu ihm um.

Später am Tag schnallte er seine Wachstafel um und begab sich auf den Weg nach Westminster. Unterwegs sprach er wie immer seine Gebete. Es war erstaunlich, wie es ihm gelang, immer länger bei der Sache zu bleiben. Wie es aussah, würde er diese Strecke noch lange zurücklegen und dabei besser werden.

Auf seinen Wanderungen zur Baustelle nahm er die Jahreszeiten tief in sich auf, das Grün des Frühlings, die Sommerwärme, jetzt die bunten Farben des Herbstes. Rings um ihn leuchtete es gelb und rot und braun. Gottes Natur war wunderbar.

Er hatte mitbekommen, dass Henri sein Augenmerk nicht nur auf den eigentlichen Kirchenbau, sondern auf den Kreuzgang legte, deshalb suchte er ihn dort. Es war ein besonders schönes Vorhaben, das der Baumeister hier umsetzte, leicht und geradezu beschwingt. Das Dach fehlte noch, dennoch konnte sich Archie vorstellen, wie die Gläubigen dort eines Tages wandeln würden, die Hände gefaltet und ein Gebet murmelnd, so wie er es auf seinem Weg tat, und links und rechts von ihnen ging der englische Regen nieder, und sie waren dennoch geschützt. Schon jetzt, ohne Dach, wünschte sich Archie, den Gang zu benutzen, und da Henri nicht da war, schritt er ihn einmal auf und ab.

Den Baumeister fand er in der Kapelle am Ende der Apsis. Henri wischte sich seine Finger am Kittel ab und begrüßte ihn.

»Es gibt manches zu berichten«, sagte Archie.

»Der Kaplan kommt?«, fragte Henri.

Der angekündigte Besuch von Hofkaplan und Schatzmeister war immer wieder verschoben worden.

»Nein.«

»Was dann? Schieß los.«

»Lass uns lieber zu dir gehen. Zu Maude.«

Henri runzelte die Stirn. »Zu Maude?«

»Was?«

»Hast du nicht Keuschheit geschworen?«

»Langsam, Monsieur. Wenn ich mich an ihren Tisch setze, heißt das nicht, dass ich mich auch in ihr Bett lege.«

»Bist du sicher?«

»Ganz sicher«, antwortete Archie schnell und wandte sich ab. »Sag Bescheid, wenn du fertig bist. Ich schaue mich inzwischen um.« Er hob seine Wachstafel an. ›Und mache mir meine Notizen.«

An Maudes Küchentisch hob Archie seinen Becher in ihre Richtung und trank einen Schluck Bier. »König Heinrich ist offenbar schwerer krank als zunächst angenommen«, erklärte er. »Es ist nicht sicher, dass er überleben wird.«

»Was hat er?«, fragte Henri.

»In seinem Lager in Frankreich ist eine Seuche ausgebrochen. Viele seiner Begleiter sind bereits tot.«

»Welche Seuche?«, fragte Maude.

»Das weiß ich nicht. Sie geht mit Fieber und Durchfällen einher. Zumindest ist es das, was man sich erzählt.«

»Und der Kaplan ist ebenfalls dort«, vermutete Henri. »Ist er auch krank?«

»So heißt es, ja.«

»Also weiß man nicht, wann er die Baustelle besichtigen wird?«

»Nein.«

Henri sann dem Gesagten nach. »Bedeutet all das«, fragte er schließlich, »dass wir uns wieder darauf einstellen müssen, kein Geld mehr zu bekommen? Dass der Bau pausieren wird?«

»Ich fürchte, genau das heißt es.«

Henri seufzte. »Oh nein.«

»Sieh es so: Der Winter steht vor der Tür«, meinte Archie. »Ihr hättet in jedem Fall aufhören müssen.«

»Pff«, machte Henri. »Ein paar Wochen. Es friert doch nicht richtig in eurem Land. Aber wenn der König stirbt ... Wer weiß, was sein Sohn vorhat.«

»Er heißt Edward«, warf Maude ein.

»Edward, von mir aus.«

Der Baumeister wirkte in der Tat angefressen. Archie suchte etwas, um ihn aufzumuntern.

»Du kannst die Hoffnung haben«, sagte er, »dass ein neuer König, wenn er denn kommen sollte, die Abbey weiterbauen lässt. Sie ist viel zu weit fortgeschritten, um aufzuhören. Das hast du erreicht.«

»Oder Lord Montfort nutzt die Gunst der Stunde.«

»Das wird er sicher versuchen.«

»Schöne Aussichten«, meinte Henri.

»Ich bin nicht dafür, dass wir unser Mahl in trüber Stimmung zu uns nehmen«, mischte sich Maude ein. »Dafür koche ich nicht.«

Archie gefielen ihre Worte. »Ich bin guter Stimmung. Und hungrig wie ein Wolf. Und du, Baumeister? Was ist mit dir?«

Er konnte Henri ansehen, dass er mit sich rang. Es dauerte einen Moment und einen halben Becher Bier, aber schließlich sagte er: »Ich auch. Wer weiß, vielleicht hat es sogar seine Vorteile, dass wir unterbrechen müssen.«

Archie verstand den Gedanken hinter diesem Satz nicht. »Sowieso liegt es in Gottes Hand, wann und wie es weitergeht«, erklärte er. »Es riecht lecker, liebe Maude. Wenn es nur halb so gut schmeckt, können wir uns glücklich schätzen und dem Herrn danken.«

...

Am nächsten Tag wandte sich Henri an John. »Wir haben ein Problem«, erklärte er. »Uns geht wieder das Geld aus, und der König ist krank, und sein Hofstaat hängt in Frankreich fest.«

Johns einzige Reaktion war ein Nicken. »Was hast du vor?«, fragte er.

»Ich fürchte, wir müssen Leute entlassen.«

»An wen denkst du?«

»Bei den Maurern gibt es welche, die faul sind. Mit denen würde ich anfangen.«

»Ich habe bei meinen Leuten auch einen, der verschwinden kann. Er ist nicht faul, aber ein Stänkerer.«

»Wer ist das?«, fragte Henri.

»Owin. Der Normanne.«

Erneut fand Henri die Idee verführerisch, Owin fortzuschicken, und am besten wäre es, er kehrte ein für alle Mal nach Frankreich zurück.

Er wusste aber, das war eine Wunschvorstellung. »Ist er so schlimm?«

»Er ist ein Unruhestifter. Tuschelt hier und tuschelt da und versucht, die Gesellen gegen mich aufzubringen. Sein Pech ist, dass sie es mir zutragen.«

Sollte die gesamte Baustelle ruhen müssen, dann hatte selbstverständlich auch Owin zu gehen, und vielleicht wäre das ein Glück im Unglück. Doch so weit war es noch nicht.

Henri zeigte auf einen Stapel unbehauener Quader. »Einstweilen haben wir noch zu tun.«

»Also dann, Baumeister, an die Arbeit.«

# XXI

In diesem Winter schüttete Carol ihrer Mutter doch noch ihr Herz aus. Sie stand am Grab, war in ihren warmen Mantel gehüllt, und ein Hut schützte sie vor dem Nieselregen. Die Hände hatte sie ineinandergelegt. Der Grabstein, zu einem schweren Kreuz mit runden Enden geschlagen, war aus hellem Granit, in den der Name der Toten, Mary of Farnham, eingraviert war. Die Buchstaben, einst mit dunkler Farbe nachgezogen, waren ausgeblichen. Bald würde man sie nicht mehr lesen können.

Carol versuchte, sich zu erinnern. Sie war sieben gewesen, als ihre Mutter starb, und Oliver neun. Bilder stiegen in ihr auf: Sie saß auf dem Schoß der Mutter; sie ging an ihrer Hand unter Bäumen entlang; einmal wachte ihre Mutter an ihrem Krankenbett und schaute zu, wie eine Zofe ihr, dem fiebernden Kind, kalte Wickel um die Waden legte.

Im Kaminsaal der Burg hing ein Porträt von ihr, das ein Maler aus London geschaffen hatte. Carol fand, dass sie selbst ihr ähnlich sah, und auch ihr Vater sagte das. Mutter wie Tochter hatten dieses rotblonde Haar, eine kräftige Statur und das etwas herbe angelsächsische Gesicht. Durfte sie aus der Ähnlichkeit schließen, dass die Mutter ihre Partei ergriffen hätte? Wohl kaum, auch wenn sie es sich wünschte. Die Regeln waren unumstößlich und verlangten, dass man sich in sein Schicksal fügte, innerhalb seines Standes heiratete und nach Möglichkeit einen Sohn gebar, der Titel und Gut weitertrug. Sicherlich hätte ihre Mutter es nicht unterstützt, dass ihre Tochter aus dieser Ordnung ausbrechen wollte.

Trotzdem begann Carol, ihr ihre Geschichte zu erzählen, sie sprach stumm davon, dass sie einen französischen Baumeister liebte und dass Simon de Montfort für seinen Sohn um ihre Hand angehalten hatte. Ihn wollte sie auf keinen Fall. Sie wollte Henri und wusste nicht, was sie tun sollte.

Das Grab lag kalt vor ihr, und der Stein blieb ungerührt. In ihrem Kopf vernahm sie keine Stimme, hörte keine Worte, die sie als mütterlichen Ratschlag hätte deuten können. Dennoch fuhr sie fort.

»Ich hatte schon die Idee, mit dem Baumeister wegzulaufen«, sprach sie ihre Gedanken jetzt halblaut aus. »Wahrscheinlich bist du entsetzt. Aber er ist ehrlich und bodenständig, ein Mann, wie ich noch nie einen kennengelernt habe. Ich würde ihm mein Leben anvertrauen.« Sie machte eine Pause und sann ihrem Satz nach. Er stimmte, sie hatte grenzenloses Vertrauen in Henri. Es gab keinen Grund, ihre Worte zurückzunehmen.

»Und dann hat er noch eine andere Seite, eine feinfühlige. Er zeigt sie nicht oft. Wahrscheinlich passt sie nicht auf eine Baustelle. Aber sie ist da, ich habe sie gesehen.«

Sie schloss die Augen, bekam aber kein Bild ihrer Mutter, sondern eins von Henri. Es war nur ein Umriss, ein Schemen, doch er war ihr nah, und sie hatte die Vorstellung, ihren Kopf an seine Schulter zu lehnen und in seinem Arm auszuruhen.

Sie staunte über sich. Sie hatte sich immer als starke Person gesehen, als eigenständig. Offenbar lag irgendwo in ihr eine unbekannte, gegenläufige Sehnsucht verborgen.

»Ich glaube«, fuhr sie an den Grabstein gewandt fort, »ich würde auf alles verzichten, auf Titel und Reichtum und Erbanspruch. Wenn es nicht anders ginge, auch darauf, Vater und Oliver wiederzusehen. Wir würden wahrscheinlich in Frankreich leben, also müsste ich auch England Adieu sagen. Das alles würde mir das Herz brechen. Aber mich von Henri zu trennen wäre schlimmer. Und glaub mir, Mutter, ich ekle mich vor Guy. Er ist schleimig wie ein Aal. Würdest du mit einem Fisch Tisch und Bett teilen wollen?«

Auch wenn sie keine Antwort bekam, erleichterte es sie, ihre Not in Worte zu fassen. Sie sah nun klarer. Es fiel ihr schwer, sich ein Leben in Frankreich vorzustellen, wahrscheinlich hätten sie ein kleines, strohgedecktes Haus, in Reims oder einer anderen Stadt, wo er Arbeit fand, und sie würde ihre Kinder großziehen, ohne dass ihr jemand dabei half. Zudem hätte sie sich an ein Leben in der Fremde zu gewöhnen.

Auf der anderen Seite stand nicht nur der Ekel vor Guy, sondern auch ihr Widerstreben, zu Montforts Familie zu gehören. Nach wie vor fand sie die Ziele der Barone richtig und war für die Machtteilung. Doch Simon de Montfort war in ihren Augen nicht viel besser als der König. Ihm ging es vor allem um seine eigene Position. Viele Adelige bewunderten ihn wegen seiner Stärke. Sie selbst hatte sich ein anderes Bild gemacht. Wie der König wollte Simon führen, wie er neigte er zum Fanatismus in Glaubensfragen und hielt alle, die weniger inbrünstig waren als er, für Ketzer. Die schlimmsten Ketzer waren für ihn die Juden.

Es dämmerte und wurde kühler, ihr lief ein Schauer über den Rücken. Sie schaute nach oben. Am Himmel standen graue Wolken. Englischer Winter, lichtarm, windig und feucht.

Sie ging hinein und fand ihren Vater lesend im Kaminsaal. Ein Feuer brannte. Sie stellte sich davor und rieb sich die Hände. Das Dünnbier im Krug war warm. Sie schenkte sich ein und setzte sich.

»Vater«, begann sie, »ich möchte Guy de Montfort nicht heiraten. Wirklich nicht.«

»Ach Kind.«

»Ich meine es ernst, Vater.«

»Ich fürchte, diesmal musst du dich fügen. Schau, eine Ehe hat nur äußerlich Bedeutung. In deinem Leben wird sich nicht viel ändern. Du bekommst nur mehr Verantwortung. Dir wird ein ganzer Haushalt unterstehen. Das ist doch schön.«

Sie registrierte, dass ihr Vater ihr einiges verschwieg. Dazu zählten nicht nur die vielen gemeinsamen Mahlzeiten, die sie mit Guy würde einnehmen müssen, sondern auch die Nächte, in denen er in ihr Bett käme. Und was den Haushalt anging, so hatte am Ende er alle Befehlsgewalt.

»Wie war es eigentlich bei dir und Mutter?«

»Auch wir sind verheiratet worden. Mein Vater hat Mary ausgesucht und die Heirat mit ihrem Vater ausgehandelt, einschließlich aller Geld- und Erbschaftsfragen. Es gab einen Vertrag, und erst als beide Seiten unterschrieben hatten, wurde sie hergebracht. Ich hatte sie vorher noch nie gesehen. Sie war gerade sechzehn geworden, halb Frau und noch halb Mädchen.«

»Wie alt warst du damals?«

»Dreiundzwanzig. So alt, wie du heute bist.«

»Und dann?«

»Sie hatte Angst, glaube ich. Sie wusste nicht, was auf sie zukommen würde.«

»Habt ihr euch gut verstanden?«

»Ja«, sagte er ohne Zögern. »Sehr. Ich mochte sie und sie mich auch. Es hat mich traurig gemacht, dass sie so früh sterben musste. Bis heute denke ich, wie schön es wäre, die Tage mit ihr zu verbringen.«

Carol versuchte, sich beide Eltern in diesem Kaminzimmer vorzustellen, die Mutter nicht nur auf dem Bild an der Wand, sondern als lebender Mensch in einem der Sessel. Es gelang ihr nicht.

»Du siehst«, fuhr Humphrey fort, »dass eine gute Ehe auch dann entstehen kann, wenn die Väter entscheiden.«

»In meinem Fall nicht«, sagte sie. »Ich kenne Guy. Und ich will ihn nicht.«

»Carol«, entgegnete er mit sanfter Stimme.

Sie ließ sich nicht auf seinen versöhnlichen Ton ein. »Am Ende musst du dich fragen, Vater, ob du dein Wort und deine Unterschrift dazu gibst, dass ich unglücklich werde. Denn darauf wird es hinauslaufen.«

»Carol …«, versuchte er erneut.

Er tat ihr leid, weil er nicht frei entscheiden konnte. In diesem Moment kam Oliver herein. Er trug seine Reitstiefel und war rot im Gesicht. Carol legte keinen Wert auf ein Gespräch zu dritt. Sie kannte die Meinung ihres Bruders. Es war nicht nötig, sie erneut zu hören.

Sie stand auf. »Bitte entschuldigt mich«, sagte sie und ging hinaus.

...

Ohne ein Wort gehört zu haben, wusste Oliver, worüber Vater und Carol miteinander gesprochen hatten, dazu reichte ihm ein Blick in ihre Gesichter. Carol war fordernd, Humphrey nachdenklich. Der Alte war bereit, nachzugeben.

Oliver reckte den Hals. Er musste aufpassen.

Er setzte sich und streckte die Beine von sich.

»Was wollte sie?«, fragte er.

Humphreys Augen blickten müde. Es machte den Eindruck, als wünsche er sich nichts sehnlicher als ein warmes Bett und einen tiefen Schlaf.

»Du brauchst nicht zu antworten«, sagte Oliver, als sein Vater stumm blieb. »Sie hat dich gebeten, vom Eheversprechen mit Guy zurückzutreten.«

»In etwa, ja.«

»Und?«, wollte Oliver wissen.

Sein Vater zögerte. Er war nicht mehr der Baron, der er einmal gewesen war, sondern nur noch ein alter Mann auf seinem letzten Wegstück.

»Gesteh ihr das nicht zu, Vater! Diesmal nicht.«

Humphrey zuckte mit den Schultern. »Und wenn sie partout nicht will?«

»Sie wird sich fügen«, sagte Oliver mit gedämpfter Stimme. »Sie muss.« Er wusste zu gut, dass es sein Vater nicht leiden konnte, wenn man laut wurde. Dann verschloss er sich. »Irgendwann wird sie froh sein, einen so guten Mann geheiratet zu haben und Teil einer solchen Familie zu sein. Und noch etwas kommt hinzu.«

»Was ist das?«

»Sie ist dreiundzwanzig. Was glaubst du, wie viele Bewerber es noch geben wird?«

Humphrey zuckte mit den Schultern. »Das kann man nicht wissen.« In seinen Worten lag keine Überzeugung, auch nicht, als er hinzufügte: »Die Zukunft liegt in Gottes Hand.«

»Sicher. Und dennoch: Selbst wenn irgendwann ein weiterer Ritter um sie werben sollte, würde das nichts heißen. Das weißt du besser als ich. Sie lehnt sie alle ab, einen nach dem anderen. Erinnerst du dich, als sie fünfzehn war und diesen David Stetsmess heiraten sollte, da ist sie weggelaufen. Sie hat sich im Wald versteckt, ich weiß nicht, wie viele Tage.«

»Sechs.«

»Du dachtest, sie sei tot, und als sie schließlich zurückkam, war sie halb verhungert, und ihr Kleid war dreckig und zerrissen. Dann kam ein paar Jahre später Thomas of Cardingham. Weißt du noch?«

»Ja, sicher.«

»Er stammte aus einer guten Familie, war aber nicht besonders groß, und da hat Carol zu ihm gesagt: Mylord, Ihr seid kleiner als ich. Wollt Ihr Euch nicht eine Frau suchen, zu der Ihr nicht aufschauen müsst?«

Humphrey lachte, was Oliver ärgerte. Der Vater nahm zu viel Rücksicht auf seine Tochter.

»Und den letzten Bewerber, Charles Rickmore, hat sie beinahe tödlich beleidigt, indem sie zu ihm sagte: ›Ich glaube, Ihr seid einfach nicht gut genug für mich.‹«

Aus Humphreys Lachen war ein Lächeln geworden. Nach Olivers Geschmack war auch das zu breit.

»Ich weiß nicht, ob das so komisch ist, Vater. Du hast ihm damals Geld angeboten, damit er uns nicht den Fehdehandschuh hinwirft.«

»Carol erinnert mich nun mal an eure Mutter. Die hatte auch einen starken Willen.«

»Und deswegen willst du deine Tochter nicht hergeben?«, fragte Oliver. »Ist es das?«

»Nein, so ist es nicht. Ich wünsche ihr, dass sie heiratet.«

»Dazu ist nun die Gelegenheit. Vater, ich bitte dich, bleib hart. Es ist zu unser aller Bestem. Simon ist schon heute der stärkste Mann in England. Und wenn der König stirbt …«

»Vorsicht«, fuhr ihm Humphrey ins Wort und hob den Zeigefinger. »Versündige dich nicht.«

»Ich habe nicht gesagt, dass ich darauf hoffe«, erklärte Oliver ruhig. »Tatsache ist, dass Heinrich schwer krank ist.«

»Das heißt nichts. Gott entscheidet.«

»Nun gut. Dennoch Vater, Simon de Montfort wird auch in Zukunft einer der wichtigsten Männer Englands sein. Wir haben ihn gerade erlebt, wie die Lords an seinen Lippen hängen. Was er sagt, ist für sie Gesetz. Es ist zu unser aller Vorteil, wenn wir eine enge familiäre Beziehung zu ihm haben.«

»Da bin ich mir nicht mehr so sicher. Montforts Leute haben Burgen im Grenzgebiet angegriffen. Englische Burgen, Oliver! Nur weil die Lords in der Grenzmark auf der Seite des Königs stehen. Was soll das?«

»Ich finde es auch nicht richtig. Aber …«

Humphrey unterbrach ihn. »Verfolgen Engländer jetzt die Ziele von Llewelyn und schlagen die eigenen Leute? Wenn wir nicht zusammenhalten, dann gehen wir unter.«

»Montfort hat diese Angriffe nicht gutgeheißen. Schon gar nicht hat er sie veranlasst.«

»Woher weißt du das?«

»Er hat dir gesagt, dass er dich wegen deiner Besonnenheit schätzt. Und letztlich …« Oliver bremste sich. Es war nicht sinnvoll, mit seinem Vater zu streiten. In dieser Hinsicht konnte er sich Carol zum Vorbild nehmen, die es immer wieder verstand, den Alten einzuwickeln. Am Ende glaubte er dann, dass ihre Ziele die seinen seien.

»Was?«, fragte Humphrey.

»Es war Heinrich, der Söldner vom Kontinent nach England gebracht hat. Er wollte gegen uns kämpfen.«

Anders als Oliver erwartet hatte, nickte sein Vater. Er wirkte noch müder als zuvor. Oliver stand auf, schichtete zwei Holzscheite aufs Feuer und schenkte Dünnbier aus der Karaffe in einen Becher, den er seinem Vater brachte.

»Danke, mein Sohn.« Humphrey trank einen Schluck. »Ich weiß, dass du recht hast. Es fällt mir nur schwer, Carol zu etwas zu zwingen, was sie nicht will.«

Manchmal, dachte Oliver, ist ein solcher Schritt einfach nötig, und die meisten Väter wissen das.

Er behielt diesen Gedanken für sich.

# XXII

Archies Kloster hätte mehrfach in die Kathedrale von Westminster hineingepasst. Es brauchte immer einige Zeit, den Rohbau zu umrunden, erst recht, wenn man die Nebengebäude mit einschloss. Umso bitterer fand er, dass nichts voranging. Der vertraute Baulärm, den er früher schon von Weitem gehört hatte, war fast verstummt, nur einige wenige Handwerker waren noch da, und die verloren sich auf der weiten Fläche. Archie konnte sie an einer Hand abzählen. Neben Henri waren es zwei Steinmetze, nämlich der Meister und ein Geselle, dazu ein Mörtelmischer und ein Maurer.

Jeder von ihnen werkelte allein vor sich hin. John und sein Geselle brachten dem Maurer die von ihnen geschlagenen Steine, der Mörtelmischer bekam ein Zeichen, woraufhin er mit der Arbeit begann und seine Zutaten in einen Bottich schaufelte, der so klein war, dass ihn ein Kind hätte anheben können. Der Baumeister wiederum wanderte hin und her und half dort aus, wo er gebraucht wurde. Er hatte weder Pläne noch Messgerät bei sich. Die Mauern wuchsen so langsam, dass er sie nur selten überprüfen musste.

All das war ein Anblick, der dazu angetan war, einen in

die Melancholie zu treiben, und für dieses Gefühl war Archie anfällig. Er hatte den Wunsch, sich zu setzen, den Rücken gegen eine Mauer zu lehnen und den Kopf hängen zu lassen.

Wie die meisten Mönche sympathisierte Archie mit den Baronen. Er fand den Gedanken richtig, die Macht zu teilen und die königlichen Ausgaben zu kontrollieren. Im Angesicht der vor sich hinsiechenden Baustelle allerdings hörte sein Verständnis auf, da war er versucht, die Seite zu wechseln und sich der Partei von König und Kaplan anzuschließen. Ein Gotteshaus musste weitergebaut werden, und das galt umso mehr, wenn es schon so weit gediehen war. Nur Simon de Montfort schien das nicht zu begreifen.

Archie fragte sich, ob Montfort die Abbey überhaupt kannte. Zumindest in den letzten Jahren hatte er sie nicht gesehen. Man müsste ihn herbringen und sie ihm zeigen. Der Bau sprach für sich und würde den Baron beeindrucken. Das Problem war, dass Archie ihn nicht einladen konnte, der Mann würde kaum dem Wunsch eines kleinen Mönchs nachkommen. Vielleicht ergab sich aber eine Möglichkeit, ihn herzulotsen, wenn Montfort in Westminster war. In der Halle des Palastes fanden oft Parlamentssitzungen statt, und von da wäre es nur ein kurzer Weg.

Er wurde von Henri unterbrochen, der plötzlich neben ihm stand.

»Es gibt nicht viel zu schreiben. Das wusstest du vorher, stimmt's? Du hast nicht einmal deine Wachstafel mitgebracht.«

»Ich habe es geahnt. In der Tat weiß ich nicht mehr, wie

ich mein Buch füllen soll«, fuhr Archie fort, »und hatte gehofft, hier auf eine neue Idee zu kommen.«

»Schreib doch, dass wir in dieser Geschwindigkeit hundert Jahre oder vielleicht zweihundert brauchen«, schlug Henri vor. Er klang böse. »Die Nachfahren der Nachfahren unserer Nachfahren werden irgendwann die letzten Steine setzen.«

»Ich fürchte, dem Kaplan würde es nicht gefallen, solche Sätze zu lesen.«

»Interessiert sich der Kaplan überhaupt noch für den Bau?«

»Davon gehe ich aus«, meinte Archie. »Es geht ihm besser, heißt es.«

»Trotzdem ist er noch nie hergekommen.«

»Dazu kann ich nichts sagen. Erkläre mir lieber, wie du die Handwerker bezahlst, die noch da sind.«

»Ein paar Münzen habe ich noch. Aber in ein paar Tagen ist endgültig Schluss.«

»Dabei wird es bald Frühling«, meinte Archie.

»Stimmt, das macht es doppelt schlimm.«

Sie gingen ins Kirchenschiff, wo ihre Worte von den Mauern widerhallten.

»Und dieser Normanne, Owin?«, fragte Archie. »Wo ist der geblieben?«

»Verschwunden. Kein Mensch weiß, wohin.«

»Er hat sich nicht abgemeldet?«

»Nein, er ist einfach nicht mehr gekommen. Ich weiß nicht, was das bedeutet.«

»Es ist eher ein gutes Zeichen«, vermutete Archie.

»Ja, großartig«, erwiderte Henri böse. »Er hat gesehen, dass es hier nichts mehr zu holen gibt.«

Zurück im Kloster ging Archie ins Parlatorium. Es war die Stunde, in der gesprochen werden durfte. Für die meisten Mitbrüder war dies die beste Zeit des Tages, die, auf die sie sich freuten und auf die sie selbst dann nicht verzichteten, wenn sie krank waren. Nur einige wenige Mönche ließen sich in diesem Raum nicht blicken, das waren diejenigen, die den anderen je nach Standpunkt als Heilige oder als Fanatiker galten.

Archie stellte sich neben Stephen. Der Skriptor, dessen hagerer Körper stets von der Kutte eingehüllt wurde, als wäre sie ein großer Sack, drehte sich weg und versuchte, sich in das Gespräch zweier anderer Mönche einzumischen.

Archie legte ihm die Hand auf den Arm. »Nur ein Wort, Bruder. Ich möchte dich beglückwünschen.«

»Wozu?«

»Du hast gewonnen.«

Stephen tat so, als verstünde er nicht. »Gewonnen? Bei was? Ich bin gottesfürchtig genug, um nicht zu spielen.«

»Die Kirche in Westminster wird nicht weitergebaut. Es gibt dafür kein neues Geld. Entsprechend kann ich auch nicht an meinem Buch schreiben. Du brauchst also nichts mehr zu unternehmen.«

»Ich fürchte, du bist zu klug für mich, Bruder Archibald. Ich habe nicht studiert. Was möchtest du mir sagen?«

»Ganz einfach: Du musst mich nicht mehr einsperren

oder Seiten aus dem Buch herausreißen. Es ist nicht einmal mehr nötig, mir einen Platz am Esstisch vorzuenthalten.«

Stephen schaute ihn an. Er hatte farblose Augen und dunkle Schatten um die Lider. Beide verharrten schweigend und kämpften einen kleinen Kampf.

»Ich weiß nicht, wovon du sprichst«, sagte Stephen schließlich. »Mir scheint, Gott schickt dir schlechte Träume. Das Einzige, woran ich mich erinnere, ist, dass du mir auf die Hand getreten bist.«

»Oh ja«, sagte Archie mit heller Stimme. »Das tut mir leid.«

Stephen wandte sich ab. Gleichwohl war Archie davon überzeugt, dass der Mitbruder die Botschaft verstanden hatte. Er ging ins Skriptorium, um ein wenig für sich zu sein.

...

Wie er Carol versprochen hatte, blieb Henri jeden Sonntag in seinem Zimmer. Auf dem Tisch lagen Pläne der Kathedrale. Er kannte sie auswendig, und es war sinnlos, sie weiterzuverbessern, solange der Schatzkanzler kein neues Geld auszahlte. Er hatte nichts zu tun und stellte sich vor, nach London zu gehen, durch die belebten Straßen zu bummeln, vielleicht in ein Wirtshaus einzukehren. Mit Carols Besuch war nicht zu rechnen. Nur ein einziges Mal war sie gekommen, und das lag Monate zurück.

Er sagte sich, dass Vater und Bruder sie nicht aus den Augen ließen und sie deshalb nicht wegkonnte. Doch auch andere Gedanken schlichen sich ein, er konnte nichts dagegen tun und stellte sich vor, dass ihre Sehnsucht nach ihm verblasst war. Womöglich war sie schon mit dem Montfort-Sohn verheiratet und hatte sich mit ihrer Situation arrangiert.

Er trat in die Küche. Maude hatte ihr Enkelkind Kate bei sich. Die Kleine war anderthalb, sie konnte laufen und ein wenig plappern. Ihn nannte sie »Henni«. Jetzt saß sie auf einem Stuhl, die Sitzfläche durch eine Kiste und ein Kissen erhöht, und malte mit dem Finger in einer dünnen Mehlschicht, die Maude vor ihr auf den Tisch gestreut hatte. Der Großmutter war es egal, dass die Hälfte auf den Boden rieselte.

»Was wird das?«, fragte sie.

»Haus«, antwortete Kate.

Henri stellte sich hinter sie. »Eindeutig«, sagte er. »Dach und Wände. Fehlt nur noch eine Tür.« Er zeichnete sie ein.

»Nein!«, beschwerte sich Kate und patschte auf das Mehl.

»Ein Baumeister ohne Arbeit«, seufzte Maude.

»Nicht nur das.«

»Warum gehst du nicht zu deiner Lady?«

»Hatten wir das Thema nicht schon?«, fragte er zurück.

»Ich schlage ja nicht vor, dass du an ihrer Tür klopfen sollst ...«

» ... sondern mich in der Nähe herumtreibe, ich weiß«, ergänzte er.

Henri fühlte sich schwer. Er musste etwas unternehmen. »Du hast recht, ich mache mich auf den Weg. Es macht keinen Sinn, länger zu warten.«

»Das ist eine gute Entscheidung.«

»Auch wenn ich kaum mit ihr werde sprechen können. Vater und Bruder begleiten sie immer.«

»Vielleicht hast du Glück?«

Er grinste. »Ja, das Glück ist niemandem so hold wie mir.«

Kate patschte mit beiden Händen ins Mehl und wischte den Rest vom Tisch. Henri staunte, wie gelassen Maude dem Spiel zuschaute.

Sie sah ihn an. »Was ist?«, fragte sie. »Willst du jetzt jammern?«

»Nein, schon gut. Sollte ich Carol verpassen und sie herkommen, sag ihr, wohin ich gegangen bin.«

»Das werde ich.«

Er trat auf die Straße, und in dem Moment kam Carol die Straße hinunter, hielt auf sein Haus zu und lief so schnell, dass sich ihr Umhang bauschte. Er konnte es kaum glauben.

»Carol«, rief er. »Endlich.«

Noch im Gehen legte sie ihren Zeigefinger auf die Lippen. Daraufhin wagte er nicht, sie auf der Straße zu umarmen, sondern öffnete ihr die Tür. Maude sah erstaunt auf, und als sie Carol erblickte, trat ein Lächeln auf ihr Gesicht.

»Na siehst du«, zwinkerte sie Henri zu. »Das Glück ist dir hold.«

Er erwiderte ihr Lächeln, bevor er Carol in sein Zimmer führte. Erst als er die Tür geschlossen hatte, fielen sie sich in die Arme.

»Ich habe dich vermisst«, sagte sie.

»Ich dich auch. Wo warst du so lange?«

»Es war nicht möglich, das Haus zu verlassen. Seit wir aus

London zurück sind, passen sie auf mich auf. Besonders Oliver.«

»Und jetzt?«

»Ich habe behauptet, ich würde mit einer Freundin in deren Kirche gehen.«

Sie setzten sich auf sein schmales Bett, und er hielt ihre Hand. Sie war ganz anders als die Hände der Handwerkerinnen, die er kannte, weder breit noch rissig, sondern faltenlos und weich, mit runden Fingernägeln. Er strich darüber, begann, sie zu küssen, und fasste Carol an der Hüfte. Sie schauten sich in die Augen. Ihre waren blau und der Blick daraus voller Vertrauen, voller Liebe.

Er kam näher und küsste sie auf den Mund. Sie erwiderte seinen Kuss. Ihre Zunge bewegte sich erst vorsichtig, bald aber sicher in seinem Mund. Er knüpfte die goldene Kette auf, die ihren Umhang hielt. Sie ließ es geschehen. Auch das Kopftuch zog er ihr mit einer vorsichtigen Bewegung ab und löste am Ende das Band, das ihre Haare zusammenhielt. Sie fielen ihr über die Schulter.

»Wie schön du bist«, flüsterte er, während er mit den Fingern durch ihre Haare fuhr. »Ich könnte dich immerzu ansehen.«

Langsam streckten sie sich auf seinem Bett aus. Diesmal war sie es, die ihn zu sich zog. Ihre Hände lagen um seinen Hals, und er spürte, wie sie ihm über die Nackenhärchen strich. Es fühlte sich wundervoll an. Sie küssten sich wieder. Dabei schloss er die Augen. Sein Atem ging schneller, und er begann, seine Hand über ihre Kleider fahren zu lassen.

Sie war nicht weniger versunken, nicht weniger drängend. Hatte ihm Leinenkittel und Unterhemd höher geschoben und strich ihm über den Rücken, und als er sich beides über Kopf und Schultern streifte, begann sie, seine nackte Brust zu küssen. Auch er zog ihre Kleider langsam in die Höhe. Sie half ihm, indem sie ihre Füße aufstellte und sich ein wenig bog. Dabei küssten sie sich immer weiter, und wenn sie doch einmal absetzten, kam er schnell zurück zu ihrem weichen Mund, den runden Wangen und dem lieblichen Geruch ihrer Haut. Von alldem konnte er nicht genug bekommen, genauso wenig wie von ihren Haaren, in die er sein Gesicht tauchte. Seit Gisèle hatte er so etwas nicht mehr erlebt. Er ließ sich noch tiefer fallen.

Sie zogen sich weiter aus und pressten, als sie ganz nackt waren, ihre Körper aneinander. Seine Hand lag an ihrem Po, ihre Schenkel waren geöffnet, drückten gegen seine, und sie hatte die Augen geschlossen. Auch er war nur noch Begehren, alle Gedanken waren verschwunden, alle Sorgen und Ängste, er strich immer weiter über ihre Brust und die Taille und fühlte ihre Feuchtigkeit. Als er sich schließlich auf sie legte und sich in sie schob, öffnete sie ihre Augen. In ihrem Blick lag Zustimmung, lag Liebe.

Hinterher schmiegte sie sich an ihn, den Kopf auf seinem Oberarm, die Hand auf seiner Brust.

»Ich wusste nicht«, flüsterte sie, »dass es so ist. So ... anders.«

»Ja.« Er küsste sie aufs Ohrläppchen. »So kann es sein.«

»Also ist es nicht immer so?«

»Frag mich lieber etwas übers Bauen. Das ist eher mein Gebiet.«

Sie lachte. »Also ist es nicht immer so?«

»Nein.« Er küsste sie erneut.

»Es hängt davon ab …«

Er glaubte zu wissen, was sie sagen wollte, und nickte.

» … ob man den anderen …«

»Ja«, erwiderte er.

»Ich kann es nicht aussprechen«, flüsterte sie. »Ich traue mich nicht.«

»Ob man den anderen liebt«, half er ihr.

Ihr Gesicht verzog sich, als hätte sie plötzlich Schmerzen. Sie drehte sich aus seinem Arm und setzte sich auf. Ihre Nacktheit war ihr jetzt unangenehm, sie tastete nach etwas, mit dem sie ihre Brüste bedecken konnte. Er reichte ihr seinen Kittel, und sie hängte ihn sich über die Schultern.

»Ein Handwerkerkleid. Steht dir gut.«

Sie überging seine Worte. »Ich kann Guy nicht heiraten. Heute noch weniger als vorher.« Sie senkte ihren Blick. »Lass uns weggehen, Henri. Wir beide, zusammen.«

»Wohin?«

»Nach Frankreich. Es ist dein Land.«

Er schüttelte den Kopf. »Das wäre schön. Aber es geht nicht.«

»Warum nicht?«

»Ich habe einen Eid geleistet, dass ich diese Kirche baue. Es war damals auf dem Schiff, kurz nachdem ich dich zum ersten Mal gesehen habe. Ich dachte, ich müsste sterben, und da habe ich es der Muttergottes geschworen.«

Sie drückte seine Hand. »Der Bau geht doch nicht weiter.«

»Zurzeit nicht, das stimmt. Doch wer kann sagen, was morgen ist.«

»Der König erholt sich zwar«, sagte sie, »doch wer weiß, ob er wirklich wieder gesund wird. Sein Sohn Edward ist längst nicht so fromm wie Heinrich. Wenn er gekrönt wird, hat er wahrscheinlich andere Sorgen als die Abbey. Er muss Soldaten bezahlen oder eine Einigung mit dem Adel erreichen. Vielleicht beides. Die Barone sind stark. Die meisten von ihnen wollen die Macht nicht mehr teilen, sie wollen sie für sich allein.«

Henri zog seine Hand aus ihrer, drehte sich auf die Seite, blickte sie an und stützte dabei seinen Kopf. »Und dennoch: Wir können nicht auf den Tod des Königs spekulieren und nicht in die Zukunft sehen. Soweit ich weiß, sind die Barone nicht einig.« Mit der freien Hand strich er über ihren nackten Schenkel. »Ich habe es Maria geschworen und bin an meinen Eid gebunden.«

Sie wandte sich ab.

Er fasste nach ihrer Hand. »Carol …«

Sie machte sich los, griff nach ihrem Unterkleid, streifte seinen Kittel ab und zog es sich über den Kopf. »Ich muss gehen.«

»Nein!«

»Doch. Der Gottesdienst dauert eine Stunde. Ich bin schon viel zu lange hier.«

»Carol, warte. Ich habe eine andere Idee.«

Sie schaute ihn an.

»Lass uns heiraten. Werde meine Frau.«

»Wie soll das gehen ohne die Einwilligung meines Vaters?«

»Ich kenne jemanden, der uns traut«, sagte er.

»Dein Mönchsfreund?«

»Ja, Archie.«

Sie hatte ihr Unterkleid bereits angezogen und schaute Richtung Zimmertür. Auf ihrer Stirn lagen dünne Falten. Sie dachte nach.

»Das geht nicht«, sagte sie schließlich. Sie stand auf, strich das Unterkleid glatt und begann, das Oberkleid anzuziehen.

Auch er kam auf die Füße. Splitternackt trat er vor sie. »Und warum nicht?«

»Mein Vater und Oliver würden das nicht zulassen und finden am Ende Mittel und Wege.«

»Auch wenn wir verheiratet sind?«

»Selbst dann. Sie werden sich eine Lösung ausdenken. Eine Ehe kann man annullieren lassen.« Sie schüttelte den Kopf. »Hier in Westminster hätte ich keine Ruhe und keine Sicherheit, sondern immerzu Angst. Oliver will unbedingt, dass ich Guy heirate. Wenn wir nicht aus England weglaufen, wird er sich durchsetzen.«

Henri legte seinen Arm um sie. »Und wenn wir fliehen, würdest du alles verlieren. Titel, Erbe, das Leben, das du gewohnt bist.«

»Das würde ich auch, wenn wir heiraten und hierbleiben.«

»Ja«, räumte er ein.

Er hatte ihr immer noch nicht gesagt, dass er kein Baumeister war. Sie zog bereits ihren Umhang an. Es gab keine Zeit für seine Beichte.

Er senkte den Blick. »Und du wärst wirklich bereit, mit einem Handwerker durchs Leben zu gehen? Mit einem, dessen Baustelle ruht und der kein Geld verdient? Der in einem Zimmer wie diesem wohnt?«

Sie schaute ihn mit ihren blauen Augen an und nickte.

# XXIII

Oliver erlebte eine Zeit, die ihm wie ein Traum vorkam. Mit jeder Woche wurde die Seite der Barone stärker und der König schwächer. Niemand wusste, wie weit sich Heinrich inzwischen erholt hatte, denn er zeigte sich nicht. Doch Tatsache war, dass er eine Menge Fehler machte. Gegen Llewelyns Krieger schickte er eine kleine Truppe, die in kurzer Zeit aufgerieben wurde. In der Folge eroberten die Waliser mehrere englische Burgen, raubten sie aus und brannten sie nieder. Das Entsetzen war groß.

Nur Heinrich schien nicht wahrzunehmen, wie schlimm es stand. Anstatt auf die Barone zuzugehen und eine englische Allianz gegen die Waliser zu schmieden, begann er, auf eigene Faust ein neues Heer aufzustellen, das das Grenzgebiet sichern sollte. Schon bald musste er feststellen, dass er nicht genügend Ritter aufbieten konnte, zu viele hatten sich von ihm abgewandt. Trotzdem ignorierte er Montfort weiterhin; einzig die Marcher Lords kamen für ihn als Gesprächspartner infrage. Er bat sie um Hilfe. Allerdings konnten Peter Mortimer und seine Freunde ihre eigenen Güter nicht schutzlos lassen. Ihre Unterstützung für den König war bestenfalls halbherzig.

Die Berichte, die die Farnhams erreichten, klangen übel, es gab englische Niederlagen und Verluste. Oliver sog sie in sich auf, er konnte nicht genug von ihnen bekommen und hatte Freude an Heinrichs Fehlschlägen. Seinem Vater gegenüber zeigte er nicht, wie er empfand, doch selbst Humphrey musste zugeben, dass sich der König in eine Sackgasse manövriert hatte.

Montfort erkannte seine Chance. Als er ein eigenes Heer zusammenrief, brauchte er niemanden zu bitten, die Barone kamen von sich aus zu ihm. Oliver erhielt Montforts Nachricht in London, wo sie bereits Stadtgespräch war. Es würde wieder einen Kampf geben, und diesmal würde sich Englands Zukunft entscheiden.

Er bereitete sich vor. Machte Ausritte, überprüfte Rüstung und Waffen. Übte verbissen mit seinem Schwert, ließ es durch die Luft sausen, stach auf Strohsäcke ein.

Während er übte, kam eines Nachmittags sein Vater zu ihm.

»Es bleibt dabei, Oliver, du bist der einzige männliche Erbe. Solltest du fallen, wird der König nach meinem Tod unser Land erhalten. Dagegen kann niemand etwas tun.«

»Keine Sorge, Vater, ich passe auf mich auf.«

»Ich hoffe, du tust das und gibst nicht deinem Leichtsinn nach. Es ist eine Schlacht, und das heißt, die Ritter der Gegenseite trachten dir nach dem Leben.«

»Ich weiß.«

»Während du noch mit einem kämpfst, schlägt ein zweiter zu. Womöglich siehst du ihn nicht einmal kommen.«

»Ich ziehe nicht zum ersten Mal in den Kampf.«

»Der Tod ist überall.«

»Wahrscheinlich wird es nicht einmal eine Schlacht geben. Mit wem will Heinrich denn antreten? Sein Heer ist im Grenzland gebunden. Wenn er es dort abzieht, greifen die Waliser an.«

Humphrey schüttelte den Kopf. »Ich fürchte, der Kampf wird genau dort stattfinden, im Grenzland«, sagte er mit seiner krächzenden Stimme. »Und du setzt alles aufs Spiel. Unseren gesamten Besitz.«

Oliver hielt sein Schwert so, dass die Spitze zum Boden zeigte. Sein Vater war ein armer alter Mann, der vergessen hatte, was das Leben ausmachte. »Was schlägst du vor? Ich kann schlecht hierbleiben.«

»Manchmal ist es klüger, einem Kampf auszuweichen.«

Oliver wollte laut loslachen. Er kniff die Lippen zusammen. »Es ist unsere Sache, um die es hier geht. Und außerdem wird Guy de Montfort mein Schwager. Dein Schwiegersohn. Sollen wir ihn hängen lassen? Und seinen Vater, der uns die Ehre erwiesen hat?«

Humphrey ließ den Kopf hängen. Es machte den Eindruck, als könne er sich kaum mehr auf den Beinen halten.

»Überleg doch, Vater, wie es aussehen würde, wenn die Barone siegen und ich nicht dabei war. Wir würden uns lächerlich machen.«

»Ich sehe, mein Sohn, dass ich dich nicht halten kann, auch diesmal nicht. Möge Gott dich schützen.«

»Danke, Vater.«

Am nächsten Tag sandte Oliver eine Nachricht an Liam Sholtam, den Halbbruder von Gerald, und fragte ihn, ob er ihm als Knappe dienen wolle. Die Antwort kam umgehend: Liam war bereit.

Sie trafen sich in Wessex, einen Tagesritt westlich von London. Nicht nur Liam erschien, sondern auch Gerald mit seinem zweiten Halbbruder Matthew als Knappen. Gerald war überschwänglich wie immer und umarmte ihn: »Oliver, ich freue mich, dich zu sehen.«

»Gleichfalls«, erwiderte Oliver halbherzig.

Sie ließen die Jungen das Zelt aufbauen und das Abendessen besorgen, während sie sich am Feuer ausstreckten und Bier tranken.

Der Platz, den Montfort als Treffpunkt vorgegeben hatte, war nicht weit, und als sie am nächsten Mittag dort eintrafen, machte Olivers Herz einen Freudensprung. Eine starke Armee hatte sich versammelt. Das Feldlager füllte eine ganze Wiese, überall waren Zelte aufgeschlagen, bunte Wimpel wehten im Wind, blank geputzte Schwerter spiegelten das Sonnenlicht, viele Feuer brannten, und es wurde getrunken und gelacht.

Oliver drehte eine Runde durchs Lager. Er sah viele bekannte Gesichter, wurde gegrüßt und auf einen Becher Bier eingeladen. Die Stimmung war ausgezeichnet. Sie zeugte von Siegesgewissheit.

Die Montforts hatten zwei Zelte. Im hinteren lagen die Strohsäcke der Söhne, Simon wohnte im vorderen. Das Tuch vorm Eingang war nach oben geklappt und festgebunden. Simon stand mit einigen Männern zusammen und war in ein Gespräch vertieft.

Oliver verbeugte sich am Zelteingang.

Simon sah ihn sofort. »Oliver of Farnham«, rief er. »Gut, dass du da bist. Tritt ein.«

Neben Simon waren sechs Männer im Zelt, die Montfort-Söhne und einige Barone. Oliver grüßte sie alle, dann stellte er sich neben Guy, der ihm freundschaftlich auf den Rücken klopfte.

»Wir sind dabei, festzulegen, in welche Richtung wir ziehen werden«, erklärte Simon.

»Die große Mehrheit ist für London«, fügte Guy hinzu.

Oliver behielt für sich, dass er davon ausgegangen war, sie würden wieder ins Waliser Grenzland reiten.

»London und dann Westminster«, ergänzte Simon. »Wir treffen den König dort, wo er zu Hause ist.« Er lachte. »Und wo er schutzlos ist, denn sein Heer kämpft im Grenzgebiet.«

»Eine gute Idee«, erklärte Oliver.

»Das ist auch die Meinung von allen anderen«, sagte Simon. »Und sollte sich Heinrich wieder im Tower verkriechen, werden wir verhindern, dass er da jemals wieder rauskommt. Dann kann er zumindest nicht regieren.«

»Dieses Frühjahr wird die endgültige Entscheidung bringen«, meinte Guy. Er wandte sich an Oliver. »Llewelyn hat uns zugesagt, Heinrichs Truppen noch eine Zeit lang zu beschäftigen.«

Eine Absprache mit Llewelyn? Oliver war sich nicht sicher, ob er richtig gehört hatte. »Ihr habt euch mit den Walisern verbündet?«

»Verbündet sicher nicht«, erwiderte Simon. »Wir haben mit ihnen eine Vereinbarung getroffen. Bevor du protestierst …«

»Ich protestiere nicht!«

» … bedenke, mit wem sich Heinrich gegen uns zusammengetan hat. Mit den Franzosen, den Flandern und dem Papst. Um uns zu vernichten, würde er auch dem Teufel die Hand reichen.«

Oliver nickte erneut. Montfort hatte recht. Er hatte wieder einmal recht.

Beim Hinausgehen ließ Guy ihn wissen, dass sie noch auf Ritter aus anderen Landesteilen warteten, deshalb würden sie einen oder zwei weitere Tage im Lager verbringen. Oliver kehrte zu ihrem Zelt zurück, band sein Pferd los und führte es zu einem nahe gelegenen Bach. Dort fand er Gerald, der sein Pferd ebenfalls trinken ließ. Er trug nur ein Hemd, es reichte ihm bis zu den Oberschenkeln. Oliver schüttelte unmerklich den Kopf. Warum zog sich dieser Sholtam nicht an, wie es sich für einen Edelmann gehörte? Der Kerl war seltsam.

Sie führten ihre Pferde wieder zu ihrem Lagerplatz. Die Halbbrüder saßen in der Sonne und tranken Bier. Oliver machte sich daran, seinen Sattel loszuschnallen. Liam sprang auf, um ihm die Arbeit abzunehmen, und Oliver ließ ihn gewähren und nahm sich den Sonnenplatz. Matthew holte aus dem Zelt Becher für ihn und für Gerald.

Sie tranken zu viert und prosteten einander zu. Oliver erzählte ihnen, was er von Montfort gehört hatte.

»Nach London?«, fragte Gerald erstaunt.

»Ja, denn das königliche Heer ist in Wales gebunden.«

»Du hast eine gute Verbindung zu Montfort, nicht wahr?«

»Sie wird demnächst noch enger«, erwiderte Oliver und berichtete von den Heiratsplänen.

Die Knappen nickten, und Gerald strahlte. »Ich gratuliere. Ich würde auch gerne zur Montfort-Familie gehören.«

»Du hast doch eine hübsche Schwester. Wie heißt sie noch?«

»Anna.«

»Richtig, Anna. Wie alt ist sie?«

»Dreizehn«, erwiderte Matthew.

»Nun«, meinte Oliver. »Verheiratet sie, wie ihr es für richtig haltet. Kommt nur den Farnhams nicht in die Quere.«

»Niemals«, sagte Gerald.

Den Nachmittag nutzte Oliver, um anderen Baronen seine Aufwartung zu machen. Erst zum Abendessen kehrte er zurück. Liam und Matthew hatten mitgebrachtes gepökeltes Fleisch zubereitet. Es schmeckte zäh und war stellenweise verbrannt. Oliver hielt sich vor allem ans Bier und wurde bald schläfrig.

Sie ließen die Knappen im Freien nächtigen. Es war gut, nur zu zweit im Zelt zu sein, der Schweißgeruch war auch so stark. Oliver nahm den Platz am Eingang, schlief bald ein und blieb am nächsten Morgen lange liegen. Als er endlich aufstand, schien bereits die Sonne. Der Tag versprach, langweilig zu werden, es war nicht sicher, wann die erwarteten

Ritter kommen würden. Oliver ließ Liam sein Pferd striegeln und ihm den Dreck aus den Hufen kratzen. Um seine Waffen kümmerte er sich selbst.

Am Nachmittag schloss er sich einer Gruppe an, die auf die Jagd ging. Viel Erfolg hatten sie nicht. Sie waren zu laut, einige von ihnen hatten so viel Wein getrunken, dass sie im Wald über Wurzeln oder über ihre eigenen Füße stolperten und laut fluchten. Das Wild war geflohen, sie erlegten nur drei Hasen auf einer Lichtung. Immerhin traf Oliver einen von ihnen.

Er gab Liam das Tier und wies ihn an, es zu häuten und auszunehmen. Viel Fleisch würde nicht übrig bleiben, ein kleiner Hase reichte nicht für vier Esser, doch sie hatten Proviant in den Satteltaschen. So oder so, für die Mahlzeiten waren die Knappen zuständig. Sie waren auch diejenigen, die als Erste zu verzichten hatten.

Am Bach wusch er sich und nahm seine Runde durch das Lager wieder auf. Dabei entdeckte er Guy, der sein Messer auf einen Baum warf. Es ging darum, dass die Spitze stecken blieb, so wie sie im Körper eines Feindes stecken bleiben sollte.

»Morgen Früh reiten wir nach London«, sagte Guy.

»Das ist gut.«

Oliver zog sein Messer. Anders als Guy fasste er es an der Spitze, sodass es sich im Flug drehen musste. Es blieb in der Baumrinde stecken. Der Griff wackelte ein wenig.

»Guter Wurf«, räumte Guy ein, dessen eigenes Messer abglitt.

Oliver erkannte, dass er Gefahr lief, seinen künftigen

Schwager durch einen zweiten Treffer zu demütigen. Wieder griff er sein Messer an der Klingenspitze, warf es diesmal aber so, dass es ebenfalls am Baumstamm abprallte.

»Ist nicht so einfach«, sagte er. »Im Kampf wirft man es nicht, sondern sticht zu.«

Guy machte einen Ausfallschritt in Olivers Richtung und fuhr den Arm aus. Sein Messer hatte er in der Hand. Oliver sprang zurück.

»Ungefähr so?«, fragte Guy.

»Ja, ungefähr. Bloß nicht gegen den Freund.«

»Mmh«, machte Guy. »Wie geht es deiner Schwester?«

»Gut.«

»Ist sie bereit für unsere Hochzeit?«

»Ja«, log Oliver, »das ist sie.«

»Das ist schön. Und du weißt es genau?«

»Ja«, behauptete Oliver. »Zweifelst du daran?«

»Ich weiß doch nicht, was in Carol vorgeht. Woher auch? Vielleicht ist es nicht so wichtig. Wir werden uns schon aneinander gewöhnen.«

»Das meine ich auch. Was zählt, ist, dass mein Vater zugestimmt hat.«

»Und meiner«, ergänzte Guy.

Guy klopfte Oliver auf die Schulter. »Dann sind wir bald Schwäger.«

Oliver griff nach seiner Hand und drückte sie. »So ist es.«

...

Der Bürgermeister von London öffnete ihrem Zug persönlich das Stadttor und begrüßte Simon de Montfort mit einer Verbeugung. Es war allgemein bekannt, dass London auf der Seite des Adels stand. Der Bürgermeister ließ sie wissen, dass sich König Heinrich mit seiner Familie tatsächlich im Tower verschanzt hatte. Montfort hatte also die richtige Ahnung gehabt. Die alte Burg, uneinnehmbar, wie sie war, würde für Heinrich zur Falle werden.

Montfort wandte sich an seine Männer. »Der König hat sich versteckt. Heinrich hat Angst vor uns!«, rief er, und Oliver und die anderen Ritter brachen in Jubel aus und reckten ihre Schwerter in die Höhe.

Nur Montfort blieb ernst.

»Ich finde, er könnte sich ruhig ein wenig freuen«, meinte Gerald, der sein Pferd neben Olivers gebracht hatte.

Oliver sah ihn an. »Nein, es ist richtig, wie er sich verhält.«

»Warum?«

»Er denkt weiter und weiß, dass wir noch nicht gewonnen haben.«

Ihr Ritt durch London glich einem Triumphzug. An den Straßen standen Scharen von Bürgern und jubelten ihnen zu, und sie winkten von ihren Pferden aus zurück, während sie sich auf den Tower zubewegten. Dort waren die Burgtore hochgezogen, in den Maueröffnungen jenseits des Grabens konnte man im Gegenlicht die Spitzen von Pfeilen aufblitzen sehen. Niemand wusste, wie viele Männer Heinrich hatte, eindeutig war aber, dass sie sich zur Wehr setzen würden. Oliver besah sich das Gelände. Wer angriff, musste das ungeschützt tun, und der Graben war breit. Im Inneren gab es, wie man sich erzählte, sogar noch einen zweiten.

Montfort ließ sie ihr Lager am Themseufer aufschlagen. Er verbot seinen Männern, die Häuser in oder um London hatten, nach Hause zu gehen, und sei es nur für eine Nacht. Zu groß war wohl seine Sorge, mancher würde nicht wiederkommen. Oliver zog es nicht zu seiner Familie, aber er hatte auch keine Lust, weiter in Geralds Zelt zu schlafen, deshalb richtete er sich sein Lager im Freien ein.

Am nächsten Morgen führte Montfort sie südwärts. Ohne jeden Widerstand besetzten sie Dover und die benachbarten kleineren Hafenstädte. Montfort wollte verhindern, dass französische Soldaten dem bedrängten Heinrich zu Hilfe kamen, deshalb ließ er jeweils einen Trupp zurück.

Nach ein paar Tagen waren sie wieder in London und hielten auf Westminster zu. In ihrem Zug machte sich gespannte Erwartung breit.

Wie es aussah, plante Montfort, den Palast einzunehmen.

Vorher passierten sie die Baustelle der Abbey. Oliver war das letzte Mal vor Jahren hier gewesen. Damals konnte man kaum mehr als die Grundrisse erkennen. Seitdem hatte sich eine Menge getan, es war nicht schwer, sich vorzustellen, dass hier einmal eine prächtige Kirche stehen würde. Die Barone waren gegen diesen Bau, weil sie ihn verschwenderisch fanden, und auch jetzt stiegen einige der Ritter ab und pinkelten im Überschwang des Siegesgefühls gegen die Wände.

Aus der Entfernung schauten ihnen einige Handwerker zu. Oliver glaubte, einen von ihnen zu kennen. Er sah genauer hin. Es war ein dunkelhaariger Mann mit schmalem Gesicht und Oberlippenbart. Er wandte sich ab. Die Kirche brauchte ihn nicht zu kümmern. Die Entscheidung darüber traf Montfort, und es gab Wichtigeres. Vor ihnen lag der Palast.

Vor dem äußeren Tor standen keine Wachen. In einem langen Zug ritten sie den Weg hinauf. Oben angekommen, pfiff Guy mit den Fingern und rief durch den verschlossenen Eingang.

Ein einzelner Mann trat heraus. Er trug zivile Kleidung.

»Wer seid Ihr?«, fragte Montfort.

»Mein Name ist Taylor, Mylord. Ich bin der Verwalter.«

»Das trifft sich gut.« Montfort klang jovial. »Wir haben Hunger. Bewirtet uns.«

Der Verwalter wurde bleich, während er auf den langen Reiterzug starrte. »Alle?«

»Sicher alle.«

»Darauf sind wir nicht vorbereitet.«

»Dann hast du etwas nachzuholen, Taylor. Geh zum Markt. Ich würde vorschlagen, du beeilst dich. Und schick uns Burschen, die sich um die Pferde kümmern.«

Sie nahmen den Palast in Besitz. Schwärmten in der riesigen Halle aus und drangen in den Audienzsaal, wo sie mit ihren verschmutzten Reitstiefeln über die weichen Teppiche schritten. Oliver schloss sich einer Gruppe an, die sich daranmachte, durch die Gemächer zu stromern, auch im oberen Stockwerk, wo das Königspaar residierte. Bei allem Pomp waren es am Ende auch nur Zimmer, in denen jemand schlief oder sich ankleiden ließ. Was ihm dagegen gefiel, war das Verhalten der Barone. Niemand berührte etwas, geschweige denn, dass Dinge gestohlen wurden. Sie alle hatten die Disziplin englischer Edelleute.

Auf das Essen mussten sie lange warten, und als endlich aufgedeckt wurde, waren einige Ritter bereits betrunken. Pech für sie, dachte Oliver, denn sie verpassten etwas. Der bleiche Verwalter hatte kochen lassen, als hinge sein Leben davon ab. Vielleicht war es ja auch so. Sie bekamen mehrere Gänge vorgesetzt, und alle schmeckten vorzüglich.

Während sie noch aßen, kam ein Bote, verbeugte sich vor Montfort und flüsterte ihm etwas zu.

Nachdem Montfort die Botschaft gehört hatte, stand er auf. »Dieser Mann kommt gerade aus dem Tower!«, rief er in die Runde. »Er bringt uns eine Nachricht des Königs. Ihr werdet es nicht glauben.« Er machte eine Pause, und alle blickten gespannt zu ihm. »Er ist bereit, die *Oxforder Vereinbarungen* wieder anzuerkennen.«

Im Saal brach Jubel aus. Ungezählte Stimmen riefen »Hurra« und »Bravo«, Becher wurden in die Höhe gehalten und gegeneinander gestoßen, eine Menge Wein schwappte über Tisch und Kleider, und überall klopfte jemand seinem Nachbarn auf die Schultern.

Montfort wartete, bis die Rufe abebbten, und breitete die Arme aus. »Freunde, wir haben gewonnen!«

Guy, der neben Oliver saß, legte ihm den Arm um die Schulter. Er strahlte übers ganze Gesicht. »Lass uns ein großes Fest feiern, Farnham«, sagte er. »Unseren Sieg und die Hochzeit.«

»Ja«, erwiderte Oliver, der genauso begeistert war wie Guy, »das machen wir.«

# XXIV

Als der Zug der Ritter bei ihnen haltgemacht hatte, war Henri aus seiner Bauhütte getreten. Er hatte zugeschaut, wie mehrere dieser ungehobelten Kerle, die sich Edelmänner nannten, die Beinlinge herunterließen und ihre Wände beschmutzten. Und er hatte Carols Bruder gesehen. Der war immerhin auf seinem Pferd geblieben.

Er verstand, was es bedeutete, dass der Zug so ungehindert durch Westminster ritt, und als John zu ihm trat, sprach er es aus. »König Heinrich hat verloren. Diesmal endgültig, fürchte ich.«

»Und nun wird unser Land von Männern beherrscht, die gegen Kirchenwände pinkeln?«

»So schlimm wird es schon nicht werden.«

»Ich verstehe einfach nicht, warum sich die hohen Herren nicht einigen können. Am Ende sind wir doch alle Engländer.« Der Steinmetz sah zu Henri. »Entschuldige. Du gehörst natürlich zu uns.«

Henri war sich nicht sicher, ob er das überhaupt wollte. »Danke«, sagte er trotzdem.

Als die Ritter weiterzogen, kehrten sie ins Kircheninnere

zurück. Alle Bauhütten außer einer einzigen standen leer; sie reichte für die verbliebenen Handwerker. Der letzte Quader wurde unter den Meißelschlägen der Steinmetze immer kleiner. Einen neuen gab es nicht. Am schlimmsten war die Stimmung auf der Baustelle. Sie alle bewegten sich leise wie die Katzen, das Geräusch des letzten Hammers verlor sich in der Weite. Selbst in ihren Pausen machten sie nicht mehr Worte als unbedingt nötig.

Am Abend zählte Henri das verbliebene Geld. Er wusste auch so, wie viel es war, dennoch konnte er nicht anders, es war wie eine Marotte, dass er die Münzen vom Stapel nahm und Stück für Stück zu einem neuen aufbaute. Wenn er die Handwerker so bezahlte, wie es ihnen zustand, war Mitte der nächsten Woche der letzte Penny ausgegeben. Für ihn selbst bedeutete das, dass er Maude bald die Miete schuldig bleiben würde. Die Frage war, was dann passieren sollte.

Da er darauf keine Antwort wusste, verzog er sich in die *Lady Chapel*. Hatte er am Anfang den Kreuzgang am meisten geliebt, so bevorzugte er jetzt die Kapelle. Dieser Ort hatte etwas Besonderes an sich, eine Atmosphäre, die er nicht in Worte fassen konnte, die ihn aber auf die Idee kunstvoller Säulen gebracht hatte. Inzwischen hatte er sie gezeichnet.

Er dachte an die heilige Jungfrau, der diese Kapelle gewidmet und an die er durch seinen Eid gebunden war, aber noch mehr dachte er, wenn er hier arbeitete, an seine Lady, an Carol. Er fasste einen Entschluss. Da er ihren Bruder mit Montforts Heer gesehen hatte, ging er davon aus, dass Oliver auch in den nächsten Tagen nicht im väterlichen Palais war. Henri würde er am Sonntag zu Carol gehen. Vielleicht nicht an die

Tür klopfen, aber sich bemerkbar machen, sodass sie ihn auf der Straße sah, oder sie auf dem Kirchgang abpassen.

Sie kam ihm zuvor und stand auf einmal in seinem Zimmer.

»Carol!«, rief er.

Sie umarmten sich und drückten ihre Körper so fest aneinander, als wollten sie sich nie wieder loslassen.

»Mein Bruder zieht mit Montforts Heer.«

»Ich habe sie gesehen. Sie waren in Westminster.«

»Ja, ich weiß. Henri, ich ...«

Sie legte ihren Umhang ab, setzte sich auf sein Bett und senkte den Blick.

Er hockte sich zu ihren Füßen. »Was ist, Liebste?«

»Es geht nicht mehr.«

Er griff nach ihrer Hand. »Was meinst du?«

»Ich lüge, um zu dir zu kommen. Heute habe ich wieder behauptet, ich würde in die Kirche gehen. Ich lüge nicht nur meinen Vater an, sondern auch Gott. Dafür wird er mich in die Hölle werfen.«

Er setzte sich neben sie. »Aber nein.«

»Doch«, rief sie und klang wütend.

»Du tust es aus Liebe.«

»Das spielt am Ende keine Rolle.«

»Ich denke doch. Wenn jeder, der lügt, in die Hölle käme, wäre es dort ziemlich voll, und im Himmel herrschte gähnende Leere.« Er machte eine kurze Pause. »Ich wäre auch in der Hölle«, setzte er hinzu.

»Du? Warum?«

Er sah sie an. Nun war der Zeitpunkt für seine Beichte gekommen. »Weil alles, was ich darstelle, erschwindelt ist.«

»Das stimmt nicht.«

»Oh doch. Ich fürchte, ich muss dir etwas gestehen, Liebste. Bitte höre mich zu Ende an.« Endlich erzählte er ihr von Archies Besuch in Reims und dass er eine zufällige Namensgleichheit genutzt hatte und nur ein gewöhnlicher Maurermeister war.

»Das war die Gunst des Augenblicks«, sagte sie.

»Ich habe den König angelogen.«

»Wenn du nur Maurermeister bist, woher beherrschst du dann, was du tust?«

»Vom alten Baumeister, den ich ausgefragt habe. Und aus Erfahrung. Ich habe an fast allen Kathedralen in Frankreich gearbeitet und immer zu verstehen versucht, wie sie gebaut werden. Außerdem habe ich Pläne kopiert, damals, als … nachdem meine Frau gestorben war. Und einige neue entworfen. Es hat mich getröstet.«

»Henri!« Sie drückte seine Hand fest und schaute ihn mit ihren blauen Augen an.

»Ich bin erleichtert, dass du endlich mein Geheimnis kennst.« Er wich ihrem Blick aus. »Verachtest du mich nun?«

»Nein. Erstens bist du in meinen Augen ein Baumeister, und zweitens ist mir das nicht wichtig.«

»Was meinst du?«

»Es hat keine Bedeutung. Für mich nicht«, gab sie zurück und tippte ihm auf die Brust. »Ich liebe das, was tief in dir ist. Und da sehe ich Wahrhaftigkeit.«

»Und trotzdem, meine Lüge bleibt. Damals auf dem

Schiff dachte ich, Gott hätte den Sturm nur deswegen geschickt. Deshalb mein Eid. Ich habe der heiligen Jungfrau geschworen, ihr eine prachtvolle Kathedrale zu bauen, wenn sie mich am Leben lässt.« Er warf einen Blick auf den winzigen Stapel mit seinen letzten Münzen. »Es scheint so, als wollte sie nicht. Nächste Woche gehen unsere Mittel aus. Wieder einmal.«

Sie strich ihm über die Wange. »Vielleicht bekommst du bald neues Geld.«

»Sagst du das, um mich zu trösten?«

»Es gibt Gründe. Die Königlichen haben noch nicht verloren. Dass Montfort nun der Herrscher Englands ist, passt vielen Baronen nicht. Mein Vater zählt dazu. Die Lords im Grenzgebiet haben sich bereits gegen ihn gewendet, weil er einen Pakt mit Llewelyn geschlossen hat. Sie fürchten, die Waliser werden es sich bezahlen lassen, dass sie Heinrichs Truppen so lange in Scharmützel gebunden haben. Mit Land. Mit ihrem Land.«

»Wie gehabt: Im englischen Konflikt dreht der Wind schnell.«

»Das ist wahr.«

»Archie glaubt, das liegt daran, dass die Seite, die gerade einen Vorteil hat, zu viel will. Das Pendel schlägt dann zurück.«

»Ich nehme an, er steht auf Montforts Seite?«

»Weshalb glaubst du das?«

»Fast alle Geistlichen halten zu ihm.«

»Archie wünscht sich einen Ausgleich. Eine Teilung der Macht, wie er immer sagt.«

»Das wäre sicher vernünftig. Und du?«

»Ich hoffe, dass bald Frieden einkehrt. Unser Steinmetzmeister meinte, die hohen Herren sollten sich einigen, damit wir weiterbauen können. So ungefähr sehe ich es auch.« Er strich über ihre Wange. »Und ich möchte dich.«

Er küsste sie, und bald lagen sie auf dem Bett, wo er begann, ihr über die Brüste zu streichen und die Bänder ihres Kleides zu lösen. Sie hatte die Augen geschlossen. Ihr Haar lag wie ein Kranz um ihren Kopf.

Er tastete nach ihren Beinen. Nach den Schenkeln. Sie öffnete die Augen. »Henri, es geht nicht. Ich könnte ein Kind bekommen. Und das in einem Moment, wo ich gesagt habe, ich sei beim Gottesdienst. Das wäre die sichere Verdammnis.«

Er zog seine Hand fort. »Dann gehe ich zu deinem Vater und bitte ihn um deine Hand.« Mit Schwung stand er auf. »Jetzt sofort.«

»Tu das nicht. Er würde dich nicht einmal empfangen.«

»Er muss«, entgegnete er. »Ich will ...« Er brach ab. »Vielleicht wäre es gut, ein Kind zu zeugen. Dann wird dieser Guy dich nicht mehr wollen und dein Vater seine Meinung ändern. Und wir hätten ein Kind, das wir großziehen.«

»Eher schickt Vater mich ins Kloster.«

»Das werde ich nicht zulassen.«

Sie saß auf dem Bett und zog ihn sanft neben sich.

»Man sagt den Waliser Frauen nach«, erklärte sie, »dass sie sich Liebhaber suchen, wenn ihnen danach ist.«

»Davon habe ich gehört. Warum erwähnst du es?«

»Weil ich mich frage, ob das in Wahrheit die größte Sorge

der Engländer ist, dass dieses Beispiel bei uns Schule macht. Hier herrschen althergebrachte Vorstellungen von dem, was Frauen und Töchter dürfen und was nicht. Aber eigentlich haben die Waliserinnen recht. Männer machen es ja nicht anders, sie nehmen sich Mätressen, wann immer ihnen danach ist.«

»Kann man das vergleichen?«

»Findest du nicht? Bist du auch so altmodisch?«

Er küsste sie. »Ich bin Franzose, mein Schatz.«

»Was heißt das?«

»Ich habe größtes Verständnis für alles, was aus Liebe geschieht.«

»Das ist gut. Und nun muss ich gehen.«

Er half ihr, die Bänder ihres Kleides zu schließen, und begleitete sie, bis sie in der Nähe ihres Hauses waren. Sie nickten sich zum Abschied zu, und ohne anzuhalten, ging er weiter, als würde er sie nicht kennen.

...

Auf dem Rückweg suchte er nach Antworten auf seine Fragen. Es ging um die Baustelle und die Mittel dafür, aber auch um Carol, und er spielte eine Heirat ohne väterlichen Segen genauso durch wie eine mögliche gute Hoffnung von Carol. Das Gehen tat ihm gut. Selbst eine gemeinsame Rückkehr nach Frankreich dachte er genauer durch. Dies war kein guter Plan. Er würde seine Freunde verlassen, seine Aufgabe hinschmeißen, all das käme einer Flucht gleich. Und es bliebe, was er schon so oft eingewendet hatte: Er hätte seinen Eid gebrochen. Was das für Folgen für ihn haben würde, war nicht abzusehen.

Als er zurückkam, war es Nachmittag, und Archie saß mit Maude am Küchentisch, ihre Stühle so dicht nebeneinander, dass Henri glaubte, sie hätten einander an den Händen gehalten. Ihm fiel wieder ein, was er zu Carol gesagt hatte, nämlich dass er als Franzose Verständnis für die Liebe habe. Wenn dieser Satz stimmte, musste er auch für einen Mönch gelten, für einen Mann also, der Keuschheit geschworen hatte. Verständnis, ja. Aber auch in Archies Fall lautete die Frage: Wie war ein Eidbruch zu bewerten?

Auf dem Tisch lag ein Schinken. »Wo hast du den denn her?«, fragte Henri.

Der Mönch schmunzelte. »Gekauft. Auf dem Markt in Westminster. Was hast du erwartet?«

»Sie bezahlen dich offenbar gut in deinem Kloster. Ein Handwerker könnte sich so etwas nicht leisten.«

»Warum bist du so grob?«, fragte Maude.

»Das würde ich auch gerne wissen«, meinte Archie. »Schließlich wirst du später von diesem Schinken essen. Man beißt doch die Hand nicht, die einen füttert.«

Henri setzte sich ihm gegenüber. »Was macht dein Buch?«

»Die Frage gebe ich gerne zurück«, meinte Archie. »Wie geht es deiner Baustelle?«

»Bald besser, hoffe ich. Soweit ich gehört habe, stellen sich die Marcher Lords gegen Montfort. Und einige andere Barone auch.«

»Du bist gut informiert. Dank Lady of Farnham?«

Die Frage passte Henri nicht. »Ja«, sagte er trotzdem.

»Offenbar soll es einen neuen Schiedsspruch des französischen Königs geben.«

»Schon wieder?«, fragte Henri. »Wie viele davon braucht es noch?«

»Die Engländer können sich nach wie vor nicht einigen«, antwortete Maude. »Unsere Streithähne brauchen wieder Hilfe.«

# XXV

Die neuerliche Vermittlung des französischen Königs sollte in Amiens stattfinden. Oliver brannte darauf, teilzunehmen, doch Simon de Montfort bat nicht ihn, sondern seinen Vater. Ausgerechnet den Alten, der schnell darin war, Kompromisse zu akzeptieren, und der der Sache der Barone in Wahrheit stets distanziert gegenübergestanden hatte. Es war nicht zu verstehen.

Obwohl es Winter war, war er mit Carol in London geblieben. Damit folgten sie einem Wunsch ihres Vaters, der vor der Abreise gesagt hatte, sie sollten nach seiner Rückkehr alle drei zusammen zur Burg fahren. Oliver war es recht. Er war jetzt der Hausherr im Farnham'schen Palais, und wenn er schon nicht nach Amiens hatte fahren dürfen, zog er London dem Land vor. Eine Reihe seiner Freunde waren in diesem Jahr ebenfalls in der Stadt geblieben. Oliver gab ein Fest.

Selbstverständlich hatte er Guy eingeladen, dazu die Sholtams, Gerald, Matthew und Liam, und einige andere, auch junge Damen, die in Begleitung von Müttern, Tanten oder Zofen erschienen. Zu essen gab es reichlich, ebenso Wein und Ale. Er hatte zwei Spielleute aufgetrieben, nach deren Weisen sie tanzten. Nur Carol ließ sich nicht blicken. Seine sture Schwester. Hockte oben in ihrem Zimmer, schmollte wahrscheinlich, und Oliver musste Guy, der bereits nach ihr gefragt hatte, vertrösten.

Im Kamin brannte ein Feuer, auf den Tischen standen Kerzen. Die meisten Gesichter waren rot vom Tanz und von der Wärme, hier und da wischte sich jemand den Schweiß von der Stirn. Oliver richtete es so ein, dass er stets in Guys Nähe blieb. Das Wohlbefinden seines künftigen Schwagers war ihm wichtig. Er freute sich über jeden Becher Wein, den Guy in sich hineinkippte, der Freund sollte ruhig ausgelassen sein. Dabei allerdings nicht so weit gehen, dass er sein Auge auf eine andere junge Lady warf.

»Kommt Carol endlich?«, fragte er, als sie sich nebeneinander auf die Reihe der Frauen zubewegten.

»Ich glaub schon. Ich hoffe es.«

»Ich auch, Oliver. Sie ist schließlich die Gastgeberin.«

Das stimmte nicht ganz, Carol hatte sich nicht an den Vorbereitungen beteiligt, im Gegenteil, sie hatte Oliver zu verstehen gegeben, dass sie mit dem Fest nichts zu tun haben wollte.

»Vielleicht fühlt sie sich nicht wohl.« Mit einer großen Geste ließ er Arm und Hand fallen. »Frauenleiden. Kennst du doch.«

Guy lachte nicht, er schüttelte den Kopf. Oliver achtete beim Tanz auf seine Schritte. Links-rechts-halt, links-rechts-halt. Doch Guy war nicht bei der Sache.

Oliver ließ ihn nicht aus den Augen. ›Ich muss Carol holen«, zischte er Gerald zu.

»Wo ist sie?«

»Wahrscheinlich oben.«

Gerald erkannte seine Verärgerung. »Brauchst du Hilfe?«

»Nein. Doch. Bleib bei Guy, pass auf, dass er nicht verschwindet.«

»Wird gemacht.«

Oliver hätte sich gerne mehr auf die junge Dame eingelassen, mit der er tanzte, vor der er sich verneigte und deren Hand er ergriff, damit sie sich umeinander drehen konnten. Es war Valerie FitzPeter, ein hübsches Mädchen mit offenem Gesicht und strahlenden Zähnen, die sie gerne zeigte. Es kümmerte Oliver nicht, dass ihre Mutter irgendwo am Rand saß und zuschaute und wahrscheinlich jede seiner Bewegungen registrierte. Irgendwann musste auch er heiraten.

Aber zuerst würde er die Sache mit Carol zu einem guten Ende bringen. Mit einem Schlussakkord unterbrachen die Musikanten ihr Spiel. Oliver verneigte sich ein weiteres Mal vor Valerie, dann ging er zum Büfett und schenkte sich einen Becher voll Ale ein, den er schnell leerte.

»Was ist nun mit Carol?«, fragte ihn Guy, der neben ihn getreten war.

»Mach dir keine Sorgen, ich schaue nach ihr. Vielleicht ist sie krank.«

»Nein, ich werde gehen«, erklärte Guy. »Sonst denkt sie noch, ich hätte mein Interesse verloren.«

»Das denkt sie sicher nicht. Aber lass mich nach ihr schauen.«

Guy hielt ihn an der Schulter fest. »Nein.«

Oliver spürte, wie ernst es ihm war. Er wagte nicht, zu widersprechen.

»Welches ist ihr Zimmer?«, wollte Guy wissen.

»Die letzte Tür im oberen Stock.«

Guy verschwand Richtung Treppe. Oliver blickte ihm nach. Vielleicht war es richtig, dass Guy zu ihr ging, er wollte Carol, sie waren praktisch verlobt, also war es auch an ihm, sie sich zu formen.

...

Carol war erleichtert, als die Musik aufhörte. Ihr Fernbleiben verletzte die Grenzen des Anstands, und so würde es ihr Vater bewerten, sollte Oliver ihm die Geschichte zu Ohren bringen, und sie tadeln. Dass sie krank war, hatte ihr Bruder ihr nicht einen Augenblick abgenommen.

Es klopfte an ihrer Tür. Oliver – da war er schon.

Sie wollte ihn nicht sehen und bat ihn nicht herein.

Die Tür ging trotzdem auf.

Aber nicht Oliver trat in ihr Zimmer, sondern Guy de Montfort.

»Was wollt Ihr?«, fragte sie.

»Warum so barsch, Mylady? Ich mache Euch meine Aufwartung. Und bitte Euch zum Tanz.« Er schloss die Tür und kam näher.

»Guy, verlasst sofort mein Zimmer. Ihr dürft hier nicht sein.«

»Niemand sieht mich.«

»Es kann jederzeit jemand kommen.«

Er lachte. »Die tanzen alle.«

»Ohne Musik?«

Er stand zwei oder drei Schritte vor ihr. Sie hatte Angst und gab sich Mühe, sie ihn nicht spüren zu lassen. Regte sich nicht und wich auch nicht zurück.

»Carol, was ist mit Euch?«

»Ich fühle mich nicht wohl. Bitte geht. Jetzt sofort.«

Guy streckte die Hand nach ihr aus. »Mylady, wir sind so gut wie verlobt. Ich mache Euch nur einen freundlichen Besuch.«

Sein Gesicht wirkte noch unsympathischer als sonst, und auch seine zweifarbige Toga, so edel sie sein mochte, machte ihn nicht anziehend. Er kam ihr vor, als spiele er jemanden, der er nicht war, den Ritter, den Mann und ganzen Kerl. Dabei war er nur ein Aal.

»Ich habe Euch nicht eingeladen«, wiederholte sie. »Habt Ihr keinen Anstand, Guy de Montfort?«

Er schmunzelte. Sein Gesichtsausdruck jagte ihr einen Schauer über den Rücken. Sie war dabei, sich abzuwenden, doch er war schneller, legte beide Hände auf ihre Hüften und zog sie mit einer überraschenden Bewegung zu sich heran. »Ich habe alles Mögliche, Lady Carol. Anstand sicher auch. Jedenfalls ein bisschen.«

Wieder lachte er, bevor er seine Lippen auf ihre drückte.

Sie riss ihren Kopf zur Seite.

»Was habt Ihr? Wir sind bald verheiratet ...«

»Nein«, sagte sie halblaut, während sie seine Hände auf ihrem Po spürte.

» … und dann komme ich jeden Abend in dein Bett. Das wird wunderbar. Ganz wunderbar.«

Er drückte seine Nase gegen ihren Hals, roch an ihr. Sie spürte seine Zunge auf ihrer Haut. Er leckte sie ab. Mit seiner Fischzunge. Es schauderte sie. Sie stieß die Hände gegen seine Brust und versuchte, sich loszumachen, doch sein Griff war fest. Sie schaffte es nicht, sich zu bewegen.

»Guy de Montfort«, rief sie, »zum letzten Mal: Lasst mich los und verschwindet. Auf der Stelle.«

Anstatt ihrer Aufforderung zu folgen, begann er, ihr mit einer Hand über den Rücken zu streichen, während die andere in ihre Pobacke kniff.

»Wir werden ein schönes Paar abgeben, Carol. Das schönste Paar Englands. Und wir werden ein paar süße kleine Montforts zeugen. Ich finde, wir sollten heute Abend damit beginnen. Jetzt gleich. Wozu warten?« Er drückte ihr einen Kuss auf die Wange.

Erneut drehte und wand sie sich. Versuchte, sich aus seinem Griff zu befreien.

Doch er hielt sie fest. Dann setzte er einen Schritt zur Seite und zog sie durch seine Umklammerung mit sich. Noch ein Schritt. Und noch einer.

Es ging Richtung Bett.

»Hilfe!«, schrie sie.

Er presste ihr die Hand auf den Mund. »Nicht, Carol«, sagte er. »Nicht schreien.« Es klang wie ein Flehen. Sie versuchte, ihn in den Finger zu beißen.

Seine farblosen Augen funkelten sie an. »Hör auf, dich zu

zieren«, setzte er in einem befehlenden Ton hinzu. »Irgendwann ist es für jede so weit.«

Guy schob Carol weiter Richtung Bett. Die Bewegung fiel ihm schwerer, da er eine Hand weiterhin auf ihren Mund presste und sie nur mit der anderen mit sich ziehen konnte. Sie drückte sich mit ihrem Gewicht in die andere Richtung. Es gelang ihr sogar, einen Schritt dorthin zu machen.

Wieder reagierte er überraschend. Ließ die Hand an ihrem Mund urplötzlich los, packte sie an den Ärmeln und warf sie aufs Bett. Bevor sie zu schreien ansetzte, hatte er ihr wieder den Mund verschlossen.

Er ließ auch den anderen Ärmel los, dafür hielt er jetzt ihren Hinterkopf und drückte so fest zu, als wollte er ihn zerquetschen. Sein Mund war dicht vor ihr, seine Ausdünstungen stiegen ihr in die Nase, Bier, schaler Wein und Zwiebeln. An den Wangen hatte er kleine Narben. Sie war starr vor Angst.

Er drückte seinen Mund auf ihren. Sie presste die Lippen zusammen.

Seine feuchte Zunge fuhr darüber. Ihr lief ein Schauder über den Rücken.

Sie schickte ein Stoßgebet zum Himmel.

»Carol«, flüsterte Guy in ihr Ohr, »du hast die Wahl: freiwillig oder ...«

»Verschwinden Sie, Guy de Montfort!«, zischte sie, ohne die Lippen zu öffnen. »Sonst erzähle ich aller Welt ...«

»Nichts wirst du erzählen, mein Schatz, gar nichts. Dein Bruder will unbedingt, dass wir heiraten. Er wird schon dafür sorgen, dass du den Mund hältst. Und wenn nicht, streite ich alles ab.«

Er stieß sie tiefer in die Kissen.

Sie riss ihren Kopf herum und schaute zur Seite. Dort war ihr Fluchtweg. Sie versuchte, die Ellenbogen aufzusetzen, damit sie sich abstoßen konnte. Nur raus aus dem Bett.

Er legte sich auf sie. »Hiergeblieben.«

Sein Gewicht nahm ihr den Atem. Es war, als würde er ihre Lungen zerquetschen. Erst als er sich ein wenig auf die Seite bewegte, bekam sie wieder Luft. Dafür lag jetzt seine Hand auf ihrem Busen. Rieb darüber.

Wieder versuchte er, sie zu küssen. »Carol«, seufzte er.

Sie spürte durch seine Beinlinge und die Toga hindurch seine Männlichkeit und presste die Beine zusammen. Sie würde sich wehren, bis zuletzt. Auch dann, wenn er sie schlug. Und sie würde ihrem Vater alles erzählen.

»Carol«, sagte er in einem plötzlichen Jammerton. »Ich will dir nicht wehtun. Warum machst du nicht mit?«

Er brachte sein Knie zwischen ihre Oberschenkel und versuchte, sie auseinanderzudrücken. Sie spannte die Muskeln an. Hielt dagegen.

Und kam nicht gegen seine Kraft an. Seine Hand nestelte bereits an ihrem Kleid und schob es höher. Sie schloss die Augen und stellte sich vor, dass sie ein Messer hätte und es ihm in den Arm stieß, direkt in den Muskel. Währenddessen riss er an ihrem Kleid, es ging kaputt. Das war ihm ganz egal, er schien es nicht einmal gehört zu haben. Sein hartes Glied rieb sich an ihrem Schenkel. Es kam ihr vor wie ein Stock, der in ihr Fleisch gedrückt wurde.

Wieder presste sie die Beine zusammen.

Sein Gesicht war direkt vor ihrem. Langsam zog er es zurück, sodass sie einander ansehen konnten. Er fuhr mit seiner Hand an ihre Kehle und drückte zu.

»Carol, sei nicht dumm.«

Sie hatte die Augen zusammengezogen und funkelte ihn an. Sammelte Spucke im Mund. Fürchtete gleichzeitig, dass sie ihn damit noch mehr reizen würde.

Durch die Bewegung seiner Knie riss auch ihr Unterkleid. Nach wie vor presste seine Hand ihren Hals zusammen. Sie schnappte nach Luft.

Er drückte noch fester zu. Blut sammelte sich in ihrem Kopf. Wie nah plötzlich der Tod war, wie kurz der Weg hinüber. Vor ihrem inneren Auge erschien ein Bild ihrer Mutter.

Sie nahm alle Kraft für einen letzten Schrei zusammen. Was herauskam, war nicht viel mehr als ein Röcheln. Sie schloss die Augen und dachte an Henri. Wünschte sich, er würde hereinstürmen und Guy herunterzerren. Hoffte darauf.

Es klopfte. Klopfte tatsächlich. Die Tür ging auf.

Guy drehte sich um.

Es war Ida. »Mylady, geht es Euch gut? Ich habe einen Ruf gehört.«

»Raus!«, rief Guy.

»Nein, bleib«, krächzte Carol. »Hol Hilfe.«

Ida kam näher. »Sir, was tut Ihr da?«

Guy lag immer noch auf Carol und starrte Ida an. Offenbar ging er blitzschnell seine Möglichkeiten durch. Nun gab es eine Zeugin. Er ließ Carols Hals los und drückte sich von ihr hoch. Sofort drehte sich Carol von ihm weg. Lag bereits auf der Seite, sodass sie sich aufsetzen konnte.

Auch Guy stand auf. Er zog seine Toga glatt, fuhr sich mit den Fingern durch die Haare und baute sich vor Ida auf. Sie wich zurück.

»Wir haben nur ein bisschen gebalgt, wie es Liebende tun. Halte den Mund, Zofe, das rate ich dir. Wir wollen doch nicht, dass dir ein Unglück widerfährt.«

Er wandte sich Carol zu. »Mylady, es ist immer ein Vergnügen mit Euch. Bis zum nächsten Mal.«

Es folgte eine knappe Verbeugung, dann ging er davon.

Carol atmete immer noch schwer. »Danke, Ida«, brachte sie hervor. Ihre Stimme klang rau, das Sprechen kratzte im Hals.

»Mylady, wir sollten …«

»Lass, es ist gut. Wir werden nicht über den Vorfall sprechen.«

Ida brauchte einen Moment, bis sie antwortete: »Wie Ihr wünscht, Mylady.«

# XXVI

Während Oliver mit Valerie tanzte, behielt er den Treppenabsatz im Auge. Er stellte sich vor, dass Guy Carol gerade belehrte, wer in ihrer Ehe das Sagen haben würde und dass sie zum Fest zu erscheinen hatte. Oliver war damit einverstanden. Carol war zu verwöhnt, jemand musste bei ihr die verpasste Erziehung nachholen. Guy war der Richtige dafür.

Valerie mit ihrem hübschen Gesicht und dem Lächeln besaß nicht solche Sturheit, da war er sicher. Er bewegte sich wieder auf sie zu, nahm ihre Hand und drehte sich mit ihr. Es stand an, dass er mit ihrer Mutter, Lady FitzPeter, ein wenig Konversation trieb und sie für sich gewann.

Er führte Valerie in die Richtung, in der ihre Mutter saß. Sie waren noch nicht angekommen, als Guy in den Saal stürmte. Oliver blieb stehen. Guy rannte beinahe und hatte bereits das andere Ende erreicht, wo er einen Diener anfuhr, ihm seinen Umhang zu bringen. »Schnell, verdammt!«

Oliver ließ Valerie stehen und eilte zu ihm. »Guy, was ist los?«

»Ich muss gehen.«

»Aber warum? Das Fest ist noch in vollem Gange.«

Die Musiker hatten eine neue Melodie angestimmt, der Tanz begann wieder, die Gäste amüsierten sich.

»Viel Spaß. Ohne mich.«

»Ich verstehe nicht ...« Noch während er diese Worte sprach, verstand er sehr wohl. »Carol? Was hat sie getan?«

Guy blickte ihn scharf an. In seinem Gesicht war Wut. »Sagen wir so: Sie schätzt meine Gegenwart nicht besonders.«

»Das stimmt nicht! Bleib, ich rede mit ihr.«

»Nein.«

»Ich bitte dich.«

»Nein, ich muss los.«

Er bekam seinen Umhang gereicht, warf ihn sich über die Schulter und eilte davon. Oliver blieb zurück. Seine Wangen waren so heiß, als wäre er geschlagen worden. Er spürte in sich die gleiche Wut, die in Guy kochte. Carol, diese blöde Gans.

Es war ihr Glück, dass er seine Gäste nicht allein lassen konnte. Doch sein Ärger verschwand nicht, und er vergaß die Angelegenheit nicht, auch nicht mit Valerie und ihrer Mutter. Er machte Konversation, war aber so abgelenkt, dass er nicht recht wusste, was er sagte.

Erst spät in der Nacht, als die letzten Weintrinker in ihre Kutschen gestiegen waren, ging er zu seiner Schwester. Ihr Zimmer war dunkel, sie schien zu schlafen. Er blieb in der Tür stehen. »Du bist so töricht«, rief er wütend, »so unendlich töricht.«

Es war dunkel. Er hörte ihre Decke rascheln. Wenn er es

richtig erkannte, hob sie den Kopf. »Lass mich in Ruhe, Oliver.«

Was war passiert? Guy hatte sie dorthin bringen wollen, wo sich alle Welt amüsierte. Carol hatte offenbar abgelehnt und ihn fortgeschickt, sicherlich brüsk, wie es ihre Art war. Dann hatte er sie womöglich etwas härter angefasst. Bis zu diesem Punkt konnte Oliver sich den Fortgang erklären, nicht aber, was sie dann getan hatte. Wie hatte sie es geschafft, ihn so sehr zu verärgern?

Tatsache war, sie hatte ihn zur Flucht getrieben.

»Was hast du getan?«, wollte er wissen.

»Frag deinen Freund, was *er* getan hat.«

»Was willst du damit sagen? Guy de Montfort ist ein Ehrenmann.«

»Wenn du meinst.«

»Rede mit mir, Carol!«

»Ich will schlafen.«

Er hörte, wie sie sich im Bett umdrehte.

Er wollte sie schütteln, bis sie ihm endlich Antwort gab. Dann bremste er sich. Es reichte, sie morgen zur Rede zu stellen.

Doch am nächsten Tag und ebenso in den darauffolgenden ging sie ihm aus dem Weg. Selbst zu den Mahlzeiten erschien sie nicht, sondern aß in der Küche, und Oliver empfand auch keine Notwendigkeit mehr für eine Auseinandersetzung mit ihr. Vielmehr brauchte er einen Plan, bevor der Vater zurück war. Carol durfte keinen Erfolg haben bei einem neuerlichen Versuch, den Alten einzuwickeln.

Er machte sich auf zum Haus der Montforts. Als er dort

nach Guy fragte, behauptete ein Stallbursche, der junge Herr sei nicht da. Oliver erkannte aber sein Pferd. Er hakte trotzdem nicht nach. Mit einem Stallburschen zu streiten war unwürdig. Dessen Lüge bedeutete am Ende nichts anderes, als dass das Personal die Order erhalten hatte, Oliver of Farnham abzuweisen.

Gedemütigt trat er den Rückweg an. Ihm war, als gäbe es die Freundschaft zu Guy auf einmal nicht mehr. Und das hatte er Carol zu verdanken. Seine Schwester trug geradezu zerstörerische Kräfte in sich. So gesehen wäre ein Kloster wohl der beste Ort für sie. Dort würde Gott über sie wachen.

Es war schlimm, wie viel ihr Vater bei ihrer Erziehung versäumt hatte. Oliver hatte seinen Stock oft zu spüren bekommen, Carol hingegen, das Töchterchen, war stets verschont geblieben. Deshalb glaubte sie auch heute noch, sie könnte der ganzen Welt ihre Bockigkeit zumuten.

Am Sonntag beobachtete er, wie sie das Haus verließ. Einer Magd hatte sie gesagt, sie würde zur Kirche einer Freundin gehen. Das tat sie häufiger in letzter Zeit. Der Vater duldete alle diese neuen Sitten. Oliver wusste nicht einmal, wer diese Freundin war und welche Kirche sie besuchte.

Einer Eingebung folgend beschloss er, ihr zu folgen.

Er band sich das Kurzschwert um, schnappte sich seinen Umhang, öffnete die Haustür und sah Carol um eine Hausecke biegen. Er setzte sich in Bewegung.

Das Wichtigste war, ausreichend Abstand zu halten. Um diese Morgenstunde waren noch nicht viele Leute unterwegs.

Es war unwahrscheinlich, dass sie irgendwo im Gedränge verloren ging.

Sie schlug den Weg zu ihrer Kirche ein. Möglicherweise hatte die Magd sich geirrt, und sie ging brav zum Gottesdienst. Er folgte ihr weiter. Blieb am Straßenrand zurück, hielt den Kopf gesenkt. Falls sie sich umdrehte, würde sie ihn nicht entdecken, hoffte er.

Die Kirche lag verschlafen im winterlichen Morgenlicht, ihre Tür war noch nicht geöffnet. Nicht einmal die Glocke hatte schon geschlagen. Es war eindeutig zu früh.

Carol schritt am Gotteshaus vorbei. Sie bog erneut ab und hielt auf das Moorgate zu. Was in aller Welt wollte sie in London?

Schon bald wurde es schwieriger, ihr nachzugehen. Ließ er den Abstand zu groß werden, lief er Gefahr, sie aus den Augen zu verlieren, wurde er aber zu klein, konnte sie ihn entdecken. Ihm half, dass sie sich nicht umdrehte, nicht ein einziges Mal. Ihr Gang war schnell, und Carol wirkte angespannt. Höchst unwahrscheinlich, dass sie zu einer Freundin oder deren Kirche unterwegs war.

Die nächste Straße war weitgehend menschenleer. Carol hielt auf St. Paul's zu. Nun wurde die Angelegenheit interessant. Wen kannte sie in dieser Gegend?

Sie erreichte die Kirche und blieb auch hier nicht stehen. Am westlichen Stadttor drehte sie sich plötzlich um. Oliver drückte sich hinter einen Bauernwagen. Sein Herz schlug schneller. Er war sich nicht sicher, ob sie ihn gesehen hatte.

Offenbar nicht. Als er spähte, war sie schon weiter. Folgte

der Fleet Street nach Westen. Es war unglaublich. Carol hatte ein geheimes Leben. Er fluchte leise.

Seine Schwester war ein verlogenes Biest.

Sie nahm den Strand und hielt auf Westminster zu. Für einen Augenblick dachte er, sie sei eine Verräterin und auf dem Weg in den Palast, um dem König etwas mitzuteilen, doch dann machte er sich klar, dass Heinrich in Amiens weilte und mit ihm wahrscheinlich der gesamte Hofstaat.

In Westminster ging sie durch die Gassen, ohne anzuhalten und sich zu orientieren, fast so, als sei sie hier zu Hause. Oliver beschleunigte seinen Schritt, denn im Gewirr war die Gefahr, sie zu verlieren, wieder größer.

Sie bog ein weiteres Mal ab. Er spähte vorsichtig um die Ecke, denn er hatte die Sorge, dass sie stehen geblieben war und er ihr in die Arme lief.

Carol hatte nicht hinter der Ecke gewartet, im Gegenteil, sie war ein ganzes Stück voraus. Er musste schneller werden, wollte er nicht riskieren, dass sie aus seinem Blick geriet. Nun war er ihr so weit gefolgt, jetzt wollte er auch wissen, wohin es sie mit solcher Macht zog.

Sie verließ den Weg und hielt auf ein Haus zu. *Haus* war ein zu großes Wort, eher handelte es sich um eine Hütte, windschief wie alle anderen in der Nachbarschaft. Zwar waren die Fundamente aus Stein, doch darüber gab es nur einen Aufbau aus verwittertem Holz und einem Strohdach. Aus dem Schornstein kräuselte sich Rauch.

Carol klopfte an die Tür. Jemand öffnete ihr. Oliver war zu weit weg, um zu erkennen, wer das war. Auch ins Haus konnte er nicht schauen.

Er blieb, wo er war. Wenn er zu früh kam, konnte er alles verderben und es ihr erleichtern, eine Ausrede zu finden. Diesmal würde er sie nicht mit einer Lüge davonkommen lassen. Er überquerte die enge Straße und klopfte an die Tür.

Eine Frau öffnete. Er war zu erregt, um sie sich anzuschauen. »Ich möchte zu meiner Schwester, Carol of Farnham.«

Die Frau stellte sich ihm in den Weg. »Die kenne ich nicht.«

Eine weitere Lüge. Er versuchte, ins Haus zu spähen, sah aber nur ein kleines Kind, das ihn mit Kulleraugen anschaute.

»Sie ist eben hier hineingegangen.«

»Das müsste ich wissen«, erwiderte die Frau. Sie log ohne jedes Schamgefühl.

Kurzerhand schob er sie zur Seite, trat ein und fand sich in einer dunklen Küche. In der Mitte stand ein abgenutzter Tisch, der Ofen brannte, die Zimmerdecke war schwarz von Ruß.

»He!«, rief sie. »Das ist mein Haus.«

Jetzt war Carol gewarnt.

»Raus hier!«, rief die Frau.

Oliver stieß sie gegen den Tisch. Es gab ein knackendes Geräusch. Die Frau taumelte. Das Kind schrie auf.

Oliver sah sich um und entdeckte eine Tür. Mit einer schnellen Bewegung riss er sie auf.

Carol hatte sich in eine Ecke gedrückt. Neben ihr war ein Mann, der seinen Arm um sie gelegt hatte, als müsste er sie beschützen. Schlagartig wusste Oliver, wer das war. Dieser Baumeister. Er hatte ihn kürzlich an der Abbey gesehen.

»Bist du von allen guten Geistern verlassen?«, schrie er Carol an.

Das Zimmer lag im Dunkeln. Der Mann machte einen Schritt auf Oliver zu. »Beruhigt Euch«, sagte er.

Carol hatte ihren ersten Schreck überwunden. »Oliver, was tust du hier?«

»Das frage ich *dich*! Auf der Stelle kommst du mit mir.« Er kniff die Augen zusammen. »Du Hure«, zischte er.

Der Mann stellte sich vor Oliver. »Langsam«, sagte er. »Wenn Ihr Carol beleidigt, bekommt Ihr es mit mir zu tun.«

Der Kerl war keine Antwort wert. Oliver zog sein Schwert. Er war bereit, einen Streich auszuführen. »Aus dem Weg, du Nichtsnutz, wenn dir dein Leben lieb ist.«

Carol trat neben den Mann und fasste ihn am Arm. »Lass gut sein, Henri.«

Im nächsten Moment traf Oliver ein Schlag am Hinterkopf. Ein dumpfer Schmerz schoss ihm in die Sinne. Er wirbelte herum. Es war die Frau aus der Küche. Sie hatte ein Holzscheit in der Hand und die Augen weit aufgerissen.

Mit der linken Hand versetzte er ihr einen heftigen Stoß. Sie stolperte rückwärts, fing sich aber. Er blieb, wo er war. Eine Frau anzugreifen ließ seine Ritterehre nicht zu, aber seine Wut war nach dem Schlag so groß, dass er rot sah. Er erhob sein Schwert gegen den Mann.

Carol schrie auf.

Oliver schlug zu.

Der Kerl sprang im letzten Moment zurück. Oliver setzte

nach und drückte ihm die Schwertspitze an die Kehle. »Eine Bewegung, und du bist ein toter Mann«, zischte er.

»Hör auf, Oliver«, schrie Carol. Ihre Stimme klang schrill wie die eines Tieres in Angst. »Lass ihn! Ich komme mit.«

Er warf ihr einen finsteren Blick zu, und seine Wut richtete sich nun gegen sie. Er wollte wissen, wie lange das schon ging mit diesem Handwerker und wie viele Lügen sie erzählt hatte. Guy jedenfalls durfte nie davon erfahren. Eine andere Frage schoss ihm in den Kopf: Hatte sie bereits ihre Ehre an den Baumeister verloren?

Er packte sie am Handgelenk, zog sie zu sich und weiter in die Küche. Sie stolperte, er musste sie auffangen. »Los jetzt. Mach schon.«

Der Baumeister hatte den Moment, da Oliver zur Seite gewichen war, genutzt, war ebenfalls aus dem Zimmer gekommen und stand jetzt vor der Tür wie ein Wächter.

Zumindest war das Kind verschwunden.

»Aus dem Weg!« Oliver hob sein Schwert.

Der Baumeister blieb an seinem Platz. Verzog keine Miene.

Oliver hielt Carols Handgelenk umklammert. »Hier wird Blut fließen«, sagte er zu dem Kerl, »wenn du die Tür nicht freigibst. Dies ist meine letzte Warnung.«

Der Baumeister verschränkte die Arme vor der Brust. Oliver holte aus. Er war bereit, diesen Mistkerl zu töten.

»Henri«, rief die Frau, die Oliver das Holzscheit über den Kopf gezogen hatte. Auch ihre Stimme brach irgendwo in einer hohen Lage. »Gib nach!«

Doch dieser Henri bewegte sich nicht.

Oliver schlug zu.

Sein Streich war gut geführt. Er traf den Baumeister am Oberarm. Sein Kittel riss auf. Aus der Wunde spritzte Blut.

»Ahh«, machte er und griff sich an den Arm.

»Henri!«, rief Carol.

Olivers Griff um ihr Handgelenk blieb eisern.

Er wollte hinaus. Holte zum zweiten Mal aus.

»Nein!«, schrie Carol.

Es war aber die andere Frau, die vorsprang und den Baumeister an der Hand packte. »Henri, lass ab, er schlägt dich tot.«

Der Kerl war stur, blieb, wo er stand, hielt sich den verletzten Arm und rührte sich ansonsten nicht. Blut tropfte auf den Boden.

»Lasst sie los.«

»Gib die Tür frei«, hielt Oliver dagegen und holte wieder aus.

»Henri, bitte«, flehte Carol. »Er meint, was er sagt.«

Diese Worte erreichten ihn endlich. Mit sichtbarem Widerwillen trat er zur Seite, gerade so weit, dass Oliver die Tür öffnen konnte. Dabei hatte der Kerl keinerlei Eile.

Der dämliche Baumeister spielte den Helden.

Oliver schob Carol hinaus und folgte ihr.

Draußen packte er sie sofort wieder am Handgelenk und zog sie mit sich.

...

Maudes Tochter kam herüber. Henri nahm sie nur von ferne

wahr. Ihm war schwarz vor Augen. Sein Oberarm brannte wie Feuer. Um den Blutfluss zu stoppen, drückte er stärker auf die Wunde. Seine Finger waren rot, der Ärmel seines Kittels genauso.

Die Demütigung brannte in ihm, sie war schlimmer als der Schmerz. Er hatte Carols Bruder nichts entgegenzusetzen gehabt und sich die Geliebte aus seinem Zimmer rauben lassen.

Maude brachte ihm einen Stuhl, zog ihn sanft darauf und setzte sich neben ihn.

»Wie schlimm ist es?«

»Ein Kratzer«, meinte Henri.

Sie schaute auf die Wunde. »Das geht tief. Es ist weit mehr als ein Kratzer.« Sie zog ein Stück Stoff aus einer Schublade, riss den blutgetränkten Ärmel auf und machte sich daran, die Wunde zu verbinden.

»Ich hätte ihm den Stuhl über den Kopf ziehen sollen, nicht das Holzscheit«, sagte sie, während sie den Stoff verknotete. »Dann wäre er zu Boden gegangen.«

»Und dann?«, fragte Emily. »Er lässt dich ins Gefängnis sperren. Was meinst du, wie der Sheriff reagiert, wenn ein Baron niedergeschlagen wird?«

Maude ging nicht auf sie ein. »Wie fühlst du dich?«, fragte sie Henri.

»Erschöpft. Durstig.« Er rappelte sich auf. Sie drückte ihn vorsichtig zurück auf den Stuhl.

»Bleib sitzen.«

Sie schenkte ihnen beiden einen Becher Dünnbier ein.

Er trank zügig, dann stand er auf. Seine Beine waren weich.

»Was hast du vor?«, fragte sie.

»Ihr nachgehen. Was sonst?«

»Du kannst nichts ausrichten.«

»Soll ich Carol im Stich lassen? Ist das deine Idee?«, fragte er scharf.

Sie blieb mild. »Er wird ihr nichts tun. Sie ist seine Schwester. Aber du musst vorsichtig sein.«

Er war nicht bereit, ihr zuzustimmen. »Ich muss zu ihrem Palais.«

»Sie werden dich nicht hineinlassen.«

»Ich habe Freunde. Handwerker von der Baustelle.«

»Ach so?«, gab sie zurück. »Dann taucht ihr da mit Maurerkellen auf, schlagt die Haustür ein und entführt Carol zum zweiten Mal? Das ist doch nicht dein Ernst?«

»Was dann?«

»Ich weiß nicht, was man gegen die hohen Herrschaften machen kann. Was ich weiß, ist, dass du dich schonen musst. Am besten, du legst dich ins Bett. Trink noch einen Becher Bier.« Sie füllte ihn. »Dann schläfst du. Und danach überdenkst du die Sache in Ruhe.«

Er fühlte sich schwach, ihm wurde wieder schwarz vor Augen. »Eine Stunde«, willigte er ein. »Dann weckst du mich.«

Mühsam zog er sich in sein Zimmer zurück, schloss die Tür, zog die Stiefel aus und legte sich ins Bett. Er merkte, wie er schwitzte. Sein Kittel war feucht und klebte am Körper, die Stirn war heiß. Wieder und wieder sah er das Geschehen vor sich, Carol, Oliver, der mit seinem Schwert auf ihn zukam, Maude und ihr Entsetzen. Andere Bilder überlagerten bald die Erinnerung, Wände, die einstürzten, Flutwellen, die Henri mit sich zogen. Als er es nicht mehr ertragen konnte, zwang er sich, die Augen zu öffnen. Sie fielen wieder zu, und die Bilder kehrten zurück. Ein Bär packte ihn mit seinen Tatzen und zerriss ihn. Er stand auf den Klippen von Dover und stürzte hinunter.

Als er wach wurde, war sein Mund ausgetrocknet. Er schaffte es nicht, aufzustehen und in die Küche hinüberzugehen. Auch Maude konnte er nicht rufen. Ihm war, als hätte er seine Stimme verloren.

Die Gedanken an Carol waren quälend und tröstlich zugleich. Sein Geist sehnte sich nach ihr, sein Körper wünschte sich ihre Nähe, ihre Berührungen, er stellte sich vor, sie säße bei ihm und würde ihm übers Gesicht streicheln. In Wahrheit war sie weit weg. Zu weit weg.

Ihn überkam die Vorstellung, in die andere Welt hinüberzugleiten, wo er Gisèle wiederträfe und vielleicht auch sein Kind, das er nie kennengelernt hatte.

Carol würde, wenn er sie im Stich ließ, Guy de Montfort heiraten. Aber musste sie das nicht auch, wenn er am Leben blieb? Es war, wie Maude gesagt hatte: Gegen die Barone und ihren Einfluss konnte man nichts ausrichten. In dieser Hinsicht unterschied sich England nicht von Frankreich.

Er drehte sich um, schlief ein und wurde wach, als jemand die Tür öffnete. Es war Maude. »Wie geht es dir?«

Sein Mund war so trocken, dass er schmerzte, als er ihn öffnete. »Ich habe Durst.«

Sie brachte ihm mit Wein vermischtes Wasser und befühlte seine Stirn. »Das Fieber ist gestiegen.«

»Fieber?«

»Seit gestern schon.«

Sie drehte ihn auf die Seite, um an den verwundeten Arm zu kommen, dann wickelte sie den Verband ab. Er sah nichts, sondern hörte nur, wie sie scharf Luft einsog.

»Die Wunde sieht nicht gut aus«, sagte sie. »Da ist Eiter, und das ist gefährlich. Wir brauchen Hilfe.«

Er stöhnte.

»Ich meine, wir sollten ins Kloster fahren. Archie hat davon gesprochen, dass es bei ihnen einen heilkundigen Mönch gibt.«

»Fahren?«

»Gehen kannst du nicht, dazu ist es zu weit. Warte, ich kümmere mich.«

Wie viel Zeit verging, bis sie wiederkam, wusste er nicht. Mit ihrer Hilfe setzte er sich auf. Sie reichte ihm seinen anderen Kittel und legte ihm eine Wolldecke um den Oberkörper. Essen, das sie ihm anbot, lehnte er ab, sein Magen hatte sich geschlossen. Er trank nur einen weiteren Becher mit verdünntem Wein.

Auf dem Weg nach draußen stützte sie ihn. Ein Pferdewagen stand vor der Tür, auf dem Bock saß Frank, ihr Schwiegersohn. Maude half Henri, auf die Ladefläche zu kriechen, wo eine Lage Stroh aufgeschüttet war. Er legte sich hin und deckte sich zu. Sein Blick ging hinauf in den diesigen Winterhimmel.

»Wie spät ist es eigentlich?«, rief er Maude zu.

»Ungefähr neun, schätze ich.«

»Morgens?«

»Sicher. Sonst wäre es dunkel.«

»Ich habe einen halben Tag und eine Nacht geschlafen?«, fragte er.

»Ja. Du warst nicht wach zu kriegen.«

Als der Wagen anfuhr, wurde Henri durchgeschüttelt. Er spürte jede Unebenheit auf dem Weg. Sein Arm fühlte sich taub an, fast so, als gehöre er nicht mehr zu ihm.

Wieder dachte er an Carol. Wenn er wenigstens wüsste, wo sie war und wie es ihr ging. Die Augen fielen ihm erneut zu, er konnte nichts dagegen tun.

Als er einen Ruf hörte, wurde er wieder wach. Es war Maudes Stimme. »Archie, schnell!«

Henri hob den Kopf. Sie waren tatsächlich vor dem Klostertor. Ein Mönch stand vor ihm und versperrte ihnen die Sicht. Doch dann trat Archie zu ihm, und Henri überkam ein Gefühl von Erleichterung und Ruhe. Archie würde wissen, was zu tun war.

»Seine Wunde hat sich entzündet«, sagte Maude. »Es sieht schlimm aus.«

»Wir bringen ihn hinein. Ich hole Bruder Benjamin, der kennt die Heilkunde. Aber du …«

»Ich weiß schon«, sagte sie. »Keine Frauen im Kloster.«

»So ist es leider«, erwiderte Archie.

Es schüttelte Henri erneut, als der Wagen anfuhr, und er sah über sich den steinernen Torbogen, der einen Riss hatte, nicht nur im Putz, sondern auch im Mauerwerk. Jemand sollte sich das ansehen, dachte er, ehe der Schaden zu groß wurde. Aussprechen konnte er es nicht.

Sie hielten wieder. Archie und Frank stützten ihn, als sie ihn eine Treppe hinaufführten. Dort wartete ein anderer Mönch, offenbar dieser Benjamin. Er war nicht, wie Henri erwartet hatte, alt und weißhaarig, sondern ein junger Rotschopf mit Sommersprossen.

»Legt ihn dort hin«, sagte er, und Henri streckte sich auf einem weiteren Lager aus. Der Rotschopf nahm ihm den Verband ab und inspizierte die Wunde. Was er dachte, war ihm nicht anzusehen.

»Wie schlimm ist es?«, fragte Archie.

»Es ist gut, dass er hier ist. Mit etwas Glück können wir die Entzündung stoppen. Wenn nicht, müssen wir ihm den Arm abnehmen.«

Henri sah, dass Archie die Hände faltete und die Augen schloss.

»Morgen Früh wissen wir mehr«, erklärte Benjamin. »Nun geht und lasst mich machen.«

»Sag Maude ...«, brachte Henri hervor, und Archie blieb neben ihm stehen.

»Was?«

»Sag ihr Danke.«

»Das mache ich. Gute Besserung. Du musst stark sein, Henri.«

»Das ist er sicher«, meinte Benjamin und begann, Henri eine dunkelbraune Paste auf die Wunde zu schmieren.

# XXVII

Einmal hatte Carol ihr Schweigen Oliver gegenüber unterbrochen, ein einziges Mal, das war, als er sie am Handgelenk durch Westminster gezerrt hatte. Mit kalter Stimme warf sie ihm drei Sätze an den Kopf: »Nach Mutters Tod war ich diejenige, die dich aufgefangen hat, mein kleiner großer Bruder. Das werde ich mir nie verzeihen. Besser hätte ich dich in deinen Tränen ertrinken lassen.«

»Mach es nicht größer, als es war«, erwiderte er. »Und bedenke: Was ich hier tue, tue ich für dich.«

Er sagte nicht die Wahrheit, schließlich war er derjenige, der zum Montfort-Clan gehören wollte. Sie war nur das Mittel dazu. Aber sie verzichtete auf einen Widerspruch. Er war es nicht wert. Sie machte sich los und wechselte auf die andere Straßenseite. So weit weg von ihm, wie es möglich war.

Er sprach unbeirrt weiter. »Ich weiß, wer der Mann ist. Dieser französische Baumeister. Er war damals auf dem Fest von König Heinrich. Sogar du solltest verständig genug sein, um zu wissen, dass der Mann Pöbel ist. Du bist und bleibst eine Farnham.«

Sie blickte zu den strohgedeckten Häusern am Straßenrand, zu den Leuten, die dort standen und miteinander redeten. Eine Möglichkeit zur Flucht gab es nicht. Mit ihren Röcken konnte sie nicht laufen, und würde sie es versuchen, hätte Oliver sie eingeholt, bevor sie die nächste Kreuzung erreicht hatte.

»Ich bin mir sicher«, fuhr er fort, »dass du bald Vernunft annehmen wirst, und dann bist du mir dankbar.«

Sie tat, als hätte sie ihn nicht gehört.

»Bist du jetzt stumm geworden?« Er kam auf ihre Straßenseite und riss an ihrem Arm. Es tat weh. »Deine Sturheit habe ich schon immer gehasst.«

Als sie ihr Palais erreicht hatten und er die Tür öffnete, stieß er sie heftig hinein. »Los jetzt. Du Teufelsbraten, du!«

Sie stolperte und fiel hin.

Ungerührt stand sie wieder auf und schritt die Treppe hinauf und in ihr Zimmer. Das Schlimmste war, dass sie nicht wusste, wie es Henri ging. Sie hatte seine Verletzung nicht richtig gesehen. Der Hieb mit einer geschliffenen Schwertklinge konnte tief gehen. Die Frage war, wie sie sich nach ihm erkundigen konnte. Sie überlegte, Ida zu Maude zu schicken, wollte ihre Zofe aber keiner Gefahr aussetzen. Es musste einen anderen Weg geben.

In den folgenden Tagen verließ sie kaum ihr Zimmer. Ließ sich Essen hinaufbringen, wanderte umher, vom Fenster zum Bett, von einer Wand zur anderen. Wenn sich die Trübsal meldete, stimmte sie eine Melodie an. Endlich kehrte ihr Vater zurück. Es war Januar und für englische Verhältnisse kalt.

An der Haustür traf sie mit Oliver zusammen, der den

Vater ebenfalls begrüßen wollte. Die Geschwister standen nebeneinander und würdigten sich keines Blickes.

»Meine Kinder!«, rief Humphrey, als er eintrat. Er hatte rote Wangen und sah gesund und kräftig aus. Die Reise hatte ihm offenbar gutgetan.

»Vater«, sagte Oliver. Sie umarmten sich, und dann kam Humphrey zu Carol und drückte sie an sich.

»Erzähl«, verlangte Oliver. »Was gibt es Neues? Wie war Louis' Schiedsspruch?«

»Er ist für König Heinrich ausgegangen.«

»Das ist nicht wahr!«

»Doch. Ich erzähle euch alles beim Essen.«

Er verschwand in seinem Zimmer. Als er wieder herunterkam, war er frisch gewaschen, die Haare waren gekämmt, er trug saubere Kleider. Als hätte sich nichts verändert, saßen sie zu dritt am Tisch, und Carol und Oliver hörten Humphreys Bericht. Dabei würdigte Carol Oliver keines Blickes, und auch er ignorierte sie. Der Schiedsspruch war tatsächlich zugunsten von König Heinrich ausgegangen, und zwar so eindeutig, dass sich die Verhältnisse in England grundlegend wandeln würden. Die *Provisions*, die alten *Oxforder Vereinbarungen*, hatten ihre Gültigkeit verloren.

Oliver war so empört, dass er den Vater einige Male unterbrach und seinem Ärger Luft machte. Humphrey musste ihn ermahnen. Carol mischte sich nicht ein. Sie bemerkte eine Veränderung an sich. Es kümmerte sie nicht mehr, wer die Macht in England hatte. Für sie änderte sich dadurch ohnehin nichts.

Am nächsten Tag rüsteten sie sich für die Fahrt zur Burg Farnham. Eine dünne Schneeschicht lag auf den Wegen, die Baumwipfel waren weiß. Auch im Wagen blickten Carol und Oliver aneinander vorbei.

»Was ist mit euch?«, wollte ihr Vater wissen.

Da sein Diener und Ida in der Kutsche saßen, war es kein glücklicher Moment, und keins der Kinder fühlte sich zu einer Antwort verpflichtet.

»Ich bin nicht der Meinung, dass wir den Schiedsspruch akzeptieren müssen«, erklärte Oliver.

»Man wendet sich in einem Streit an jemand Drittes«, gab Humphrey zurück, »und bittet ihn um eine Entscheidung. Und wenn einem diese Entscheidung dann nicht gefällt, hält man sich nicht daran? Das ist nicht dein Ernst, Oliver.«

»Es war von Anfang an falsch, Louis um Vermittlung zu fragen. Ein König entscheidet nicht gegen den anderen.«

»Wie auch immer, ich wünsche mir endlich Frieden für unser Land. Was denkst du, Carol?«

»Ja«, sagte sie abwesend.

Ihr Vater litt sichtlich darunter, dass seine Kinder sich gegenseitig ignorierten. Bei den Mahlzeiten im Burgsaal versuchte er, Konversation zu machen, redete über das Wetter, über Beobachtungen, die er auf seinen Ausritten gemacht hatte, über Essen und Wein oder über einen alten Text, den er gelesen hatte. Weder Sohn noch Tochter gingen auf ihn ein. Etwas Schweres lag in der Luft, wie ein dunkler Stein, der über ihnen schwebte und herabzufallen drohte.

Am Ende gab Humphrey auf. Bis auf die Gebetsworte

und manchen kurzen Kommentar zur Güte der jeweiligen Speise aßen sie schweigend.

Carol wartete darauf, ein Gespräch mit ihm unter vier Augen führen zu können. Eine Gelegenheit ergab sich nicht, weil Oliver aufpasste. Sie setzte darauf, dass ihr Bruder ausritt, was er aber nicht tat. Weder ging er auf die Jagd, noch besuchte er seine Freunde. Ein Stallbursche hatte Anweisung, sein Pferd zu bewegen. Oliver musste nicht einmal fort, um Unterhaltung zu haben, denn Gerald Sholtam kam regelmäßig zu Besuch. Carol beobachtete, wie kühl sich Oliver ihm gegenüber verhielt. Oft gab er ihm nicht einmal eine Antwort. Gerald hatte einen seltsamen Umgang mit dieser Art. Je abweisender Oliver war, desto serviler wurde er.

Das Grab ihrer Mutter mit seinem verwitterten Stein war für Carol der beste Platz, um ihre Lage zu überdenken. Nach einigem inneren Hin und Her traf sie eine Entscheidung, von der sie wusste, dass sie ihr Leben grundsätzlich verändern würde.

Bei ihrem nächsten Treffen würde sie Guy de Montfort mitteilen, dass sie keine Jungfrau mehr war, sondern ihre Unschuld an den Baumeister der Abtei von Westminster verloren hatte. Sie würde ihm auch sagen, dass sie es gern getan hatte, weil sie diesen Mann liebte. Guy würde sich danach hoffentlich endgültig von ihr abwenden.

Die Folgen dieses Bekenntnisses wären drastisch. Ihre Worte sprächen sich schnell herum, und fortan wäre sie geächtet. Dass sie in der Folge keine Einladungen für Gesellschaften erhielte, war noch das kleinste Übel. Man würde sie als Hure bezeichnen, und wer ihr zufällig begegnete, würde ihr den Rücken zuwenden, wenn nicht gleich vor die Füße spucken. Es war denkbar, dass ihr am Ende nur der Eintritt in ein Kloster bliebe.

Sie hätte auch diesmal viel dafür gegeben, die Meinung ihrer Mutter zu erfahren, und bat sie, ihr ein Zeichen zu senden oder etwas zu sagen, das Carol verstehen könnte. Doch sosehr sie auch auf feine Regungen in ihrem Inneren hörte und auf ihre Träume achtete, sie bekam kein Zeichen. Rund um den verwitterten Stein war es still wie eh und je. Carol zuckte mit den Schultern. Sie hatte ihre Entscheidung auch ohne mütterlichen Rat getroffen.

...

Henri träumte weiter in wirren Bildern. Meistens ging es um die Kathedrale, deren Fassaden zitterten, als seien sie ein Mensch, dem kalt geworden war. Das fehlende Geld erschien ihm wie ein Fluss, der versiegt war, die Münzen waren an Steinen im Wasser hängen geblieben, er selbst stand am Ufer und kam nicht daran. Eine andere Geschichte handelte von Carol, die in ein Verlies gesperrt war und die zu kraftlos war, um zu rufen oder gegen die Tür zu schlagen. Henri stand mit dem Steinmetz John und einigen anderen Handwerkern vor dem Tor. Ihre Waffen waren Maurerkellen, Meißel und Hämmer. Die Wachen aber hatten Bogen und Pfeile.

Hin und wieder legte ihm ein Mönch den Arm um die Schulter, zog ihn in eine sitzende Position und flößte ihm ein bitter schmeckendes Getränk ein.

Auch der Verband wurde regelmäßig gewechselt. Dann

musste sich Henri auf die Seite drehen und den Arm so weit in die Höhe strecken, wie er konnte. Die Bewegung strengte ihn an. Er freute sich, als Archie kam. Der Freund nahm sich einen Stuhl, setzte sich an sein Bett und erkundigte sich nach seinem Befinden.

»Es wird besser«, meinte Henri, auch wenn er nach wie vor die meiste Zeit schwitzte.

»Hab Vertrauen.«

Henri bemühte sich um ein Lächeln. Er wollte erwidern, dass er in dieser Hinsicht längst Archies bester Schüler sei, schaffte es aber nicht, seinen Satz herauszubringen. Anstelle dessen krächzte er nur ein heiseres »Ja«.

Es gelang ihm auch nicht, seine Augen offen zu halten. Sie fielen zu. Er riss sie wieder auf, doch es war ein Kampf, den er nicht gewinnen konnte.

»Bruder Benjamin will, dass du viel schläfst. Er gibt dir Mittelchen dafür«, sagte Archie. Als Henri das nächste Mal die Augen öffnete, war er verschwunden.

Am dritten Tag ließ das Fieber nach. Henri bekam Hunger. Unter einem seltsamen Leinenhemd, das ihm jemand angezogen haben musste, fühlte er seine Rippen. Er war dünn geworden. Sein Magen knurrte.

»Ein gutes Zeichen«, sagte Benjamin. »Iss zu Anfang aber langsam und nur wenig.«

Sie brachten ihm einen Brei wie für ein Kleinkind. Er schmeckte Hafer und Apfel, beides so weich gekocht, als hätte er keine Zähne. Es war ihm beinahe egal.

»Ich werde langsam ein Engländer«, sagte er, als Archie ihn wieder besuchte. »Mir schmeckt schon euer Porridge.«

»Neu geboren unter einem anderen Stern. Es ist nicht der schlechteste, den du dir ausgesucht hast.«

»Hast du etwas von Carol gehört?«

»Leider nicht.«

»Ob sie noch in London ist?«

»Ich weiß es nicht.«

»Sie verbringen die Winter normalerweise auf ihrer Burg. Nur dieses Jahr sind sie nicht gefahren, weil der Vater zu der Delegation gehört, die den König nach Amiens begleitet.«

»Die englische Delegation ist zurück«, erklärte Archie.

Henri fehlte es an Kraft, um Archie nach den Ergebnissen der Vermittlung zu fragen. Das alles war weit weg, selbst die Kathedrale kam ihm wie eine ferne Erinnerung vor.

»Wie lange hatte ich Fieber?«

»Ein paar Tage.«

»Sind wir inzwischen schon im Januar?«

»Ja, das sind wir. Es ist der Januar des Jahres 1264 nach der Geburt unseres Herrn Jesus Christus.«

Ein neues Jahr, aber die alten Probleme, der Bau, noch dazu ohne Geldmittel, sein Eid, Carol.

»Kannst du dir vorstellen, dass es gelingt, Carol aus der Burg zu holen?«, fragte er dennoch.

»Das nennt man Entführung«, sagte Archie.

»Pfff«, machte Henri und hörte selbst, wie kraftlos er noch klang. »Und wie nennt man das, was Oliver de Montfort gemacht hat?«

»Wahrscheinlich ist es etwas anderes, weil er ihr Bruder ist. Und er ist der Sohn eines Barons.«

Henris Arme lagen auf der Decke. Sie waren dünn, selbst seine Hände schienen kleiner geworden zu sein. Insgesamt hatte er sich nicht zu seinem Vorteil verändert, fand er. Er war zu schmal geworden. »Ich weiß nicht, was ich tun soll«, sagte er leise. »Vielleicht hat deshalb der Tod angeklopft. Er hat mich gefragt, ob ich in sein Reich kommen will.«

»Und du hast abgelehnt«, erwiderte Archie. »Das ist ziemlich offensichtlich. Deine Entzündung ist zurückgegangen, die Wunde heilt. In ein paar Tagen wird Bruder Benjamin dich nach Hause schicken.« Er verzog Mund und Augen zu einem typischen Archie-Ausdruck, der den kommenden Scherz ankündigte. »Das Kloster füttert keine Fremden durch, erst recht nicht, wenn sie arbeitsfähig sind.«

Ein paar Tage später machte er sich tatsächlich auf den Rückweg nach Westminster. Seine Beinlinge waren gewaschen, die Stiefel geputzt, der Kittel neu, ein gutes Stück aus gewalkter Klosterwolle. Das Gehen strengte ihn schon nach einem kurzen Stück an, und er musste sich auf einen Stein setzen und ausruhen. Dennoch fühlte er sich gut. Es galt, schnell wieder zu Kräften zu kommen.

# XXVIII

Der Frühling hatte begonnen, als ein Bote Henri in den Palast rief. Der Schatzkanzler wünsche ihn zu sprechen. Er machte sich sofort auf den Weg und registrierte, wie freundlich ihm die Wachen zunickten. Sie ließen ihn durch, als hätten sie niemals vor ihm die Speere gekreuzt.

Henri war lange nicht im Büro des Schatzkanzlers gewesen und ließ es deshalb auf sich wirken, als käme er zum ersten Mal, den holzvertäfelten Raum genauso wie den Ausblick auf die Themse. Bei früheren Besuchen hatte er manchmal eine Analogie zwischen dem Wasserstand des Flusses und den königlichen Einnahmen hergestellt. Beides schwankte ziemlich stark.

»Mylord.« Henri verbeugte sich.

»Der Herr Baumeister. Tretet näher. Ich habe ewig nichts von Euch gehört.«

Erstaunlicherweise alterte Lord Richard kaum. Er sah nicht anders aus als bei ihrem ersten Treffen. Das lag mehr als drei Jahre zurück.

»Ihr …«, brachte Henri vor und hielt inne. Er wollte alles

vermeiden, was nach Kritik klingen könnte. » … mir wurde verschiedentlich mitgeteilt, Ihr wäret nicht in Westminster.«

»Dann wird das so gewesen sein. Nun, was gibt es Neues? Wie steht es um Eure Mittel?«

»Sie sind aufgebraucht, Sir.«

»Umso besser, dass Ihr hier seid. Ich lasse Euch einen Vorschuss auszahlen. Allerdings müsstet Ihr mir nach wie vor die Ausgaben dokumentieren. Der Bau geht doch weiter?«

»Wir haben im Winter unterbrochen«, meinte Henri. »Doch nun …«

»Der König hat Euch damals gesagt, dass diese Kirche sein Herzenswunsch ist.«

»Das habe ich nicht vergessen.«

»Nun denn«, sagte der Schatzkanzler, spitzte eine Feder, tauchte sie in ein Fass und schrieb etwas auf ein Blatt. »Ihr bekommt zehn Pfund. Das wird fürs Erste reichen, hoffe ich.«

Auf seinem Tisch stand eine goldene Handglocke. Er nahm sie hoch und klingelte. Ein Diener erschien, dem der Schatzkanzler das Blatt reichte.

»Peter, sorge dafür, dass dem Baumeister dieses Geld ausgezahlt wird.«

»Ja, Mylord.«

Henri wollte dem Diener folgen.

»Eins noch, Baumeister«, sagte der Schatzkanzler.

»Ja?«

»Der Kaplan und ich möchten bald die Abbey besuchen.«

Henri hielt die Baustelle für derzeit nicht in einem vorzeigbaren Zustand, sagte aber pflichtschuldig: »Es wird mir eine Ehre sein.«

»Und ich könnte mir vorstellen, dass auch der König sehen will, ob Ihr die Kirche so baut, wie er sie sich vorstellt.«

»Selbstverständlich«, entgegnete Henri. »Gerne.«

Er verneigte sich.

Die Geldmünzen bekam er in einem prall gefüllten Lederbeutel. Zu Hause schüttete er sie auf seinen Tisch und zählte sich jenen Lohn ab, den er sich am Ende des vergangenen Herbstes nicht mehr hatte auszahlen können. Den Beutel versteckte er unter seiner Strohmatte und beglich seine Schulden bei Maude.

Sie war erfreut. »Was ist dir denn widerfahren? Der Herrgott scheint es gut mit dir zu meinen.«

»Es sieht so aus«, erwiderte er, aber ohne Überzeugung. Er dachte immerzu an Carol. Die Arbeit kam ihm seltsam sinnlos vor.

Er machte sich auf zur Kathedrale, die verschlafen dalag, und umrundete die Baustelle. Sie war in einem besseren Zustand, als er befürchtet hatte. Die Abdeckungen hatten gehalten. Abgesehen von dem vielen Laub, das sich angesammelt hatte, sah der Kreuzgang gut aus. Das Haus für das Domkapitel hatte bereits einen zweiten Stock, es fehlte nur noch das Dach. Die *Lady Chapel* gab, wie er es gewollt hatte, den Eindruck eines privaten Andachtsraumes. Sie würde die Möglichkeit zur Einkehr bieten, für ein Zwiegespräch mit Gott – hier konnte selbst ein König einmal Schwäche zeigen.

Henri nahm wahr, dass Sonnenstrahlen im Wasser einer Pfütze glitzerten. Ein Zeichen, glaubte er. Die heilige Jungfrau hieß ihn willkommen. Sie war einverstanden, dass er weitermachte.

Bis die Baustelle wieder in Betrieb genommen werden konnte, war eine Menge zu bedenken und vorzubereiten: Neue Handwerker mussten angeworben werden, sie brauchten Steine und Holz für den Dachstuhl des Kapitelhauses. Schließlich galt es, an die ersten Fenster zu denken. Er musste einen fähigen Glasbläsermeister finden, der am besten auch noch eigene Leute dafür mitbrachte.

Henri hoffte inständig, dass die hohen Besucher nicht vor dem Sommer kamen. Immerhin hatte er jetzt Geld für das ganze Jahr. Es galt, etwas zu schaffen.

Er suchte John of Gloucester auf. Der Steinmetz hatte ihm erzählt, dass er mit einigen Gesellen und Maurern am Rathaus beschäftigt war, wo sie einen Pferdestall errichteten. Henri schaute ihnen zu. John verhielt sich so, wie Henri es von Westminster kannte, umsichtig, mit einer Mischung aus Freundlichkeit und Strenge. Als sich John schließlich umsah und Henri entdeckte, winkte er und kam zu ihm herüber.

Sie umarmten sich. »Ich habe schon gehört, dass es in Westminster weitergehen wird«, sagte er.

»Neue Nachrichten haben Flügel«, meinte Henri. »Sie fliegen von Ohr zu Ohr.«

John winkte ab. »Unsere Welt ist klein. Die paar Steinmetze, die es in London gibt. Sag, Baumeister, wann fängst du an?«

»Jetzt. Wir haben Geld bekommen, und das müssen wir ausgeben. Was ist mit dir? Kann ich auf dich zählen?«

»Ich bin dabei. Das versteht sich wohl von selbst. Ab morgen früh, wenn du willst. Diesen Stall kriegen die auch ohne mich fertig«, sagte er und zeigte auf die Gesellen.

»Bring Handwerker mit, wenn es geht. Am besten solche, die schon bei uns waren.«

»Also hast du viel Geld?«

»Ja, in der Tat. Der König erwartet, dass seine Kathedrale wächst.«

»Gut, Baumeister, ich schaue, was sich machen lässt.« Er streckte die Hand aus, und Henri schlug ein. »Wir sehen uns morgen Früh.«

Wieder stellten sich jeden Tag neue Handwerker vor, und Henri genoss den Neubeginn. Es war wunderbar, dass überall gewerkelt wurde. Er teilte ein, entschied, wo es sofort weiterging und wo erst später, wies an, kontrollierte, bestellte.

Nachmittags widmete er sich der *Lady Chapel*, die er nun im Detail gestaltete. Er veränderte die Maße für die Fenster, ließ sich geschwungene Formen für die Säulen einfallen, versuchte sich an Zeichnungen für das Dach. Die Stimmung in dieser Kapelle ließ ihn an französischen Wein denken, und immer kam ihm hier Carol in den Sinn. Er stellte sich ihr Gesicht vor, ihre Stimme, die Hände, die sich um seinen Nacken legten, ihre Lippen, die ihn küssten. Nur, was er tun konnte, um sie wiederzusehen und zu befreien, dazu kam ihm keine Idee. Wenn dann die Verzweiflung ihn überkam, widmete er sich umso stärker dem Bau.

Plötzlich war auch Owin wieder da. Wie immer kam er abends, als die Handwerker schon gegangen waren, schlich im Schutz der anbrechenden Dunkelheit heran.

»Baumeister?«

Henri hatte ihn nicht kommen sehen und zuckte zusammen. »Du? Ich dachte, du wärst in Frankreich.«

»Da war ich. Ich bin zurückgekehrt.«

»Das ist schlecht«, sagte Henri. »Schlecht für dich.«

»Ich war in Reims und habe dort den Baumeister gesehen. Er heißt Henri, wie du. Das weißt du natürlich.«

»Ach, der Name ist nicht gerade selten.«

»Gib mir endlich, was ich verlange.«

»Du willst nach wie vor Steinmetzmeister werden?«

»So ist es.«

Normalerweise stellte sich am Ende des Arbeitstages ein Schmerz an Henris Oberarmnarbe ein. Heute kam er nicht; er dachte auch nicht daran. Er setzte einen Schritt vor.

Owin wich zurück.

»Der Wind hat sich gedreht«, sagte Henri. »Inzwischen bläst er dir ins Gesicht.«

»Ach, das sind doch nur Worte. Schön gesetzt, aber ohne Bedeutung. Ich bin es, der die Wahrheit spricht.«

»Na dann: Versuch dein Glück.« Henri wandte sich der Regentonne zu, um sein Werkzeug zu säubern und die Hände zu waschen. »Tu, was du nicht lassen kannst.«

»Das werde ich, Baumeister. Ich lasse dir keine Ruhe.«

Owin verzog sich so lautlos, wie er gekommen war, und Henri blieb zurück. Es blieb dabei, der Kerl stellte eine Bedrohung dar.

Henri verstaute sein Werkzeug in der Hütte und nahm sich ein scharfes Messer, das er in seiner Kitteltasche verschwinden ließ. Es war dunkel genug, dass er keine Vorsicht walten lassen musste, als er Owin nachging. Der Normanne wollte offenbar zu seiner Herberge. Er bemerkte ihn erst, als Henri ihn beinahe erreicht hatte. Im letzten Moment versuchte er, zu entkommen, doch diesmal war Henri schneller. Er packte ihn am Kragen, hielt ihm den Mund zu und zog ihn in eine Gasse.

Als er ihn gegen eine Hauswand drückte, hatte Owin die Augen weit aufgerissen.

Henri griff nach dem Messer. »Du bist zu weit gegangen, Normanne«, zischte er und drückte ihm die Klinge an den Hals. »Und jetzt wirst du bezahlen.«

...

Die Nachricht, dass Montfort seine Truppen erneut im Grenzgebiet zusammenzog, brachte Oliver in eine schwierige Lage. Selbstverständlich wollte er mitreiten und ihre Gegner das Fürchten lehren. Aber umgekehrt hatte er nicht allzu viel Vertrauen in die Standhaftigkeit seines Vaters. Wenn Carol es darauf anlegte, konnte sie den Alten um ihren kleinen Finger wickeln, das hatte Oliver schon oft erlebt.

Er dachte darüber nach, zu Hause zu bleiben. Dieser Gedanke war so falsch und sperrig, dass er nicht in seinen Kopf wollte. Die Barone und ihre Lehensmänner sollten sich ohne ihn sammeln? Er würde sich zum Gespött machen, und es war sogar möglich, dass die Montforts ihre gute Meinung von seiner Familie verlören.

Es ging nicht anders, er musste losziehen. Sein Vater saß am Kamin und las in einer alten Handschrift. Als Oliver eintrat, blickte er auf.

»Ich möchte mit dir sprechen, Vater.«

»Ich glaube, ich ahne, um was es geht.«

»So?«

»Auch ich bekomme Nachrichten, mein Sohn. Montfort sammelt Truppen.«

»Es ist wahr, ich werde zu ihnen stoßen.«

»Warum tust du das, Oliver?«, fragte Humphrey. Seine Stimme war brüchig. »Was Montfort vorhat, ist nicht recht.«

»Das sagst du.«

»Er lässt die eigenen Leute angreifen. Englische Burgen.«

»Burgen von Lords, die unsere Sache verraten und sich auf die Seite des Königs geschlagen haben.«

»Sie werden ihre Gründe gehabt haben.«

Oliver gelang es nicht, seinem Vater in die Augen zu schauen, zu groß war die Verachtung, die er für ihn empfand. Er war dieses ewige Lavieren leid und hatte alles Verständnis für Humphreys Wunsch nach Ausgleich verloren. Zu oft hatte der König sie verraten.

»Es ist Heinrich, der Truppen gegen uns sammelt. Zum dritten Mal inzwischen. Das wollen wir nicht vergessen. Und die Marcher Lords, die du in Schutz nimmst, sind bereit, sich gegen die Barone zu stellen. Also frage ich dich: Wer greift die eigenen Leute an?«

»Oliver ...«

»Antworte, Vater«, verlangte Oliver scharf.

Humphrey neigte seinen Kopf. Die Bewegung sah steif und geradezu schwerfällig aus. »Selbst wenn das stimmt, man kann ein Unrecht nicht mit einem anderen vergelten.«

»Wie bitte?«, fragte Oliver mit Kälte in der Stimme. »Wir

sind im Krieg. Sollen wir warten, bis Heinrich uns abschlachtet? Wenn du Nachrichten erhältst, wirst du wissen, dass die Königlichen unsere Männer töten, wo immer sie ihrer habhaft werden. Sie machen keine Gefangenen, sie schlagen Köpfe ab.«

»Es gab«, wandte Humphrey ein, »den Schiedsspruch von Amiens. König Louis hat zugunsten von Heinrich entschieden. Er darf ...«

»Der Schiedsspruch war gekauft«, unterbrach Oliver. »Ganz England weiß das inzwischen. Die Königin hat nicht nur den Franzosen Geld gegeben, sondern auch dem Papst. Solche Leute haben große Taschen.«

Humphrey hob den Zeigefinger und bewegte ihn hin und her. »Wenn man einen Richter anruft, verpflichtet das, sein Urteil anzunehmen.«

»Nicht, wenn es durch Schmiergeld und Absprachen zustande kam.«

Humphrey schaute zur Seite. Offenbar fiel ihm keine Gegenrede mehr ein. Auch Oliver schwieg.

»Ich bitte dich, gehe nicht, mein Sohn.«

»Doch, Vater. Es geht nicht anders. Wir streiten für eine gerechte Sache, da kann ich nicht abseitsstehen. Ich würde mich zum Gespött machen.«

Er stand auf. »Vater, es obliegt dir, auf Carol aufzupassen. Ich habe dir erzählt, dass ich sie im Haus eines Handwerkers erwischt habe.«

»Ja.«

»Du wolltest sie bestrafen. Jetzt lass wenigstens nicht zu,

dass sie wieder zu diesem Kerl geht, ich beschwöre dich. Die Ehre unserer Familie steht auf dem Spiel.«

Humphrey nickte. Seine Geste wirkte derart kraftlos, dass Oliver das Schlimmste befürchtete. »Sie wird mit Engelszungen auf dich einreden. Wirst du stark bleiben?«

Nun erhob sich auch sein Vater. Im Stehen hatte er mehr Spannung als im Sitzen. »Wofür hältst du mich, mein Sohn?«

Oliver nickte. Er musste ihm vertrauen, etwas anderes blieb ihm nicht übrig. Früh am nächsten Morgen würde er aufbrechen und Gerald und die Knappen treffen. Außerdem plante er noch einen kleinen Abstecher, bevor sie sich auf den Weg zu Montfort machten.

...

Henri kam nach Hause, nickte Maude und Archie zu und nahm sich einen Becher, den er mit Bier vollschenkte und herunterkippte. Archie war inzwischen ein vertrauter Gast im Haus, er kam auch, wenn Henri nicht da war.

Die Freunde beobachteten ihn.

Er setzte sich zu ihnen an den Tisch. »Ich habe ein Problem.«

»Das ist nichts Neues«, erwiderte Archie spöttisch.

Henri ging nicht auf seine Bemerkung ein, sondern erzählte ihnen von Owins neuerlichem Erscheinen. Davon, dass er ihm gefolgt war. Ihm das Messer an die Kehle gedrückt hatte.

»Und dann?«, fragte Maude.

Henri gab nicht gleich eine Antwort.

»Sprich«, verlangte sie.

»Es war seltsam«, sagte er. »Wenn ihr die Wahrheit wissen wollt: Ich habe ihn nicht getötet. Ich konnte einfach nicht.«

Beide atmeten laut aus.

»Ich habe ihm gedroht, ihn am Ende aber ziehen lassen.«

»Das ehrt dich«, sagte Archie.

»Mag sein. Aber wenn meine Drohung nicht fruchtet, wird der Ärger mit ihm nur größer.«

»Hättest du ihn getötet, hättest du ein noch viel größeres Problem gehabt«, meinte Maude.

»Den Sheriff?«

»Ja.«

»Wie wäre er auf mich gekommen?«

»Keine Ahnung. Ich kann dir nur sagen, dass seine Männer keine Ruhe geben, wenn in Westminster Menschen ermordet werden. Die ziehen von Haus zu Haus und fragen jeden, ob er etwas weiß.«

»Davon abgesehen hättest du gegen das fünfte Gebot verstoßen«, meinte Archie.

»Ich weiß. Was ich nicht weiß, ist, wie ich den Kerl loswerde.«

»Soll ich mich um ihn kümmern?«, fragte Archie. »Zusammen mit Maude? Ich hätte da eine Idee.«

Sie blickte auf und war sichtlich gespannt auf Archies Idee. Henri aber sagte: »Nein, lass mal. Das ist meine Angelegenheit. Die muss ich schon selbst lösen.«

»Wie du meinst. Mein Angebot bleibt bestehen.«

• • •

Carol hatte am Vortag gehört, wie Oliver die Diener anwies, seine Waffen und die Rüstung zu reinigen und seine Satteltaschen zu packen. Nun stand sie in ihrem Zimmer und schaute aus dem Fenster. Es war ein grauer Morgen. Oliver trat in den Burghof und ging auf sein Schlachtross zu, das ein Stallknecht am Zügel hielt. Ein anderer stellte ihm einen Tritt hin, den er brauchte, um auf das riesige Tier zu steigen. Er saß aufrecht, drehte sich nicht um, grüßte nicht zum Abschied, sondern ritt los.

Sie war erleichtert, als er durch das Burgtor verschwand. Endlich war er fort. Auf dem Weg ins Grenzgebiet. Es würde Wochen, vielleicht Monate dauern, bis er zurückkehrte. Und vielleicht würde er bei einer Schlacht fallen. Oder Guy.

Sie verbot sich diesen Gedanken. Es ging zu weit, ihrem Bruder oder dem jungen Montfort den Tod zu wünschen, das war Sünde. Die Entscheidung über das Leben lag allein bei Gott. Sie bat ihn um Verzeihung.

Am Vormittag ging sie in den Saal, wo die Mahlzeiten eingenommen wurden. Eine Schüssel mit dampfendem Porridge stand auf dem Tisch, dazu gekochte Eier, Brot, Speck, ein paar Streifen kaltes Rindfleisch und ein Topf mit süßem Pflaumenmus. Für frisches Obst war es noch zu früh im Jahr. Zu trinken gab es warmes Dünnbier.

Carol wünschte ihrem Vater einen guten Morgen.

»Dir auch, meine Tochter. Oliver ist heute Morgen aufgebrochen.«

Dass er nicht in der Burg war, war ziemlich offensichtlich, aber das sagte sie nicht. »Wie lange wird er fortbleiben?«

»Das weiß Gott allein.«

Carol tat sich Hafergrütze auf einen Teller, mischte Pflaumenmus darunter und begann zu essen. Auch Humphrey tat, als wäre er mit dem, was er vor sich hatte, beschäftigt. Die Stille wurde schnell drückend.

Carol trank einen Schluck Bier. »Wirst du mich auch gefangen halten?«, fragte sie dann.

»Ach, meine Liebe.« In der Stimme ihres Vaters lag ein Seufzen, als sei er es, den man eingesperrt hatte. »Ich bitte dich einfach, hierzubleiben.«

»Und wenn ich nicht will?«

»Warum nur sind meine Kinder so stur? Habe ich euch so erzogen?«

»Vater«, sagte sie, »lass uns nicht darüber reden, was früher war. Es zählt, was jetzt ist. Und da gibt es nur eine Frage: Bin ich frei, oder bin ich eine Gefangene?«

Er nahm sich ein Ei und begann, es aufzuschlagen. Dabei ließ er sich viel Zeit, pulte in aller Ruhe die Schale ab, bis es ganz nackt und weiß vor ihm lag. Erst dann hob er seinen Blick und schaute sie an. »Dir steht es sicher nicht frei, einen Handwerker in seinem Haus zu besuchen. Auch nicht, ihn zu heiraten. Ich würde mich zum Gespött der Leute machen, wenn ich dir das gestattete.«

»Das geht natürlich nicht«, sagte sie spöttisch.

Auf seiner Stirn bildeten sich Falten, und die weißen Härchen seiner Augenbrauen standen kreuz und quer. »Carol«, begann er, »wir haben ein einträgliches Gut. Zwar wird Oliver eines Tages der Erbe von Farnham, er ist der Sohn, der neue Baron. Aber ich habe dir eine reiche Aussteuer zugedacht. Es ist bereits alles schriftlich hinterlegt. Die Pacht für die Ländereien, die ich dir vermache, liegt bei einhundert Pfund.« Er hob den Zeigefinger. »Jedes Jahr einhundert Pfund. Dein Mann müsste nicht reich sein – was die Montforts nicht sind –, und ihr hättet trotzdem ein gutes Leben.«

»Und?«

»Das ist nicht möglich, wenn du einen Handwerker heiratest. Einen ...« Er machte eine kleine Pause und schluckte das nächste Wort herunter. »Kein Pächter würde so jemanden respektieren, im Gegenteil, sie würden glauben, einen solchen Mann könne man auch mit der halben Pacht abspeisen. Schon daran siehst du, dass es unmöglich ist. Warum hat Gott die Stände geschaffen? Warum hat Er dich zur Tochter eines Barons gemacht? Er wird seine Gründe gehabt haben.«

»Kennst du eine Geschichte in der Bibel, wo einem Mann und einer Frau die Heirat verboten wird, nur weil sie aus einer reichen Familie stammt und er nicht?«

»Carol ...«, sagte er wieder.

»Kennst du eine?«, insistierte sie.

Sie spürte seine Not, er tat ihr sogar leid. »Na, was ist?«, fragte sie trotzdem.

»Ich bin mir sicher«, entgegnete er, »dass Gott unser Land geschaffen hat und alles, was es in England gibt. Alles.«

»Da hast du bestimmt recht. Ich weiß allerdings nicht, ob Gott will, dass die Stände in England nur untereinander heiraten. Niemand kann das sagen. Was ich aber weiß, ist, dass ich auf dein Erbe verzichte, auf alles Land und die Pachteinnahmen. Ich will es nicht.« Sie stand auf. »Und sei gewiss, ich werde Guy de Montfort nicht heiraten.«

Sie ging hinaus.

# XXIX

Owin verhielt sich unauffällig. Hockte inmitten der anderen Steinmetze auf dem Platz, schlug Steine wie sie, trug sie zum Stapel, wo die Maurergehilfen sie abholten, in die Holzgestelle banden und auf dem Rücken über Leitern auf die Gerüste schleppten. Owin schaute nie auf, er schien ganz in seine Arbeit versunken zu sein. Henri hätte einiges dafür gegeben, in ihn hineinsehen zu können, zu wissen, ob die Gefahr nun gebannt war oder nicht. Zu blöd, dass das nicht möglich war. Er wandte sich dem Bau zu.

Ein Glasbläser war zu ihnen gekommen, ein untersetzter dunkelhaariger Mann mit geschwungenem Oberlippenbart. Er hieß Kedonian, nannte sich zwar Ken, aber alle Welt wusste, dass er Waliser war. Vor allem hörte man es an seinem starken Akzent. Die Engländer lehnten ihn vom ersten Moment an ab. Drehten ihm den Rücken zu, sobald er sich näherte, waren beschäftigt, wenn er etwas fragte, schlossen in der Pause die Hüttentüren vor ihm. John machte keine Ausnahme. Auch er tat so, als gäbe es den Glasbläser nicht.

Henri zeigte Ken Baustelle und Pläne, erklärte ihm, wie er sich die Fenster vorstellte, und gewann zunehmend den Eindruck, dass der Waliser sein Fach beherrschte. Ohne zu überlegen, zählte Ken auf, welche Materialien er benötigte – Sand, Blei, Pottasche –, und sprach über den Ofen, den er bauen musste, einen, in dem eine große Hitze entstehen konnte.

»Und du willst wirklich hier arbeiten«, fragte ihn Henri, »auch wenn dich alle schneiden?«

»Ich kenne es nicht anders. Für sie sind alle Waliser gleich. Sie glauben, wir wären schuld am Streit mit England.«

»Das ist das, was sie hören. Was man ihnen erzählt.«

»Es hängt an dir, Baumeister. Stell mich ein oder lass es bleiben. Dann ziehe ich weiter.«

»Ich nehme dich«, sagte Henri und streckte ihm die Hand entgegen. »Und ich unterstütze dich, so gut es geht. Lass uns zusammen deinen Ofen bauen, und ich halte Ausschau nach ein paar Leuten, die mit dir arbeiten werden.«

»Das klingt gut.« Ken schlug ein.

»Aber ich bin nicht immer da. Pass auf dich auf, Kerl. Am besten hast du auch im Hinterkopf Augen.«

Einige Tage vergingen, doch es blieb dabei, dass die Handwerker Ken ignorierten. Anders als sonst lag kein Werkzeug herum, jeder trug seins am Gürtel oder schob es in eine Kitteltasche. Offenbar gingen sie davon aus, dass alle Waliser Diebe waren. Die Türen der Bauhütten blieben geschlossen. Es war inzwischen warm genug, um die Pausen draußen zu verbringen. Die Handwerker hockten sich in Kreisen auf den Boden. Ihre Botschaft war unzweideutig: Zutritt für Fremde verboten.

Mit Henri hingegen redeten sie, obwohl er, wie er es zugesagt hatte, mit Ken den Ofen baute. Dafür vernachlässigte er sogar die *Lady Chapel*. Dem Plan nach war es ein halbrundes Ding, das sie aufmauerten, mit Brennkammer und Kamin und mit Ausmaßen auch für größere Scheiben. In London kauften sie besondere Steine dafür, die die Hitze lange speicherten.

Henri wollte den Ofen möglichst schnell fertigstellen, er rechnete jederzeit mit dem Besuch von Kaplan und Schatzkanzler und hielt es deshalb für gut, den nächsten Bauabschnitt vorzubereiten. Die Fenster würden großen Eindruck machen.

Doch es waren nicht Kaplan und Schatzkanzler, die ein paar Tage später auf die Baustelle kamen, sondern zwei Ritter und ihre Knappen. Sie trugen Helm und Kettenhemd und waren bewaffnet. Henri erkannte Carols Bruder.

Auf dem Bauplatz hielten sie ihre Pferde an.

Oliver zog sein Schwert. »Baumeister«, rief er.

Henri zeigte keine Eile, als er zu ihm ging. »Was wollt Ihr, Farnham?«

Oliver stieg nicht ab. »Dich warnen, Franzose, und ich sage es nur ein Mal: Lass meine Schwester in Ruhe, wenn dir dein Leben lieb ist.«

»Ihr wollt mir drohen?«

»Nimm es, wie du willst.«

»Ihr habt mich neulich beinahe getötet.«

»Wie man sieht, hast du überlebt. Leider, füge ich hinzu.«

Der zweite Ritter lachte. Er hatte pechschwarzes Haar, man hätte ihn für einen Franzosen halten können. In der Hand hielt er einen Bogen. Henri fiel auf, wie kunstvoll die

Waffe geschnitzt war und dass der Kerl keinen Pfeil aufgelegt hatte.

Er warf einen Blick über die Schulter. Die Handwerker, selbst die auf den Gerüsten, hatten die Arbeit eingestellt und sahen zu ihnen. Viele von ihnen hielten demonstrativ ihre Hämmer in den Händen. Ken und John traten neben Henri.

»Ihr habt mich ein Mal besiegt, aber dies hier, das ist mein Reich.« Henri ließ seinen Arm über den Platz hinter ihm fahren. »Seht hin, Farnham.«

»Für heute belasse ich es bei meiner Warnung, Franzose. Sollte ich dich noch einmal mit meiner Schwester antreffen, töte ich dich. Sie wird Guy de Montfort heiraten.« Er machte eine Kopfbewegung in Richtung der Handwerker. »Und vor denen habe ich keine Angst.«

In aller Ruhe schob er sein Schwert zurück in die Scheide, wendete das Pferd und ließ es im Schritt den Rückweg antreten. Seine Begleiter folgten ihm.

In Henri machte sich Trotz breit. Er würde sich nicht einschüchtern lassen. Sicher, einen offenen Kampf gegen einen Ritter konnte er nicht gewinnen. Doch das hieß nichts. Was er benötigte, war eine gute Idee und etwas Geschick.

Er wollte an die Arbeit zurückkehren, als er Owin entdeckte. Im Schutz der Bauhütten schlich der Normanne über den Platz und war schon fast an der Straße.

»Owin!«, rief Henri. »Komm zurück. Sofort.«

Als hätte er ihn nicht gehört, beschleunigte der Normanne seinen Schritt. Es war eindeutig, wohin er wollte.

»Herr, wartet«, rief er Oliver zu.

Farnham zog am Zügel. Owin deutete eine Verbeugung

an. Was sie sagten, war für Henri nicht zu verstehen, doch das brauchte es auch nicht. Das Bild war eindeutig: Seine beiden Feinde waren dabei, sich zu verbünden.

# XXX

Im Grenzgebiet waren Montforts Truppen in kleinere Scharmützel mit den königstreuen Lords verwickelt. Nach Olivers Ansicht war das kaum mehr als Bogenschießen auf größere Entfernung. Weder kam die Armbrust zum Einsatz, noch gab es Schwertkämpfe. Immerhin traf er einige Male, obwohl sich die gegnerischen Truppen immer schnell zurückzogen. Oliver fragte sich bereits, ob er nicht besser zur Burg Farnham zurückkehrte, als sie die Nachricht erreichte, der König sammele in der Nähe von London ein größeres Heer. Das kam überraschend. Am nächsten Morgen rief Montfort zum Aufbruch.

Die Stimmung war erwartungsvoll und beinahe euphorisch, als sie südwärts ritten. Bei jeder Pause versicherten sie sich, nun würden sie den Königstreuen ein für alle Mal deutlich machen, dass die *Oxforder Vereinbarungen* galten und man den Adel nicht übergehen konnte. Sie lachten über die Entscheidung des Franzosenkönigs. Mancher Witzbold ahmte ihn unter dem Grölen der anderen nach, die Taschen so voll, dass er kaum noch laufen konnte.

Sie hatten sich gerade in Montforts Zelt versammelt, als

Kundschafter eintrafen, die berichteten, dass das Heer des Königs gewaltig sei, erweitert durch Söldner vom Kontinent, von Männern also, deren Geschäft der Krieg war. Oliver stand am Rand. Ihm war es nicht gelungen, seine Freundschaft zu Guy zu erneuern. Seit dem Vorfall mit Carol ignorierte der junge Montfort ihn, sosehr sich Oliver auch um ihn bemühte.

Lord Simon allerdings hieß ihn stets willkommen, weshalb er Gast in dessen Zelt sein konnte. So bekam er mit, wie Montfort entschied, die Information der Späher zurückzuhalten. Siegesgewisse Ritter, erklärte er, würden im Notfall auch gegen eine Übermacht bestehen. Alle Anwesenden wurden darauf festgelegt, die Nachricht geheim zu halten. Oliver gab sie nicht einmal an Gerald Sholtam.

Kurz vor London führte ihr Weg sie nahe am Stadtpalais der Farnhams vorbei, und Oliver kam der französische Baumeister wieder in den Sinn. Er nahm sich vor, den Kerl zu töten. Das hätte er längst tun sollen. Überhaupt hatte er Zweifel, ob seine Familie in der Burg geblieben war, wie es verabredet war, oder ob Carol ihren Vater zur Rückkehr in die Hauptstadt überredet hatte. Seine Schwester war fähig, mit Engelszungen zu reden, und es gab gute Gründe für ihren Vorschlag. Das Frühjahr verbrachten sie immer in London. Warum diesmal nicht, Vater?, würde sie fragen und sich dabei an ihn schmiegen.

Humphrey hatte ihr nicht viel entgegenzusetzen.

Oliver rief seinen Knappen Liam und machte mit ihm den kurzen Umweg. Sie fanden das Palais unbeleuchtet und leer. Oliver war beruhigt. Im Galopp kehrten sie zurück und hatten die Nachhut des Heeres vor dem nördlichen Tor schon wieder eingeholt.

Auch diesmal bereitete London ihnen einen triumphalen Empfang. An den Straßen stand jubelnde Bevölkerung, sie schwenkten Tücher und Mützen und brüllten Hurra, Mädchen winkten ihnen zu, Kinder rannten neben ihnen her.

»Die Hauptstadt ist auf unserer Seite«, rief Guy gegen den Lärm der Straße an. Es war der erste Satz seit Langem, den er an Oliver richtete.

Oliver behielt seine Freude für sich. »Wir sollten unseren großen König herbringen, damit er es auch sieht«, gab er zurück.

Auf den Plätzen sammelten sich junge Burschen, um sich ihnen anzuschließen, und so wurde ihr Heer schnell größer. Die Neuen waren einfache Bürger, schlecht bewaffnet, meist ohne Pferd und Kettenhemd, und dennoch stieg die Stimmung unter Montforts Kriegern in höchste Höhen. Der Sieg war in greifbarer Nähe.

Als sie hörten, dass königliche Soldaten dabei waren, die Stadttore zu verschließen, um sie in London festzusetzen, setzte ein vielstimmiges Gelächter ein. Im Norden und Osten waren die Königlichen bereits zugange. Montfort schickte das Heer kurzerhand nach Süden, Richtung Küste, wohin sie ohnehin wollten, denn dort hielten sich König, Kronprinz und Hofstaat auf. Das Fußvolk, die Londoner Burschen, lief hinter ihnen her. Unterwegs malten sie sich gegenseitig mit Kreide das weiße Kreuz auf die Kittel, das Montforts Leute auf ihren Schildern trugen. Schließlich wollten sie im Eifer eines Gefechts nicht mit den Königlichen verwechselt werden.

Sie waren ein Zwischending zwischen Heer und Horde, ein Teil in Haltung und Kampf geschult, der andere nicht. Es ließ sich nicht vermeiden, dass das einfache Volk Vorratskammern von Gasthäusern plünderte und manchen Bauernhof überfiel. Die Mädchen und Frauen stießen Angstschreie aus und rannten in die Wälder, verfolgt von den Londoner Burschen. Montfort machte keine Anstalten, etwas dagegen zu unternehmen.

»Machen wir es nicht schlimmer, als es ist«, erklärte Guy, während sie von ihren Pferden aus dem Treiben zuschauten. »Nach unserem Sieg wird Frieden einkehren. Die Bauern werden ihre Verluste verschmerzen. Bei der nächsten Ernte sind sie vergessen.«

Für die Nachtlager benötigten sie weitläufige Lichtungen, die nicht so einfach zu finden waren, da sie an fließenden Gewässern liegen sollten. Ruhe kehrte auch zu später Stunde nicht ein, die Feuer brannten, es wurde gesungen, geredet und getrunken. Oliver wusste, dass man seine Kräfte schonen musste, deshalb zog er sich beizeiten zurück und legte sich schlafen.

In einem Ort namens Lewes trafen sie schließlich auf die Königlichen. Durch ihre Späher waren sie inzwischen genauer über die Kräfteverhältnisse im Bilde. Heinrichs Heer schätzten sie auf etwa doppelt so groß wie das ihre, selbst wenn man die Londoner Fußsoldaten mitzählte.

»Ich werde ihm Verhandlungen anbieten«, erklärte Montfort. Es war Abend, sie hatten sich wieder in seinem Zelt versammelt. Neben seinen Söhnen waren verschiedene Barone anwesend, auch Oliver. Einige von ihnen saßen auf Stühlen rund um den in der Mitte aufgestellten Tisch. Die Jüngeren standen.

»Nein!«, rief Guy, und Oliver teilte seine Überzeugung und hätte ihm am liebsten zugestimmt. Sie waren zum Kämpfen hier, nicht, um zu reden. Er wollte endlich eine Entscheidung erzwingen.

»Auf jeden der Unseren kommen zwei von ihnen«, hielt Simon de Montfort dagegen. »Ich kann unsere Leute nicht schnurstracks in den Tod schicken.«

Es entspann sich eine Debatte, bei der sich Oliver zurückhielt. Neben Guy war er der Jüngste in der Runde, aber anders als dieser kein Montfort-Sohn. Er erlaubte sich nur ein vorsichtiges Nicken zu den Äußerungen derer, die sich für die Schlacht aussprachen.

Es zeigte sich allerdings, dass diejenigen Barone, die Autorität besaßen, Montforts Ansicht stützten, und so war es am Ende für Lord Simon nicht schwer, bei seiner Entscheidung zu bleiben. Am nächsten Morgen schickte er zwei Parlamentäre ins Lager des Königs, beide unbewaffnet und mit weißen Fahnen.

Als sie zurückkehrten, überbrachten sie die Nachricht, dass Heinrich das Verhandlungsangebot abgelehnt hatte. Es gäbe bestenfalls die Kapitulationsbedingungen für die Aufständischen zu besprechen, hatte der König erklärt, und dafür hatten die Parlamentäre kein Mandat. Offensichtlich wollte Heinrich, genau wie Guy und Oliver, dass der Streit auf dem Schlachtfeld entschieden wurde. Mit seinem großen Heer wähnte er sich im Vorteil.

»Nun«, sagte Montfort, »dann werden wir kämpfen.«

# XXXI

Die Baustelle veränderte sich in rasender Geschwindigkeit. Im Hauptschiff und den Seitenflügeln wuchsen die Wände so schnell, dass die Gerüste jeden zweiten oder dritten Tag umgehängt werden mussten. An der Westseite ging es bereits darum, die Portale zu planen, die kunstvoll verziert werden sollten, für den Kreuzgang hatte er ein leichtes, südlich anmutendes Dach gezeichnet, am Kapitelhaus waren sie beim Innenausbau, die Zimmerer sägten Dielen zurecht. Ein paar Fenster waren auch schon in Arbeit; Proben, wie Ken vorsichtshalber gesagt hatte.

In der *Lady Chapel* plante er, die Säulen in Form eines abgerundeten Kreuzes auszugestalten. Dafür würde er einen erfahrenen Gipser suchen müssen, denn kunstvolles Verputzen gehörte nicht zu seinen Fähigkeiten.

Überhaupt war es Zeit, weitere Handwerker zu finden, nicht nur den Gipser und zwei oder drei Glasbläsergesellen für Ken, sondern auch Fenstermaler, außerdem Dachdecker und Bildhauer für die Türbogen, die wie in Frankreich mit Darstellungen biblischer Figuren gestaltet werden sollten. Bis diese Leute, wenn er sie denn fand, wirklich begannen, gab es einen langen Vorlauf: Die Dachdecker mussten ihre Tonziegel brennen, das Glas zu bemalen war eine Kunst für sich, und Bildhauer waren eh selten, da ihr Handwerk mehr Geschick und Geduld als jedes andere benötigte. Umso dringender war es, mit der Suche zu beginnen.

Er sprach mit John darüber.

»Das Problem ist die Jahreszeit«, erklärte der Steinmetz. »Wir sind im Mai. Wer etwas kann, hat Arbeit, und das seit Monaten.«

»Du meinst, ich hätte mir mein Anliegen früher überlegen müssen?«

»Wie solltest du Leute einstellen, wenn du nicht wusstest, ob du Geld hast?«

»Ich kann aber nicht bis zum nächsten Februar warten«, meinte Henri. »Wir haben ein gutes Arbeitstempo. So soll es weitergehen.«

»Dann bleibt nur, Handwerker anderswo abzuwerben, indem du ihnen mehr Geld anbietest.«

»Ich werde mit dem Schatzkanzler darüber reden. Er will ebenfalls, dass wir Fortschritte machen.«

»Lass dich aber nicht erwischen, dass du auf fremden Baustellen herumschleichst, die Leute ansprichst und mit Münzen klimperst. Mancher ist dafür schon grün und blau geschlagen worden.«

»Vielleicht nehme ich jemanden mit«, erwiderte Henri.

»So?«

»Zum Beispiel einen kräftigen Steinmetz. Ich weiß, dass der keine Angst hat.«

John grinste. »Wir werden sehen.«

Sie gingen auseinander.

»Ach, John«, rief Henri ihm hinterher.

»Ja?«

»Ken ist ein Mann wie wir, ein Handwerker. Er hat keine englische Burg überfallen.«

John antwortete nicht.

»Es gibt keinen Grund, ihn zu schneiden.«

Schulterzuckend setzte der Steinmetz seinen Weg fort. Henri machte sich daran, die Ausgabenliste auf den neuesten Stand zu bringen. Es war nicht seine Lieblingsaufgabe, die Zahlen von der Wachstafel zu übertragen, wo er sie sich zunächst notierte. Manches war verwischt, sodass er Mühe hatte, es zu entziffern. Dennoch galt, dass er keinen Fehler machen durfte, deshalb rechnete er die Summen mehrmals nach.

Sonntags ging er zum Palais der Farnhams. Seit Olivers Drohung ließ er Vorsicht walten und blieb auf Distanz. Doch er fand das Haus stets verlassen, deshalb hatte er mit jeder Woche weniger Sorge, von Oliver entdeckt zu werden, aber auch weniger Hoffnung, Carol zu treffen. Die Fensterläden waren geschlossen, es brannten keine Lichter, weder die Familie noch Dienstpersonal waren zu sehen. Er ging davon aus, dass Carol auf der Burg ihrer Familie weilte, und stellte sich vor, dorthin zu reiten. Das war ein blödsinniger Gedanke, nicht nur wegen Oliver, sondern auch, weil die Mauern und das Tor unüberwindliche Hindernisse wären. Er würde nicht ein einziges Wort mit Carol wechseln können. Trotzdem wurde er die Vorstellung nicht los.

Das Schlimmste war die Ungewissheit. Er hatte keine Ahnung, wie es ihr ging, wie sehr sie unter Druck gesetzt wurde, ob sie an Flucht dachte. Für eine Nachricht von ihr hätte er viel gegeben. Es kam aber keine.

Am Montag entrollte der Schatzkanzler Henris Aufstellung und warf einen Blick darauf. »Sehr schön«, erklärte er, während er mit dem Finger über die Liste fuhr und die Additionen im Kopf nachrechnete. »Ich muss es nachprüfen lassen, das wisst Ihr ja. Doch mir scheint das alles plausibel zu sein. Wie geht es voran?«

Henri schilderte die nächsten Anliegen, vermied es aber, darüber zu sprechen, dass er fremden Handwerkern einen höheren Lohn würde zahlen müssen.

»Macht weiter so, Baumeister«, sagte Lord Richard zum Abschied. »Auch von meinen Leuten bekomme ich gute Berichte über Eure Arbeit. Seid gewiss, der König selbst hat vor, die Baustelle zu besichtigen. Wenn Ihr klug seid, richtet Ihr es so ein, dass er zufrieden sein wird.«

»Das werde ich, Mylord. Trotzdem: Warnt mich bitte vor.«

Lord Richard lachte. »Ihr könnt Euch vielleicht nicht vorstellen, wie ein königlicher Besuch aussieht. Der wird penibel vorbereitet. Erst kommen seine Wachen und überprüfen den Ort. Es darf keinen Schmutz geben, selbst auf einer Baustelle nicht. Und natürlich muss es sicher sein.«

Henri war erleichtert, dass er nicht überrascht werden würde. »Ich verstehe.«

Er verneigte sich und wandte sich zum Gehen.

»Ich habe noch eine gute Nachricht für Euch, Baumeister.

Zwischen unserem König und den Baronen steht endlich die entscheidende Schlacht an, und unsere Seite wird gewinnen.«

»Die entscheidende Schlacht?«, fragte Henri.

»So ist es.«

»Woher stammt Eure Sicherheit, dass Ihr gewinnen werdet?«

Wieder lachte Lord Richard. »Ganz einfach: Wir haben doppelt so viele Krieger. Und sie werden gut geführt. Der König selbst zieht ins Feld, dazu sein Sohn Edward, unser Thronfolger. Die Barone haben keine Feldherren von dieser Weitsicht. Es ist eindeutig: Gott ist auf unserer Seite.«

...

Obwohl Maude ihm schon mehrmals gesagt hatte, es sei nicht nötig, anzuklopfen, bevor er eintrat, tat Archie das jedes Mal. So hatte er es im Kloster gelernt, und er konnte nicht anders.

»Archie«, sagte Maude mit einem Lächeln auf dem Gesicht. Er hatte noch nie erlebt, dass sich jemand mit solcher Regelmäßigkeit freute, wenn er kam. Es war ein Geschenk, das ihm immer wieder zuteilwurde.

»Ich war auf dem Markt«, sagte er, »und habe Makrelen gekauft.« Er zog die Fische aus einem Beutel. »Jetzt habe ich zwar kein Geld mehr, aber wen kümmert's?«

Maude roch an den Tieren. »Lecker«, sagte sie. »Setz dich. Ich hoffe, unser Baumeister kommt auch bald, damit wir essen können.«

»Sonst gehe ich und hole ihn.«

»Sag, Archie ...« Maude blickte an ihm vorbei.

»Ja?«

»Bleibt ein Mönch eigentlich sein ganzes Leben lang im Kloster?«

»Ja sicher«, sagte er. »Warum fragst du das?«, brachte er hervor, obwohl er durchaus eine Ahnung vom Sinn ihrer Frage hatte.

»Nur so.«

»Ach, nur so.« Sein Herz klopfte laut.

Einige Zeit sagte sie nichts. Stand neben ihm und schwieg. Schließlich griff sie nach seiner Hand. »Du könntest zu mir ziehen. Wir würden uns gut verstehen, da bin ich mir sicher.«

Er spürte, wie er rot wurde. Keine Frau hatte jemals so etwas gefragt, eine vergleichbare Unterhaltung hatte er noch nie geführt. Seit der Kindheit war das Kloster sein Zuhause, ein Ort, wo ein Tag dem anderen glich und man seine Zeit im Gebet verbrachte. Und wo es keine Frauen gab.

Sie schien in ihn hineinzusehen. Sanft drückte sie seine Hand. »Ich erlebe zum ersten Mal, dass dir die Worte fehlen.«

»Ja«, brachte er hervor. »Das kommt tatsächlich nicht oft vor. Ich bin überrascht.«

»Wirklich?«

»Nein, nicht wirklich. Ich mag dich auch, Maude. Aber ich lebe im Kloster, seit meine Mutter mich dort hingegeben hat. Und ...«

»Man kann sich verändern.« Sie strich ihm über die Hand. »Überleg's dir.«

»Das werde ich«, sagte er und drehte seine Hand, sodass

sie ihre hineinlegen konnte. »Ich muss in Erfahrung bringen, was Gott mit mir vorhat«, setzte er hinzu.

»Und wie macht man das?«

»Man sucht das Gespräch mit Ihm. Im Gebet.«

»Vielleicht sollte ich das auch einmal probieren. Antwortet Er immer? Und jedem?«

Archie zuckte mit den Schultern. »Er ist immer da. Und Er hat einen Plan.«

»Nun, dann lass mich wissen, was Er gesagt hat.«

»Ja«, sagte er, »selbstverständlich.«

Er schämte sich dafür, dass ihm ein Leben mit ihr in den Sinn kam und sich in hellen Farben zeigte, die Nähe zu ihr, die gemeinsamen Gespräche, auch ihre Kochkünste. Abends würde er das Bett mit ihr teilen und sich an ihren Körper drücken, und er würde Gottes Segen für ihre Verbindung erflehen und Maude heiraten. Bei diesen Gedanken wurde ihm warm ums Herz, und gleichzeitig bekam er Angst.

Er hatte nur sporadische Erfahrungen mit einem Leben außerhalb der Klostermauern. »Ich kann keine Arbeit«, sagte er. »Nicht richtig jedenfalls. Was würde ich tun, um Geld zu verdienen?«

»Du kannst lesen und schreiben. Hast sogar studiert. Also könntest du Lehrer werden. Was glaubst du, wie viele Kinder reicher Lords es in Westminster gibt? Die müssen alle unterrichtet werden.«

»Die würden mich nicht nehmen.«

»Doch, bestimmt würden sie das. Im Übrigen, warst du nicht derjenige, der verlangt, man müsse vertrauen?«

Sie machte drei Schritte und war an ihrer Kochstelle. Er

ging davon aus, dass sie die Fische ausnehmen würde. Stattdessen drehte sie sich um, kam zurück und legte ihre Arme um seine Schultern. Sie war vorsichtig, trotzdem wurde er starr. In seinem ganzen Leben hatte ihn noch keine Frau umarmt. Vielleicht seine Mutter, als er ein Kleinkind war. Aber daran erinnerte er sich nicht.

Mit den Fingerspitzen berührte er ihre Hüften. Als sie ihn langsam zu sich zog, wurde er weicher und ging in winzigen Schritten zu ihr. Es war nicht gerade eine Qual in Maudes Armen. Die innere Stimme, die ihm sagte, der Teufel versuche ihn und es sei verboten, was er hier tat, klang, als rufe sie aus weiter Ferne. Er hoffte auch nicht mehr, dass Henri bald käme.

# XXXII

Oliver sah zu, wie Simon de Montfort auf sein Pferd stieg. Eine Abteilung stand bereit, um das Gelände zu erkunden. Die Männer, die mit ihm ritten, waren noch nicht gerüstet, sie trugen zwar Kettenhemden und ihre Schwerter, aber weder Helm noch Schild oder Brustpanzer. Auch die Schlachtrösser waren noch ohne Schutz. Oliver wartete nicht darauf, aufgefordert zu werden. Er schloss sich ihnen von sich aus an.

Nach einem kurzen Ritt kamen sie zu einem lang gestreckten flachen Hügel, vor dem sich eine Ebene erstreckte. Montfort hielt an. »Dies wird unser Platz.«

Jedermann wusste, dass es ein Vorteil war, wenn der Gegner bergan kämpfen musste. Montfort schickte Boten zurück ins Lager, die weitere Krieger zu ihm beordern sollten. Bald traf ein zweiter Trupp Ritter ein. Knappen trugen ihnen die Rüstung hinterher. Die Männer verteilten sich über den Hügel. Ihre Pferde sattelten sie nicht ab, ließen sie aber grasen und zündeten Feuer an und setzten sich davor. Andere strichen umher und machten Jagd auf königliche Späher. Man hörte ihre Freudenschreie, wenn sie einen fanden.

Oliver kehrte mit Montfort, Guy und einigen anderen ins Lager zurück. An einer so großen Schlacht wie dieser hatte er noch nicht teilgenommen. Es war ein Kampf um die gerechte Sache. Er wünschte sich, dass es bald losging. Doch sie mussten sich gedulden.

Gleichwohl, der Abend war anders als die vorherigen. Zwar gab es immer noch viele Männer, die eine Menge Ale tranken, sich laut unterhielten und lachten oder sangen. Besonders die Londoner benahmen sich, als wären sie auf einem Ausflug. Die Ritter hingegen zogen sich zurück, wanderten umher, hockten sich fernab der anderen ins Gras. Oliver kniete vor seinem Schlafplatz und betete, für den Sieg genauso wie dafür, dass Guy und er überlebten. Er bat Gott auch, ihm bei der Umsetzung seines Plans mit Carol und den Montforts zu helfen.

Am nächsten Tag sammelten sie sich. Schon vor dem Morgengrauen erhoben sich die ersten Krieger von ihren Lagern und sorgten mit Fußtritten dafür, dass die anderen wach wurden. Die Weinkaraffen kreisten, und viele nahmen tiefe Züge. Den letzten Schuss Mut, so hieß eine alte Schlachtregel, den trinkt man sich an. Bevor die Sonne aufging, rückte ihr gesamtes Heer, Reiter genauso wie Fußsoldaten, zum Hügel vor. Es war eine kaum überschaubare Menge, die in feierlicher Stille aufmarschierte. Die Mailuft war milde, der Regen nicht mehr als ein leichtes Nieseln.

Montfort hatte seinem Stab am Vorabend die letzten Anweisungen gegeben und die Abteilungen aufgestellt. Das Kommando über das Fußvolk, das er in der Mitte des Hügels positionierte, trug Lord Seagrave. Auf beide Flügel schickte er die Reiterei. Oliver gehörte mit Guy zur linken Seite, sie unterstanden dem Befehl von James FitzPeter. Er war der Vater von Valerie, vor allem aber ein Mann, der souverän und entschlossen wirkte. Er würde sie gut führen. Montfort selbst verblieb mit einem kleinen Trupp Ritter hinter dem Hügel. Sie bildeten die Reserve.

Die beiden Heere standen sich in einer Entfernung von rund dreihundert Schritt gegenüber. Alle Reiter waren vollständig gerüstet und bewaffnet, mit Helm und Kettenhemd, Bogen und Schwert. Auch um ihre Pferde hatten sie den schützenden Kettenharnisch gelegt. Nur um das Fußvolk, die Londoner, sah es anders aus. Sie trugen, was sie besaßen, Schilder aus Holz, rostige Schwerter, nur wenige hatten Bogen, Speer oder Armbrust. Gleichwohl waren sie es, die dem Gegner die ersten Beschimpfungen zuriefen. Wegen der Entfernung konnten sie auf der anderen Seite allerdings kaum gehört werden.

Die Heere warteten. Jeder hoffte darauf der Gegner würde früher die Geduld verlieren und den ersten Schritt machen. Es war bekannt, dass die Abwehr leichter war als die Attacke. Aus diesem Grund hatte Montfort ihnen strengstens untersagt, sich zu bewegen, und obwohl die Pferde auf beiden Flügeln unruhig waren, galt sein Wort. Die Ritter hielten ihre Zügel kurz und starrten zum Gegner. Allein die Londoner beschwerten sich. Sie wollten kämpfen, und man konnte sehen, wie schwer ihnen das Warten fiel. Die Burschen brauchten Ablenkung. Mancher ließ die Hose herunter und pinkelte dem Nebenmann vor die Füße, was andere zum Lachen brachte. Es gab kleinere Handgemenge.

Montfort hatte ihnen eingeschärft, dass es an König Heinrich war, den Angriff zu führen, denn zum einen war sein Heer überlegen, und zum anderen war er es, der Verhandlungen abgelehnt hatte. Doch die Königlichen rührten sich nicht. Ihre Ritter saßen genauso starr auf ihren Sätteln wie die Barone.

Die Zeit verging langsam. Wenn die Wolken Platz machten, sah man eine blasse Sonne höhersteigen. Dann fiel wieder ein wenig Regen. Der Boden war weich, aber noch nicht matschig. Lord Seagrave hatte Mühe, sein Fußvolk zusammenzuhalten. Einige Londoner waren inzwischen betrunken, andere veranstalteten Ring- oder Faustkämpfe mit ihren Kameraden. Wo es zu ernst wurde, griff Seagrave ein. Dann trieb er sein Pferd durch die Reihen, hatte das Schwert erhoben und rief seine Befehle. Einmal stieg er ab und schlug einen Streithahn nieder, was die Nebenleute beeindruckte. Sie wurden leiser.

Oliver hatte ebenfalls Mühe mit der Untätigkeit. Er bekam Durst, aber als er trank, müsste er bald pinkeln, was mit Rüstung nicht möglich war. Er wünschte sich sehnlich, dass die Königlichen endlich angriffen. Oder dass ihre eigenen Truppen dem Gegner zuvorkamen. Es war Mittag, die Sonne stand direkt über ihnen. Endlich ertönte auf der gegnerischen Seite ein scharfer, durchdringender Ruf, und die Reiterei setzte sich in Bewegung. Bald waren die Pferde im Galopp, und unzählige Ritter stürmten auf sie zu. Das Gebrüll, das sie machten, war ohrenbetäubend. Guy presste sich seine behandschuhten Finger gegen die Ohren. Oliver tat es ihm gleich.

Heinrich hatte seine mittlere Abteilung losgeschickt, die von Kronprinz Edward geführt wurde. Als sie den Hügel hinaufpreschten, wirbelten die Huftritte feuchte Erde auf, und die Leiber der riesigen Schlachtrösser kamen immer näher. Die Ritter hatten ihre Schwerter gezogen. Oliver konnte jetzt ihren Schlachtruf verstehen – »Für Gott und König«.

Das Ziel der königlichen Reiterei waren die Londoner, die in Montforts Ordnung die Mitte hielten. Es war leicht zu erkennen, dass die Fußsoldaten, auch wenn sie sich mit ihren Schildern zu schützen versuchten, einem Kavallerieangriff nichts entgegenzusetzen hatten.

Guy hatte die gleiche Befürchtung wie Oliver. »Wir müssen ihnen helfen!«, rief er James FitzPeter zu, der nur wenige Schritte vor ihnen war.

FitzPeter drehte sich um, Anspannung im Gesicht. »Wir bleiben hier«, brüllte er zurück. »Keiner bewegt sich ohne meinen Befehl.«

Im nächsten Moment stießen die königlichen Reiter mit gnadenloser Wucht in das Fußvolk, eine Lawine, die ein kleines Gebüsch unter sich begrub. Männer sackten zusammen, Blut floss, Köpfe und Körperteile flogen durch die Luft, schrille Schreie mischten sich mit dem Geräusch von Eisen, das auf Eisen traf, und den Schlachtrufen der Ritter. Der Lärm steigerte sich ins Unermessliche. Er ging Oliver durch und durch. Ein Vorgeschmack auf die Hölle.

Nachdem die Königlichen eine Spur der Verwüstung durch das Fußvolk gezogen hatten, hob der Kronprinz den Arm und befahl die Umkehr. Seine Männer hatten kaum Verluste erlitten. Im Trab ritten sie davon und hatten keine

Sorge, selbst angegriffen zu werden. Was sie zurückließen, war der Tod. Der Hügel war von Leichen übersät, Gliedmaßen lagen herum, abgetrennte Schädel, dazwischen verlorene Waffen und manche Provianttasche. Aus manchen Leichen quollen die Gedärme heraus. Die Kleider waren blutgetränkt. Auch das Erdreich hatte sich rot gefärbt.

Einige Verwundete rappelten sich auf. Die, die es weniger stark erwischt hatte, stützten andere und humpelten davon. Schwerverletzte krochen auf allen vieren. Sie alle bildeten einen Zug des Elends.

Oliver ging davon aus, dass Prinz Edward seine Truppen für einen weiteren Vorstoß formieren würde. Seagrave organisierte den Rückzug. Seine Stimme klang heiser. Das Pferd hatte er verloren, wie viele andere humpelte er auf den Hügelkamm zu. Die Londoner folgten ihm, so schnell ihre Wunden es zuließen. Sie hetzten den Hügel hinauf und hofften, auf der anderen Seite in Sicherheit zu sein.

Edward beobachtete die Flucht aus der Ferne. Er hob das Schwert und zeigte nach vorn. Das Signal für einen erneuten Angriff. Im Galopp setzte die königliche Kavallerie den Fliehenden nach, und wieder brüllten die Krieger ihren Schlachtruf: »Für Gott und König«.

Die Pferde der Angreifer jagten in der Mitte zwischen den Flügeln des Adelsheers hindurch. Die Untätigkeit war Oliver unerträglich. Er verstand es nicht. Es wäre möglich, die Königlichen von beiden Seiten in die Zange zu nehmen und aufzureiben. Doch es gab keinen Befehl dazu. Stattdessen mussten sie ein weiteres Mal zuschauen, wie die Hufe der feindlichen Schlachtrösser den Boden aufrissen. Erde wirbelte durch die Luft. Oliver blickte zu Guy hinüber. Er hatte die Hand am Schwertknauf und hielt die Stiefel so, dass er sein Pferd jeden Moment antreiben konnte. Auch für ihn war die Versuchung, gegen FitzPeters Befehl einzugreifen, beinahe übermächtig. Zum Glück dauerte der Augenblick nur kurz, dann waren die Königlichen auf dem Hügelkamm und verschwanden auf der anderen Seite. Die Londoner waren nicht mehr zu sehen. Man musste aber annehmen, dass sie leichte Beute für die Reiterei werden würden.

Ein Bote kam zu FitzPeter, rief ihm etwas zu und machte sich auf den Weg zum anderen Flügel, wo Hugh Bigod das Kommando hatte. Oliver ging davon aus, dass der Bote einen Befehl von Montfort weitergab. Es dauerte nur wenige Augenblicke, da hoben sowohl FitzPeter als auch Bigod ihre Schwerter. Sie gingen zum Angriff über. Endlich, dachte Oliver, stieß seinem Pferd die Hacken in die Flanken und preschte mit ihnen vorwärts.

Als sie sich dem Gegner näherten, erkannte er, was das Ziel des Adelsheeres war: der König. Heinrich befand sich auf ihrem rechten Flügel, also Oliver gegenüber. Er wurde von berittenen Leibwächtern geschützt. Zusätzlich standen mehrere Ritter mit gezückten Schwertern um ihn.

Oliver machte es sich zur Aufgabe, auf Guy aufzupassen. Der junge Montfort durfte nicht fallen.

Doch es zeigte sich, dass man im Kampf ein anderes Vorhaben als das, sein unmittelbares Gegenüber zu besiegen, kaum haben konnte. Ein älterer Ritter stellte sich ihm entgegen und ließ das Visier herunter. Beide ritten aufeinander zu. Als der andere ausholte, riss Oliver sein Schild in die Höhe und fing den Schlag ab. Es war nicht viel anders als in einem Turnier. Mit dem Unterschied, dass es hier um Leben und Tod ging.

Er riss am Zügel, wendete sein Pferd und trieb es sofort wieder an. Sein Gegner war langsamer, doch als Oliver heran war, hatte er sich in Stellung gebracht und konnte den Schlag abwehren. Im nächsten Moment hieb er selbst zu und erwischte Oliver an der Schulter. Schmerz schoss ihm in den Kopf. Er machte ihn wütend. Er hatte sich nicht gut genug verteidigt. So fahrlässig durfte er nicht weitermachen.

Während er erneut wendete, schüttelte er sich. Als sein Feind zu ihm schaute, versuchte Oliver eine Finte und tat so, als sei seine Verletzung eine tiefe Wunde. Er hing mehr auf dem Sattel, als dass er saß. Der Gegner erkannte seine Gelegenheit, hielt sein Schwert in die Höhe und jagte auf Oliver zu, bereit, ihm den tödlichen Stoß zu versetzen.

Doch Oliver richtete sich im letzten Moment auf, fing den Hieb ab und schlug selbst mit aller Kraft zu. Er traf seinen Gegner am unteren Rücken. Ein Schmerzensschrei ertönte. Der Mann sackte in sich zusammen. Da er mit den Stiefeln in den Steigbügeln steckte und sich mit den Schenkeln hielt, fiel er zwar nicht vom Sattel, war aber kampfunfähig. Es galt, ihm den Rest zu geben.

Während er sein Pferd antrieb, gewahrte er, dass Guy in Bedrängnis war. Er wurde von zwei Feinden gleichzeitig angegriffen. Oliver ließ von seinem verwundeten Gegner ab, nahm seinen Bogen und legte einen Pfeil auf. Er zog den Bogen aus und wartete geduldig auf den richtigen Moment. Der

Pfeil flog schnurgerade und traf den feindlichen Ritter am Hals, wo er ungeschützt war. Der Kerl fiel vom Pferd.

Oliver preschte auf Guy zu, der noch mit dem anderen Ritter kämpfte. Wenn die Feinde zu zweit gegen einen gingen, dann würde Oliver das auch tun. Er kam von hinten und hieb Guys Gegner mit aller Gewalt auf Helm und Kopf. Der Mann sackte zusammen. Oliver schlug noch zwei Mal zu, dann fiel der andere vom Pferd.

Guy hob den Schwertgriff vor sein Gesicht, eine Geste von Dank und Gruß, die Oliver erwiderte. Gemeinsam ritten sie auf die nächsten Gegner zu, zwei Ritter, die sich ihnen in den Weg stellten. Schnell wurden sie wieder getrennt, da jeder mit einem von ihnen zu kämpfen hatte. In der Schlacht galt es, sein Pferd in Bewegung zu halten und anzutreiben, Lücken und Wege zu finden und manchmal auch auszuweichen.

Obwohl seine Schulter schmerzte und die Kraft im Arm nachließ, schlug Oliver zu. Der Ritter parierte. Oliver trieb sein Pferd an. Dabei schob er sein Schwert in die Scheide, zog den Bogen und legte einen Pfeil auf. Er schoss sofort. Zwar traf er den Gegner nur am Bein, dennoch schrie der auf. Trotzdem wollte der Mann Rache nehmen, trieb sein Schlachtross an und jagte das kurze Stück auf Oliver zu. Kurz vor dem Zusammentreffen riss Oliver am Zügel und brachte sein Pferd auf die andere Seite des Angreifers. Er hatte Glück. Der andere bekam sein Schwert nicht schnell genug hinüber. Oliver schoss einen weiteren Pfeil ab. Diesmal traf er die Rückseite des Beins. Wieder schrie der andere auf und hielt sich die Wunde. Er warf Oliver einen finsteren Blick zu, bevor er davonpreschte.

Oliver beobachtete, wie das Pferd des Königs von einem Pfeil getroffen wurde und zusammensackte. Es galt als unritterlich, auf die edlen Rösser zu schießen, doch offenbar zählten diese Regeln nicht mehr. Heinrich stürzte in den Dreck, und Oliver reckte die Faust. Der Ring um den König war bereits dezimiert. Oliver suchte Guy, um mit ihm Heinrichs Beschützer anzugreifen. Bevor er ihn entdeckt hatte, hörte er hinter sich lautes Gebrüll. Simon de Montfort – da kam er endlich. Führte den zurückgehaltenen Trupp an, preschte unter lautem Geschrei den Hügel hinunter und über die Ebene.

Die Gegner erstarrten.

Ihnen fehlte die Reiterei des Kronprinzen.

Oliver vermutete, dass Montfort zunächst sie angegriffen hatte. Wenn das stimmte, war es ein Fehler der Königlichen gewesen, den Londonern hinterherzujagen. Prinz Edward und seine Reiter blieben jedenfalls verschwunden. Und Heinrichs Truppen waren dezimiert.

Der König bekam ein neues Pferd, einen Schimmel. Ein Knappe half ihm hinauf. Oliver schaute sich um und versicherte sich, dass ihn kein Feind im Visier hatte und dass Guy nicht in Not war, dann spannte er einen neuen Pfeil auf die Sehne. Wieder zielte er lange, sog dabei Luft ein und hielt sie in den Lungen. Ein Reiter war ihm im Weg, er wollte nicht schießen, sondern stieß den zurückgehaltenen Atem langsam aus. Endlich bewegte sich der Reiter, um sich mit seinen Freunden Montforts nahendem Trupp entgegenzustellen. Oliver ließ die Sehne los. Sein Pfeil flog durch die Gruppe der Kämpfenden hindurch und blieb im Ross des Königs stecken. Der Schimmel bäumte sich auf, dann sackte er in sich zusammen. Heinrich fiel zum zweiten Mal in den Dreck.

Offenbar hatten einige der Barone gesehen, dass der Schuss von Oliver gekommen war. Sie reckten die Fäuste in seine Richtung, und im nächsten Moment drückten sie mit neuem Kampfesmut gegen die Ritter, die Heinrich schützten. Die Königlichen fochten wild. Oliver war in der zweiten oder dritten Reihe, deshalb nahm er nicht am Kampf teil, sondern schaute nur zu. Er wollte die eigenen Leute nicht wegdrängen. Was vor ihm passierte, kam ihm vor wie eine eigene kleinere Schlacht innerhalb der großen. Auf dem anderen Flügel, dem von Lord Bigod, hatten sich mehrere Reihen gebildet, in denen jeweils gekämpft wurde. Viele Pferde standen bereits reiterlos herum.

Guy suchte eine Lücke in den eigenen Reihen, um sich der königlichen Leibwache zu nähern. Oliver platzierte sich hinter ihm. Auf diese Weise konnte er Guys Rücken decken. Die Königlichen waren vollauf mit Montforts Trupp beschäftigt, und wie es aussah, konnten sie nicht standhalten. Ihre Pferde wichen immer weiter zurück. Ihre Verluste waren hoch.

Guy drang endlich vor. Sollte er im Schwertkampf verwundet werden, konnte Oliver nichts für ihn tun. Er blieb dabei, seine Rückseite zu sichern. Dabei trieb ihn der Gedanke, selbst vor Heinrich aufzutauchen. Ihm ins Gesicht zu blicken, womöglich das Schwert gegen den Verräterkönig zu erheben. Wie Guy vor ihm suchte er eine Lücke in dem dichten Geflecht von Pferdeleibern und kämpfenden Freunden. Er entdeckte sie ein Stück weiter, ließ Guy allein und preschte dorthin. Mit gezücktem Schwert war er im nächsten Moment im Kampfgeschehen. Mit aller Kraft hieb er gegen das Schild eines Verteidigers.

Es blieb bei diesem einen Schlag. Heinrichs Bewacher bildeten einen Halbkreis um ihn und zogen sich mit ihm zurück.

Oliver glaubte seinen Augen nicht. Er war zu spät gekommen.

Umringt von seinen Getreuen sprengte der König davon. Heinrich floh.

# XXXIII

Henri achtete darauf, dass die Baustelle immer ordentlich und sauber war. Zwar hatte Lord Richard ihm erklärt, ein Besuch des Königs würde gewissenhaft vorbereitet, dennoch ließ er nicht mehr zu, dass Dinge herumlagen, nicht einmal Kleinigkeiten wie verbogene Nägel oder Holzreste. Die großen Quader wurden akkurat gestapelt, geschlagene Steine ebenso, Bretter lehnten der Länge nach nebeneinander, und Sand wurde immer wieder zusammengekehrt.

Einen fähigen Gipser für die *Lady Chapel* hatte er noch nicht gefunden. Den Säulen hatte er eine Kreuzform gegeben, und der Putz sollte diese Form nicht nur nachbilden, sondern hervorheben. Zwei Gipser hatten sich vorgestellt, und Henri hatte sie probeweise arbeiten lassen, doch mit dem Ergebnis war er nicht zufrieden gewesen. Beiden gelang nicht, was er verlangte, nämlich, ein gleichmäßiges Halbrund zu schaffen. Er hatte die Männer ins Hauptschiff geschickt, wo sie inzwischen an geraden Wänden arbeiteten, und Henri würde selbst umzusetzen versuchen, was er sich vorstellte. Wenigstens eine Säule sollte fertig sein, wenn der König kam.

Dann würde er auch ohne viele Worte deutlich machen können, was er vorhatte.

Er mischte sich den Putz in einem Eimer, rührte ihn kräftig um, bis er die richtige Konsistenz hatte, und begann, ihn aufzutragen und zu verteilen. Er zog ihn glatt und trug, als er einigermaßen abgebunden hatte, eine zweite, feinere Schicht auf.

Bis zum Feierabend hatte er drei Eimer Putz verbraucht. Es war warm, das Material würde über Nacht trocknen, und er war einigermaßen zufrieden mit seinem Werk. Er drehte eine letzte Runde über die Baustelle und sah nach, ob überall Ordnung herrschte. Dann machte er sich auf den Heimweg.

Wie fast immer in letzter Zeit saß Archie neben Maude am Küchentisch. Henri wusste nicht genau, was es zwischen Maude und dem Mönch gab. Dass da etwas zwischen ihnen war, war kein Geheimnis mehr. Sie schauten einander immerzu an, lächelten und gaben dem anderen im Gespräch recht. Außerdem lobte Archie immerzu Maudes Essen.

Der Maiabend machte die Küche hell, ein Licht brauchte man nicht. Dennoch und trotz des schönen Abends schien die Stimmung gedämpft zu sein.

»Guten Abend«, sagte Henri. »Gibt es etwas zu trinken? Ich habe Durst.«

Maude stand auf und schenkte ihm Bier in einen Becher.

»Setz dich«, forderte Archie ihn auf.

Henri folgte ihm. »So ernst? Was ist denn los?«

»Schlechte Nachrichten, fürchte ich.«

»Ist etwas mit Carol?«

Maude stellte ihm den Becher hin. Henri trank und wischte sich mit dem Handrücken über den Mund.

»Nun?«, fragte er.

»Die Königlichen sind geschlagen worden«, sagte Archie. »Vernichtend, wie es heißt. Heinrich musste fliehen, und der Kronprinz ist jetzt ein Gefangener der Barone.«

»Dann ist alles entschieden?«

»Es sieht so aus.«

»Warum können sie sich bloß nicht einigen? Das wäre doch für alle das Beste.«

»Dazu ist es wohl zu spät«, meinte Maude.

»Und was soll das mit dem Kronprinzen?«

»Ich schätze, sie behalten ihn als Geisel«, sagte Archie, »bis sein Vater wieder auf die *Oxforder Vereinbarungen* schwört.«

»Für den Bau sind das in der Tat schlechte Nachrichten. Die Mittel versiegen erneut.« Er blickte seinen Freund an. »Dabei wollte der König uns einen Besuch abstatten.«

»Tja«, machte Archie.

»Du kannst hoffen«, wandte Maude ein, »dass die Barone die Kathedrale fortführen werden. Auch wenn ...«

»Was?«

» ... man sich das kaum vorstellen kann«, räumte sie ein. »Alle Welt weiß, dass sie ein Vorhaben des Königs ist.«

In Henris Kopf rauschte es. »Also werden wir wieder alles einstellen.«

Als er sich die neuerlichen Gespräche mit den Handwerkern vorstellte, ahnte er, dass er sie kein weiteres Mal zur Rückkehr bewegen würde, sollte sich irgendwann der Wind wieder drehen. Auf anderen Baustellen hätten sie ein sichereres Auskommen.

»Diesmal«, erklärte er, »werden wir für immer aufhören. Dann bekommt Westminster eben keine Kathedrale.«

»So weit solltest du nicht gehen«, erwiderte Archie.

»Warte ein wenig ab«, sagte Maude.

»Du hast gerade selbst gesagt ...«

»Und trotzdem wissen wir nicht, was die Zukunft bringt. Du hast hier dein Zimmer.«

»Das ich bald wieder nicht bezahlen kann. Dein Essen genauso wenig.«

»Das ist egal.«

»Mir nicht«, sagte er und trank vom Bier.

Es wurde still in der Küche. Im Herd brannte kein Feuer, niemand hatte Hunger. Sie starrten alle in die Luft.

Die *Lady Chapel*, die Säulen, der Kreuzgang, das Kirchenschiff selbst – alles würde unvollendet bleiben. Zumindest er würde es nicht vollenden.

Er dachte an Carol. Es war beinahe unerträglich, nichts von ihr zu wissen und nicht mit ihr reden zu können. Am liebsten wäre er aufgestanden und ins Freie gerannt. Er brauchte frische Luft.

»Heinrichs Niederlage ist vielleicht nicht das letzte Wort«, erklärte Archie in die Stille hinein. »Im Kloster sagen sie, dass die Lords aus dem Grenzgebiet nach wie vor auf der Seite des Königs stehen. Sie verzeihen Montfort das Abkommen mit Llewelyn nicht. Möglicherweise ist die Auseinandersetzung noch nicht vorbei, und wenn es so kommt, wie ich es mir vorstelle, dann ...«

Henri ließ seine Hand durch die Luft fahren. »Hör auf! Die Lords verhalten sich, als gebe es außer ihnen niemanden auf der Welt. Dabei leidet das ganze Volk unter dem Streit, die Handwerker, die Bauern. Ich habe die Nase voll, wirklich. Bis obenhin.«

»Ach«, sagte Maude und stand auf. »Das sagst du, weil du Hunger hast. Ich mache uns den Eintopf von gestern warm. Trinkt inzwischen noch einen Becher Bier.«

Als Henri später im Bett lag, müde vom Essen und dem Bier, ging ihm immer wieder ein Gedanke durch den Kopf. Er konnte nicht weiter auf ein Wiedersehen mit Carol warten. Wenn sie in der Burg festgehalten wurde und nicht fortkonnte, dann musste er zu ihr gehen. Er musste es zumindest versuchen.

Aus Carols Erzählung wusste er, wo die Burg ihrer Familie lag, im Dorf Farnham, rund vierzig englische Meilen südwestlich von London. Das war eine überschaubare Entfernung, mit einem guten Pferd an einem Tag zu schaffen.

Am nächsten Morgen ging er nicht zur Baustelle, die für ein paar Tage auch ohne ihn gut laufen würde, sondern lieh sich in einem öffentlichen Stall ein Pferd. Es war eine braune Stute, von der ihr Besitzer sagte, dass sie Nora heiße, ein gutmütiges Tier sei und deshalb geeignet für einen wenig erfahrenen Reiter. Der Sattel hatte Risse im Leder, die Zügel wirkten brüchig. Henri war es egal. Er wollte nach Farnham, alles andere interessierte ihn nicht. Er zahlte zwei Pennys als Leihgebühr und bekam eine große Tasche Heu dazu, die er aufschnallte.

Schnell stellte sich heraus, dass Nora nicht gutmütig, sondern widerspenstig und faul war. Wann immer es ging, blieb sie am Straßenrand stehen, riss Grasbüschel heraus und fraß sie in aller Ruhe. Henri zog die Zügel an und stieß der Stute seine Hacken in die Flanken. Sie schüttelte sich, ging aber nicht weiter. Es war mühsam.

Bei einer Pause brach er einen dünnen Zweig von einer Weide. Die Schläge damit, obwohl er sie vorsichtig einsetzte, beeindruckten das Tier mehr als seine Hacken. Es ging williger.

Und trotzdem kam er nur langsam voran. Als die Dämmerung einsetzte, hielt er nach einem geschützten Platz Ausschau. Es war gefährlich, im Wald zu übernachten, besonders wenn man alleine war. Räuber konnten überall lauern, und selbst wenn er nicht viel besaß, würden sie ihm alles abnehmen, Proviant und Kleidung, Stiefel und das geliehene Pferd.

In einem dichten Waldstück sattelte er die Stute ab und gab ihr Heu. Für die Nacht band er sie locker an, damit sie grasen konnte. Auf ein Feuer verzichtete er und aß von Vorräten, die er in London gekauft hatte. Nicht einmal eine Decke hatte er. Er streckte sich im Laub aus.

Es war, dachte er und empfand Hoffnung, durchaus möglich, dass sich das Unvereinbare an seiner Lage auflöste. Wenn der König abdankte und die Baustelle offiziell eingestellt wurde, war er nicht mehr an seinen Eid gebunden. Dann konnte er mit Carol fliehen. Dazu musste er sie sprechen und mit ihr einen Plan fassen.

Anders wäre es allerdings, wenn der König auf einen Gegenschlag sann. Dann hinge er wieder fest. Er begriff, dass die

Dinge, wenn sie sich nicht von selbst fügten, eine Entscheidung von ihm verlangten. Da alles zusammen nicht möglich war, war es an ihm, auszuwählen.

Er würde Carol nehmen. Mit ihr nach Frankreich zurückkehren. Und dann weitersehen.

Am nächsten Vormittag gelangte er ins Dorf Farnham, das aus einem Lehmweg und einigen Holzhütten bestand. Ein paar Kinder, barfuß und in Lumpen, rannten umher. Eine alte Frau rief hinter ihnen her, doch sie schenkten ihr keine Beachtung. Die Kirche war aus unbehauenem Bruchstein so unterschiedlicher Größen, dass es ein schönes Geduldsspiel gewesen sein musste, sie einander anzupassen. An der Westseite erhob sich sogar ein kleiner Turm, der aus Brettern erbaut war, die durch Wind und Wetter grau geworden waren. Nebenan gab es ein Gasthaus. Er hatte Hunger, saß ab, band sein Pferd fest und trat ein. Als seine Augen sich an den dunklen Raum gewöhnt hatten, sah er, dass er der einzige Gast war. Die Wirtin wusch Geschirr.

Das Essen, eine Getreidegrütze, schmeckte so verkocht und ungewürzt, wie er erwartet hatte. Hühnerstückchen, von denen die Wirtin gesprochen hatte, waren kaum zu finden. Er spülte jeden Bissen mit Dünnbier herunter.

»Wie komme ich zur Burg?«, fragte er, bevor er bezahlte.

»Das ist nicht schwer.« Er sollte dem Lehmweg folgen und sich bei der Gabelung rechts halten. »Was wollt Ihr in der Burg?«

»Ich kenne dort jemanden«, erwiderte er schulterzuckend. »Wie sind die Farnhams zu ihren Hörigen und den Pächtern?«

Sie schien genauso wenig mitteilungsbedürftig zu sein wie er. »Es gibt Schlimmere.«

Er bezahlte und verabschiedete sich.

Sobald er aufgesessen hatte, begann Nora wieder mit ihren Spielchen. Sie lief nicht los. Die Kinder schauten ihm feixend zu. Er nahm den Zügel eng und stieß ihr die Hacken in die Flanken. Als beides nicht half, lachten die Kinder. Henri ließ den Weidenzweig durch die Luft surren. Das Geräusch klang gefährlich, wohl auch in Noras Ohren. Endlich setzte sie sich in Bewegung.

Hinter der Gabelung begann ein Waldstück. Als er es durchquert hatte, erblickte er die Burg am Ende des Weges. Sie war von einer mannshohen Mauer umgeben, hinter der ein oberes Stockwerk und das Dach des Wohnhauses zu sehen waren. Ein Schornstein ragte heraus. Das Tor war zu.

Auf der Südseite schlossen sich Getreidefelder an. Farnham machte einen idyllischen Eindruck, und Henri stellte sich vor, dass Carol ihre Heimat nur ungern verließe.

Als er näher kam, fielen ihm außerhalb der Mauer zwei Holzschuppen auf. Es wäre ungewöhnlich, wenn sie als Getreidespeicher dienten, schließlich hätte ein Feind bei einem Angriff leichtes Spiel, sie auszurauben. Welchem Zweck sollten sie aber sonst dienen?

Weit vor dem Tor stieg er ab und führte Nora am Zügel. Sein Leinenkittel war nach der Nacht im Wald alles andere als sauber. Auch der Umhang und die Hosen machten nicht unbedingt den Eindruck, als seien sie frisch gewaschen.

Als er die Mauer erreichte, hörte er Hufgetrappel. Eilig zog er Nora hinter die Holzschuppen, wo er ihr über die

Mähne strich und ihr etwas Beruhigendes ins Ohr flüsterte. Die Stute scherte sich nicht um seine Bemühungen. Unter ihr war kräftiges grünes Gras. Sie fletschte die Zähne und begann, es herauszurupfen.

Henri ließ ihren Zügel nicht los, als er um die Schuppenecke spähte. Vier Männer auf Pferden näherten sich. Sie hatten edle Rosse, kräftig, mit glänzendem Fell. Er kannte sie. Hatte sie erst vor Kurzem gesehen.

Oliver of Farnham und seine Freunde. Ausgerechnet heute kehrten sie zurück.

Sie waren bewaffnet. Er strich der grasenden Nora wieder über den Hals und flüsterte ihr zu, sie müsse still sein.

Die Reiter hielten vor dem Tor. Oliver stieg ab, die anderen taten es ihm gleich.

»Oliver«, sagte sein schwarzhaariger Begleiter, der mit ihm auf dem Bauplatz gewesen war, und hielt ihm die Hand hin. »Es war mir eine Ehre, mit dir in die Schlacht zu ziehen.«

Oliver schüttelte die dargebotene Hand. Sein Freund verbeugte sich, genauso wie die anderen.

»Ebenfalls, Gerald«, erwiderte Oliver. Er wandte sich an einen der anderen. »Liam, du warst ein treuer Knappe. Bei nächster Gelegenheit nehme ich dich wieder mit.«

Liam war noch ein Junge. »Danke«, sagte er. »Vielen Dank!«

»Nun reitet nach Hause. Euer Vater wartet sicher auf euch.«

Die drei saßen auf, wendeten ihre Pferde und preschten davon. Oliver klopfte an das Holztor, in dem kurz darauf eine Klappe geöffnet wurde.

»Mylord!«, hörte Henri eine Männerstimme. »Was für eine Freude.«

Das Tor wurde aufgezogen. Oliver trat ein. Sein Pferd zog er mit sich.

Das Tor wurde wieder geschlossen.

Henri atmete geräuschvoll aus. Er war nicht entdeckt worden. Doch ihm würde sich das Tor nicht öffnen. Er setzte sich hinter einen der Speicher und wartete.

# XXXIV

Oliver hatte seine staubige Kleidung abgelegt und lag in einem Badebottich. Das Wasser hatte die graue Farbe der Landstraßen angenommen, nun wurde es langsam kalt. Er setzte sich auf. Einzelne Tropfen fielen ihm von den Haaren. Mit einem Messer kratzte er sich den Dreck aus den Fingernägeln. Es galt, sauber zu werden. Er war dazu erzogen, seinem Vater erst dann unter die Augen zu treten, wenn er wie jemand aussah, den man empfangen konnte.

Allerdings hatte er bei seiner Ankunft gesehen, wie Humphrey aus einem der Fenster spähte. Der alte Herr war sentimental, wahrscheinlich schlief er schlecht, solange er seinen Sohn auf dem Schlachtfeld wusste, und machte sich tausend Gedanken.

Oliver rief nach einem Diener, stieg aus dem Bottich und ließ sich mit einem Leintuch abtrocknen. Es hatte nach der Flucht des Königs einen Moment gegeben, der ihm seitdem nicht aus dem Kopf ging, ein Augenblick, in dem sich alles gedreht, in dem sich seine gesamten Befürchtungen in Luft aufgelöst hatten. Guy de Montfort war auf ihn zugeritten, sehr langsam, den Helm in der Hand, das Schwert in der Scheide, Blutspritzer auf der Rüstung.

»Das war ein großartiger Schuss«, rief er. »Kaum hatte unser armer Heinrich ein neues Pferd unter dem Hintern, hast du dafür gesorgt, dass es zusammenbricht.«

Er lachte aus voller Kehle. Dass es den ritterlichen Regeln widersprach, auf das Pferd des Gegners zu zielen, spielte keine Rolle.

Guys Vater kam hinzu. Lord Simon trug unter der Rüstung die üblichen schwarzen Kleider, doch auch auf ihnen waren rote Flecken. Sein Gesicht war grau, die Wangen eingefallen, man sah ihm die Erschöpfung an. Seine Taktik war aufgegangen, die zurückgehaltene Reserve, die wie aus dem Nichts gekommen war, hatte den Kampf entschieden.

Dennoch sagte er: »Oliver of Farnham, mit deinem Schuss hast du dem König den letzten Mut geraubt.«

Oliver neigte den Kopf. »Zu viel der Ehre, Lord Simon. Euer Angriff ...«

»Keine falsche Bescheidenheit, mein Guter. Das war der entscheidende Moment.«

Oliver fühlte, wie seine Brust anschwoll. Aus lauter Verlegenheit klopfte er seinem Pferd auf den Hals.

»Nun sollten wir unseren Familienplan umsetzen«, sagte Montfort. »Ist es nicht so, Guy?«

»Doch, Vater.«

Das war der entscheidende Satz gewesen, und Oliver rief ihn sich nur zu gerne in Erinnerung. Er kleidete sich an, ließ sich das Haar trocknen und kämmen und machte sich schließlich auf den Weg in den großen Saal. Sein Vater stand hinter einem Sessel. Sobald er ihn sah, kam er auf Oliver zu und legte ihm die Hände auf die Schultern.

»Ich freue mich, dass du wohlbehalten zurück bist.«

»Wir haben gesiegt, Vater.«

»Das weiß ich bereits. Im ganzen Land haben Boten von der Schlacht berichtet.«

»Du hättest sehen sollen, wie der König geflohen ist. Der König! Läuft vor seinen eigenen Leuten davon.«

»Er musste sich der Übermacht beugen«, sagte Humphrey.

»Übermacht? Die besaß er. Wir waren halb so viele.«

»Also habt ihr besser gekämpft?«

Oliver würde nicht von seinem Schuss erzählen. Als englischer Lord stellte man sich nicht in den Mittelpunkt. »Es war Montforts Taktik, die uns den Sieg gebracht hat.«

Humphrey setzte sich in einen Sessel. Oliver nahm ihm gegenüber Platz.

»Und wie wird es nun weitergehen?«

»König Heinrich muss sich fügen, wenn er will, dass sein Sohn freikommt«, erklärte Oliver.

»Die Marcher Lords sind alles andere als froh über euren Sieg. Sie stehen zum König.«

Oliver winkte ab. »Vater, ich bitte dich, hör auf. Im Notfall reiten wir noch einmal ins Grenzgebiet und zeigen ihnen, wie die Verhältnisse jetzt sind. Auch ein Marcher Lord kann seine Burg verlieren.«

»Ich war stets für einen Ausgleich zwischen beiden Seiten«, entgegnete Humphrey. »Das Land braucht einen starken König und eine klare Kontrolle seiner Entscheidungen.«

»Wenn es denn einen starken König hätte. Unser Heinrich ist leider ein Feigling. Ich habe es mit eigenen Augen gesehen.«

»Nun gut«, winkte Humphrey ab, »in dieser Frage kommen wir nicht zusammen.« Er hielt inne und schaute Oliver an. »Es wird nicht mehr lange dauern, bis du der Herr von Farnham bist.«

»Und?«

Humphrey neigte den Kopf. »Manche Einstellung ändert sich, wenn man Verantwortung trägt.«

»Meine nicht, das ist sicher. Sag, was ist mit Carol? Nach der Schlacht sind die Montforts zu mir gekommen.«

»Was haben sie gesagt?«

»Sie haben bekräftigt, dass Guy Carol heiraten will. Wir haben bereits ein Datum festgelegt.«

»Wann soll es so weit sein?«

»Sie wünschen sich den Geburtstag seiner Mutter, Lady Eleanor.«

»Welcher Tag ist das?«

»Der sechste Dezember. Auch wenn es dann kalt sein dürfte, wollen wir auf der Burg ein rauschendes Fest feiern. Wie steht es mit Carol?«

Humphrey blickte zur Seite. »Ich habe bereits mit ihr gesprochen und werde das noch einmal tun.«

»Vielleicht ist es besser, wenn ich mit ihr rede.«

»Nein.«

»Warum nicht?«

»Weil ich ihr Vater bin«, sagte der Alte mit plötzlicher Schärfe. »Sie wird sich mir fügen.«

Oliver stand auf. »Dann ist es gut«, sagte er. »Vergiss nicht, du wirst mit Simon de Montfort zusammen Großvater.«

...

Henri fand eine günstige Stelle, wo er über die Burgmauer klettern konnte. Zwischen einigen Steinen waren die Mörtelfugen tief genug, um die Fußspitzen hineinzustellen, so war es nicht besonders schwer, sich hinaufzuziehen. Sobald er den Kopf hoch genug hatte, prüfte er die Lage auf der anderen Seite und stellte fest, dass es ruhig war. Gleich hinter diesem Mauerabschnitt befand sich das Wohnhaus der Farnhams. Die Fensterläden waren geschlossen, und zwischen Haus und Mauer gab es nur einen schmalen Durchgang, wo er nicht entdeckt würde. Er zog sich höher und kletterte hinüber. An die Wand gedrückt schlich er um das Haus herum.

Auf der Vorderseite öffnete sich der Burghof. Henri verschaffte sich einen Überblick. Es gab einen Stall, ein Gesindehaus, außerdem verschiedene Speicher und einen Brunnen. An der Seite stand ein Grabstein. Nirgendwo sah er einen Menschen. Selbst am Tor gab es keinen Wachposten. Um diese Zeit erwartete man keine Besucher.

Wahrscheinlich könnte er unbemerkt ins Haus gelangen, doch Carols Zimmer zu suchen wäre viel zu gefährlich.

Um ihn war es vollkommen ruhig. Am Himmel funkelten unzählige Sterne. Selbst aus dem Stall war nichts zu hören. Er suchte sich ein Plätzchen hinter einem der Speicher, hockte sich in einen Wandvorsprung, legte den Kopf auf die Arme und versuchte zu schlafen.

Mit dem Morgengrauen wurde er wach. Vögel zwitscherten, aus dem Stall hörte er Pferde schnauben. Er stand auf und klopfte sich Dreck von seinem Kittel. Es galt, eine Position zu finden, von der aus er beide Häuser, das der Farnhams und das des Gesindes, im Auge behalten konnte.

Es dauerte nicht lange, bis die ersten Türen geöffnet wurden. Eine Magd trug zwei Eimer aus dem Gesindehaus und leerte sie in eine Grube. Eine andere machte sich am Brunnen zu schaffen.

Dann sah er eine dritte, und das war eine, die er kannte. Carols Zofe. Sie hielt auf das Wohnhaus zu. Ihm fiel dummerweise ihr Name nicht ein.

Er huschte zu ihr. Bemühte sich, von den anderen Mägden nicht gesehen zu werden. Gelangte in Hörweite von Carols Zofe. »Hallo«, zischte er.

Sie drehte sich um, und als sie ihn erkannte, riss sie die Augen auf. »Ihr? Was tut Ihr hier?«

»Ich muss mit Lady Carol sprechen.«

»Das ist unmöglich.«

»Bring mich zu ihr.«

»Das geht nicht. Die Lords würden Euch sehen.«

»Gibt es keinen anderen Weg?«

»Nein. Ihr seid ein Mann, und ich führe Euch in die Schlafkammer der Lady? Was glaubt Ihr, was die Lords mit mir machen würden? Außerdem weiß ich nicht, ob Lady Carol Euch zu sehen wünscht.«

»Aber ich weiß es.«

Die Zofe schüttelte den Kopf und wollte ihren Weg zum Haus fortsetzen.

»Dann richte ihr etwas aus.« Sie blickte ihn nicht an. »Bitte«, setzte er hinzu.

»Wenn sie wach wird.«

»Nein, geh gleich zu ihr.«

»Ich darf sie nicht wecken.«

»In diesem Fall würde sie es sogar verlangen«, behauptete er.

»Das sagt Ihr.« Sie senkte den Blick. »Ich ... Was soll ich ihr ausrichten?«

»Dass ich hier bin. Und dass sie herauskommen soll. Dort an den Grabstein ...«

Eine weitere Tür wurde geöffnet, ein Mann trat heraus. Er war mit einer Lanze bewaffnet. Der Torwächter.

»Ich warte auf sie«, sagte Henri. »Beeil dich.«

Er versteckte sich hinter einem der Getreidespeicher. Während er den Hauseingang im Auge behielt, strich er mit den Fingern über die ungehobelten Bretter. Sie fühlten sich rau an.

Er wartete.

Endlich erschien Carol. Sie trug ein schlichtes Kleid, ihr Haar war offen. Henri wollte auf sie zugehen, als er eine Stimme hörte.

»Schwester!«

Es war Oliver. Er stellte sich in Carols Weg.

»Wohin willst du so früh am Morgen?«, wollte er wissen.

Olivers Drohung bei ihrem letzten Treffen klang Henri im Ohr. Vorsichtig zog er sich weiter zurück.

»Überwachst du mich selbst in der Burg?«, fragte Carol.

»Aber nein. Ich bin nur neugierig. Komm, ich begleite dich. Wolltest du in den Stall?«

»Ja.«

Als er einen neuerlichen Blick um die Ecke wagte, entfernten sich Carol und Oliver.

In der Burg konnte er nicht länger bleiben, denn die Möglichkeit, dass der junge Farnham ihn entdeckte, war zu groß. Henri nahm denselben Weg, den er gekommen war, kletterte auf der Rückseite des Hauses über die Mauer.

Oben angekommen, blickte er zurück. Weder Carol noch Oliver waren zu sehen. Er sprang herunter, eilte zu seinem Pferd, machte Nora los und wollte sie mit sich ziehen. Sie hielt ihren Kopf nach unten und riss frisches Gras aus. Doch diesmal kam sie nicht gegen ihn an. Mit einem Ruck fasste er den Zügel eng, stieg auf und ließ die Weiderute surren. Nora setzte sich in Bewegung.

# XXXV

»Nein«, sagte Carol, »nein, nein und noch mal nein.«

»Kind, ich bitte dich.« Ihres Vaters Stimme klang flehend.

Sie standen in ihrem Zimmer.

»Nein«, wiederholte sie. Es gefiel ihr, dass sie scharf klang. Sie spannte die Muskeln an und war bereit, diese Antwort noch hundert Mal zu geben. »Im Gegenteil, ich werde Guy de Montfort dazu bringen, dass auch er mich nicht heiraten will.«

»Was hast du vor?«

»Das verrate ich dir nicht!«, rief sie. »Ich versichere dir, dass ich entschlossen bin. Selbst wenn du mich dann verstößt.«

Seine Stimme bekam etwas Brüchiges. »Warum sollte ich dich verstoßen? Du bist doch meine Tochter.«

Sie neigte den Kopf und setzte ein Lächeln auf. Ihre Geste sollte überlegen wirken. Seine Frage beantwortete sie nicht.

»Geht es dir immer noch um diesen Handwerker?«

»Er hat einen Namen, Vater. Er heißt Henri.«

»Von mir aus. Geht es dir um diesen Henri?«

»Auch, ja. Und darum, dass ich Guy nicht will.«

Sie hatte nie an Henri gezweifelt, doch seit sie ihn in der Burg gesehen hatte, empfand sie neue Zuversicht. Geradezu körperlich konnte sie sie spüren, ein Zugewinn an Stärke und Lebenskraft. Es musste einen Weg geben.

»Du kannst diesen Baumeister nicht heiraten. Das habe ich dir schon oft gesagt. Es ist ausgeschlossen.«

»Henri, meinst du?«

»Ja. Du kannst Henri nicht heiraten.«

»Wer weiß?«, erwiderte sie. »Wie du immer sagst: Die Zukunft liegt bei Gott.«

Humphrey schüttelte den Kopf. »Verspotte den Namen des Herrn nicht.«

»Weil sonst Sein Zorn auf mich niederkommt? Schlimmer als das, was ihr mit mir vorhabt, kann es nicht werden.«

»Carol!«, rief er und war ehrlich entsetzt.

»Du hast recht, das nehme ich zurück.«

Er seufzte. »Du solltest beten. Um Verzeihung bitten.«

»Ja, Vater.« Sie konnte nichts dagegen tun, dass sie Mitleid empfand. Er war ein alter Mann und stand zwischen seinen Kindern, wollte das eine nicht enttäuschen und das andere auch nicht. Ihnen etwas Eigenes entgegenzusetzen, dazu fehlte ihm die Kraft.

Sie straffte sich. »Trotzdem werde ich Guy de Montfort nicht heiraten.«

»Carol, in einer Ehe geht es nicht um Liebe …«

» … sondern um die Verbindung zwischen zwei Familien, ich weiß. Wie oft hast du mir das schon erklärt. Und so war es bei dir und Mutter.«

Humphrey schloss die Augen. »Ja, so war es, und zusätzlich mochte und liebte ich sie. Und sie mich auch.« Er wandte sich ihr zu. »Das kannst du auch haben, Carol.«

Sie zischte. »Aber nicht mit Guy de Montfort. Willst du wissen, warum nicht? Weil ich ihn abstoßend finde. Ekelhaft.«

Sie hielt sich die Hand vor den Mund. Zum zweiten Mal war sie zu weit gegangen. »Entschuldige«, brachte sie hervor.

Ihr Vater war der einzige Verbündete, den sie hatte. Es wäre dumm, ihn gänzlich zu vergrätzen.

Sie ergriff seine kalten Hände und sprach leiser weiter. »Vater, auch wenn Mutter früh sterben musste, hast du dein Lebensglück gefunden. Das möchte ich auch. Mehr nicht.«

Er drückte ihre Finger. »Ich weiß, mein Kind. Aber was diesen Henri angeht, das ist ausgeschlossen, das kann ich nicht erlauben, und du weißt es. Und Guy de Montfort – auch da kennst du die Wahrheit. Es ist Oliver, der deine Heirat mit ihm verlangt.«

»Aber du bist unser Vater! Du bist der Baron.«

»Und Oliver wird es einmal sein. Ich kann mich nicht mit ihm verstreiten. Unsere Güter stehen auf dem Spiel. Der Titel. Letztlich das Erbe unserer Vorfahren.«

»Nein, Vater«, sagte sie. »Es ist doch so: Er will das alles, Güter, Titel und Erbe. Er will es unbedingt, und das wird auch dann gelten, wenn du mich aus dieser geplanten Heirat erlöst.« Sie ließ seine Hände los. »Wenn Oliver unbedingt zu einer anderen Familie gehören will, soll er selbst heiraten.«

»Montfort hat keine Tochter.«

»Dann eben die eines anderen Barons.«

Humphreys Augen waren grau, die Lider halb geschlossen. Sie sah ihm an, dass er nicht mehr die Stärke besaß, sich gegen seinen Sohn zu stellen.

Trotzdem redete sie weiter. »Vater, du weißt, dass ich recht habe. Es ist Olivers höchstes Ziel, Baron of Farnham zu werden. Er wird keinen Bruch mit dir riskieren. Sicher, wenn du ihm mitteilst, dass ich Guy nicht heirate, wird er verärgert sein, vielleicht eine Woche, vielleicht auch zwei, aber dann fängt er sich wieder.«

Er lächelte schwach, und sie erkannte, dass er Oliver diese Mitteilung niemals machen würde. Er konnte es einfach nicht. »Ich trete lieber ins Kloster ein, als diese Ehe einzugehen. Dann werden wir uns nie wiedersehen.«

»Carol«, brachte er hervor und klang wieder, als würde er sie anflehen.

»Und noch etwas«, fuhr sie fort und wechselte mit Absicht auf das vertraute Feld der Politik. »Du gehörst nicht zu den Montfort-Anhängern. Das wissen wir beide. Genau wie ich verurteilst du, dass Montfort die Burgen der Marcher Lords angreifen ließ. Englische Burgen, Vater! Deren Herren königstreu sind, so wie du. Und warum sind sie das? Weil sie an Gott glauben und weil sie in Heinrich einen Verteidiger ihrer Güter haben.«

»Es ist Krieg«, erwiderte er. »Da passieren unschöne Dinge. Deshalb bete ich dafür, dass möglichst schnell Friede einkehrt.«

»Unschöne Dinge? Das ist nicht das richtige Wort. Simon de Montfort geht es nicht darum, dass wir bald Frieden haben. Das zählt für ihn nicht.«

»Um was geht es ihm dann?«, fragte Humphrey.

»Um sich selbst. Er will die Macht. Die ganze Macht. Ganz England.«

»Und selbst wenn«, erwiderte er und nickte schwerfällig, »ich kann Olivers Wunsch und den der Montforts nicht zurückweisen. Das geht einfach nicht.«

Sie hob den Kopf. »In dem Fall haben wir uns nichts mehr zu sagen.«

...

Als Henri am Nachmittag das Pferd im Stall abgab, schien die Sonne. Ein paar helle Wolken verloren sich am Himmel, die Bäume trugen saftig grüne Blätter, der Sommer stand vor der Tür. Da sie in dieser Jahreszeit später aßen, machte er sich auf zur Kathedrale.

Die Arbeiten waren in vollem Gang. Steinmetze schlugen immer neue Steine aus dem Block, Mörtelmischer schleppten Eimer auf die Gerüste, Maurer fügten den Wänden eine Reihe nach der anderen hinzu, zwei Zimmermänner sägten einen langen Balken zurecht, und die verschiedenen Meister waren überall, kontrollierten, gaben Anweisungen, fassten mit an, wo es nötig war. Der Glasbläser hatte einige Fenster fertiggestellt, die auf einem schützenden Holzgestell lagen und darauf warteten, bemalt zu werden. Die Stimmung war gut und die Kathedrale in einem Zustand, dass man nicht mehr viel Vorstellungskraft brauchte, um sich auszumalen, wie sie dereinst aussehen würde. Und selbst der Erpresser war nie wieder aufgetaucht. Seit er damals Oliver of Farnham nachgelaufen war, war Owin verschwunden.

Es hätte alles gut sein können. Hätte. Henri war der Einzige, der wusste, wie es wirklich stand. Mit den zehn Pfund des Schatzkanzlers hatte er nicht gerade sparsam gewirtschaftet, er hatte Steine, Holz und Pottasche auf Vorrat gekauft und hier und da eine Prämie auszahlen lassen. Als Folge war ein großer Teil des Geldes bereits ausgegeben. Er hätte es Lord Richard erklärt, hätte auf die großen Fortschritte verwiesen, auf den anstehenden Königsbesuch. Aber dazu würde es nicht kommen.

Henri blieb im Schatten der Bauhütte und hörte auf die vielen Geräusche, auf das Hämmern und Sägen, das Kratzen der Schaufeln in den Bottichen, den matschigen Klang, wenn ein neuer Stein auf frischen Mörtel gedrückt wurde. Und auf die Rufe. Anweisungen, kurz und scharf, vom Meister zum Gesellen, vom Gesellen zum Lehrling und zum Hilfsarbeiter. Jeder kannte seinen Platz.

Und keiner ahnte, dass das Ende nahte.

Ihn überkam der Gedanke, dass er die Schuld daran trug, dass es um seine Lüge ging und die heilige Jungfrau keineswegs versöhnt war. Diese Vorstellung war lächerlich, sie räumte ihm einen viel zu wichtigen Platz im englischen Geschehen ein. Nur weil ein französischer Handwerker gelogen hatte, ließ Gott die Barone doch nicht über den König siegen.

Henri hatte keine Lust, seinen Platz zu verlassen, zumal ihm Rücken und Hintern nach dem Ritt wehtaten. So hing er weiter seinen Gedanken nach. Der englische Streit war etwas, mit dem er, wie alle anderen im Land, zu leben hatte. Montfort hatte viele Anhänger im einfachen Volk, auch hier auf der Baustelle. Die Leute versprachen sich ein besseres Leben durch die Herrschaft der Barone. Henri bezweifelte das. Die Barone nahmen den Bauern Pacht und Steuer ab, genauso wie es der König tat. Keiner von ihnen scherte sich darum, wie die Ernte ausgefallen war. Daran würde sich nichts ändern. Genauso wenig kämen die Handwerker auf den Baustellen zu einem besseren Verdienst, wenn der König abgesetzt war.

Umgekehrt hatte ihn die Ansicht von Carol und Archie, dass die Macht besser auf mehrere Schultern verteilt war, schon vor langer Zeit überzeugt. Falls die Barone wirklich für Mitsprache stritten, hatten sie seine Sympathie. Doch er glaubte nicht recht daran, dass die Adeligen sich mit einem Teil der Macht zufriedengeben würden.

Am Ende hieß die für ihn und die anderen Handwerker wichtigste Frage, wie es mit dem Bau weiterging. Am liebsten würde er jemandem, der zu entscheiden hatte, erklären, wie schwer und teuer es war, den Betrieb nach einer Unterbrechung wieder in Schwung zu bringen. Oft blieb nur die Lösung, den Handwerkern einen höheren Tageslohn anzubieten. Das konnte doch nicht im Interesse der Barone sein. Und eine halb fertige Kathedrale, deren Wände in die Landschaft ragten, genauso wenig.

Es wurde Abend. Er zeigte sich nicht mehr. Als er nach Hause kam, saß Maude allein am Tisch. In der Küche roch es nach Zwiebeln.

»Henri, da bist du ja. Setz dich. Erzähl, wie war es in Farnham?«

Er schenkte sich einen Becher Bier ein. »Ich habe Carol gesehen, aber nicht mit ihr sprechen können. Sie weiß also, dass ich da war, hoffe ich. Ändert es etwas? Wahrscheinlich nicht.«

Sie beugte sich vor, legte die Unterarme auf den Tisch und schaute ihn an. »Wer weiß?«

»Ach, Maude, du musst mich nicht trösten.«

Sie stand auf, nahm einen Topf vom Herd und stellte ihn auf den Tisch. In dünnen Fäden stieg weißer Dampf auf.

»Zwiebelsuppe«, sagte Henri. »Riecht gut.« Er tunkte seinen Löffel ein und probierte. »Schmeckt auch gut.«

Sie nickte.

»Sag mir, Maude, bin ich zu weit gegangen?«

»Mit Lady Carol?«

»Ja. Hätte ich mich mehr zurückhalten müssen?«

»Vielleicht. Aber hat man das in der Hand? Ich glaube nicht.«

»Doch, das hat man. Wenn ein Handwerker eine Frau sucht, tut er gut daran, sich in seiner Welt umzuschauen und nicht in den Palästen.«

Sie legte ihren Löffel weg, stützte die Ellenbogen auf und ließ den Kopf auf die Hände sinken, als sei er schwer wie ein Stein. Ihr Blick war starr.

»Was ist mit dir?«, fragte er.

»Ich kann nicht darüber reden.«

»Warum nicht?«

»Es geht einfach nicht.«

»Nun«, sagte er, »dann werde ich nicht in dich dringen. Allerdings erleichtert es manches, wenn man ein Problem ausspricht.«

»Das ist wahr.«

Sie sprach nicht weiter. Er aß langsam. Hier und da hörte er ein Geräusch von draußen, jemand trieb einen Ochsen an, im Haus nebenan weinte die kleine Kate.

Maude wandte sich ihm zu. »Du weißt es sowieso.« Sie klang kalt, beinahe wie Metall, es war, als könnte sie nur in einem solchen Ton über das reden, was sie bewegte. »Du sprichst von Zurückhaltung? Was soll ich denn sagen? Ich habe mich in einen Mönch verliebt. Ausgerechnet in einen Mönch! Ich habe nicht in einem Palast gesucht, sondern ich rüttele gleich an dem Gefüge, das der Herr seiner Kirche zugedacht hat.« Sie lächelte dünn. »Ich weiß nicht einmal, ob der Mönch mich überhaupt will. Und er weiß es auch nicht.«

# XXXVI

Oliver kehrte ein weiteres Mal aus dem Grenzgebiet zurück, wo sie einen Erfolg gegen die Marcher Lords erzielt hatten. Das zahlenmäßig überlegene Montfort-Heer hatte ihnen eine vernichtende Niederlage zugefügt.

Wahrscheinlich wäre das Bündnis mit Llewelyn, über das sich halb England aufregte, nicht einmal nötig gewesen. Sie hätten auch ohne die Waliser gewonnen. Mit seiner Treffsicherheit hatte Oliver zum Sieg beigetragen, und Lord Simon hatte ihn nach der Schlacht seinen besten Bogenschützen genannt. Das Einzige, was Oliver nicht gepasst hatte, war, dass Montfort die Marcher Lords nach dem Sieg hatte abziehen lassen. Man hätte diesen Leuten den Kopf abschlagen und ihre Burgen beschlagnahmen müssen, das wäre die angemessene Strafe und die richtige Strategie gewesen. So bestand die Gefahr, dass die Barone irgendwann zurückkehrten. Nun, wirklich schlimm, sagte er sich, war auch das nicht. Sollte es nötig werden, würde er sich an einem weiteren Feldzug beteiligen.

Er übergab sein Pferd einem Stallknecht und ging zum Haus. Als er die Tür öffnete, hörte er jemanden auf der

Treppe. Intuitiv wusste er, dass das Carol war, die nach oben verschwand. Warum hatte sie es so eilig? Die Antwort war einfach: Sie mied ihn immer noch.

Er wusch sich und zog sich um, bevor er bei seinem Vater vorsprach. Humphrey saß im Kaminzimmer und las. Oliver begrüßte ihn.

»Weicht Carol mir aus?«, fragte er.

»Das weiß ich nicht.«

»Hast du noch mal mit ihr geredet, Vater? Ist sie endlich bereit? Guy geht davon aus.«

»Willst du nicht zunächst von eurem Feldzug erzählen? Was hat Montfort den Walisern für ihre Hilfe geboten?«

»Ich will über Carol reden.«

»Ach, Oliver, was soll ich sagen?«

»Nichts, Vater. Du brauchst nichts zu sagen. Ich weiß Bescheid.« Er machte kehrt, nahm die Treppe und stürmte in ihr Zimmer.

Sie stand vor dem Spiegel und reinigte sich mit einem feuchten Tuch das Gesicht. »Kannst du nicht anklopfen?«, fragte sie.

»Das brauche ich nicht. Aber du, warum begrüßt du mich nicht, wenn ich von einem Feldzug nach Hause komme?«

In einer provozierend langsamen Bewegung drehte sie sich zu ihm. »Ein Feldzug, sagst du? Einer gegen die eigenen Leute! Hast du Engländer getötet, ja? Und bist stolz darauf?«

Ihn überkam die Wut. Sie brach wie ein Feuer in ihm aus. Er wollte ihr ins Gesicht schlagen. »Was weißt du schon?«

»Ich weiß genug.«

»Politik ist kein Geschäft für Frauen.«

»Das hast du früher anders gesehen«, gab sie zurück, und ihre kühle Art fachte seinen Ärger weiter an. Es war lange her, dass sie die Situation in England zusammen betrachtet hatten. Damals war es eine andere Carol gewesen.

»Deine Ehe mit Guy de Montfort ist fest verabredet. Ihr heiratet am sechsten Dezember.« Er hob den Zeigefinger. »Und bis dahin bleiben wir alle in der Burg.«

»Du scheinst große Angst zu haben.«

»Angst? Nein. Aber ich warne dich, Carol. Mach keine Schwierigkeiten.«

»Sonst? Was hast du vor? Willst du mich töten?«

»Ich werde dich bestrafen«, sagte er.

»Schwerer, als es eine Ehe mit Guy de Montfort wäre? Ich bezweifle, dass das möglich ist.«

Er kam näher, bis er so dicht vor ihr stand, dass er die Poren ihrer Haut und einzelne Wimpern ausmachen konnte. Sie wich nicht zurück. Angst schien sie nicht zu haben.

»Du irrst dich«, zischte er. »Mit Guy wirst du ein gutes Leben haben. Wenn ich mit dir fertig bin, dann nicht.«

»Ach«, winkte sie ab und wich nicht zurück, »ob du mich einsperrst oder er, wo ist der Unterschied? Ihr seid gleich.«

»Du bist nicht bei Sinnen, Carol«, sagte er und zwang sich, obwohl das Blut in ihm pulsierte, zu einer ruhigen Stimme, »sonst würdest du nicht einen solchen Unsinn reden. Mach dir klar, dass du die Tochter deines Vaters bist und ihm zu gehorchen hast.«

»Während du«, rief sie schneidend, »ihm etwas eingeflüstert hast. In Wahrheit muss ich nicht ihm gehorchen, sondern dir.«

»Vater und ich sind einer Meinung.«

Nun endlich wandte sich Carol ab und trat ans Fenster. »Bei eurem Verbündeten Llewelyn in Wales könnte mich niemand zwingen, gegen meinen Willen zu heiraten.«

Er lachte, es klang böse und höhnisch. »Der Mann war unser Bundesgenosse. Das heißt nicht, dass ich die Regeln in seinem Land richtig finde. Wir leben in England. Hier gelten die Gesetze, die Gott uns gegeben hat.«

»Wir werden sehen«, sagte sie, ohne ihn anzuschauen. »Sei dir nicht zu sicher, Oliver. Das ist mein Rat.«

Seine Ehre erlaubte nicht, dass sie das letzte Wort hatte. »Ich gebe dir auch einen Rat: Pass dich an, Carol. Sonst wirst du es teuer bezahlen.«

»Du wiederholst dich.«

»Ich kenne deinen Baumeister und weiß einiges über ihn. Er ist nicht der, der er zu sein vorgibt. Er hat sich seine Stellung erschlichen.« Oliver trat neben sie ans Fenster. »Wenn du es genau wissen willst: Dein Liebster hat den König belogen.«

»Woher willst du das wissen?«

»Ich muss ihn nicht töten, ihn nicht einmal bedrohen. Es reicht, wenn ich ihn dem Sheriff melde.«

»Woher …?«

Endlich hatte er sie in die Enge getrieben. »Also weißt du es auch.« Er genoss seinen Triumph. »Umso besser. Hör mich an, Carol. Wenn du dich nicht länger gegen Guy sperrst, lasse ich diesen Henri in Ruhe. Solltest du aber weitermachen wie bisher, sorge ich dafür, dass er Bekanntschaft mit einer englischen Peitsche und dem Kerker macht. Ich hoffe, wir haben uns verstanden.«

...

Neuigkeiten über die Lage in England bekam Henri in der Regel von Archie. Von ihm erfuhr er, dass Montforts Heer zusammen mit Llewelyns Walisern die Marcher Lords in einer weiteren Schlacht besiegt hatte. Zwar war der Widerstand der Lords trotzdem nicht gebrochen; ihre Überlebenden hatten sich versammelt und dem König erneut die Treue geschworen, als die Feinde abgezogen waren. Doch Henri glaubte nicht recht an diese gegenseitige Versicherung.

»Woher weißt du das?«, fragte er halbherzig.

»Die Nachrichten ziehen von Kloster zu Kloster.«

»Ist es immer die Wahrheit?«

»Meistens«, erwiderte Archie.

Sie standen in der *Lady Chapel*. Die Baustelle war nach wie vor in Schwung, und keiner ahnte, wie knapp das Geld bereits war.

»Übrigens«, fuhr Archie fort, »ist die Königin in Frankreich und sammelt ein neues Heer.«

»Also plant sie eine weitere Schlacht?«

»In der Politik braucht es einen langen Atem. Oft gewinnt der, der länger aushält.«

»Was ist mit dem König?«

»Er hält sich in einer seiner Burgen auf.«

»Und der Kronprinz? Ist er nicht mehr in Gefangenschaft?«

»Doch. Er wollte fliehen, wurde aber gestellt. Alles gelingt eben nicht.«

Ein paar Tage später bemühte sich Henri um ein neues Gespräch beim Schatzkanzler. Er wollte sich nicht vorwerfen müssen, er habe nicht alles versucht. Er wusch seinen Kittel, wrang ihn aus, strich ihn glatt und hängte ihn in die Sonne. Als er trocken war, zog er ihn wieder an und ging in den Palast.

Die Wachen versperrten ihm den Weg.

»Lord Richard ist nicht da«, erklärte der Befehlshaber.

»Wann kommt er zurück?«

»Das wissen wir nicht.«

Henri versuchte es am nächsten Tag und am übernächsten erneut. Beim vierten Mal öffneten sich ihm plötzlich die gekreuzten Speere. Er nickte den Wachen zu und ging hindurch.

Im Palast klopfte er an die bekannte Tür, und als er ein »Herein« hörte, trat er ein.

»Der Herr Baumeister. Kommt näher. Habt Ihr eine neue Abrechnung?«

Henri verbeugte sich. »Nein. Ich wollte ...«

»Ich kann es mir denken. Ihr möchtet wissen, wie es um neue Zuwendungen für die Abbey steht. Im Moment leider nicht sehr günstig. Der König muss andere Schwerpunkte setzen. Aber die zehn Pfund sind doch noch nicht ausgegeben?«

»Nein.« Henri verzichtete auf den Zusatz »noch nicht

ganz« und blickte auf den Fluss. Der Wasserstand war niedrig. »Können sich die Umstände bald ändern?«, fragte er.

»Der Kampf ist nicht entschieden. Die Barone haben eine Schlacht gewonnen, mehr nicht. Am Ende wird der König siegen.«

Henri stand vor dem Tisch, hinter dem Sir Richard saß. »Ich habe gehört, dass Montfort auch die Marcher Lords geschlagen hat.«

»Das ist leider wahr. Nur, zu welchem Preis? Niemand in England verzeiht ihm das Bündnis mit den aufständischen Walisern. Man kämpft nicht mit Rebellen gegen die eigenen Leute. Diesmal ist Montfort zu weit gegangen. Endgültig zu weit.«

»Was folgt daraus?«

»Wie gesagt: Wir kommen wieder. Das ist gewiss.«

»Wir müssen also Geduld haben?«

»So ist es, Baumeister. Es ist ein frommes Werk, dem Ihr Euch verschrieben habt. Geht davon aus, dass Gott das weiß und dass ihr Seine Unterstützung habt. Aber wo Ihr schon einmal hier seid ...«

»Ja?«

»Ich habe auch eine Frage. Habt Ihr Feinde?«

Henri spürte, dass er rot wurde. »Wie meint Ihr das?«

»Offenbar läuft ein Handwerker in Westminster umher und bezichtigt Euch der Lüge. Der Mann behauptet, Ihr wäret gar kein Baumeister.«

»Das sagt er?«

»Er streut Gerüchte und behauptet, sogar ein Ritter wisse davon. Monsieur, an dieser Sache ist doch nichts dran?«

»Nein«, sagte Henri mit fester Stimme.

»Natürlich nicht.« Lord Richard lächelte und nickte gleichzeitig. »Alles andere ergibt keinen Sinn. Wie sollte jemand, der kein gelernter Baumeister ist, eine solche Kirche bauen können? Und dennoch …«

»Was?«

»Sollte tatsächlich ein Baron eine derartige Anschuldigung hervorbringen, könnte er eine gerichtliche Untersuchung verlangen. Das wäre sein Recht.«

»Wer ist es? Wisst Ihr das?«

Lord Richard blickte ihn lange an. »Farnham, soweit ich gehört habe«, sagte er schließlich. »Der junge Farnham. Kennt Ihr ihn?«

»Flüchtig.«

»Verstehe«, sagte der Schatzkanzler. »Man weiß nicht, was diese Leute manchmal sticht. Wie dem auch sei: Eine Untersuchung würde in Eurem Fall nichts ergeben. Ich bin erleichtert über Eure klare Antwort, Baumeister. Es gibt eine Neuigkeit, und jetzt kann ich sie Euch guten Gewissens mitteilen.«

»Ja?«

»Der König besucht die Baustelle.«

»Wann?«

»Noch in diesem Jahr. Der Kaplan und ich werden ihn begleiten.«

»In diesem Jahr?« Es war Juni, und ohne neue Mittel war es ausgeschlossen, den Bau bis November oder sogar Dezember zu betreiben.

»So ist es«, erwiderte Lord Richard. »Aber bis dahin sehen wir uns noch einige Male.«

Als er aus dem Palast kam, war Henri mulmig zumute, mehr, er hatte das Gefühl, eine Schlinge läge um seinen Hals. Owin und Oliver hetzten gegen ihn. Die Baustelle musste womöglich monatelang ohne Geldmittel weiterbetrieben werden. Und Carol war in der Burg gefangen.

Für eins seiner Probleme hätte er vielleicht eine Lösung gefunden. Für alle gab es das nicht. Jeder vernünftige Mensch an seiner Stelle hätte seinen Beutel geschnürt und wäre geflohen. Er aber konnte sich diesen Schritt nicht vorstellen und entschied sich, für das, was er getan hatte, geradezustehen.

# XXXVII

Der Sommer verging, ohne dass Männer des Sheriffs auftauchten. Henri ging davon aus, dass eine etwaige Untersuchung, falls Oliver sie verlangt hatte, langwierig sein würde, schließlich müsste ein Richter nach Reims reisen und dort mögliche Zeugen ausfindig machen, bevor er seinen Bericht schreiben konnte. Inzwischen waren allerdings mehr als acht Wochen vergangen. Seine Sorge wurde schwächer.

In das andere Problem, dass sie die Baustelle bis zum Besuch des Königs auch ohne neues Geld weiterbetreiben mussten, hatte er alle Meister eingeweiht. Sie waren übereingekommen, einzelne Handwerker fortzuschicken, reihum ein jedes Gewerk, sodass der Betrieb aufrechterhalten wurde. Ken durfte bleiben, weil Henri unbedingt Fenster haben wollte. Das sorgte für Streit. Die Engländer unterstellten, er bevorzuge den Waliser.

Plötzlich kam eine bösartige Stimmung auf. Niemand erwähnte, dass Henri selbst Ausländer war, dennoch spürte er, wie sehr es auch darum ging. Letztlich kam ihm John zu Hilfe.

»Der Waliser ist einer von uns«, sagte er. »Ein Handwerker

wie wir, kein Krieger und schon gar nicht einer von Llewelyns Leuten. Und die Kirche braucht Fenster.«

Die anderen murrten. Sie brauche ebenso fertige Wände und ein Dach, sagten sie.

»Bedenkt, dass wir dem König unser Werk vorzeigen wollen«, meinte Henri. »Nichts beeindruckt so sehr wie schöne Fenster. Sie lassen den Kirchenraum leuchten.«

Doch der König ließ auf sich warten. Auch Archie wusste nicht, wo er sich aufhielt. Henri vermutete, dass er seiner Frau nach Frankreich nachgereist war, um sich selbst um neue Truppen zu kümmern. Der Krieg mit den Baronen war ihm sicher wichtiger als ein Besuch auf der Baustelle.

Im September erschienen auf einmal vier bewaffnete Wachleute auf der Baustelle. Das war's, dachte Henri. Nun werde ich eingesperrt. Er dachte daran, sich zu verstecken. Doch dann entschied er sich, nicht feige zu sein, und stellte sich.

»Ihr seid der Baumeister?«, fragte der Hauptmann.

»Der bin ich.«

»Der König wird diesen Ort besichtigen«, fuhr der Hauptmann fort. »Und zwar am Achten des Monats Oktober. Bis dahin werden wir den Bau inspizieren, wie es unsere Pflicht ist. Euch sei gesagt, der König ist es gewohnt, mit Demut und Respekt empfangen zu werden.«

»Das wird er«, sagte Henri.

Der Hauptmann und seine Männer kamen mehrere Male. Nahmen die Bauhütten und den Vorplatz in Augenschein, prüften das Stein- und das Holzlager, schritten durchs

Hauptschiff und die Seitenflügel, begutachteten den Kreuzgang und das Kapitelhaus. Auch am Glasbläserofen blieben sie stehen.

»Du bist Waliser?«, wollten sie von Ken wissen.

»Ja. Und ein ehrlicher Handwerker.«

»Am Tag des Königsbesuchs will ich dich hier nicht sehen.«

»Er gehört zu uns«, mischte sich Henri ein.

»Das ist meine Entscheidung«, sagte der Hauptmann.

»Nein, es ist meine. Ich bin der Baumeister.«

Der Hauptmann wandte sich ihm zu, die Hand am Schwertgriff. Henri war sich bewusst, dass er viel riskierte.

»Ich verbürge mich für den Glasbläser.«

Der Hauptmann sah ihn eine Weile an, ohne ein Wort zu sagen. Schließlich nickte er.

Und dann kam der achte Oktober. Ihre Baustelle war so aufgeräumt wie noch nie. Die Handwerker hatten einen Halbkreis gebildet und wussten nicht recht, ob sie mit der Arbeit anfangen sollten, denn dann würde neuer Dreck entstehen. Die Meister kamen zu Henri, um Anweisungen zu erbitten. Henri redete mit Archie, der sich vor Tagesanbruch auf den Weg gemacht hatte, um rechtzeitig da zu sein. Er rieb sich die Hände, um sie zu wärmen. Es war morgens schon wieder frisch. Henri wusste nicht, was er den Meistern sagen sollte. Er hatte noch nie einen Königsbesuch auf einer Baustelle erlebt und war genauso aufgeregt wie alle anderen. Sie sollten alle zunächst abwarten, entschied er.

Bis weit in den Vormittag hinein standen sie herum, quatschten, versuchten Scherze, tranken und aßen. Dann, endlich, entstand Bewegung. Eine Gruppe Wachmänner, in Uniform und mit Lanzen, kam im Laufschritt und besetzte den Platz. Ihnen folgten zwei Kutschen. In der vorderen saß der König.

Ein Diener öffnete den Schlag. Der König stieg aus.

Er war ohne seine Gemahlin gekommen, von der es hieß, dass sie sich nach wie vor auf dem Kontinent aufhalte, auch ohne den Kronprinzen, der weiterhin gefangen gehalten wurde.

Henri machte ein paar Schritte auf ihn zu und verbeugte sich, Archie neben ihm genauso.

»Ah, der Herr Baumeister. Henri, richtig?«

»Ja, Mylord. Ich fühle mich geehrt, dass Ihr uns besucht.«

»Nun, ich muss doch sehen, was Ihr mit meinem Geld gemacht habt.« Er lachte auf. »Führt mich ein wenig herum, wollt Ihr?«

»Gerne«, sagte Henri. Er begrüßte den Schatzkanzler und den Hofkaplan und machte sich mit beiden und dem König auf den Weg um die Kathedrale. Dabei ergab es sich, dass er mit Heinrich die Spitze der Gruppe bildete, was ihm das Gefühl gab, nur zum König zu sprechen. Es war leichter für ihn.

König Heinrich wirkte interessiert. Er schaute an den Wänden hoch und hörte zu, fragte sogar nach, als Henri ihm von den Kiesfundamenten berichtete, und wollte genau verstehen, was damit bezweckt wurde.

Sie schritten um die Seitenschiffe und weiter am Hauptschiff entlang. Überall verneigten sich die Handwerker. Henri zeigte dem König die ersten Fenster und vorne die Portale. Er führte ihn auch in den Kreuzgang und zum Kapitelhaus.

Die *Lady Chapel* sparte er sich bis zum Ende auf. Als sie sie betraten, trat er an den Rand, sodass die Besucher freien Blick hatten. Der Hofkaplan bekreuzigte sich. Archie hatte ein verhaltenes Lächeln im Gesicht. Lord Richard nickte.

Der König machte »Ah« und ließ seinen Blick schweifen. »So habe ich mir das vorgestellt. Ein Raum, wo man mit der heiligen Jungfrau allein sein kann. Viele Jahre habe ich davon geträumt. Baumeister ...«

»Mylord.« Henri ging drei Schritte auf ihn zu.

»Das habt Ihr gut gemacht. Sehr gut. Die Säulen gefallen mir. Die Kreuzform. Es ist, als käme hier alles zusammen, der Anfang und das Ende. Was meint Ihr?«, fragte er den Hofkaplan.

»Ich bin beeindruckt, Mylord.«

»Das ist das richtige Wort. Ich bin auch beeindruckt. Seid so gut und lasst mich einen Moment allein. Ich möchte beten.«

Er faltete die Hände, während alle anderen sich bemühten, möglichst geräuschlos hinauszugehen.

»Baumeister«, sagte Lord Richard, »ich sehe den König oft, glaubt mir, aber selten habe ich ihn so berührt erlebt. Wir sollten die Gunst des Augenblicks nutzen.«

»Wie meint Ihr das?«

»Ich frage ihn gleich morgen, ob wir weitere Mittel bewilligen können. Vielleicht sogar heute noch, solange die Eindrücke frisch sind.«

»Danke, Mylord.«

»Das ist Euer Verdienst, Baumeister. Allein Euer Verdienst.«

Als der König wieder zu ihnen stieß, strahlte er. »Wir müssen weiter, fürchte ich«, sagte er zu Henri. »Was ich gesehen habe, hat mir gefallen. Macht weiter so, Monsieur.«

Henri verneigte sich erneut. Ihm gingen die Worte des Schatzkanzlers im Kopf umher. *Die Gunst des Augenblicks.*

»Mylord?«

»Ja?«

»Ich fürchte, ich habe mir Feinde gemacht.«

»Das kann ich mir kaum vorstellen.«

»Leider ist es so. Euer Schatzkanzler kann es bestätigen.«

Lord Richard nickte.

»Nun, Gott prüft uns immerzu. Vor allem diejenigen, die andere führen. Was glaubt Ihr, was mir alles nachgesagt wird. Ich würde Geld verschwenden, Ausländer gegen englische Ritter hetzen, letztlich das Land ruinieren. Sagt, Baumeister, was tun Eure Feinde?«

»Sie versuchen, meinen Ruf in den Schmutz zu ziehen.«

»Wie würdelos. Um wen geht es?«

»Es sind zwei. Ein Handwerker und ein Mann des Adels.«

»Nennt sie mir.«

»Der erste ist ein Steinmetz, ein Normanne. Er heißt Owin.«

»Und der andere?«

»Oliver of Farnham.«

»Farnham?«, rief der König. »Ist er nicht einer von denen, die besonders eifrig um Montfort herumscharwenzeln?«

»Das ist wahr, Mylord«, sagte Lord Richard. »Soweit ich gehört habe, wird seine Schwester sogar einen Montfort-Sohn heiraten.«

Der Satz traf Henri. Er verstummte.

»Nun«, sagte der König, »seid gewiss, Baumeister, in Westminster gibt niemand etwas auf die Worte eines Lord Farnham. Die Montfort-Freunde lügen alle. Und wir haben uns selbst davon überzeugt, dass Ihr ein Meister Eures Fachs seid.«

»Danke, Mylord.«

»Und was diesen Handwerker angeht«, fuhr der König fort, »der Schatzkanzler wird seinen Namen notieren. Ich meine, das ist ein Fall für den Sheriff. Der gute Mann kann sich im Gefängnis ein paar Gedanken machen. Würde das helfen?«

In Henri meldeten sich Skrupel. »Ja, Mylord«, sagte er trotzdem.

»Dann verfahren wir so.«

Der König ging zu seiner Kutsche. Henri nannte Lord Richard Owins Namen und das Gasthaus, in dem er wohnte, das *Palace Inn*.

»Ich kümmere mich, Baumeister.«

»Danke. Sagt, Mylord …«

»Ja?«

»Die Hochzeit … zwischen Lady of Farnham und Guy de Montfort …«

»Was ist damit?«

»Wird sie bald stattfinden?«, fragte Henri.

»Soweit ich weiß, ja. Die Barone fühlen sich gerade stark. Aber selbst mit der Unterstützung der Montforts wird Farnham nichts ausrichten. Kommt nächste Woche zu mir, Baumeister. Ich bin zuversichtlich, dass wir dann über neue Mittel sprechen können.« Er klopfte Henri auf die Schulter. »Wir sehen uns.«

Henri blieb mit Archie zurück, der ihm auf die Schulter klopfte.

»Das war ein großer Erfolg, mein Freund. Der Kaplan war ebenfalls begeistert.«

»Danke.«

»Nur du freust dich nicht?«

»Wie könnte ich? Carol wird bald heiraten.«

# XXXVIII

Der schöne Teil des Herbstes, der mit den leuchtenden Farben, war vergangen und der Zeit der Dunkelheit gewichen. Am Himmel stand eine geschlossene Wolkendecke, die Sonne war seit Tagen nicht zu sehen, ein feiner Regen fiel. Die Wege waren matschig.

Carol schaute den Hochzeitsvorbereitungen zu. Sie kam sich weit entfernt von alldem vor, gerade so, als hätten alle diese Planungen und Arbeiten nichts mit ihr zu tun. In ihr war ein Gefühl von Leere, es schien ihr, als würden diese Dinge für eine Fremde gemacht. Wie ein fernes Rauschen nahm sie die Gespräche über den Ablauf des großen Tages und das Festmenü wahr.

Ihr regelmäßiger Besucher war der Schneider, Master Egbert. Er war ein schmaler Mann mit spitzem Kinnbart und langen, flinken Fingern, an denen Carols Blick jedes Mal hängen blieb, wenn er ihr das Kleid anpasste. Sie waren an den Daumenkuppen vernarbt.

Manchmal brachte der Schneider seine Gesellen mit, und selbstverständlich war Ida immer im Zimmer, wenn er kam.

Die Zofe war begeistert von dem Kleid. Carol hingegen mochte es nicht einmal anprobieren.

»Ich habe heute Euren Schleier dabei, Mylady.« Master Egbert strahlte. Er hatte ein Leintuch in der Hand, das er abwickelte und achtlos fallen ließ. Zum Vorschein kam der Schleier, der um einen goldenen Reif genäht war.

»Darf ich?«, fragte der Schneider, und als Carol nickte, setzte er ihn ihr auf. Carol versuchte sofort, ihn zur Seite zu schieben.

»Nicht, Mylady. Er wird reißen.«

Carol hob sich den Reif vom Kopf. »Master, ich werde keinen Schleier tragen.«

»Aber warum denn nicht?«

»Weil ich es nicht will.«

»So ziemt es sich für eine Jungfer«, erklärte er, und Ida nickte.

»Für mich nicht. Das müsst Ihr anders machen.«

Master Egbert schluckte. »Und wie?«

»Eure Sache. Mein Gesicht bleibt jedenfalls frei.«

Der Schneider brauchte einen Augenblick, bis er reagierte. »Wie Ihr wünscht, Mylady.«

Seit zwei Wochen stritten sie in dieser Art. Carol hatte mehr und mehr gelernt, dem Schneider die Stirn zu bieten. Sie wollte keine lange Schleppe und kein weites Dekolleté, weder Rüschen noch Edelsteine.

»Aber ich kann Euch doch zu Eurer Hochzeit kein Alltagskleid nähen«, hatte Master Egbert ausgerufen.

Ihr Vater hatte eine ganze Rolle weißer Seide bestellt, trotzdem wurde das Kleid mit jeder Anprobe schlichter.

Auch wenn sie inzwischen manchmal an ihrer Strategie zweifelte, plante sie immer noch, dem Bräutigam mitzuteilen, dass sie sich einem anderen Mann hingegeben hatte. Falls sie ihm ihre Eröffnung erst vor dem Altar machen konnte, musste sie passende Kleidung tragen. Ein Jungfernschleier war da ganz falsch.

Besser wäre es natürlich, vorher mit Guy zu sprechen. Allerdings waren die Montforts noch nicht eingetroffen, und deshalb war es nicht sicher, dass sie die Gelegenheit dazu bekommen würde.

Nicht Guy de Montfort, sondern Gerald Sholtam kam regelmäßig auf die Burg. Alle paar Tage ritt er durchs Tor und machte ihrem Bruder seine Aufwartung, als sei Oliver sein Herr und Befehlshaber. Stets stimmte er Oliver zu, wenn sie bei Tisch saßen, und wenn ihr Bruder einen Scherz versuchte, durfte er sich darauf verlassen, dass Gerald lachte.

Oliver und sie würdigten sich weiterhin keines Blickes. Nur ihr Vater sprach sie an, wollte ihre Meinung hören, ließ Nachspeisen kochen, die ihr schmeckten, fragte sie nach ihren Wünschen. Sie hätte ihm gerne gezeigt, dass sie seine Schlichtungsversuche wahrnahm. Es gab aber eine unüberwindliche Hürde in ihr, deshalb ließ sie ihn immer wieder abblitzen. Ihre Haltung schmerzte ihn, dennoch konnte sie nicht anders.

Sie dachte viel an Henri, erinnerte sich an die gemeinsamen Stunden, redete still mit ihm. Manchmal sagte sie sich, dass die Momente mit ihm die Zeit der Liebe in ihrem Leben gewesen waren, und ähnlich wie bei ihrem Vater war diese Zeit zu Ende und würde nicht wiederkommen.

Wenn das Gottes Plan war, konnte sie ihn nicht annehmen.

Die Montforts trafen zwei Tage vor der Hochzeit ein. Carol war zusammen mit ihrem Vater und Oliver zur Begrüßung erschienen und stand reglos daneben, als die Männer, Simon, Guy und zwei seiner Brüder, einritten. Sie begleiteten eine Kutsche, in der Lady de Montfort saß, Guys Mutter. Carol war angespannt. Nun kam es darauf an. Mehr als einen Moment brauchte sie nicht, und sie stellte sich vor, Guy entweder alleine oder zusammen mit seinen Eltern zu erwischen. In jedem Fall wollte sie vermeiden, dass Oliver dabei war, denn anders als sonst fürchtete sie diesmal seine Reaktion. Sie traute ihm zu, dass er das Schwert gegen sie erhob.

Guy war so, wie sie ihn erinnerte, glatt und schmierig wie ein Aal. Er stieg vom Pferd, verbeugte sich vor ihr, deutete einen Handkuss an und lächelte. Dass er ihr Gewalt hatte antun wollen, schien er vergessen zu haben. Sein Vater trug wie immer Schwarz. Der Mutter sah man an, dass sie einmal eine schöne Frau gewesen war. Inzwischen hatte sich etwas Verhärmtes über ihre Züge gelegt.

Carol fand an diesem Tag keine Gelegenheit für ihre Worte. Bei der Abendmahlzeit saßen beide Familien zusammen am Tisch, für den nächsten Morgen verabredeten sich die jungen Männer zur Jagd. Carol beobachtete, wie Oliver die Montforts umgarnte, nicht viel anders, als es Gerald Sholtam mit ihm machte. Er fragte immerzu, ob die Gäste etwas wünschten, ob er ihnen etwas bringen lassen könne, und stimmte jeder Einschätzung zu, vor allem wenn sie von Lord Simon kam. Es war eine rechte Schande.

...

Die Fensterläden standen offen, und der Regen trug den Geruch von feuchtem Lehm herein. Die Abendstunden mit Maude und Archie gehörten für Henri zu den schönsten des Tages. Besonders gemütlich wurde es nach dem Essen, wenn sie ihre Stühle ein wenig zurückschoben und die Beine ausstreckten. Meistens begann erst dann die eigentliche Unterhaltung.

Archie hatte ein Fässchen Bier mitgebracht, und sie hatten jeder einen Becher vor sich stehen.

»Ich habe gehört, dass sich die Barone in Burg Farnham sammeln«, erklärte der Mönch. »Ich gehe davon aus, dass dort der Gegensatz zwischen den verschiedenen Fraktionen zutage tritt. Es wird sich herausstellen, dass Montfort viele Freunde verloren hat.«

»Weil er gegen die Marcher Lords gekämpft hat«, ergänzte Maude.

»Selbst im Kloster sagen seine Anhänger, dass er zu weit gegangen ist.«

»Es gibt einen Grund dafür, dass sie sich ausgerechnet in Farnham treffen«, meinte Henri. »Ist es nicht so?«

Archie drehte seinen Becher in der Hand, als fände er auf dem abgegriffenen Zinn die Antwort, die er suchte.

»Das ist die weniger gute Nachricht«, sagte er schließlich.

»Also steht die Hochzeit bevor«, brachte Henri hervor, und Archie nickte.

Henri fühlte den Druck von Maudes Hand auf seiner. Ein schwacher Trost.

»Ausgerechnet Guy. Sie verabscheut den Kerl.«

»Nicht nur das«, sagte Maude. »Sie will dich.« Sie schüttelte den Kopf. »Warum diese Adeligen sich das Leben so schwer machen müssen? Sie haben eine Menge Besitz, all diese Burgen, Felder, Flüsse und Seen, ganze Dörfer und Leibeigene. Immer reichlich zu essen. Aber genießen können sie all das nicht. Dazu gibt es in ihrer Welt zu viele Verbote.«

Henri nahm wahr, dass sie ihn aufmuntern wollte, doch ihr Versuch misslang. Er trank seinen Becher in einem Zug leer.

»Oh, da hat jemand Durst«, sagte Archie.

»Das stimmt. Am liebsten würde ich mich betrinken.« Er wischte sich den Schaum vom Mund. »Doch dafür ist keine Zeit. Ich reite nach Farnham.«

»Und was wirst du da tun?«

»Ich werde versuchen, Carol zu befreien.«

»Mithilfe der Armee, die du befehligst?«, meinte Archie trocken.

»Eine Burg«, sagte Maude, »mit Mauern und Wachsoldaten, außerdem voller Ritter. Was hast du vor?«

Henri zuckte mit den Schultern. »Ich weiß es nicht. Das sehe ich, wenn ich dort bin.«

»Nun gut«, meinte Archie. »Ich begleite dich. Vielleicht kommt mir ja eine Idee, wie wir hineingelangen, ohne gleich die Burg erobern zu müssen.«

»Wie könnte die sein?«, wollte Maude wissen.

»Ich muss erst noch ein wenig nachdenken.«

»Lass dir nicht zu viel Zeit«, sagte Henri. »Morgen geht es los.«

»Hetz mich nicht«, sagte Archie. »Selbst mit meiner Idee werden wir Unterstützung brauchen.«

»Unterstützung von oben?«, fragte Maude.

»Eine andere gibt es nicht«, erwiderte Archie.

# XXXIX

Es war der Tag vor der Hochzeit, und Carol musste ein letztes Mal ihr Kleid anprobieren. Master Egbert tänzelte um sie herum. Ida schaute von der Wand aus zu. Das Kleid war schwer, eng an Brust und Bauch, um von der Hüfte an weit zu werden und Falten zu werfen. Unter anderen Umständen hätte sie es vielleicht schön gefunden, doch im Moment beschäftigte sie die Frage, ob sie eine unbedachte Bewegung machen sollte, damit es riss. Doch Master Egbert würde im Zweifelsfall die Nacht durcharbeiten, um den Schaden zu reparieren. Da er seinen Lohn bekommen wollte, konnte er nicht riskieren, dass etwas schiefging.

Er kniete sich vor sie, um erneut die Länge abzustecken. Dann erhob er sich. »Sehr schön. Ihr seid wunderschön, Mylady. Ein Kleid kann nicht mehr tun, als das hervorzuheben.«

Normalerweise wäre sie rot geworden und hätte etwas entgegnet, heute aber blieb sie stumm und nannte ihn nicht einmal einen Schmeichler. Sie hatte keine Lust auf Konversation. Ihre Lage war nicht gut, Oliver verriegelte stets ihre Tür, sie konnte ihr Zimmer nur dann verlassen, wenn er es erlaubte. Zur Morgenmahlzeit hatte er sie abgeholt und dafür gesorgt, dass sie weit von Guy entfernt saß. Alles lief auf ihr Geständnis vor dem Altar hinaus, und sie bezweifelte immer mehr, dass sie sich damit würde retten können.

Da Meister Egbert die Tür nach der Anprobe nicht verschloss, gesellte sich Carol zu den älteren Männern, die unten beisammensaßen, während ihre Söhne bei der Jagd waren. Simon de Montfort hatte offenbar Vorbehalte, dass eine junge Frau wie sie an einer politischen Runde teilnahm. Als Carol auftauchte, brach er seine Rede ab. Umso größer war ihr Interesse. Sie ging bald wieder hinaus, von wo sie lauschte. Dabei erfuhr sie, dass er sich Sorgen machte, weil sich inzwischen wichtige Barone von ihm abgewendet hatten. Sie verziehen ihm nicht, dass er gegen englische Adelige gekämpft hatte und einige Marcher Lords in der Schlacht gefallen waren. Sein Problem – das er ziemlich arglos vor Humphrey ausbreitete – war, dass er für weitere Pläne die Zustimmung der Barone im Parlament benötigte. Er bezweifelte, dass er genug Stimmen zusammenbekommen würde.

Carol wollte erfahren, was er vorhatte, deshalb ging sie später zu ihrem Vater in dessen Zimmer, setzte sich über ihr Schweigen hinweg und fragte ihn.

Humphrey wusch sich über einer Schüssel. »Das kann ich dir nicht sagen«, meinte er, während er sein Gesicht abtrocknete.

»Warum nicht?«

»Weil es ein Frevel ist, was er plant.« Er hängte sein Tuch an den Haken. »Nur so viel: Ich habe ihm abgeraten. Dringend abgeraten.«

Sie hatte keine Idee, von was ihr Vater sprach. Frevel bedeutete einen Verstoß gegen Gottes Vorsehung. »Was hat er vor?«

»Mehr darf ich dir nicht sagen, Carol. Und ehrlich gesagt, solltest du an etwas anderes denken. Morgen ist deine Hochzeit. Freust du dich denn ein wenig?«

»Nein«, sagte sie, »und das weißt du.«

...

Henri hockte vor Archie auf einem Schemel und hielt den Kopf gebeugt. Der Mönch schor ihm die Haare. Feine Wolle rieselte zu Boden und bildete kleine Häufchen.

Henri rekelte sich.

»Halt still«, rief Archie.

»Wie lange dauert das noch?«

»Lieber Freund, ich bin nicht darin geübt, einem anderen Mann die Tonsur zu scheren. Im Kloster macht das ein Bruder, dessen Finger flink sind und der das Rasiermesser schwingt wie ich die Feder. Also hab Geduld.«

»Geduld? Wir müssen los.«

»Eine gute Vorbereitung ist wichtig.«

Zu Archies Idee gehörte nicht nur der Haarschnitt, sondern auch eine Mönchskutte, die er für Henri mitgebracht hatte. Der Baumeister stand dem Plan seines Freundes skeptisch gegenüber, er war vage, baute auf Zufälle. Aber er selbst hatte keinen besseren, deshalb machte er mit.

Maude trat ein. »Du bist nicht unbedingt schöner geworden«, erklärte sie.

Henri hob den kahlen Kopf. »Ich dachte, du magst Mönche.«

Sie stellte ihren Wäschekorb ab, tat, als hätte sie seine Bemerkung nicht gehört, und strich ihm über den Schädel. »Fühlt sich komisch an. Ihr wollt dort also wirklich als Mönche auftreten?«

»Frag Archie«, entgegnete Henri. »Er hatte diesen großen Plan.«

»Groß? Nein. Die besten Pläne sind einfach«, sagte Archie.

Henri rieb sich mit beiden Händen über den Kopf und fühlte nichts als glatte Haut und Schädelknochen. Er hätte gern gewusst, wie er aussah, doch wo sollte man sich ansehen, das ging bestenfalls in einer Schüssel mit klarem Wasser.

Er bemerkte, dass Maude auf Archie zutrat. Es wäre der richtige Moment gewesen, sich zurückzuziehen, vielleicht so zu tun, als müsse er etwas aus seinem Zimmer holen. Er blieb aber, wo er war.

Sie legte die Hände auf seine Oberarme. ›Hast du inzwischen Gott gefragt, ob du für immer im Kloster bleiben sollst?«

»Ich habe ihn gefragt, ja. Leider hat Er mir keine klare Antwort gegeben. Noch nicht.«

»Was bedeutet das?«

»Dass ich nicht recht weiß …«

Sie zog ihn an sich und umarmte ihn, was Archie nicht nur geschehen ließ, sondern erwiderte. Henri war erstaunt.

»Wenn du Angst vor der Veränderung hast«, sagte Maude, »ist das in Ordnung. Die habe ich auch. Lass uns schauen, ob wir sie überwinden können. Aber jetzt ist es das Wichtigste, dass du heil zurückkommst.«

»Das werde ich.« Er drückte sie fester an sich und klopfte ihr auf den Rücken. »Dann entscheiden wir, wie es weitergeht.« Er küsste sie auf die Wange.

»Komm du auch heil zurück, Henri«, sagte sie. »Am besten in Begleitung von Lady Farnham.«

»Hoffentlich«, gab Henri zurück.

Sie gingen zu jenem Stall, in dem Henri beim letzten Mal gewesen war. Der Besitzer schien ihn in der Kutte nicht zu erkennen. Überhaupt hatte er, wie er erklärte, noch nie Pferde an Mönche ausgeliehen. »Könnt ihr überhaupt reiten?«

»Selbstverständlich«, erwiderte Archie.

»Ich finde das nicht so selbstverständlich. Wann solltet ihr das gelernt haben?«

»Mein Sohn«, erwiderte Archie mit fester Stimme, »wir haben dir die geforderten Pennys bezahlt, nun halte du dich an deinen Teil der Vereinbarung.«

Der Stallbesitzer nickte. Henri suchte sich wieder Nora aus, da er während seines ersten Farnham-Ritts gelernt hatte, mit ihr klarzukommen. Archie bekam einen braunen Wallach namens Mac.

»Ein schottisches Pferd?«, fragte er mit Falten auf der Stirn.

»Keine Sorge, nur der Name«, sagte der Besitzer. Er klopfte dem Tier auf den Hals. »Bestes englisches Blut.«

Sie saßen auf. Beide Pferde waren vom ersten Moment an widerwillig. Henri schnitt ihnen je eine Gerte, und als sie diese einsetzten, kamen sie einigermaßen zügig voran.

Henri kannte den Weg. Dennoch war es ein Ritt ins Ungewisse. Sie wussten nicht, für wann die Hochzeit angesetzt war, und erst recht bezweifelte Henri, dass sie durchs Burgtor gelassen würden, egal ob sie die Kutten trugen oder nicht. Und schließlich müssten sie Carol auch noch befreien.

Irgendwie kam es ihm auf all das nicht mehr an. Sie unternahmen diesen letzten Versuch. Das war, was zählte.

Obwohl die Pferde mit den Gerten besser gingen als auf Henris erstem Weg, mussten sie wieder eine Nacht im Wald verbringen. Archie hielt sich den Hintern, als er abstieg. »Wir hätten einen Wagen nehmen sollen. Der Rücken eines Pferdes ist zu hart, um lange darauf zu sitzen.«

Sie verzichteten auf ein Feuer, aßen und tranken, streckten sich aus und blieben von Räubern unbehelligt. Am nächsten Morgen kamen sie nach Farnham. Henri führte sie weiter zur Burg.

»Vielleicht ist es Zeit, dass du mich etwas genauer in deine Idee einweihst. Nur damit ich nichts versaue.«

»Was meinst du?«, fragte Archie.

»Du weißt nicht, wie es weitergeht?«

»Es gibt ein Sprichwort, mein Freund, das mich einst ein alter Jude gelehrt hat: Wenn du Gott zum Lachen bringen willst, mach einen Plan.«

Henri zuckte mit den Schultern. Sie ritten durch das letzte Waldstück und hielten an. Vor ihnen lag die Burg.

Sie saßen ab. Archie wirkte angespannt. Die Felder zu beiden Seiten waren abgeerntet. Dunkle Erde bedeckte sie.

»Was ist das?«, fragte Archie und zeigte auf die Kornspeicher außerhalb der Mauer.

Henri erklärte es ihm. »Dort habe ich mich letztes Mal versteckt.«

»Wir werden es ebenso halten.«

Sie banden die Zügel am Pfeiler eines Speichers fest. Archie zog ein Stück Stoff aus seiner Satteltasche.

»Noch eine Kutte?«, fragte Henri. »Willst du deine wechseln?«

»Das tue ich nie. Diese ist für die Lady.«

»Wie bitte?« Henri nahm Archie das Kleidungsstück aus den Händen und entfaltete es. »Also hast du doch einen Plan. Als ob die Leute auf der Burg eine Frau nicht trotz Verkleidung erkennen würden.«

»Wir werden sehen«, murmelte Archie.

Henri lugte hinter der Ecke hervor. Ein paar Krähen suchten die Felder nach vergessenen Weizenkörnern ab. Der Wald, aus dem sie gekommen waren, lag ruhig da. Zu ihrer rechten Hand erhob sich die Burgmauer, das Tor war nicht weit entfernt. Selbstverständlich war es verschlossen. Dieser Ort wirkte nicht so, als würde hier bald ein Fest gefeiert werden.

Vielleicht kamen sie zu spät?

Es war Vormittag, eine blasse Sonne schien durch die Wolken hindurch und stieg nur langsam höher.

Henri zog seinen Wasserschlauch aus der Satteltasche und trank. »Also«, fragte er, »was wollen wir tun? Ans Tor klopfen und auf Einlass hoffen?«

»Nein, wir warten ab. Sieh, da kommt jemand.«

Ein verzierter Wagen, von zwei Rappen gezogen, tauchte am Waldrand auf und hielt auf die Burg zu.

»Ein Bischof, wenn ich es richtig sehe. Ich glaube, wir sind genau zur richtigen Zeit gekommen. Ja, das ist Bischof Ladbroke. Ich wette, er soll das Brautpaar trauen.« Archie klopfte sich Dreck von der Kutte. »Mach dich auch sauber.«

Im Burghof begann eine Glocke zu läuten.

# XL

Als die Glocke läutete, trat Carol ans Fenster. Es war noch etwas Zeit bis zum Gottesdienst. Ihr Vater und Lord Simon standen im Burghof, waren in ein Gespräch vertieft und wirkten ernst. Sie unterstellte, dass es auch diesmal um Montforts geplanten Frevel ging. Beide trugen bereits Festtagskleidung. Die von Montfort war schwarz und ließ an eine Beerdigung denken, was durchaus Carols Gefühl entsprach. Ihr Vater trug einen eleganten hellgrauen Mantel mit dem roten Wappen der Farnhams auf der Brust. Er hielt den Rücken gerade und den Kopf erhoben.

Carol hatte am Ende doch noch erfahren, was Montfort plante. In seiner Not war der Baron auf ein derart abwegiges Vorhaben gekommen, dass sie es zunächst nicht glauben konnte, im Gegenteil, sie dachte, sie hätte etwas falsch verstanden. Doch er wiederholte seinen Plan.

Montfort war in Not. Um den König vollständig zu entmachten, brauchte er eine Mehrheit im Parlament, allerdings hatten sich selbst Barone, die noch im Sommer auf seiner Seite gestanden hatten, als königstreu erklärt. Damit nicht genug: Königliche Burgen weigerten sich, sich Montforts

Leuten, die sie belagerten, zu ergeben. Und die Marcher Lords hatten den Waffenstillstand aufgekündigt. Über Montfort braute sich etwas zusammen. Er wirkte angespannt.

Und deshalb hatte er bei Tisch mit seinem Prinzip gebrochen, politische Fragen nur im Männerkreis zu erörtern. Sein Vorschlag lag so sehr außerhalb allen Denkens, dass selbst Oliver den Atem anhielt. Auch Carol hatte nicht weiteressen können.

Montfort wollte ein anderes Parlament einberufen – eins mit einfachen Leuten.

Er hatte seinen Vorschlag bereits durchdacht und präzisierte ihn. »Wir fordern Kirchenmänner auf, dazu Ritter aus den Grafschaften. Und zwei Vertreter aus jeder Gemeinde, die dort eigenständig bestimmt werden. Das können verdiente Bürger aus den Städten sein, von mir aus auch Bauern oder Mönche.«

Dass Montfort unter einfachen Leuten und besonders unter dem niederen Klerus großen Rückhalt hatte, war bekannt, doch Carol hätte niemals damit gerechnet, dass er so weit gehen würde, die alte englische Ordnung mitsamt ihren Grundmauern umzuwerfen. Er wollte ein Volksparlament. Sie hatte noch nie von einem Land gehört, wo es so etwas gab.

Guy hatte seinem Vater sofort zugestimmt. Auch Oliver fand Gefallen an der Idee, sobald er sich vom ersten Schrecken erholt hatte. Ihr Vater hingegen – der den Plan bereits kannte – war stumm geblieben, und Carol unterstellte, dass Montfort deshalb jetzt auf ihn einredete, weil er seine Unterstützung wollte.

Es klopfte, Ida trat ein. »Mylady, soll ich Euch ankleiden?«

Carols Hochzeitskleid hing über einem Ständer, von dem Ida es vorsichtig herunternahm, während Carol ihre Alltagsröcke selbst auszog. Es wurde ernst, und auf eine seltsame Art war es ihr recht, denn die Warterei hatte an ihr gezehrt, sie unruhig gemacht und schlecht schlafen lassen. Sie hatte immer noch vor, Guy ihr Geständnis zu machen, bevor der Priester sie vermählte.

Es war ihre letzte Chance, und wenn der junge Montfort trotzdem Ja sagte, wusste er wenigstens, dass er jemanden bekam, der ihm das Leben schwer machen würde. Eine Frau mit einem eigenen Kopf und Willen.

Das war ein schwacher Trost, doch sie musste sich ihrer Zukunft stellen.

Ida kniete sich vor sie und hielt den seidenen Unterrock so, dass sie nur hineinsteigen musste. Carol machte den kleinen Schritt. Vorsichtig zog die Zofe den Rock in die Höhe und knöpfte ihn in Höhe von Carols Hüfte fest.

Das eigentliche Kleid anzuziehen war mühsamer. Es musste von oben übergestreift werden. Carol schaute dem Versuch der Zofe zu, die den üppigen Stoff faltenfrei zu halten versuchte. Es gelang ihr nicht. Sie schaffte es nicht einmal, Carol die Ärmel ordentlich entgegenzustrecken.

»So geht das nicht«, sagte sie.

Ida wurde rot. »Sollen wir es von unten versuchen, Mylady? Sodass Ihr hineinsteigt?«

»Von mir aus.«

Ida kniete sich wieder hin und bemühte sich, einen Teil des Stoffes zusammenzuschieben, sodass der Schritt für Carol nicht zu groß war. Sie ging behutsam vor, legte die Lagen übereinander, ließ keine Falten entstehen, korrigierte sich, setzte neu an. Carol verlor die Geduld. Im Unterrock machte sie einen weiten Schritt. Der Rock war eng, deshalb trat sie auf den Kleidstoff, trippelte mit dem anderen Fuß schnell weiter und stand in der Lücke.

»Nicht so schlimm«, sagte sie. »Zieh es hoch.«

Ida lief einmal um Carol herum, während sie das Kleid an Kragen und Ärmel festhielt und schließlich so drehte, dass Carol ihren rechten Arm hineinschieben konnte. Auch ohne Falten und Rüschen und einer Schleppe kam sie sich vor, als sollte sie verkleidet werden, und das auch noch, um einem Mann zu gefallen, den sie nicht ausstehen konnte.

Als das Kleid um ihre Brust lag, atmete sie tief ein. Dabei machte sie ihre Schultern breit.

Es gab einen Riss. Ein Geräusch, das sie heimlich freute. »Wenn das mal kein schlechtes Omen ist.«

»Mylady, bitte sagt so etwas nicht.« Ida tastete nach dem Schaden, der unterhalb des rechten Ärmels entstanden war.

»Ich hole Master Egbert«, bot die Zofe an.

»Ist er noch in der Burg?«

»Soweit ich weiß, ja. Andernfalls …«

Ida senkte den Blick. In diesem Moment tat sie Carol leid. Wenn etwas schiefging, bekamen stets die Dienstboten die Schuld.

»Du konntest nichts dafür«, sagte Carol.

»Danke, Mylady. Wenn es Euch recht ist, suche ich den Schneider. Sollte er bereits fort sein, kann ich den Riss nähen.«

»Ich weiß, du bist geschickt mit Nadel und Faden. Lauf. Ich warte hier.«

»Ja, Mylady.«

Ida öffnete die Tür und verschwand.

...

Henri irrte mit Archie durch einen Gang des Farnham'schen Wohnhauses. Zu beiden Seiten hingen brennende Fackeln in Eisenringen und gaben reichlich Licht. Links und rechts gab es Türen. Dummerweise wussten sie nicht, in welchem Zimmer sich Carol aufhielt.

Als Gefolge des Bischofs waren sie mühelos in die Burg gekommen und hatten sich anschließend leicht von ihm lösen können. Dieser Teil von Archies Einfall war aufgegangen, die Verkleidung wirkte wie ein Zauber. Niemand unterstellte einem Mönch etwas Böses.

Doch nun wussten sie nicht weiter. Sie konnten schlecht eine Tür öffnen und nach der Lady fragen.

»Was sollen wir tun?«, zischte Henri Archie zu.

Auch sein Freund wirkte verloren. Blickte immerzu nach links und rechts und ging nur zögerlich weiter. »Wir werden sie schon finden«, gab er trotzdem zurück.

»Die Frage ist, wie?«

Archie blieb stehen. Er hatte Falten auf der Stirn, einen flackernden Blick und machte einen ängstlichen Eindruck.

»Wir brauchen Hilfe von oben«, sagte er, »und haben Grund, darauf zu hoffen. Gott hat uns rechtzeitig hergeführt

und uns hereingelassen. Warum sollte er uns jetzt verlassen?«
Er schloss die Augen. »Hilf uns, sie zu finden, ich bitte dich.«

Sie gingen weiter.

»Er hat dich nicht gehört«, flüsterte Henri.

»Hör auf«, zischte Archie, und im nächsten Moment erkannte Henri, dass sein Freund recht hatte. Carols Zofe querte vor ihnen den Gang.

Henri beschleunigte seinen Schritt. Dabei fiel ihm ihr Name wieder ein. »Ida?«

Sie blieb stehen.

»Ida, sag mir, wo Carols Zimmer ist, ich flehe dich an.«

Ida runzelte die Stirn. »Wer seid Ihr?«

Henri zog sich die Kapuze vom Kopf.

Die Zofe riss die Augen auf. »Der Baumeister schon wieder? Was wollt Ihr diesmal?«

»Ich muss mit Carol sprechen. Bitte.«

»Mein Kind«, sagte Archie und legte seine sonore Mönchsstimme an den Tag, »ich bin mit diesem Baumeister gekommen und werde aufpassen, dass nichts Unrechtes passiert. Vertraue einem Mann Gottes.«

»Er ist verkleidet«, sagte Ida mit zitternder Stimme und mit Blick auf Henri. »Woher weiß ich, dass Ihr ein echter Mönch seid?«

»Mein Wort muss dir genügen. Sei gewiss, ich schließe dich in meine Gebete ein. Der Herr wird sein Auge auf dein Wohlergehen richten. Nun beantworte meinem Freund seine Frage.«

Ida schaute zur Seite. »Ich weiß nicht …«

Archie legte ihr die Fingerspitzen auf die Schulter. »Doch,

du weißt. Vertraue deinem guten Gefühl, nicht deiner Angst. Deine Herrin möchte mit diesem Mann sprechen.«

Vorsichtig zeigte sie in die Richtung, aus der sie gekommen war. »Nehmt diesen Gang. Das Zimmer mit der breiten Tür. Auf der rechten Seite. Zum Hof hin.«

»Ich danke dir, mein Kind«, sagte Archie.

Sie zogen ihre Kapuzen wieder auf und eilten davon. Vor der breiten Tür blieb Henri stehen, warf Archie einen Blick zu und klopfte.

»Herein«, kam es von innen.

Henri öffnete die Tür. Carol stand beim Fenster und trug ihr Brautkleid.

»Was wollt Ihr?«

»Carol.« Henri nahm seine Kapuze wieder ab und ging auf sie zu.

»Du?«, fragte sie. Sie fuhr den Arm aus und tastete nach etwas, wo sie sich festhalten konnte.

Henri griff nach ihrem Arm. »Carol, wir sind hier, um dich zu holen. Komm mit uns.«

»Ich soll heute heiraten.« Ihre Stimme war brüchig.

»Wir können noch entkommen.«

Sie tastete nach seiner Hand an ihrem Arm. »Bist du das wirklich, Henri?«

»Ja, wirklich.«

»Wir kommen hier nicht raus. Es gibt Wachen. Die Burg ist voller Leute.«

»Wir müssen uns beeilen«, verlangte Archie. »Jeden Moment kann jemand eintreten.«

»Wir haben dir eine Kutte mitgebracht«, sagte Henri.

»Drei Mönche, die die Burg verlassen – vielleicht geht es gut. Kannst du dich umziehen? Schnell?«

Carol fing sich und nickte. »Dreht euch um.«

Noch bevor er sich weggedreht hatte, sah Henri, wie sie sich das Hochzeitskleid vom Leib streifte.

»Meine Zofe kommt gleich zurück. Was wollen wir ihr sagen?«

»Du musst sie fortschicken. Ein Auftrag, der möglichst lange dauert.«

Carols Unterrock reichte fast bis an die Füße, er war länger als die Mönchskutte und schien unter ihr heraus. Es würde verdammt viel Glück brauchen, um zu entkommen.

Archie zog an ihrer Kutte, doch sie wurde nicht länger. Es klopfte. Henri und Archie versteckten sich hinter der Tür. Carol öffnete einen Spalt und streckte den Kopf hinaus.

»Mylady, ich habe den Schneider nicht gefunden. Wahrscheinlich ist er nicht mehr hier. Aber ich habe Nadel und Faden.«

»Hör zu, Ida. Lauf in die Küche und hol mir einen Becher Wein. Rotwein, verstehst du?«

»Aber ...«

»Nichts aber. Tu, was ich dir gesagt habe.«

»Ja, Mylady, aber ...«

»Frag nicht, Ida, hol einfach den Wein. Und hab keine Eile. Renne nicht, sondern schreite, wie es sich gehört.«

»Das mache ich.«

Carol schloss die Tür wieder. »Ich habe nichts zu verlieren«, sagte sie. »Hoffentlich gilt das auch für euch.«

»Was mich angeht, ich habe Gott«, erwiderte Archie. »Den kann man nicht verlieren.«

Sie nahmen Carol in die Mitte, Archie ging vorneweg, Henri bildete den Schluss. Alle drei hatten sie die Kapuzen tief ins Gesicht gezogen. Ihre Anspannung war mit Händen zu greifen.

Im Gang trafen sie auf niemanden, doch in der Halle herrschte reges Treiben. Ein langer Tisch war aufgestellt und geschmückt. Dienstboten liefen hin und her, trugen Stühle und Decken, Tabletts und Krüge, Becher und Schüsseln. Die Vorbereitungen für das Festessen waren in vollem Gang.

Archie hielt sich an der Wand, als er der Haustür zustrebte, und Carol und Henri folgten ihm.

»Draußen stehen mein Vater und Montfort«, flüsterte Carol. »Wir müssen vorsichtig sein.«

Archie zog die Tür einen Spalt auf. Sie traten ins Tageslicht. Henri überblickte den Hof. Viele Leute, die in Grüppchen zusammenstanden und sich unterhielten. Nicht weit von ihnen standen Carols Vater und Lord Montfort.

Sie verdrückten sich in die andere Richtung, auf das Burgtor zu. Es war wieder verschlossen. Archie hielt vor dem ersten Wachmann. Beim Hereinkommen, im Gefolge des Bischofs, hatte Henri den Blick auf ihn vermieden. Jetzt sah er ihn an. Er hatte einen gedrungenen Kopf und einen Vollbart mit weißen Strähnen. Böse wirkte er nicht. Allerdings auch nicht sonderlich freundlich.

»Öffne das Tor, mein Sohn«, bat Archie mit fröhlicher Stimme, »wir möchten hinaus.«

Henri hoffte, dass dem Wachmann die Fröhlichkeit nicht aufgesetzt vorkam.

»Davon weiß ich nichts. Wer seid ihr?«

»Drei Mönche aus dem Kloster Harlesden. Wir haben Bischof Ladbroke hierher begleitet. Nun aber hat er uns fortgeschickt. Offenbar befürchtet der gute Mann, es sei unserem Seelenheil abträglich, wenn wir mitfeiern.«

»Du redest ziemlich gestelzt, Mönch.«

»Ich kann auch anders«, entgegnete Archie augenblicklich. »Der Bischof will nicht, dass wir uns besaufen. Wahrscheinlich braucht er den ganzen Wein für sich.«

Der bärtige Wachmann verzog den Mund zu einem müden Lächeln. »So verstehe ich dich besser.«

Er trat neben Archie und schaute zu Carol und Henri, und es kam das, was zu befürchten war, er entdeckte die Röcke, die unter der Kutte hervorschauten. Mit zwei kurzen Schritten war er bei Carol und zog ihr die Kapuze vom Kopf.

Er erschrak. »Mylady!«

»Öffne das Tor, Quentin«, verlangte sie.

»Aber ... aber ...«

»Tu, was ich dir sage.«

»Mylady, Ihr wollt ... nein, wollt Ihr nicht ... aber was dann? Wozu diese Verklei–«

»Rätsle nicht, sondern öffne das Tor.«

Der Wachmann fing sich wieder. »Es ist Euer Hochzeitstag, Mylady. Ich ... ich muss den Lord fragen. Bitte wartet hier.«

Der Wachmann pfiff nach einem Kollegen. Als der angelaufen kam, sagte er: »Pass auf, dass niemand die Burg verlässt.«

Quentin verschwand im Laufschritt.

»Ich fürchte, wir haben verloren«, sagte Carol. »Habt Ihr schon gehört, was Montfort vorhat?«, fragte sie Archie unvermittelt.

»Was meint Ihr?«

»Er will ein neues Parlament einberufen. Diesmal eins, dem einfache Leute angehören. Aus allen Grafschaften. Übrigens auch Mönche. Ein Volksparlament.«

»Wir können hier nicht bleiben«, sagte Henri.

»Ein Volksparlament?«, fragte Archie und wirkte erstaunt.

»Wir haben im Moment andere Sorgen als Politik«, meinte Henri.

»Sag das nicht«, erwiderte Archie. »Ein Volksparlament wird ganz andere Entscheidungen treffen als die bisherigen. Solche für alle Engländer …«

»Bestimmt wäre ein Volksparlament eine große Sache«, meinte Henri. »Aber jetzt müssen wir uns um uns kümmern. Ich habe eine Idee.«

»Was hast du vor?«, fragte Archie.

»Ein wenig Verwirrung stiften.«

»Und wie?«

»Bleibt einfach hier. Ich bin schnell zurück. Hoffentlich vor dem Wachmann.« Er rannte los. Der andere Wachmann ließ ihn gewähren. Er hielt sich an seine Anweisung: niemanden rauszulassen.

Henri kehrte ins Wohnhaus zurück und nahm den Weg,

den sie gekommen waren, huschte an der Wand entlang durch die Halle, bog in den Flur ein.

Alle Welt war beschäftigt. Niemand beachtete ihn.

Er öffnete die Tür zu Carols Zimmer. Auf dem Boden lag das Hochzeitskleid. Wenn man ihn jetzt stellte, würden sie ihm den Kopf abschlagen, und Archie, dem Mittäter, wahrscheinlich auch. Trotzdem zögerte er nicht. Sein Plan war gut.

Er nahm das Kleid und hielt eine Kerze an den Seidenstoff. Das Feuer brannte schwach, als könnte es sich nicht entscheiden, ob es sich weiterfressen oder wieder ausgehen sollte. Henri hielt die Hand darüber und pustete ein wenig.

Die Flamme wurde stärker.

Die Tür ging auf. Die Zofe. »Was macht Ihr?«

»Frag nicht. Verschwinde wieder, bevor dich jemand hier sieht.«

»Aber Ihr macht Feuer. Ich muss jemanden holen.«

Das Kleid brannte. Henri öffnete das Fenster und schob es hinaus. Die Dachziegel waren aus Ton, nicht leicht entflammbar.

Er wandte sich wieder an Ida. »Tu, was ich dir gesagt habe. Lauf, wenn dir dein Leben lieb ist. Und halte deiner Herrin zuliebe den Mund.«

Diese letzte Aufforderung erreichte sie endlich. Sie drehte sich um, und er hörte ihre Absätze im Laufschritt auf dem Flur.

Auf dem Dach entwickelte das brennende Kleid, wie gehofft, erheblichen Rauch. »Feuer!«, rief Henri über den Hof. »Feuer!«

Die Männer im Hof wandten sich in seine Richtung, auch Carols Vater.

Henri schloss das Fenster und rannte aus dem Zimmer. Noch bevor er die Halle erreicht hatte, wurde eine Glocke geschlagen. Sie klang heller als die der Kapelle. Ihr Ton kam schnell und oft hintereinander. Der Feueralarm.

Bis hierhin war sein Plan aufgegangen.

Im Hof herrschte bereits Durcheinander. Diener hatten Eimer in der Hand, die sie am Brunnen befüllten. Carols Vater eilte auf die Haustür zu, mehrere Diener mit ihren Wassereimern hinter ihm her.

Henri erreichte das Burgtor, wo sich der zweite Wachsoldat nicht bewegt hatte. Der Kerl nahm seine Aufgabe ernst.

Henri rannte das letzte Stück auf ihn zu. »Schnell, der Baron verlangt nach dir. Es brennt im Wohnhaus.«

»Ja, aber ...«

»Ich soll dich zu ihm schicken. Mach schon. Wir bleiben hier und passen auf.«

Der Wachsoldat war unentschlossen. Machte einen Schritt, zögerte, blieb stehen. Schaute Carol, Archie und Henri an, als hoffte er auf eine Eingebung. Der Moment kam Henri endlos vor. Er wagte nicht, etwas zu sagen. Auch Archie und Carol blieben stumm.

Endlich lief der Mann los. Er hatte seinen Speer in der Hand, sein Kettenhemd wippte auf und ab.

»Nicht schlecht, Herr Baumeister«, sagte Archie.

Carol lächelte. »Schnell, lasst uns das Tor aufmachen. Und dann hinaus in die Freiheit.«

Henri hielt sie zurück. »Du wirst nie wieder zurückkehren können.«

»Ich weiß. Ich gehe mit dir.«

Er nahm ihre Hand und küsste sie. Archie schob den Riegel zurück und zog das hölzerne Tor auf.

Ihre Pferde standen noch hinter dem Speicher. Henri löste die Stricke und half Carol auf Nora.

»Und du?«

»Ich laufe. Sobald wir den Wald erreicht haben, sind wir etwas sicherer. Unsere Gäule sind sowieso nicht die schnellsten.«

»Eine Schande«, sagte sie, »wenn man bedenkt, was für Pferde wir in der Burg haben.«

Sie nahm den Zügel kurz und trat Nora ihre Fersen in die Flanken. Man sah auf den ersten Blick, dass sie eine geübte Reiterin war, um Klassen besser als Archie oder er. Auch Nora schien das zu spüren, ohne Widerstand lief sie los und war bald im Galopp. Archie trabte hinterher, und Henri rannte, so schnell ihn seine Beine trugen.

Er wagte einen Blick zurück. Eine dürre Rauchwolke stieg vom Dach auf. Es brannte also immer noch.

Verfolger waren nicht zu sehen.

Vielleicht schafften sie es.

Carol und Archie warteten am Waldrand auf ihn.

»Steig auf, die Stute trägt uns beide«, sagte sie und ließ ihren Fuß aus dem Steigbügel gleiten, damit er ihn benutzen konnte. Er trat hinein, hielt sich am Sattel und an ihrer Hüfte fest und zog sich hinauf, sodass er hinter ihr saß. Im nächsten

Moment trieb sie das Pferd an, und tatsächlich lief Nora auch mit doppeltem Gewicht willig.

Archie hatte Mühe, hinter ihnen herzukommen. »Wohin reiten wir?«

»Ins Dorf Farnham«, rief Henri zurück. »Zur Kapelle.«

»Und da?«, fragte Archie.

»Ich hoffe, du willst mich heiraten«, sagte er zu Carol. »Ich meine, dein weißes Kleid habe ich verbrannt, und ein Baron bin ich auch nicht. Ein ordentliches Hochzeitsfest kann ich dir ebenfalls nicht bieten.«

Sie war damit beschäftigt, das Pferd zu reiten. Saß nach vorn gebeugt und lenkte Nora mit kurz gehaltenem Zügel. Da sie, um auf dem Sattel sitzen zu können, ihre Röcke weit hochgezogen hatte, waren ihre Beine nackt. Er hielt sich an ihr fest und dachte, dass eigentlich er das Pferd reiten müsste, schließlich war er der Mann. Wenn sie heirateten, hätte er eine Frau, die manches besser konnte als er. Außerdem eine, die einen eigenen Kopf hatte.

»Sagst du nichts?«, fragte er.

Der Wind fuhr in ihr Haar, die Spitzen flatterten vor seinem Gesicht.

»Carol?«, fragte er lauter.

Ohne das Tempo zu verlangsamen, drehte sie den Kopf und sah ihn an. »Seit Wochen weiß ich schon, dass dieser Tag mein Hochzeitstag sein wird. Bloß dachte ich, ich würde einen anderen Mann heiraten. Einen, den ich nicht wollte. Zu dir sage ich Ja. Ja, Henri. Glaubst du, ich hätte mich sonst von dir entführen lassen?«

Henri musste lachen. Er lachte laut und lange, konnte

kaum wieder aufhören. »In Farnham«, rief er Archie zu, »sollst du uns trauen.«

Ohne anzuhalten, erreichten sie das Dorf. Vor der Kirche bremste Carol das Pferd ab. »Wir sollten uns auch jetzt beeilen«, sagte sie, während Henri bereits von Nora herabglitt. »Früher oder später werden sie die Verfolgung aufnehmen.«

# XLI

Kopflos lief Oliver durch die Burg. Seine Stiefel schlugen hart auf den Steinboden. Er rannte die Gänge entlang, riss Türen auf, blickte in Zimmer, suchte in der Halle und sogar in der Küche. Dann war er draußen im Burghof. Er musste sie finden, bevor sich herumsprach, was passiert war. Dass die Braut verschwunden war.

Wo war sie hin?

Um das Feuer war etwas Seltsames, denn es hatte nicht im Zimmer gebrannt, sondern auf dem Dachvorsprung. Was hatte sich dort entzündet? Wer den Alarm ausgerufen hatte, war ebenfalls unklar. Obwohl sein Vater und er die Dienstboten befragt hatten, hatte sich keiner als Feuermelder zu erkennen gegeben. Am Ende hatten sie nicht einmal Wasser benötigt, nicht einen einzigen der Eimer, die hinaufgeschleppt worden waren. Das Feuer war von selbst ausgegangen. Ein paar Aschehäufchen waren zurückgeblieben, sonst nichts.

Er schüttelte sich, denn er hatte jetzt keine Zeit für diese Überlegungen. Es galt, Carol zu finden. Die Ställe waren menschenleer, dafür voller schnaubender Pferde. Zwei der

Burschen, die altes Stroh zusammenkehrten, blickten erschrocken auf.

»Ist meine Schwester hier?«

»Nein, Herr«, sagte der eine von ihnen.

»Du hast sie auch nicht gesehen?«

»Nein, Mylord«, antwortete der andere.

Oliver eilte weiter zur Kapelle. Hier draußen durfte er nicht rennen, denn er wollte keinesfalls auffallen.

Bis zuletzt hatte Carol ihre Einwilligung in die Ehe verweigert. Rechtlich bedeutete das nichts, nach dem Gesetz durften sich Frauen nicht weigern, einen Mann zu heiraten, den der Vater ausgesucht hatte. Aber ihr war zuzutrauen, dass sie widerspenstig genug war, um sich irgendwo zu verstecken.

Nun gut, sollte sie das getan haben, würde Oliver sie finden.

Die Kapelle war menschenleer. Auch am Grab der Mutter fand er sie nicht. Das Burgtor war verschlossen, wie er es angeordnet hatte. Sie war kein Vogel, der über die Mauer segeln konnte.

Er kontrollierte die Türen der Speicher, dann wandte er sich dem Tor zu. Dort standen zwei Wachmänner. Beide hielten ihre Speere in der Hand und gingen geschäftig und ernst auf und ab, obwohl sie nichts zu tun hatten.

»Habt ihr meine Schwester gesehen?«, fragte er.

Die Männer antworteten nicht.

»Ich habe euch etwas gefragt!«

»Ja, Mylord«, sagte der vollbärtige Quentin. Er senkte den Blick. »Sie war hier. Mit zwei Mönchen.«

»Wann?«

»Vor ... vor dem Feueralarm.«

»Und?«, drängte Oliver.

»Ich weiß nicht, was sie wollte. Nur, dass sie ...«

»Sprich, Mann!«

»Sie sah ein wenig seltsam aus, wenn ich das so sagen darf. Sie trug ...« Er setzte ab und kniff den Mund zusammen, »ebenfalls eine Mönchskutte.«

»Was?«

»Ich habe sie am Anfang gar nicht erkannt. Sie wollte hinaus. Ich sollte das Tor öffnen.«

Oliver machte sich einen Reim auf die Geschichte. Dieser verfluchte Baumeister. Er würde ihn finden. Und endlich zur Rechenschaft ziehen.

Zunächst schnappte er sich Gerald Sholtam und berichtete ihm in aller Kürze. »Los, wir müssen uns beeilen. Die Trauung soll bald beginnen.«

Ohne viel Aufhebens sammelten sie ihre Waffen zusammen, ließen ihre Pferde satteln, führten sie leise aus der Burg, saßen auf und galoppierten davon.

...

Die Dorfkirche mit ihrem kleinen Holzturm kannte Henri von seinem ersten Besuch in Farnham. Die Tür war verschlossen. Archie schimpfte leise vor sich hin, während er an der Tür rüttelte. Henri lief mit Carol um das Gotteshaus herum. Auf der Rückseite gab es einen niedrigen Anbau. Die Tür war angelehnt.

Sie warteten auf Archie. Er kam langsam nach. Sie traten ein.

Drinnen saß ein Priester an einem Tisch mit einem Bierfass und einer Wurst, die einen fettigen Geruch verströmte.

»Bruder«, sagte Archie, »ich danke Gott, dass ich dich finde. Schließ mir die Kirche auf.«

»Warum sollte ich das tun?«, fragte der Priester. Seine Stimme klang unscharf, als hätte er schon viel Bier getrunken. »Wer bist du überhaupt?«

Archie stellte sich vor.

»Und? Als Mönch aus einem fernen Kloster hast du hier nichts zu sagen.«

»Bruder, ich habe eine Bitte geäußert und keinen Befehl.«

»Ich hab's gehört«, sagte der Mönch, schnitt ein Stück Wurst ab und schob es sich in den Mund.

Carol ließ Henris Hand los und trat vor. »Master Konrad«, sagte sie mit fester Stimme, »ich bin Lady of Farnham und gebe Euch die Anweisung, die Tür aufzuschließen. Und zwar jetzt.«

Als wäre er eine Puppe, die an Bändern gezogen wurde, stand der Priester auf. »Mylady«, stotterte er, »ich habe Euch nicht erkannt. Sofort. Selbstverständlich.«

Er zog sein Schlüsselbund aus der Tasche. Als er mit ihnen ging, schwankte er ein wenig, war aber klar genug, um die Kirchentür zu entriegeln. Archie trat als Erster ein. Auch der Priester strebte hinein, offenbar wollte er wissen, was sie vorhatten.

»Danke, Ihr könnt Euch nun wieder Eurer Wurst widmen, Master Konrad«, sagte Carol bestimmt. »Habt einen gesegneten Appetit.«

Sie zog ihm die Tür vor der Nase zu.

Sie fanden sich in einem schlichten Andachtsraum. Zu beiden Seiten standen ein paar Bänke, hinter dem Altar hing ein schlichtes Kreuz.

Henri und Carol hielten sich an den Händen. Archie nahm den Platz hinter dem Altar ein und hielt sich nicht mit Vorreden auf. »Wir kommen hier im Angesicht Gottes zusammen, um eine Ehe zu schließen, eine Verbindung, die unter dem besonderen Schutz des Herrn steht. Ich frage dich, Henri of Reims, willst du die hier anwesende Lady Carol of Farnham zu deiner vor Gott angetrauten Ehefrau nehmen?«

»Ja, ich will.«

»Nun frage ich Euch, Lady Carol: Wollt Ihr den hier anwesenden Baumeister Henri zu Eurem vor Gott angetrauten Ehemann nehmen?«

»Ja, ich will«, sagte Carol.

»Dann traue ich euch im Namen des Vaters, des Sohnes und des Heiligen Geistes und erkläre euch zu Mann und Frau. Liebet und achtet einander, bis dass der Tod euch scheidet.«

Henri wandte sich Carol zu. Er lächelte. Sie trug die Kutte offen und darunter ein schlichtes Kleid. Ihr Haar leuchtete. Er trat einen Schritt auf sie zu, legte ihr die Hände um die Hüften und küsste sie. Ihre Lippen waren so weich und warm, wie er es in Erinnerung hatte. Ihm fuhr ein Schauder über den Rücken. Für einen Moment vergaß er alles andere und war ganz in seinem Glück.

Dann kam Archie von seinem Platz hinter dem Altar zu

ihnen. »Das war eine Kurzzeremonie. Ich habe nicht viel Erfahrung in diesen Dingen und meine, wir sollten gleich weiterreiten. Selbst wenn Gott auf unserer Seite ist, könnte es sein, dass wir von unangenehmen Menschen verfolgt werden.«

...

Oliver und Gerald sprengten durch den Wald. Es war ein grauer Dezembertag, und die Sicht war schlecht. Abrupt riss Oliver am Zügel seines Pferdes und brach den Lauf ab.

»Wir hätten längst auf sie stoßen müssen. Lass uns ins Dorf reiten und die Bewohner fragen. Vielleicht hat sie jemand gesehen.«

»Eine gute Idee«, stimmte Gerald zu.

Angesichts des trüben Tages war in Farnham niemand auf der Straße. Es blieb ihnen nicht erspart, an die Türen zu klopfen. Oliver hatte die Häuser noch nie genauer angeschaut. Sie kamen ihm erbärmlich vor. Die Wege waren matschig, überall lag Ziegenkot herum. Am liebsten hätte er Gerald geschickt, doch das gehörte sich nicht, deshalb überwand er selbst das kurze Wegstück und bemühte sich, nicht in Unrat zu treten.

Er klopfte. Eine alte Frau mit Schürze und Haube öffnete. Sie machte ein fragendes Gesicht. Dann erkannte sie Oliver und versuchte einen Knicks.

»Ich habe eine Frage: Hast du Lady Carol gesehen? Meine Schwester?«

»Nein, Mylord«, entgegnete die Alte. »Ich hörte nur, sie würde heiraten.«

»Ja.«

»Es ist doch nichts passiert?«

»Nein, nein«, sagte Oliver und kehrte zu seinem Pferd zurück.

Auch am nächsten Haus bekam er keine Auskunft. Oliver ging bereits davon aus, dass Carol und ihre Begleiter nicht so dumm waren, sich im Dorf zu verstecken, als ihm einfiel, dass es ein Wirtshaus gab. Sie ritten dorthin, banden ihre Pferde vor der Tür an und traten ein.

Der Gastraum war düster. An den Tischen saßen zwei Handvoll Männer und Frauen und tranken Bier.

»Ich bin Oliver of Farnham«, sagte er laut. »Hört mir zu. Hat einer von euch meine Schwester gesehen, Lady Carol? Ich fürchte, dass sie von zwei Halunken entführt wurde.«

Er griff in seine Tasche, zog eine Münze hervor und hielt sie empor. »Für eine nützliche Auskunft biete ich diesen Schilling.«

Halblautes Gerede entstand.

»Also?«, setzte er noch lauter hinzu.

»Versucht es beim Priester, Herr«, sagte jemand. »Der müsste Euch weiterhelfen können.«

Oliver warf ihm die Münze zu. Der Kerl fing sie geschickt auf.

Die Kirche stand direkt nebenan. Die Tür war verschlossen. Sie fanden den Priester in einem rückwärtigen Raum.

»Ja, Herr, Eure Schwester war hier, in Begleitung zweier Männer.«

»Was wollte sie?«

»Das weiß ich nicht. Sie hat mir befohlen, die Kirchentür aufzuschließen, was ich getan habe. Bald darauf sind sie verschwunden.«

»Wohin sind sie geritten?«

Der Priester schüttelte den Kopf. »Das haben sie nicht gesagt.«

Die Auskünfte des Priesters ließen nur eine Schlussfolgerung zu, und sie gefiel Oliver nicht. Sie saßen auf und waren bereits wieder im Galopp, bevor sie das Dorf in Richtung London verlassen hatten.

...

Zu dritt ritten sie auf jener Straße, auf der sie am Morgen gekommen waren, in Richtung London. Der Weg führte zwischen zwei Erhebungen hindurch, es war beinahe, als passierten sie eine Schlucht. Archie war, obwohl sein Pferd nur ihn tragen musste, zurückgefallen. Auch Nora hatte inzwischen Mühe, sie schnaufte.

»Es ist wirklich blöd, dass wir keine Pferde aus der Burg mitgenommen haben. Sonst wären wir schon in London.«

»Pferdediebe werden eingesperrt«, entgegnete Henri.

»Mein Pferd zumindest hätte ich nicht gestohlen.«

»Denk nicht mehr daran, es ist zu spät. Halt an, lass uns auf Archie warten.«

Er drehte sich um. Dabei erspähte er in der Ferne eine Staubwolke.

»Da kommt jemand! Schnell, wir müssen uns verstecken.«

Er rutschte vom Pferd, nahm Nora am Zügel und führte sie von der Straße eine kleine Anhöhe hinauf. Schimpfend kam Archie hinter ihnen her. Es war nicht sicher, ob die Verfolger ihn gesehen hatten.

Henri blickte sich um. Sie fanden ein Versteck, wo auch die Pferde nicht so leicht entdeckt wurden. Er legte sich flach hinter einen Busch. Von dort aus konnte er die Straße im Auge behalten.

Schnaufend drückte sich Archie neben ihn. Carol war bei den Tieren geblieben, strich beiden über die Hälse und redete leise auf sie ein. Seine Frau, dachte Henri stolz, verstand sich wirklich auf den Umgang mit Pferden.

Er erkannte die Verfolger. Es waren Carols Bruder und sein dunkelhaariger Freund. Dicht vor ihrem Versteck brachten sie ihre Pferde zum Stehen.

»Die Spuren sind nicht mehr zu erkennen«, sagte der Dunkelhaarige. »Sie hören hier auf.«

»Wenn es denn ihre waren«, erwiderte Oliver. »Diesen Weg nehmen viele Reiter.«

»Das stimmt.«

Oliver schaute sich um. Henri hielt den Atem an und hoffte, dass der Busch von der Straße aus blickdicht war. Archie neben ihm war ebenfalls ganz still.

Doch dann schnaubte ein Pferd hinter ihnen. Die Verfolger blickten auf.

Dann ging es schnell. Archie schaute ihn an, als hätte er

eine Frage, dann schob er sich auf seine Hände und Knie. Henri wollte ihn zurückhalten. »Bleib hier.«

Doch Archie stand bereits. »Gott ist auf unserer Seite«, sagte er.

Er trat neben dem Busch hervor. »Ihr kommt zu spät, meine Herren«, rief er. »Lady of Farnham ist verheiratet. Und zwar mit dem Baumeister Henri of Reims.«

»So ein Quatsch!«, rief Oliver wütend. »Wo ist sie?«

Archie stieg die Anhöhe herab. Henri mochte nicht hinsehen. Diesmal ging sein Freund zu weit. Er forderte das Schicksal heraus.

»Sie ist in der Sicherheit des wahren Herrn, des einzigen, den unsere Welt kennt.«

»Wo sie ist, will ich wissen«, rief Oliver barsch.

Sein Begleiter schnallte seinen Bogen ab und legte einen Pfeil auf, ohne aber die Sehne zu spannen. Seine Geste sollte eine Drohung sein. »Antworte, Mönch!«

Archie hatte keine Angst. »Wenn Ihr Lord Montfort trefft«, erklärte er, »richtet ihm meine Hochachtung aus. Sagt ihm, dass der gesamte englische Klerus die Einrichtung eines Volksparlaments begrüßt.« Am Fuß der Anhöhe blieb er stehen. »Zumindest fast der gesamte englische Klerus.«

Dieser letzte Satz war typisch für Archie, er war warm und freundlich, fast wie ein Augenzwinkern. Ein Gefühl von Freundschaft durchströmte Henri, eine Liebe zu der Art, auch wichtige Dinge nicht allzu ernst zu nehmen.

»Sabbel nicht über Dinge, von denen du nichts verstehst, Mönch. Wo ist meine Schwester?«

Sein Begleiter spannte den Bogen. »Los, sag's ihm«, rief er.

Henri stand auf.

»Lasst ab, Ihr Herren«, rief Archie ihnen zu. »Man muss erkennen, wenn man verloren hat. Gehört das nicht zur Ehre eines Ritters?« Er breitete die Arme aus und warf einen Blick gen Himmel. »Der Herr entscheidet über Sieg oder Niederlage. Er allein. Er entscheidet auch darüber, wer wen heiratet.«

Olivers Kopf wurde rot. »Antworte!«, brüllte er.

»Solltet Ihr mich suchen, Farnham, ich bin hier«, sagte Henri und kam die Anhöhe herab.

Auch Oliver zog seinen Bogen und legte einen Pfeil auf. »Ich habe dich gewarnt, Franzose. Jetzt bist du dran.«

Mit einer schnellen Bewegung schob sich Archie vor Henri. »Tut das besser nicht. Einen Mord wird Gott Euch nicht vergeben.«

»Aus dem Weg!«, schrie Oliver ihn an.

»Oliver«, hörte Henri hinter sich. Er drehte sich um. Carol kam zu ihnen herunter.

Auf halbem Weg blieb sie stehen. »Lass ab!«, rief sie ihrem Bruder zu. »Ich bin mit Henri verheiratet. Zu Guy hätte ich niemals Ja gesagt.«

»Komm her!«, verlangte Oliver. Er nahm Pfeil und Bogen in eine Hand und streckte die andere nach ihr aus.

»Nein.«

Oliver trieb sein Pferd die Anhöhe hinauf. Henri stand vor Augen, wie er Carol schon einmal entführt hatte. Er rannte zu seiner Frau.

»Tu das nicht!«, rief Archie in seinem Rücken. Er hielt beide Arme erhoben.

Henri warf einen Blick über die Schulter. Olivers Freund

zielte auf seinen Rücken. Die Sehne war gespannt. Henri wollte sich auf den Boden werfen, doch Archie war schneller. Er sprang in die Flugbahn des Pfeils. Und sank gleich darauf in die Knie.

»Nein!«, schrie Henri.

Carol zog ihre Mönchskutte aus und wedelte vor dem Kopf von Olivers Pferd mit dem Stoff, sodass das Tier nicht weiterging, sondern zur Seite auszuweichen versuchte.

»Du Mörder!«, rief Henri dem Dunkelhaarigen zu.

Oliver zog am Zügel. Sein Pferd blieb stehen. Henri lief zu Carol und legte ihr die Hand um die Schulter.

»Habt ihr jetzt, was ihr wolltet?«, sagte sie mit kalter Stimme. »Oder wollt ihr noch jemanden erschießen? Uns alle vielleicht?«

Henri zog sie mit sich, als er zu Archie hinunterging. Der Pfeil steckte im Bauch des Mönchs. Er lag auf dem Rücken und hielt den Schaft mit beiden Händen fest.

»Zu blöd«, flüsterte er, »das war ein ziemlich guter Schuss.«

Rund um den Pfeil färbte sich seine Kutte rot.

Henri kniete sich auf den Boden. Er fasste Archie an der Schulter. »Halt durch, mein Freund. Zeig mir dein Gottvertrauen.«

Oliver kam auf seinem Pferd dazu. »Carol, los jetzt«, sagte er leiser, aber nicht weniger bestimmt. »Wir kehren zur Burg zurück.«

Anstelle einer Antwort kniete auch sie sich neben Archie.

»Carol, mach endlich«, rief Oliver.

Als sie aufstand, war ihr Gesichtsausdruck zornesrot.

»Ich denke nicht daran!«, schrie sie. »Du und dein Mörderfreund. Ich werde beim Sheriff gegen euch aussagen. Du wirst hängen, Sholtam. Dafür sorge ich.«

Henri stellte sich neben sie. Olivers Pferd tänzelte vor ihnen. Die beiden Geschwister blickten einander wutentbrannt an. Henri platzierte sich vor Carol, damit ihr Bruder sie nicht auf sein Pferd ziehen konnte.

Oliver zog sein Schwert und hob es über die Schulter.

Henri blieb an seinem Platz.

»Wenn du ihn tötest, werde ich dich auch beim Sheriff anzeigen«, erklärte Carol. »Es sei denn, du bringst mich ebenfalls um.«

»Geh mir aus dem Weg, Franzose.« Oliver ließ sein Pferd einen Satz machen. Unmittelbar vor Henri blieb es stehen. Oliver drückte die Schwertspitze gegen seine Brust. »Eure Heirat ist ungültig. Carols Vater hat ihr nicht zugestimmt.«

Henris Herz klopfte heftig, aber er wich nicht zurück.

»Zum letzten Mal«, rief Oliver Carol zu. »Komm mit mir. Du bist eine Farnham.«

»Nein.«

»Gerald Sholtam«, rief Carol laut, »verschwinde. Jetzt sofort. Dann sehe ich davon ab, dich dem Sheriff zu melden.«

Sholtam brauchte einen kurzen Moment für die Entscheidung. In seinem Gesicht spiegelten sich Verwunderung und Unglaube. Eindringlich sah er Oliver an, von dem er sich offenbar eine Antwort erhoffte.

»Sholtam, du bist ein elender Dummkopf«, zischte Oliver ihm zu.

»Ich dachte, das wäre in deinem Sinne«, gab er zurück, verharrte kurz, drehte sich weg und trieb sein Pferd an.

Oliver blickte ihm nach. Ohne seinen Freund wirkte er weniger entschlossen.

»Verschwinde, Oliver«, sagte Carol mit ruhiger Stimme. »Du hast verloren, und du weißt es.«

Er zögerte noch einen Moment, dann schob er sein Schwert zurück in die Scheide, riss den Zügel herum und preschte davon.

Henri zitterten die Beine. Er legte einen Arm um Carols Schulter und drückte sie an sich, bevor sie sich wieder neben Archie knieten. Der Blutfleck auf seiner Kutte sah aus wie ein Teich, und der Pfeil steckte in der Mitte. Archie hatte kaum noch Farbe im Gesicht.

»Ich denke die ganze Zeit an nichts anderes als an dieses Volksparlament«, sagte er leise zu Carol. »Ich wollte dorthin.« Er grinste. »Aber ich habe meine Pläne geändert.«

Henri schossen Tränen in die Augen. »Hör auf mit deinen englischen Scherzen«, verlangte er.

»Ich fürchte, in dieser Hinsicht kann ich mich nicht mehr ändern. Wenn es ernst wird, mache ich Witze.«

»Schon gut, Archie.« Henri gelang es nicht, seine Tränen zurückzuhalten. »Bleib, wie du bist.«

»Auch das ist nicht möglich, fürchte ich. Ich gehe jetzt…« Er stöhnte, fuhr trotzdem den Finger aus und zeigte Richtung Himmel. »Und ehrlich gesagt, habe ich nichts dagegen. Ich bin müde.«

»Nein, bleib bei uns.«

Archie grinste gequält. »Das steht nicht in meiner Macht.

Es gibt nur einen, der über Leben und Tod bestimmt. Er ruft mich. Ich höre es.« Er musste eine Pause machen. »Pass auf ...«

Wieder setzte er ab und stöhnte. Jedes Wort strengte ihn an.

»Schone dich, rede nicht weiter«, verlangte Henri. »Ich hole Hilfe.«

Archie schüttelte den Kopf. »Dieses Volksparlament ... du musst hingehen.«

»Ich? Was soll ich dort?«

»Reden ... Zu den Leuten sprechen.«

»So etwas kann ich nicht.«

»Doch, du kannst. Hab Vertrauen.«

»Und selbst wenn, was soll ich sagen?«

Er öffnete die Augen wieder und sah Henri an. »Dass die Barone ihren Beitrag leisten sollen, die Westminster Abbey fertigzustellen. Es ist ein gottgefälliges Werk.« Er keuchte jetzt bei jedem Wort. »Weißt du ...« Er legte seine Hand auf Henris. »Ich habe dir damals in Calais nicht die ganze Wahrheit gesagt. Man braucht Gottvertrauen, aber das allein reicht nicht.« Vorsichtig schüttelte er seinen Kopf. »Etwas Zweites gehört dazu. Man muss um seine Sache kämpfen. Das ganze Geheimnis ist dieses: Wenn man Ihm vertraut, gibt der Herr einem die Kraft, die man braucht.«

»Sie werden mich im Volksparlament nicht reden lassen. Ich bin kein Delegierter und außerdem Franzose.«

»Zieh meine Kutte an. Ich leihe dir auch meinen Namen ... Bruder Archibald ... Ich brauche ihn nun nicht mehr.«

Er drückte Henris Hand. Die Berührung war so zart, als hätte sich ein Vögelchen auf seine Finger gesetzt. Archies Augen fielen zu. »Ich habe … noch eine Bitte … Mein Buch … Geh ins Kloster … Nach Harlesden … Sag dem Abt … Sag ihm, Bruder Stephen soll es fertig schreiben … Kannst du dir das merken?«

»Ja«, sagte Henri tonlos.

»Irgendwann muss Frieden sein. Es wird ein Buch für die Nachwelt. Und sag Maude …«

Die Worte strengten ihn über alle Maßen an. Seine Augen fielen wieder zu.

»Was soll ich ihr sagen, Archie?«

Doch sein Kopf fiel zur Seite.

Er atmete nicht mehr.

Henri liefen Tränen über die Wangen. Er wischte sie ab. Carol umarmte ihn und drückte ihn an sich, und so blieben sie für einen langen Moment dicht beieinander.

»Ohne ihn wäre ich nicht hier. Wäre kein Baumeister, hätte dich nicht getroffen. Aber das ist nicht das Wichtigste.«

»Was ist das Wichtigste?«

»Dass er so besonders war. Anders als alle, die ich kenne. Er hat das Leben geliebt.«

# XLII

Carol besorgte im Dorf eine Schaufel. Sie zogen Archie die blutige Kutte aus und legten den Leichnam in Unterwäsche in das Loch, das sie ausgehoben hatten. Die Erde war feucht, die Arbeit mühsam. Henri nahm sie als eine Art Gottesdienst, er verrichtete sie schweigend. Er schnitt zwei Äste, die Carol zu einem Kreuz zusammenband, das sie in das frische Erdreich drückten. Schließlich stellten sie sich zu einem letzten Gebet neben das Grab. Es fiel Henri schwer, sich abzuwenden, weil es so endgültig war.

Am Ende war es Carol, die ihn in Richtung der grasenden Pferde zog. Es war ihr Hochzeitstag, sie hätten glücklich sein sollen. Henri lag aber ein Stein auf der Brust.

Als es dämmerte, ritten sie zu einem Bauernhof. Er gab der Frau einen Penny, damit sie ihre Pferde füttern und in der Scheune übernachten durften. So wie der Tag blieb auch die Nacht von der Trauer überschattet. Sie küssten sich und hielten einander an der Hand, ehe sie nebeneinander einschliefen. Henri träumte von Archie, der blutend auf dem Boden lag. Er trug keine Kleidung und war auch nicht zu greifen, kein Mensch mehr, sondern nur noch ein Schatten. Als er wach wurde, betete Henri darum, dass Gott ihn bei sich aufgenommen hatte.

In Westminster gaben sie die Pferde im Stall ab und gingen das letzte Stück zu Fuß. Je näher sie Maudes Haus kamen, desto langsamer wurden sie. Es war ein bewölkter Dezembernachmittag, das Tageslicht ähnlich trüb wie ihre Stimmung.

»Ich weiß nicht, wie ich es ihr sagen soll«, brachte Henri hervor.

Als er an Maudes Tür klopfte und sie eintraten, schluckte er. Sie stand in der Küche und strahlte. »Henri. Und Lady Carol! Ihr habt es geschafft! Kommt rein. Wo ist Archie? Gleich ins Kloster gegangen?«

Emily und die kleine Kate saßen am Tisch.

Henri blieb mit Carol mitten im Raum. Er beantwortete die Frage nicht.

Sie wiederholte sie.

»Nein«, sagte er.

»Nicht?«, fragte sie. »So setzt euch doch und erzählt. Wie habt ihr es angestellt, dass Lady Carol ... Ich meine, aus der Burg. Und wo ist Archie?«

»Setz du dich auch«, forderte Henri sie auf. Er zeigte auf einen der Stühle.

Sie blickte ihn durchdringend an. »Warum? Was ist los?« Die Freude war aus ihrem Gesicht gewichen. »Du bringst mir doch keine schlechten ...«

»Setz dich, Maude«, befahl Henri sanft.

Sie folgte seiner Aufforderung. Er nahm den Stuhl neben

ihr und hielt ihre Hand. »Ich habe in der Tat eine schlimme Nachricht«, sagte er leise. »Archie ist tot. Jemand hat ihn mit einem Pfeil erschossen.«

Ihre Züge zogen sich zusammen, aus den waagerechten Falten wurden senkrechte. Langsam schüttelte sie den Kopf. »Nein, das stimmt nicht. Sag, dass es nicht …«

Er drückte ihre Hand. »Doch, Maude, es stimmt. Wir waren auf der Flucht, und er wurde getötet. Weil er mir das Leben gerettet hat.«

»Wer hat das getan?«

»Ihr kennt ihn nicht, Mistress«, sagte Carol. »Er heißt Gerald Sholtam.«

Ihr schossen die Tränen in die Augen, liefen ihr übers Gesicht. »Und der erschießt einfach so meinen Archie? Was soll das?«

»Mama«, sagte Emily.

»Was hat sie?«, fragte die kleine Kate.

Emily legte ihr die Hand auf die Schulter. »Die Oma ist traurig.«

Henri hielt die Hand der weinenden Maude und schaute Carol an. Sie sah wunderschön aus, der Ausdruck ernst, das Haar, das ihr auf die Schultern fiel, voller Lebenskraft. Er hätte es gerne berührt, beließ es aber bei den Blicken und wünschte sich ein langes und gutes Leben mit ihr.

Maude schniefte. »Dann ist Archie jetzt wohl bei Gott.«

»Das glaube ich auch«, sagte Carol.

»Er mochte den Allmächtigen eh lieber als mich. Das hat er zwar nicht gesagt, aber ich weiß es. Er hätte sein Kloster nicht verlassen. Und trotzdem bin ich traurig. Maßlos traurig. Es ist …«

Ihr brach die Stimme.

Henri und Carol blieben bei ihr. Kate war auf den Schoß ihrer Mutter gekrabbelt, und Emily hielt sie fest. Beide sprachen kein Wort.

Carol erwärmte Ale. Maude trank, und sie blieben so lange bei ihr, bis sie schließlich müde wurde. Dann führten sie die kraftlose, bleiche Frau in ihre Kammer. Kaum hatten sie sie in ihr Bett gelegt, drehte Maude den Kopf zur Seite und schlief ein.

Henri ging mit Carol in seine Kemenate. Er umarmte sie. »Ich hoffe, du bereust es nicht, einen einfachen Baumeister geheiratet zu haben. Jetzt nicht, und auch nicht in Zukunft.«

»Nein, ich glaube nicht.«

»Dein Bruder kennt dieses Haus. Er weiß, wo er uns findet.«

»Ja. Aber wir können Maude nicht allein lassen. Und irgendwann …«

»Was?«, fragte er.

»Irgendwann kann man eine Ehe nicht mehr annullieren.« Sie drückte ihre Wange an seine. »Ich bin bei dir, Henri«, flüsterte sie, »und bleibe hier.«

»Dann kann ich dir endlich die Baustelle zeigen?«

»Sobald es morgen Früh hell ist.«

Sie legten sich in sein schmales Strohbett. Er erzählte ihr von der *Lady Chapel*, und als er sie in allen Einzelheiten beschrieben hatte, holten sie ihre Hochzeitsnacht nach.

# XLIII

Simon de Montfort hatte sein Volksparlament für den zwanzigsten Januar des Jahres 1265 einberufen. Henri fand das Datum typisch englisch, unbesorgt davon, dass Schnee, Eis oder Kälte die Delegierten von einer Reise abhalten würden. Und es stimmte, der Tag war regnerisch, aber nicht frostig. Dass das Treffen in der Westminster Hall stattfinden sollte, zeigte einerseits die Schwäche des Königs und war andererseits praktisch für Henri. Er hatte einen kurzen Weg.

Den Winter hatten sie zu dritt in Maudes Haus verbracht. In der Weihnachtszeit weinte Maude oft und zog sich in ihr Schlafzimmer zurück, doch als die Tage langsam länger wurden, fing sie sich und sprach manchmal von Archie. Warf ein, was er an dieser oder jener Stelle gesagt hatte, und vermisste seine Mitbringsel. Als sie Carol von seinem großen Appetit erzählte, lachte sie zum ersten Mal wieder. Es klang ein wenig kratzig, doch Henri nahm es als gutes Zeichen.

Mit Carol hatte er einen Disput, als sie verlangte, dass er seine Rede einstudieren solle.

»Ich kann dort nicht sprechen.«

»Es war Archies letzter Wille.«

»Aber ich kann so etwas nicht. Das geht einfach nicht.«
»Wir werden es üben.«

Er fügte sich. In den ersten beiden Wochen sprach er nur zu ihr. Im Wesentlichen lieh er sich Archies Worte. Bald rief Carol Maude, Emily und Frank und sogar die kleine Kate hinzu, die sich alle in der Küche versammelten. Es war Henri peinlich, ihnen eine Rede zu halten, und er trank warmes Ale gegen die Scham. Dabei stellte er fest, dass ihm ein wenig Bier die Zunge löste, nahm er aber zu viel, vergaß er, was er sagen wollte. Dann begann er zu stottern.

Er hatte auch die Sorge, dass die Montforts und die Farnhams kommen würden. Sie und ihre Adelsfreunde würden dafür sorgen, dass er nicht sprechen durfte, oder ihn unterbrechen und ausbuhen.

Als der Tag heran war, hatte sich ein flaues Gefühl in seinem Bauch breitgemacht. Am liebsten wäre er im Bett geblieben.

Carol scheuchte ihn aus dem Stroh. »Iss etwas und trink nur wenig«, verlangte sie. »Sei klug.«

Sie wollte ihn begleiten. Da Frauen nicht zugelassen waren, zog sie sich die Kutte an, die sie am Tag ihrer Befreiung getragen hatte. Diesmal achtete sie darauf, dass ihr Unterrock kurz genug war. Ihre Haare band sie zusammen und versteckte sie unter der Kapuze. Was blieb, waren ihre Stiefel, die zu elegant für einen Mönch aussahen, und ihre Füße, die zu klein waren für einen Mann. Aber das würde hoffentlich nicht auffallen.

Henri nahm ebenfalls seine Kutte.

Sie griff nach seinem Arm. »Archie wollte, dass du seine trägst. Und du brauchst sie für deine Rede.«

»Carol, bitte, der ganze Plan ist schlecht«, widersprach er. »Wie soll ich mit einem Blutfleck vor die Versammlung treten?«

Sie drückte seine Hände. »Nimm das mit dir, was er dir gegeben hat.«

Sie brauchte nicht auszusprechen, was sie meinte, er wusste auch so, dass es um das Gottvertrauen ging.

Sie reichte ihm die Kutte, und als er mit der Fingerkuppe über das verkrustete Blut strich, stand Archies Gesicht vor seinem inneren Auge. Er hatte viele Sommersprossen und schmunzelte.

Sie machten sich auf den Weg. Da sie von keiner Gemeinde delegiert worden waren, schien es ihm keineswegs sicher, dass sie hereingelassen würden. Halb hoffte er darauf, abgewiesen zu werden. Zudem fehlte ihnen jegliche Vorstellung davon, was sie erwartete.

Vor dem Palast war so viel Leben, wie er es in all seinen Jahren in Westminster noch nicht gesehen hatte. Aus allen Himmelsrichtungen strömten Leute herbei, zu Fuß, zu Pferd und im Wagen, es waren Barone, Priester und Mönche, Bauern, Händler und Handwerker. Manchen sah man an, dass sie einen weiten Weg hinter sich hatten, ihre Mäntel waren schmutzig, die Haare wirr, die Gesichter ausgezehrt. Alle Gemeinden südlich des Trent hatten aus ihrer Bürgerschaft je zwei Abgeordnete geschickt, die zu Hause für diese Aufgabe gewählt worden waren.

Henri stellte sich mit Carol in die Schlange vor dem Tor.

Die Delegierten mussten den Wachmännern nur den Ort nennen, aus dem sie kamen, und wurden eingelassen.

»Kloster Harlesden«, sagte Henri beiläufig, als sie an der Reihe waren. Mit der Hand bedeckte er den Blutfleck an der Kutte. Es war unnötig, der Wachmann schaute sie kaum an. Er nickte und gab den Weg frei.

Henri warf einen Blick zum Himmel. »Archie«, dachte er, »lass mich nicht allein. Ich brauche dich.«

Sein erster Besuch in Westminster Hall war vor mehr als vier Jahren anlässlich seiner Bewerbung gewesen, der zweite das königliche Fest. Beide Male hatte er dort Carol getroffen, die jetzt auch an seiner Seite war. Für sie, die Tochter eines Barons, musste es seltsam sein, in Verkleidung herzukommen. Er rechnete es ihr hoch an, dass sie es tat.

Lautes Stimmengewirr empfing sie. In der Halle waren Bänke aufgebaut worden, die ein Halbrund bildeten. Es war zu einem Holzpodest an der Wand ausgerichtet, offenbar der Rednerplatz. Henri fühlte sich elend. Er konnte kaum nach vorne schauen. Lieber ließ er seinen Blick schweifen. Die Tür zum königlichen Audienzsaal war verschlossen. Die meisten Plätze auf den Bänken waren besetzt, und überall schnatterten die Leute, lachten und diskutierten.

»Da ist Montfort«, flüsterte Carol ihm zu und wies auf die erste Reihe. Montfort wurde von mehreren Männern umringt, die ihn hofierten. »Und da ist Guy«, sagte Carol. »Oliver scheint nicht gekommen zu sein. Meinen Vater sehe ich auch nicht.«

Sie lehnten sich an eine Wand, und Carol schaute immerzu zum Eingang. Mittlerweile hatte sich der Zustrom abgeschwächt, die meisten Delegierten schienen im Saal zu sein.

»Oliver kommt nicht, sonst wäre er längst da.«

Sie atmete laut aus, als zwei Diener die Türen schlossen. Eine Fanfare erklang, ein Mann in Uniform blies sie. Im Saal wurde es still. Montfort trat vor und stellte sich auf das Podest. Die Delegierten applaudierten. Es war kein Jubel, kein Sturm von Zustimmung und Überschwang, doch ein warmer Empfang.

Montfort breitete die Arme aus. »Ich habe euch zusammengerufen«, erklärte er mit fester Stimme, »Adel, Klerus und einfaches Volk gleichermaßen, weil ich die Zustimmung von ganz England brauche. Wir haben Großes vor. Ein neues Herrschaftssystem für unser Land.«

Er sprach über den König und die Barone. Seinen Worten nach machte Heinrich alles falsch, brach Eide, verriet das Volk, sammelte fremde Söldner und stahl dafür Geld aus der Staatskasse. Die Barone dagegen, unterstützt vom einfachen Volk und vom Klerus, würden das Land in eine bessere Zukunft führen. Die großen Entscheidungen müssten von mehreren getroffen werden, nicht von einem einzigen Mann.

Henri hatte eine Rede wie diese noch nie gehört. Ihn beeindruckte, was Montfort sagte, und vor allem, wie er es tat, welche Worte er fand. Bei ihm gab es keine Zweifel oder Einschränkungen, sondern nur eine dunkle und eine helle Seite. Seine Sätze waren kurz, die Worte einprägsam. Manchmal, nach einer besonders starken Aussage, hielt er inne und fuhr nicht gleich fort. Die Delegierten nutzten den Augenblick, um ihm Beifall zu klatschen.

»Ich bitte euch alle um eure Zustimmung«, rief Montfort. »Lasst uns gemeinsam ein neues, besseres England schaffen.«

Nach dem Schlussapplaus standen einige Delegierte auf. Schnell bildete sich neben dem Rednerpult eine Schlange. Alle wollten als Nächste das Wort ergreifen.

Henri nahm seinen Mut zusammen, stand trotz seiner weichen Beine auf, trat vor und machte das kurze Wegstück bis zum Podest, wo er sich in die Schlange einreihte.

Die meisten Redner vor ihm hielten sich kurz, bekräftigten ihre Gegnerschaft zum König und ihre Zustimmung zu Montfort und bekamen Applaus. Die Schlange wurde schnell kürzer. Schließlich war er dran.

Während er auf das Podest trat, versuchte er, sich an das zu erinnern, was er mit Carol vorbereitet hatte.

»Ich hatte einen Freund«, begann er und hörte selbst, wie er stockte. »Er ist tot. Er wurde erschossen.«

Henri wies auf den Blutfleck. »Hier. Im Bauch. Er war ein Mönch, und dies ist seine Kutte.«

Mit einer raschen Bewegung zog er sie sich über den Kopf. Er hatte plötzlich das Gefühl, dass Archie neben ihm stand.

»Sein Name war Archibald. Er wollte hierherkommen und zu euch sprechen. Das hat er nicht geschafft. Nun stehe ich an seiner Stelle.«

Er nahm die Stille im Saal wahr. Die Leute hörten ihm zu.

»Mein Name ist Henri«, fuhr er fort und achtete auf eine englische Aussprache. »Ich bin ein Baumeister und möchte euch sagen, es gibt ein Vorhaben des Königs, das eure Unterstützung – die Unterstützung des Volksparlaments – verdient. Das ist die Kirche hier in Westminster. Wer sie nicht kennt, sollte sie sich anschauen, sie liegt ganz in der Nähe.« Er machte eine Pause, wie er es sich bei Montfort abgeschaut hatte. »Es ist ein gottgefälliges Werk«, fuhr er fort. »Egal, wer England regiert, ob Barone oder König, jeder braucht den Segen des Herrn.«

Zum ersten Mal bekam er Applaus, ein ziemlich spärliches Händeklatschen. Dennoch spürte er, dass er auf dem richtigen Weg war.

»Anders, als oft behauptet wird, hat der König den Bau wirklich aus seinem Vermögen und den Erträgen seiner eigenen Ländereien bezahlt. Was auch immer die Zukunft bringen mag: Lasst ihn das weiter tun. Oder – das ist die andere Möglichkeit – bewilligt Steuermittel. Ihr sollt wissen, dass das, was wir bauen, ein Gotteshaus nach den Maßgaben unserer Zeit ist. Es wird groß und hell. In Frankreich gibt es bereits viele dieser Kathedralen. England kann mit der Westminster Abbey zeigen, dass es aufschließt und genauso bedeutend wird. Oder wollt ihr ein Land, das sich vor dem Nachbarn auf der anderen Kanalseite verstecken muss? Ich glaube nicht.«

Jemand rief aus der Menge: »Möge England mit Gottes Hilfe stark sein!«

Viele Zuhörer klatschten. »Ja!«

Henri hielt Archies Kutte hoch. »Das ist es, was sich mein Freund gewünscht hätte. Ich bin mir sicher, dass er vom Himmel aus den Weiterbau der Westminster Abbey begleiten wird.«

Henri verbeugte sich und erhielt wieder Applaus.

Dann trat er ab und kehrte zu seinem Platz zurück.

Als er Carols Strahlen sah, war er sich sicher, dass seine Rede gut gewesen war. Sie drückten einander die Hände.

»Lass uns nach Hause gehen«, sagte er.

# Nachwort

Wie bei vielen gotischen Kirchen, so liegen auch bei der Westminster Abbey weite Bauabschnitte im Dunklen. Unbestritten ist der Baumeister Henri of Reims, doch das Fehlen von Quellen führt dazu, dass Historiker darüber streiten, ob er ein Engländer war, der zwischenzeitlich in Frankreich gearbeitet hat und sich so seinen Beinamen erwarb, oder ob er ein Franzose war, der dazu beitrug, die französische Baukunst nach England zu bringen.

So oder so, dieser Baumeister hat seinen Teil zum Entstehen der Westminster Abbey beigetragen. Ihm wird besonders der Chor zugeschrieben, zudem die Querschiffe und ein Teil des Langhauses. Wie groß sein Einfluss auf die erst später vollendete *Lady Chapel* tatsächlich war, bleibt offen; dass er diese kleine Kirche in der großen besonders liebte, ist ein Produkt der Fantasie. Erfunden ist auch, dass ein studierter Mönch dazu verdonnert wurde, ein Buch über die Baufortschritte zu schreiben.

Die Entstehungsgeschichte der Westminster Abbey ist ausgesprochen lang, durchsetzt von Jahrzehnten, in denen der Bau ruhte. Die Türme stammen aus dem achtzehnten

Jahrhundert, wurden also erst rund fünfhundert Jahre nach Henri of Reims gebaut. Gleichwohl nimmt die Kathedrale einen herausragenden Platz in der englischen und britischen Geschichte ein. Als Kirche der englischen Monarchie war sie bis ins achtzehnte Jahrhundert die Grablege der Königinnen und Könige. Auch viele britische Persönlichkeiten sind hier bestattet, unter ihnen Isaac Newton, Charles Darwin und Stephen Hawking. Im *Poets' Corner* wird vieler Künstlerinnen und Künstler gedacht, darunter Jane Austen, die Brontë-Schwestern, Henry James, Rudyard Kipling und natürlich William Shakespeare. Weltweit bekannt ist die Kirche auch deswegen, weil hier Königinnen und Könige gekrönt werden.

Der im Roman erzählte Abschnitt der Baugeschichte zwischen 1260 und 1265 fällt mit einem Aufstand der Barone gegen den König und einer wichtigen Etappe in der Geschichte des Parlamentarismus zusammen, und diese Entwicklung ist weit besser dokumentiert als die der Abbey. Die Barone befanden sich bereits zum zweiten Mal im Krieg mit dem König, der ihrer Meinung nach zu verschwenderisch mit den Steuermitteln umging. Heinrich III. plante sogar, für seinen Sohn ein Königreich in Sizilien zu kaufen, und das zu einem horrenden Preis. Die Barone waren sich in ihrer Ablehnung derartiger Ausgaben einig, dennoch bildeten sie keine einheitliche Front, da sie unterschiedliche Interessen verfolgten. An einem entscheidenden Punkt konnte ihr Anführer Simon de Montfort sich ihrer Unterstützung nicht sicher sein, deshalb kam er auf die Idee, das Volk zu beteiligen. Dort hatte er großen Rückhalt. Er rief die Boroughs, die Gemeinden, auf, eigene Vertreter zu entsenden: Das House of Commons war geboren.

Die Geschichte von Parlamentarismus und Demokratie entwickelte sich von diesem Punkt aus keineswegs gradlinig weiter; es gab viele Rückschritte. Das Zweikammer-Parlament wurde erst 76 Jahre später, 1341, endgültig etabliert. Zeitweise galt ein Klassenwahlrecht, und dass Frauen ihre Stimme abgeben dürfen, sollte vom ersten Volksparlament aus noch 650 Jahre dauern. Selbst heute steht im Vereinigten Königreich der ersten Kammer, dem erwähnten House of Commons, ein House of Lords gegenüber, für das Mitgliedschaften in Adelsfamilien vererbt werden und wo ein Teil der Sitze kirchlichen Würdenträgern vorbehalten ist.

Und dennoch war das sogenannte *De Montfort's Parliament* ein Meilenstein in der Entwicklung. Nicht nur im Vereinigten Königreich wird vielfach daran erinnert, auch in Washington D. C. hängt im Kapitol ein Montfort-Relief.

Es ist übrigens kein Zufall, dass sich der Streit um Mitsprache und Beteiligung an finanziellen Fragen entzündete. Noch heute gilt die Entscheidung über den Haushalt, also über die Gesamtheit der staatlichen Ausgaben, als wichtigstes Recht der Volksvertretung. Es wird gelegentlich mit einem leicht widersinnigen Wort als »Königsrecht« bezeichnet.

# Glossar

**Domkapitel** – die administrative und liturgische Leitung einer Bischofskirche

**Englischer Adel** – wird unterteilt in den niederen (*gentry*) und den hohen Adel (*peerage*). Das Adelswesen war für England und später für Großbritannien eine wichtige stabilisierende Einrichtung. Das gilt auch für die Kolonien. Die Barone sind Teil der *peerage*.

**Handwerkerinnen** – aus alten Lohnlisten weiß man, dass an den Kirchenbaustellen viele Frauen beschäftigt waren.

**Heinrich III. (1207–1272)** – König von England, regierte sein Land 56 Jahre lang. In seine Zeit fällt unter anderem der zweite Aufstand der Barone, die ihn schwer bedrängten. Erst sein Sohn Edward schlug die aufständischen Adeligen 1265 endgültig und stellte die Königsherrschaft wieder her.

**Langhaus/Querhaus** – der lang gestreckte Hauptteil einer

Kirche und die in rechtem Winkel abgehenden kürzeren Seiten ergeben als Grundriss die Form eines Kreuzes.

**March** – deutsch: Mark. Bezeichnung für ein Grenzgebiet (vergleiche etwa Mark Brandenburg oder Dänemark). In unserem Fall geht es um die Welsh Marches, das Grenzgebiet zu Wales.

**Marcher Lords** – lebten an der Grenze zum unabhängigen Wales auf Ländereien, die sie ursprünglich von den Walisern erobert hatten. Die Lords hatten viele Sonderrechte, sie durften sogar eigene Gesetze erlassen.

**Parlament (engl. *parliament*)** – von franz. *parler*, reden, sprechen: der Ort der Aussprache. Entwickelte sich aus dem *Witenagemot (Witan)*, der »Zusammenkunft von Weisen«, die den jeweiligen Herrscher berieten. Das englische Parlament vor Montfort war Adeligen vorbehalten und kam an drei festgelegten Terminen im Jahr zusammen.

**Simon de Montfort (1208–1265)** – normannisch-englischer Baron, verheiratet mit Eleanor, der Schwester von König Heinrich III., und somit sein Schwager. Beide Männer brachen miteinander, und Montfort wuchs in die Rolle eines Anführers der aufständischen Barone hinein.

**Oxford Provisions (»Oxforder Vereinbarungen«)** – ein im Jahr 1258 aufgesetztes Reformprogramm, das den Baronen zu Lasten des Königs größere Macht einräumte. Die Vereinbarungen sahen unter anderem die Einsetzung eines beratenden Kronrats und unabhängiger hoher Regierungsbeamter vor.

**Westminster** – ursprünglich um ein Kloster entstandener Ort westlich von London, heute ein Bezirk der Hauptstadt mit dem Palace of Westminster und der Westminster Abbey, angrenzend an die City of London. Im Mittelalter war London arm und eng, eine Stadt mit schlechten Lebensbedingungen, weshalb die Herrscher das besser gestellte Westminster vorzogen.

# Ein waghalsiges Vorhaben, gefährliche Intrigen und eine Kirche für die Ewigkeit

Nach dem Tod seiner Mutter kommt Pierre 1237 für die Lehre als Baumeister nach Paris. Hier gerät er sogleich in den Bann der größten Kathedrale, die er je gesehen hat: Notre-Dame de Paris. Als der dortige Baumeister stirbt und Pierres Lehrherr Jean sein Nachfolger wird, kann Pierre sein Glück kaum fassen. Auch, weil er fortan an der Seite der schönen Bildhauerin Agnes arbeiten wird. Doch Baumeister Jean wird sein Erfolg nicht gegönnt und die Neider intrigieren. Als es zu einem schrecklichen Unfall kommt, steht Pierres größte Bewährungsprobe bevor: Kann er Jeans Vision von Höhe und Licht Wirklichkeit werden lassen?

Claudius Crönert
**Das ewige Licht von Notre-Dame**
Historischer Roman

Taschenbuch
Auch als E-Book erhältlich
www.ullstein.de

# Ein ewiges Bauwerk. Tödliche Zwietracht. Ein teuflischer Plan.

Prag, 1342. Der halbwüchsige Otlin gerät in eine Katastrophe: Die aufgepeitschte Moldau zerstört in einer Gewitternacht die Judithbrücke und reißt seine Mutter mit in die Fluten. In seiner Angst stößt er ein Gelübde aus: Wenn Gott seine Mutter rettet, will Otlin ihm eine neue Brücke bauen, eine Brücke der Ewigkeit. Wie durch ein Wunder überlebt sie. Jahre später erhält Otlin Gelegenheit, sein Versprechen einzulösen. Er bewirbt sich bei einem Wettbewerb, doch er hat Feinde, allen voran den Steinmetz Rudolph, der ebenfalls aufs Amt des Bauleiters der neuen Brücke schielt. Und um den Konkurrenten auszuschalten, ist Rudolph jedes Mittel recht.

Wolf Hector
**Die Brücke der Ewigkeit**
Historischer Roman

Taschenbuch
Auch als E-Book erhältlich
www.ullstein.de

ullstein